**主 编：**刘 鑫

国家社会科学基金重点项目"医患关系视角下我国医事行为的伦理思考及法律规制研究"（15AZD065）

刘鑫 主编

# 最新医疗侵权诉讼规则理解与案例实操

On the Rules in Medical Litigations and Cases in Practice

中国法制出版社
CHINA LEGAL PUBLISHING HOUSE

# 前　言

由于医疗活动的专业性、隐蔽性特点，使得医疗侵权赔偿纠纷成为了当前最难处理的纠纷之一。这里所说的“难”，主要表现在以下几个方面：第一，医疗纠纷处理法律不统一。长期以来诉讼案由、法律适用、医疗鉴定二元化的状态，使得医疗纠纷的处理变得扑朔迷离，难以把握和操作，以至于纠纷最终的处理结果充满了变数。第二，医疗纠纷中的医患双方力量对比悬殊。一般认为，在医疗活动中，医方处于优势地位，掌握着医疗主动权，掌握着技术优势，而患方处于被动地位，因此纠纷处理中相关部门往往出现向弱势群体即患方倾斜的趋势。然而，世界是辩证的，矛盾是在变化发展的，矛盾双方的力量和地位之悬殊也会随着时间的变化而变化。当下，少数患者及其家属采取非理性的方式在医疗机构内暴力维权，给医疗机构施加压力，而医疗机构及其医务人员束手无策，在这样的情况下医患之间的力量对比悄悄地发生了微妙的变化。第三，医疗证据的特殊性导致医疗纠纷处理日益困难。医疗纠纷处理中虽然也会涉及其他纠纷面临的传统的人证、物证、视听资料等，但是更多的是与医疗活动密切相关的证据，包括可疑医疗物品、病历资料、检验报告、医疗技术鉴定结论等。面对这些证据如何取得、如何质证、如何认证、如何评价其证据能力和证明力等，都是医疗纠纷处理不可回避的问题。而这三个方面的“难”，核心的乃是医疗纠纷处理法律规范的模糊与缺位。

《侵权责任法》第7章的11个法条规定了8项内容和9个概念。这8项内容是：(1) 医疗损害赔偿以过错责任为一般原则，过错推定为例外；(2) 医疗过错认定的基本原则；(3) 医疗告知与说明制度；(4) 患者病历知情权制度；(5) 患者隐私权和个人信息保密制度；(6) 特定情形下医方免责制度；(7) 医疗侵权损害赔偿诉讼类型；(8) 医方合法权益受法律保护。9个概念是：医疗损害赔偿责任，知情权，同意权，替代医疗方案，当时医疗水平，符合诊疗规范的诊疗，合理诊疗义务，当时的医疗水平难以诊疗，过度医疗。虽然《侵权责任法》的出台，从立法者的本意上就是要改变这种医疗纠纷处理“难”的现状，然而，这11个法条所规制的8项内容和9个概念却过分原则化，其中所涉及的专业名词术语很多是第一次在民事法律甚至医事法律里面出现，从而出现了虽然有相应的法律规定但却由于概念模糊、规定不明确或者过分原则化，增加了司法操作的难度。

由于《侵权责任法·医疗损害责任》的规定过于原则化，有的概念和规则模糊，缺乏可操作性，因而在医疗损害赔偿案件审理中面临着种种问题。在此背景下人们翘盼已久的《最高人民法院关于审理医疗损害责任纠纷案件适用法律若干问题的解释》终于在2017年12月13日出台，并于2017年12月14日开始实施了。而且这次司法解释还有一个姊妹篇，最高人民法院研究室负责人针对司法解释有一份“答记者问”用以进行补充说明，增加了司法解释的实用性和可操作性，最大限度地降低人们对相关内容理解上的偏差。

本书立足于医疗损害赔偿纠纷案件的理论与实务，结合近年来最高人民法院颁发的与侵权法有关的司法解释，对医疗损害赔偿纠纷案件处理中涉及的重大疑难问题进行研究，以期对人民法院审理医疗损害赔偿案件的司法实践提供参考，为医疗机构防范医疗纠纷、处理医疗赔偿投诉提供依据。

本书会经常使用或者反复出现一些法律、法规、司法解释等，为行文和阅读简便而需要使用简称，为了便于读者理解，现将这些司法解释、地方司法指导文件的全称、简称对照如下，见表1。

**表1　本书使用的司法解释、地方司法指导文件的全称、简称对照表**

| 全　称 | 简　称 |
| --- | --- |
| 《中华人民共和国民法通则》 | 《民法通则》 |
| 《中华人民共和国侵权责任法》 | 《侵权责任法》 |
| 《中华人民共和国侵权责任法》“医疗损害责任”章 | 《侵权责任法·医疗损害责任》 |
| 《最高人民法院关于审理医疗损害责任纠纷案件适用法律若干问题的解释》 | 《医疗损害司法解释》 |
| 《最高人民法院关于适用〈中华人民共和国侵权责任法〉若干问题的解释》 | 《侵权法适用通知》 |
| 《最高人民法院关于审理人身损害赔偿案件适用法律若干问题的解释》 | 《人身损害赔偿解释》 |
| 《最高人民法院关于确定民事侵权精神损害赔偿责任若干问题的解释》 | 《精神损害赔偿解释》 |
| 《最高人民法院关于民事诉讼证据的若干规定》 | 《民事证据规定》 |
| 《医疗事故处理条例》 | 《条例》 |

# 目录 contents



## 第1章　医疗损害赔偿诉讼概述

## 第2章 起 诉

## 第3章　证据、举证责任及分配

## 第4章 医疗损害责任构成及其责任形态



## 第5章 医疗损害专门性问题鉴定

## 第 6 章 侵害患者知情同意权责任纠纷

## 第7章　医疗产品责任纠纷



## 第8章　赔偿项目及赔偿数额计算

## 第 9 章　鉴定人及专家辅助人出庭

**附录**

# 第 1 章　医疗损害赔偿诉讼概述

自从有了人类社会，人们之间的观念不同、价值取向不同、需求不同，在生活和工作交往中便会产生矛盾和纠纷，可以说纠纷是人类社会活动的产物，是人与人交往过程中不可避免的社会现象。医疗纠纷是一种重要的社会矛盾，因而也是不可避免的社会现象，只不过目前我国医疗纠纷的普及程度、患方维权不走法律程序的做法很不正常。我们将回顾我国医疗纠纷以及医疗损害赔偿诉讼的情况，并对这种不正常的医疗纠纷产生的原因加以分析，对我国立法、司法机关制定的有关医疗损害赔偿诉讼的立法、司法解释和司法指导文件的情况进行梳理，尤其是对 2017 年 12 月 13 日最高人民法院颁布的《最高人民法院关于审理医疗损害责任纠纷案件适用法律若干问题的解释》（以下简称《医疗损害司法解释》）进行剖析。

## 第一节　医疗损害赔偿诉讼概况

### 一、国外医疗纠纷情况

医疗过失伤害已经成了世界性的热门话题。医疗损害侵权行为一直是社会广泛关注的侵权行为类型，[①] 医疗纠纷一直是困扰各国政府的重要民事纠纷。在讨论医疗纠纷的国际性方面，美国、日本和德国的医疗纠纷情况非常具有代表性。

#### （一）美国的医疗损害赔偿

美国社会一个最大的特征是依照法律实现正义。不同人种、不同民族共同生活

① 王成：《论医疗损害侵权行为归责原则的配置》，《证据科学》2009 年第 3 期，第 305 页。

在同一社会，自己的合法权益只能依法来得以保护，因而美国的诉讼案件增长速度很快。而与民生密切相关的医疗问题引发的诉讼也随之水涨船高，大幅度攀升。调查结果表明，针对医疗法人提起的医疗过失诉讼的案件数，1976 年为 10568 件，1983 年为 23543 件（联邦法院地方法院管辖的案件数据，实际情况还应当加上 50 个州地方法院的受理的案件）。据此可以推定向法院提起诉讼的医疗过失纠纷一年约有 25000 件。这一数字若按 50 万医生的实际数量（未包括牙科医生数）来分配，一名医生每年发生医疗纠纷的概率只有 0.05 件。但是，若按海因里希法则①来推算，一般的医疗纠纷数量为通过诉讼方式解决的案件数量的 300 倍，一名医生一年的医疗纠纷发生率为 15 件/年。美国医学会的调查报告显示，每 100 名医生被提起诉讼的案件数，从 1980 年的 3.2 件增加到 1985 年的 10.1 件，基本上每 10 名医生中就有 1 名医生会遇到医疗事故，大多数医生都有医疗纠纷诉讼经历。② 近年来，美国的医疗纠纷诉讼情况更是糟糕，诉讼案件数和法院判决赔偿金额都已经到了非常惊人的数字，美国的医疗纠纷已经导致了医疗执业责任保险费用的大幅度增加，从而反过来增加了患者的诊疗费用。美国医疗责任体制改革的动力直接源自其国内发生的 3 次医疗责任危机。第一次危机发生在 20 世纪 70 年代，在加州，1968 年至 1974 年间保险公司面临的索赔数量增加了一倍，医疗执业人员支付 30 万美元以上赔偿的案件数量增加了 11 倍，③ 一些保险公司拒绝提供医疗责任险服务，另一些保险公司则大幅提高保费，最终导致患者求医受到威胁。加利福尼亚等 4 个州采取对损害赔偿金封顶的改革措施，迅速有力地缓解了危机。第二次危机发生在 20 世纪 80 年代，经历了第一次医疗责任危机的保险业变得成熟，当索赔压力再次来临时，

---

① 20 世纪 40 年代，美国科学家海因里希（H. W. Heinrich）统计研究了事故发生频率与事故后果严重度之间的关系，提出了 1:29:300 法则，这一法则被称为海因里希法则。海因里希法则又称“海因里希安全法则”或“海因里希事故法则”，是美国著名安全工程师海因里希提出的 300:29:1 法则。这个法则是 1941 年美国的海因里西从统计许多灾害开始得出的。当时，海因里希统计了 55 万件机械事故，其中死亡、重伤事故 1666 件，轻伤 48334 件，其余则为无伤害事故。从而得出一个重要结论，即在机械事故中，死亡、重伤、轻伤和无伤害事故的比例为 1:29:300，国际上把这一法则叫事故法则。这个法则说明，在机械生产过程中，每发生 330 起意外事件，有 300 件未产生人员伤害，29 件造成人员轻伤，1 件导致重伤或死亡。海因里希首先提出了事故因果连锁论，用以阐明导致伤亡事故的各种原因及与事故间的关系。该理论认为，伤亡事故的发生不是一个孤立的事件，尽管伤害可能在某瞬间突然发生，却是一系列事件相继发生的结果。*See* H. W. Heinrich, *Industrial Accident Prevention.* McGraw – Hi11, 1979.

② 〔日〕植木哲著：《医疗法律学》，冷罗生、陶芸、江涛等译，法律出版社 2006 年版，第 51 页。

③ American Medical Association, *Medical Liability Reform – NOW! Feb.* 5, 2008: *A compendium of facts supporting medical liability reform and debunking arguments against reform.* http://www.ama – assn.org/ama1/pub/upload/mm/ – 1/mlrnow.pdf，最后访问时间：2009 年 12 月 30 日。

大量的保险公司不再选择退市，而是普遍大幅提高保费，特别是对于高风险医疗专业。在一些被诉风险特别高的州，一些妇产科医生被迫停止执业。这次危机不仅使更多的州采取了类似加州的侵权责任法改革，也促使行政赔偿及健康法院等更为彻底的责任改革方案受到关注。两次医疗责任危机在包含法院在内的社会各界降低索赔的努力中逐渐缓解。第三次医疗责任危机出现在 2000 年以后，与前两次不同的是，这次危机突出的表现是看病难和看病贵。2003 年 3 月 4 日，美国众议院通过了一项医疗过失损害赔偿数额的法案。参议院不久之后通过了该法案。该法案的核心条款，是将把医疗过失的一般损害赔偿即非财产损害赔偿的上限确定为 25 万美元。① 在了解了美国的医疗纠纷历程之后，我们会感受到，中国目前的医患关系及医疗纠纷状况与美国 160 年前的情况是何等相似，这种相似现象的发生绝非偶然，从某种意义上说，是人类历史发展的必然，是人类社会文明进步过程中必然要忍受的疼痛。②

### （二）日本的医疗损害赔偿

20 世纪 50 年代以来，日本的医疗纠纷不断增多。60 年代后呈飞跃增加，而后出现持续增长至今，医疗纠纷诉讼及医疗损害赔偿额也随之增加，医疗纠纷的处理难度也逐渐加大。③ 据日本厚生劳动省向国会议员所做的“日本国立医院等 194 家医疗机构发生的医疗纠纷的报告”指出，1993 年 5 月 5 日 ~2002 年 9 月约 10 年间，诉讼和调停的医疗赔偿请求有 210 件，自 2000 年起迅速增加，1997 年 4 月 ~2002 年 9 月约 5 年间报告的医疗事故 288 起。2002 年 4 月 23 日厚生省发表了全国 82 家综合医院医疗事故情况，2000 年 4 月 ~2002 年 2 月约 2 年间有 15003 件，其中包含死亡的严重事故 387 件。发生差错的事件有 186529 件，如果按照 20 万名医生的数量来分配，每名医生平均每年可能遇到 0.5 件医疗纠纷。日本高裁判事务局公布的医疗诉讼数据显示，1993 年 ~ 2002 年 10 年间，共发生 6366 件医疗诉讼，其中 1993 年全年提起的医疗诉讼仅 442 件，到 2002 年就翻了一番达到 896 件；其中裁判调解终结的诉讼平均有 47.5%；患者平均胜诉率为 38.3%，医疗方胜诉率达 61%；在所有已经审理完结的诉讼中，裁判和解 374 件，患者胜诉的 144 件，合计

① House Would Expang Malpractice Shield, Los Angels Times, March14, 2003, Home Edition.

② 陈志华、杨健：《回眸美国医疗过失诉讼历史》，《中国医药指南》2007 年第 6 期。

③ 赵敏：《日本医疗纠纷现状及法律处理评介》，《医院院长论坛》2010 年第 1 期，第 59 ~63 页。

518件，达60%，[①] 而日本一般的诉讼原告胜诉的概率在85%。日本法院近年来医疗事务诉讼案件的处理情况及平均处理时间见表1-1。[②]

**表1-1 日本近年来医疗事务诉讼案件的处理情况及平均处理时间**

| 年份 | 新收案件 | 已结案件 | 未结案件 | 平均审理事件（月） |
|---|---|---|---|---|
| 1993 | 442 | 347 | 1352 | 42.6 |
| 1994 | 505 | 392 | 1465 | 42.0 |
| 1995 | 484 | 426 | 1523 | 39.1 |
| 1996 | 572 | 500 | 1595 | 37.5 |
| 1997 | 593 | 527 | 1661 | 36.7 |
| 1998 | 622 | 584 | 1699 | 35.3 |
| 1999 | 663 | 569 | 1793 | 34.6 |
| 2000 | 775 | 690 | 1878 | 35.5 |
| 2001 | 814 | 725 | 1967 | 32.8 |
| 2002 | 896 | 853 | 2010 | 30.4 |

案件量在增加，案件处理的难度在增大，诉讼周期长，迫切需要对医疗损害赔偿案件的诉讼处理进行改革。从2000年10月起，日本最高法院多次与医事法界人士交换意见，在广泛听取和讨论多方提议基础上，2001年开始对医事关系诉讼体制进行改革。有以下几个步骤：（1）同年4月起，在东京、大阪、名古屋、福冈、千叶等地方法院设立专门审理医疗诉讼案件的“医疗诉讼集中部”；在全国其他主要地方法院设置“联络协议会”。（2）2001年7月，最高法院下设“医事关系诉讼委员会”。（3）改善传统鉴定制度的弊病，并尝试采用多种鉴定方法。（4）当上述尝试性改革收效显著，得到社会广泛好评后，2003年修改现行《民事诉讼法》以及现行《民事诉讼规则》（2004年4月1日实施），增设“计划审理制度”和“专家委员制度”，并大幅调整有关鉴定的相关规定。[③]

### （三）德国的医疗损害赔偿

自20世纪70年代起，德国医疗过失诉讼急剧增加，不断攀升的损害赔偿费用

---

① ［日］大城孟、［日］福田弘、［日］高冈正幸著：《医事纷争实务》，京都：金芳堂2004年版，第3～6页。

② ［日］植木哲著：《医疗法律学》，冷罗生、陶芸、江涛等译，法律出版社2006年版，第72～73页。

③ 夏芸：《日本医疗诉讼改革及对鉴定结论的评价》，《证据科学》2009年第3期，第261页。

不仅导致医疗责任保险危机，还引发医务人员更多地采取保守的防御性诊疗方法。与我国情况类似，最初德国法律并不允许患者收集、阅览医疗记录，部分患者往往利用刑事途径获取医疗记录，即通过对该医师提起刑事告诉，启动刑事侦查程序来收集、查阅其医疗记录并进行鉴定，这对医师的信誉构成潜在威胁。到了1982年11月23日，德国联邦普通法院的判决允许患者对给药、手术记录等诊疗记录进行裁判外查阅，这为诉讼外解决患者对医师的损害赔偿请求、维护医患双方的正当权益提供了可能。医患双方及相关团体都要求构建诉讼外处理医疗纠纷的程序。在此背景下，1975年~1978年，德国各地的医师协会创设了处理医疗纠纷的诉讼外处理程序——调停所（委员会）（Schlichtungsstelle）和鉴定委员会（Gutachterkommission）。目前，德国医疗纠纷的诉讼外处理机构包括四个调停所和五个鉴定委员会。调停所主要是在裁判外处理医师的赔偿责任，而鉴定委员会仅对医师的治疗是否存在过错进行鉴定。①

在法律层面并没有医疗责任的具体内容，有关医疗责任的具体规定，不论是医方的诊疗义务，还是举证责任的具体分配规则，都是由德国法院，尤其是德国联邦最高法院的判例发展形成的。德国的医疗责任主要分为两种形式：一是根据《德国民法典》第280条第1款产生的违约责任，二是根据《德国民法典》第823条第1款产生的侵权责任。此外，在极少数的情况下还可能适用有关无因管理的规定，如需要急救时患者意识不清，或者患者没有行为能力而又无法取得法定代理人的同意。② 由于医方的过错而受到损害的患者，通常既可以主张违约责任也可以主张侵权责任，两种请求权存在竞合关系。③ 在审判实践中，德国法院对于医疗机构的违约与侵权责任中的关键问题总是寻求统一的解决方案。④ 德国联邦最高法院一再强调：医疗合同对患者的保护与侵权法原则上是一致的；⑤ 医方在治疗过程中根据医

---

① 刘兰秋：《德国医疗纠纷诉讼外处理程序研究》，《医学与哲学》2009年第12期，第49~51页。

② MünchKommBGB/*Mertens*, § 823 Rn. 348; MünchKommBGB/*Wagner*, § 823 Rn. 700; Münch-KommBGB/*Müller-Glöge*, § 611 Rn. 87; *Katzenmeier*, Arzthaftung, S. 109; *Deutsch/Spickhoff*, Medizinrecht, Rn. 100; Frahm/Nixdorf/Walter, Arzthaftungsrecht, Rn. 36.

③ MünchKommBGB/*Mertens*, vor § § 823-853 Rn. 29 m. w. N.; MünchKommBGB/*Wagner*, § 823 Rn. 699;

*Deutsch/Spickhoff*, Medizinrecht, Rn. 160 ff.; *Katzenmeier*, Arzthaftung, S. 79 ff.

④ Geiß/Greiner, Arzthaftpflichtrecht, Einl., Rn. 1; Hart, Jura 2000, 14 u. 64 (70); Reiling, MedR 1995, 443.

⑤ BGH NJW 1985, 2749; 1989, 767; 1990, 2929; 1991, 2960; Steffen/Pauge, Arzthaftungsrecht, Rn. 3.

疗合同所负担的注意义务与根据侵权法所负担的注意义务原则上是相同的。[①] 在举证责任的分配、因果关系及注意义务标准等方面，德国联邦最高法院同样也是尽量按照相同的原则对待两种责任。[②] 由此德国法院在过去的审判实践中虽然会论及两种责任基础，但通常也只是提一下医疗合同而已，并不会深入探讨医疗合同的特殊性，违约责任实际上变成了一个内容空洞的点缀，并无实际意义。[③]

正是由于医疗责任判例法的高度完善，德国法学界和立法机关长期以来并不重视医疗责任的专门立法问题。德国法学家大会（Der deutsche Juristentag）在1978年的第52届年会上曾否决了针对医疗合同及医生责任制定补充性法律规定的必要性。1981年德国联邦司法部委托Erwin Deutsch教授为债法改革出具的评估意见中指出，基于医患关系的重要性和医患双方对法律信息不断增长的需求，应当将医疗关系纳入《德国民法典》中来。当然在当时这一观点并未得到法学界的广泛认同。[④] 1999年德国卫生部长会议针对患者权益成立的工作组认为，没有专门立法的必要性，但同时也承认在医疗关系领域存在法律信息空白和执行不到位的问题。2000/2001卫生事业统一规划专家委员会则建议，应当将分散于不同法律规范中的患者权益制度统合到一部患者权益法中，以简单明了的方式帮助患者了解复杂的法律问题。[⑤] 正是这一建议最终促使德国联邦政府为改善患者权益进行专门立法——《德国患者权益改善法》（Das Gesetz zur Verbesserung der Rechte von Patientinnen und Patienten）。该法于2012年11月29日由德国立法机关通过，从2013年2月26日开始生效。正如其名称所表示的，这部法律的立法目的不是为了规范和引导审判实践，而是为患者提供更好的法律保障。[⑥] 从此，德国的医疗损害赔偿案件才步入了今天的处理模式。

根据德国联邦医师协会在内部公开的资料显示，向鉴定机构和仲裁机构提出申请的医疗纠纷案件数，1993年为6685件，1995年为8189件，1997年大约为9000件，每年以10%的速度在递增。[⑦] 更为具体的医疗纠纷处理数据并未掌握，不过，

---

① BGH NJW 1989, 767 m Anm Deutsch; Laufs/Uhlenbruck, Handbuch des Arztrechts, § 93 Rn. 22.

② Steffen/Pauge, Arzthaftungsrecht, Rn. 4; Geiß/Greiner, Arzthaftpflichtrecht, Einl., Rn. 2; Laufs/Uhlenbruck, Handbuch des Arztrechts, § 93 Rn. 22.

③ Katzenmeier, Arzthaftung, S. 84.

④ Ausführlich siehe, Katzenmeier, Arzthaftung, S. 85 ff.

⑤ 见德国联邦政府法律草案立法理由书部分，http://dip21.bundestag.de/dip21/btd/17/104/1710488.pdf，最后访问时间：2014年2月3日。

⑥ 参见：《德国患者权益新立法的主要内容和启示》，《证据科学》2014年第2期，第220~233页。

⑦ ［日］植木哲著：《医疗法律学》，冷罗生、陶芸、江涛等译，法律出版社2006年版，第75~76页。

通过考察北德调停所的情况也可以窥见一斑。北德调停所在 2000 年办结的案件中作出实体判断的案件数量为 2430 件（占办结案件的 68%），否定诊疗过错和违反说明义务的 1499 件（62%），肯定诊疗过错和损害发生之间的因果关系的 739 件（30%），肯定诊疗过错但否定因果关系的 173 件（7%）。2001 年办结的案件中作出实体判断的案件数量为 2620 件（占办结案件的 67%），否定诊疗过错和违反说明义务的 1613 件（62%），肯定诊疗过错和损害发生之间的因果关系的 756 件（29%），肯定诊疗过错但否定因果关系的 236 件（9%）。在 2002 年办结的案件中作出实体判断的案件数量为 2620 件（占办结案件的 67%），否定诊疗过错和违反说明义务的 1645 件（62%），肯定诊疗过错和损害发生之间的因果关系的 742 件（28%），肯定诊疗过错但否定因果关系的 237 件（9%）。可见作出实体判断的案件约占 7 成，而否定诊疗过错和违反说明义务确认诊疗过错的还不到 3 成。①

## 二、我国医疗纠纷诉讼现状

### （一）我国医疗纠纷诉讼情况概况

中国是当今世界上医疗纠纷最多的国家之一。我国是进入 20 世纪 90 年代才开始出现医疗纠纷民事诉讼。我国的医疗纠纷严峻形势的后面到底隐藏着什么样的真实原因，我国的医疗纠纷样态与国外的情形又有何区别呢？

在我国，医疗纠纷的普遍程度与医疗卫生服务的普及程度是一致的，哪里有医疗服务哪里就有医疗纠纷。② 从医疗纠纷发生的地域来看，无论是先进富裕的省会城市，还是贫穷落后的穷乡僻壤；无论是东部经济发达的沿海城市，还是地处闭塞交通不便的中西部地区，每天都有医疗纠纷在上演。从医疗纠纷发生的机构性质和规模来看，无论是诊疗技术先进的三级甲等医院，还是技术和设备都简单的乡村诊所；无论是公立的国有医疗机构，还是私人举办的个体医疗机构；无论是面向社会承担全民基本医疗保健的社会医疗机构，还是定向服务的职工医院、学校医院和军队医院，每天都有医疗纠纷在上演。从发生医疗纠纷的医务人员来看，无论是技术

---

① ［日］我妻荣：《德国的医疗纠纷与裁判外纠纷处理程序》，《东京都立大学法学会杂志》2004 年第 1 期，第 49 ~ 97 页。

② 刘鑫、张宝珠、陈特著：《侵权责任法医疗损害责任条文深度解读与案例剖析》，人民军医出版社 2010 年版，第 1 页。

优良享誉中外的权威专家教授，还是刚刚出道参加工作的住院医师；无论是负责诊断和治疗的医师，还是专司护理的护士；无论是以手术为主要治疗手段的外科医师，还是以药物为主要治疗手段的内科医师，每天都有医疗纠纷在上演。

（二）我国医疗损害赔偿诉讼简史

我国医疗纠纷历史可以追溯到中华民国时期。龙伟在研究民国医疗纠纷时，收集了南京国民政府时期（时间跨度 1927～1949 年）刑事处理的医疗纠纷案件 169 例，这些案件呈现出四个特点：第一，患方均有一定的社会背景，并非普通民众；第二，医师被判有罪较少，患方败诉比较普遍；第三，患方多系“无理上控”，医方反诉并非鲜见；第四，医讼出现机构化现象。[①]

我国新中国成立以来，医疗纠纷的发生、发展情况有明显的时代特点。我国的医疗纠纷情况可以划分为四个阶段。第一阶段（1950～1959 年），刑事司法处理为主，处理医疗事故以司法手段为主，追究医务人员刑事责任的情况时有发生，致使医务人员心理负担极大，不敢积极开展医疗工作，影响了患者疾病的诊断和治疗。第二阶段（1960～1977 年），以行政处理手段为主。因为医学的复杂性和特殊性，对医疗事故的处理改为行政处理。由于行政处理没有权威性，患者及其家属、医院及其医务人员都不满意，普遍反映发生医疗事故无人做主。第三阶段（1978～1986 年），改变了过去单一的处理观念，与诊疗护理工作的特殊性相结合，行政处理与司法处理并举，取得了较好的社会效果。[②] 第四阶段（1987 年至今），法治处理为主要手段。这一时期医疗事故处理最明显的特征就是对医疗纠纷处理进行了比较充分的立法，当然，由于社会发展快，各种社会矛盾集中涌现，有的社会问题和社会矛盾转移到医疗服务领域，使得这一时期的医疗纠纷的形势也异常严峻。

从 1987 年至今，我国的医疗纠纷发生情况来看，有三次比较明显的高峰。第一次高峰（1986 年前后），以《医疗事故处理办法》和《关于维护医院秩序的联合通知》为标志；第二次高峰（2002 年前后），以《医疗事故处理条例》（以下简称《条例》）和《关于维护医疗机构正常医疗秩序的通告》为标志；第三次高峰（2013 年前后），以《侵权责任法》和打击医闹、维护医疗秩序的众多规范文件的发布为标志（见表 1－2）。

---

① 龙伟著：《民国医事纠纷研究》，人民出版社 2011 年版，第 77～91 页。

② 刘鑫、常林：《医疗责任事故刑事处罚观点综述》，《法律与医学杂志》1996 年第 2 期。

**表 1-2　卫生部、公安部等相关联合发布有关维护医疗秩序的法律文件比较**

| 发布单位 | 发布时间 | 公告名称 | 条文数 |
|---|---|---|---|
| 卫生部、公安部 | 1986 年 10 月 30 日 | 关于维护医院秩序的联合通知 | 8 |
| 卫生部、公安部 | 1990 年 12 月 15 日 | 关于加强医院治安保卫工作的通知 | 5 |
| 卫生部、公安部 | 2001 年 8 月 7 日 | 关于维护医疗机构正常医疗秩序的通告 | 8 |
| 卫生部、公安部 | 2012 年 4 月 30 日 | 关于维护医疗机构秩序的通告 | 7 |
| 11 部门 | 2013 年 12 月 20 日 | 维护医疗秩序打击涉医违法犯罪专项行动方案 | 4 个方面 |
| 公安部 | 2014 年 4 月 21 日 | 公安机关维护医疗机构治安秩序六条措施 | 6 |
| 卫生部 | 2014 年 4 月 21 日 | 关于认真落实《公安机关维护医疗机构治安秩序六条措施》的通知 | 5 |
| 5 部门 | 2014 年 4 月 22 日 | 关于依法惩处涉医违法犯罪维护正常医疗秩序的意见 | 4 个方面 |
| 4 部门 | 2016 年 3 月 24 日 | 关于进一步做好维护医疗秩序工作的通知 | 5 方面 |
| 9 部门 | 2016 年 7 月 8 日 | 关于严厉打击涉医违法犯罪专项行动方案的通知 | 10 方面 |
| 卫计委，公安部，中医局 | 2017 年 6 月 26 日 | 关于印发严密防控涉医违法犯罪维护正常医疗秩序意见的通知 | 10 |

### （三）我国医疗纠纷诉讼案件数据

可以说，医疗纠纷无处不在，无孔不入。我国医疗纠纷的数字到底有多少，无论是卫生行政机关，还是人民法院，都没有一个明确的统计。但是我们还是可以从一些局部资料管窥一二。

北京市海淀区人民法院承担的最高人民法院 2007 年重点调研课题“关于医疗纠纷法律适用问题的调研”相关成果，提供了该法院近年来的医疗纠纷诉讼数据。[①] 1999 年海淀法院审理的医疗纠纷案件仅有 9 件，此后案件数量呈持续增长态

① 北京市海淀区人民法院课题组：《关于医疗纠纷案件法律适用情况的调研报告》，《法律适用》2008 年第 7 期。

势。2002年，随着国务院《医疗事故处理条例》和《最高人民法院关于民事诉讼证据的若干规定》（以下简称《民事证据规定》）的实施，案件数量比2001年增长了150%，2007年更是比7年前上升了16.8倍，年均增长率超过43%，见图1－1、表1－3。

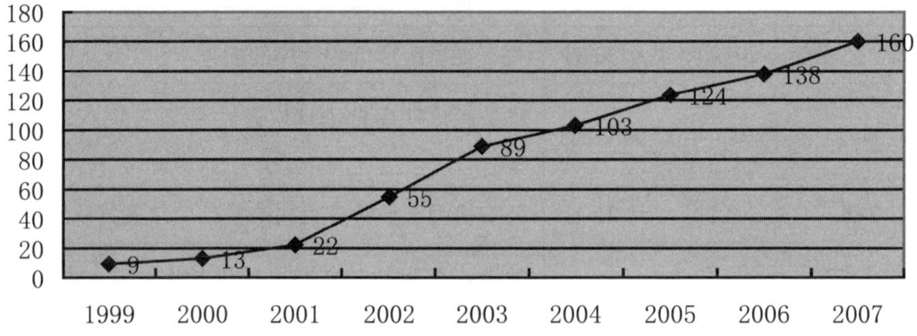


**图1－1 海淀法院受理医疗纠纷案件情况**

**表1－3 海淀法院受理医疗纠纷案件数量年增长率**

| 年份 | 1999—2000 | 2000—2001 | 2001—2002 | 2002—2003 | 2003—2004 | 2004—2005 | 2005—2006 | 2006—2007 | 年均增长 |
|---|---|---|---|---|---|---|---|---|---|
| 增幅 | 44.4 | 69.2 | 150.0 | 61.8 | 15.7 | 20.4 | 11.3 | 15.9 | ≈43 |

这只是北京的一家区级法院受理医疗纠纷诉讼的案件情况，北京总共有18个区县，海淀区并非医疗机构最集中的区，其辖区内的三级甲等医疗机构也不过5家（含军队医院和专科医院），① 医疗机构自行和解的医疗纠纷数应当比这个数大得多。如果我们也按照海因里希法则进行推算，由此可以推知北京市一年的医疗机构有多少涉及诉讼的医疗纠纷，在医疗机构中又发生了多少医疗纠纷。

北京市高级人民法院近年来对全市受理的医疗纠纷案件情况也进行了一个统计。相关数据见表1－4。从受理案件总数和总体结案率来看，北京市最近三年内法院受理的一审医疗损害赔偿案件数量逐年增加，2008年较之2007年有比较明显的增加。而从当年的结案率来看，最近三年则是逐年下降，到2008年终时当年受理的医疗纠纷案件有近三分之一尚未结案。

---

① 据北京市公共卫生信息中心2009年发布的信息资料显示，截止到2008年底，北京市全市共有医疗机构数达6523家（不含部队卫生机构及3124家村卫生室），其中医疗机构6371家，三甲医院58家。

**表 1－4　北京市法院 2006 年至 2008 年一审医疗纠纷案件情况①**

| 年份 | 受理 | 审结 | 结案率 | 判决 | 判决率 | 撤诉 | 撤诉率 | 调解 | 调解率 | 裁驳 | 其他 |
|---|---|---|---|---|---|---|---|---|---|---|---|
| 2006 | 428 | 417 | 97.4% | 210 | 50.4% | 121 | 29.0% | 64 | 15.3% | 18 | 4 |
| 2007 | 468 | 335 | 71.6% | 165 | 49.3% | 72 | 21.5% | 81 | 24.2% | 13 | 4 |
| 2008 | 715 | 483 | 67.6% | 236 | 48.9% | 118 | 24.4% | 106 | 21.9% | 14 | 9 |
| 合计 | 1611 | 1235 | 76.7% | 611 | 49.5% | 311 | 25.2% | 251 | 20.3% | 45 | 17 |

全国的医疗纠纷诉讼形势可以从最高人民法院公布的数据中了解一二，详细数据见表 1－5。② 医疗纠纷案件受理量在 2002 年比较特殊，因为那年涉及《条例》和《最高人民法院关于民事诉讼证据若干规定》开始实施，必然引发医疗纠纷诉讼案件的一轮高峰，甚至有一些案件是当事人从 2001 年推迟到 2002 年来起诉的。从 2003 年的数据来看，可以说是第二轮医疗纠纷诉讼的低谷，然后逐年攀升，到了 2009 年增加了近 1 倍。以 2007 年全国法院受理的民事案件数据为例，当年受理的民事案件中，排前六位的案件及数量分别是：（1）道路交通事故人身损害赔偿案件，296969 件；（2）财产损害赔偿案件，75176 件；（3）知识产权侵权案件 15118 件；（4）医疗事故损害赔偿案件，11009 件；（5）雇员受害赔偿案件，9839 件；（6）工伤事故损害赔偿案件，5446 件。医疗纠纷案件数名列第四，超过了雇员损害和工伤赔偿。进入 2010 年以后，医疗损害赔偿案件数量有明显上升，这既跟《侵权责任法》的出台有关系，也与这些年国家相关部门打击医闹、将医疗纠纷引向正常的法律程序解决密不可分。

---

① 此表系徐立伟根据陈特等所著有关调研报告中的数据制作而成。参见陈特、赵长新：《北京市法院医疗损害赔偿纠纷案件审判的情况、问题与初步意见》，《卫生法学通讯》（北京卫生法学会），2009 年第 2 期，第 55 页。

② 此表根据林文学提供的数据整理。参见奚晓明著：《〈中华人民共和国侵权责任法〉条文理解与适用》，人民法院出版社 2010 年版，第 385 页。

表 1－5　2002－2016 年全国医疗事故案件受理与结案数

| 年份 | 收案 | 结案 |
| --- | --- | --- |
| 2002 | 10249 | 8741 |
| 2003 | 9079 | 9046 |
| 2004 | 8854 | 8738 |
| 2005 | 9601 | 9029 |
| 2006 | 10248 | 10129 |
| 2007 | 11009 | 10477 |
| 2008 | 13875 | 12858 |
| 2009 | 16448 | 15757 |
| 2014 | 19944 | |
| 2015 | 23221 | |
| 2016 | 21480 | |

从医疗纠纷的表现形式来看，更是形式多样，五花八门。有心平气和的投诉者，有理直气壮的告状者，有气势汹汹的闹事者，还有理性处理的诉讼者。其中，影响最大的是围堵医疗机构，封堵医疗机构出入口，殴打甚至杀害医护人员，打砸医院财物、设备，占据医疗机构诊疗场所，滞留患者尸体或者设置灵堂在医疗机构。这些行为已经严重背离了法制的轨道，与我们今天倡导的构建和谐社会、依法治国的主旋律背道而驰，严重破坏了医疗机构的正常诊疗秩序，使得医疗机构不能正常开诊，医师不能放心施诊，患者不敢或者不能安心就诊，已经影响到其他患者的正常就医活动。而且这种非理性的维权方式（即媒体所称的“医闹”）还有很恶劣的示范效应，越来越多的“维权”患者都会采取这种方式到医疗机构讨说法，从而导致恶性循环，医疗纠纷愈演愈烈。

从发生医疗纠纷的争议内容来看，除了对医疗服务和医疗结果不满意引发医疗事故侵权纠纷、医疗服务合同纠纷之外，还有其他多方面的争议内容。包括患者在医疗机构内发生摔伤等意外伤害、患者在医疗机构被仇人伤害、患者在医疗机构内自杀身亡、患者在医疗机构内财物被盗、患者的隐私权被侵犯、患者的知情权同意权被侵犯、患方家属委托医疗机构保存患者遗体发生损害、实施不必要的诊疗措施、医疗机构乱收费、医疗欺诈等等。

### （四）我国台湾地区医疗纠纷诉讼概况

在我国台湾地区，根据“台湾卫生署”的统计，从 1987 年到 2002 年，委托

“卫生署”医事审议委员会进行鉴定的医疗纠纷案件从 145 件增加到 379 件。在医疗纠纷发生的形式方面，患方采用手段不亚于我国大陆地区。2001 年 1 月 1 日至 2004 年 12 月 31 日我国台湾地区出版的报纸新闻，以有电子资料查询功能的报纸为限，包括“中国时报”“联合报”“民生报”“苹果日报”“中时晚报”，共 102 则医疗纠纷抬棺抗议新闻。[①] 可见台湾地区的医疗纠纷发生的情况也异常火爆，患方维权手段不亚于我国大陆。我国台湾地区的医疗纠纷发生情况也缺乏权威数据，以 2001 年为例，应该发生大约 4000 件以上的医疗纠纷案件。鉴定结果为医生有疏失或者可能有疏失者，不到两成。医师有疏失者占 11.8%，可能有疏失者占 6.5%，总计 18.39%，在 18.39% 被鉴定为有疏失的案件中，最后判决医师有罪的只占 4.7%。若依照哈佛研究所揭露之医疗伤害概率，来粗略地推估台湾地区的医疗过失伤害事故件数，以 1998 年为例，台湾地区急性一般病床住院人次为 2251889 人次，3.7% 的伤害概率，推估该年度有 83320 人次受有医疗伤害。[②]

## 三、医疗纠纷产生的根本原因分析

医疗纠纷已经严重困扰着诊疗活动的所有参与者，医疗纠纷甚至已经成了影响和制约我国医疗卫生事业发展的瓶颈。我们的白衣天使正在医疗纠纷的泥潭中痛苦地挣扎着、服务着，我们的父母乡亲兄弟姐妹在这种诚惶诚恐的医疗环境中接受医疗服务。这对于医患双方来说都是一件不幸的事情。那么，在我国导致医疗纠纷今日之严重状况的根本原因是什么呢？

虽然对于医疗纠纷发生的原因，不同的专家学者站在不同的立场和角度可以得出不同的结论，可谓见仁见智，不好说谁对谁错。但是，我们认为，分析医疗纠纷发生的原因不能站在表面做一般观察，不能就事论事。而长期以来，人们更加习惯这样做。从《医疗事故处理办法》诞生之初到现在，可以说从立法层面规制医疗纠纷已经有二十多年了，但是医疗纠纷的形势却越来越严峻，且随着立法层次的升级，纠纷的严峻形势也在升级。2002 年 9 月 1 日《条例》的实施，大家本以为医疗纠纷就此能够缓和下来，但事实上却是变本加厉，无论从纠纷发生的数量上，还是纠纷发生的形式上，以及司法的态度、患方提出的索赔额上看，都较 2002 年以

---

① 邱玉蝉：《医病形象的媒体建构—医疗纠纷抬棺抗议新闻分析》，《新闻学研究》2007 年第 93 期。
② 杨秀仪：《论医疗纠纷之定义、成因及归责原则》，《台湾本土法学杂志》2002 年第 39 期。

前上了一个台阶。原因何在？问题就在于过去我们只注重表面观察、分析、研究问题，对医疗纠纷防范和处理的机制构建也只能停留在表层，对于有严重缺陷的制度仅作局部的修修补补，当然就达不到应有的效果。如果不能揭示医疗纠纷发生的根本原因，就不可能从根本上消灭它，也就不可能真正保障患者的医疗保健权。正是基于这样的原因，我们有理由重新来剖析我国当前的医疗纠纷发生的深层次原因，找到引发医疗纠纷的根本原因，最终为我国医疗纠纷的彻底解决献出根治的良方。

### （一）制度因素是首要因素

当然，医疗纠纷如此频繁地不分国界大量发生，与医疗活动的特点有密切的关系。事故很可能发生在某种类型的系统中。佩罗（Perrow）将这种类型的系统归纳出两个特点，即复杂性和组成部分之间偶联的紧密程度。① 那些更复杂和偶联更加紧密的系统更易出事故。由于复杂性和偶联性，小的差错也能铸成大的事故。② 当然，这里讲的是给社会和个人造成了损害的真正的事故。而在我国当前的医疗纠纷中，还包括一些并非医疗过错而患者出现了损害结果引发医疗纠纷的事件，这也是用医疗系统的复杂性和偶联性难以解释的。

在测量学上有关误差的理论中，将误差分为偶然误差和系统误差。偶然误差亦称随机误差，由随机的偶然的原因造成，在分析操作中是不可避免的。系统误差是由某种固定的原因造成的，使测定结果系统偏高或偏低。单向性是系统误差具有的最重要的特性，此外系统误差还带有普遍性。正是由于系统误差发生于系统本身存在的缺陷，因而不会因个别因素的改变而可以避免。系统误差的大小，正负是可以测定的。系统误差是由于测量系统本身的缺陷所造成的，如果能够找到系统存在的缺陷并加以改进，就可以避免系统误差。当前我国的医疗纠纷发生情况与此非常类似，由于医疗纠纷带有非常强的单向性和普遍性，所以一定是系统发生问题的结果。

那么，我们的整个国家和社会的医疗体系中到底存在什么缺陷呢？前面已综合分析了我国医疗纠纷发生的一般规律，无论地域、无论医疗机构级别、无论医务人员诊疗技术水平，都会发生医疗纠纷。而其他领域的法律纠纷，无论从波及面上还是从发生数量上来看，在目前都找不出第二个专业领域可以跟医疗行业相比拟。这

---

① Perrow, Charles, Normal Accidents, New York: Basic Books, 1984.

② 〔美〕Linda T. Kohn, Janet M. Corrigan, Molla S. Donaldson:《孰能无错——创建更加安全的医疗卫生保健系统》，王晓波、马金昌译，中国医药科技出版社2005年版，第66页。

种带有普遍性的纠纷特点，充分向我们揭示一个问题，我国的医疗纠纷之痛应当源于我国的相关体制，应当是制度层面出了问题的结果。

这里所说的体制，包括政治体制、经济体制、行政管理体制和法律体制。这些体制都与我国当前的医疗纠纷有密切的关系。政治体制是一个更为复杂庞大的体系，影响更为深远，而对政治体制进行变革的难度更大。本文对此不愿涉及。经济体制也是一个覆盖面广影响面大的庞大体系，对于我国当前医疗纠纷影响比较大的层面，包括医疗卫生体制、医疗健康保障制度、药品制造与流通制度、社会救济制度、社会养老保障制度、失业保障制度、社会保险制度、价格制度等。有的制度政府正在改革之中，而且制度的改革难度非常大，比如医疗保障制度。因此，改革与构建新制度的漫长过程可想而知，从而医疗纠纷的彻底消除和解决也是一个比较漫长的过程。行政管理体制应当与另外三个体制即政治体制、经济体制和法律体制相关，它不是一个孤立而独自运行的体制。我国的医疗卫生管理体制确实从制度层面上影响着我国的医疗纠纷与医疗事故的处理，这是本书就相关问题剖析中要涉及的内容。

在制度层面上还有法律制度，包括立法制度和司法制度。法律制度是影响纠纷发生和处理的重要因素，长期以来，我国对于医疗机构给患者造成的损害，在立法和实践中都采用事故模式，动辄打上医疗事故的帽子，医疗事故成了医务人员在医疗执业中永远挥之不去的阴影。而规定将医疗过失事件界定为医疗事故的法律正是《医疗事故处理条例》（其前身是《医疗事故处理办法》），这部行政法规首先在名称上定义为医疗事故就是一大错误，由于立足点错误，进而以该概念为基础构建的一系列制度都存在众多的缺陷和问题。人民法院在处理医疗纠纷民事赔偿案件的时候，一方面由于《条例》是国务院的行政法规，里面除了涉及医疗事故的行政处理内容之外，还有医疗事故民事赔偿的内容，法院审理案件不可能不适用该条例。但是条例中民事赔偿的规定确实又与《民法通则》的规定有不一致之处。在这种现实与立法、行政与司法、医与患之间的矛盾冲突之下，法院只能选择这种二元化的处理模式来解决司法中法律适用上的难题。这恐怕是我们长期讨论医疗纠纷民事处理二元化产生的根源之所在。要解决这个问题，只能寄希望于国家立法机关从法律的层面来解决。

### （二）我国传统文化中的糟粕埋下医疗纠纷隐患

中国文化源远流长，中国文化具有悠久的历史和传统，在人类历史长河中，璀璨、耀眼的中国文化在人类文明史上留下了光辉的一页。正是这种传承着我们祖先的辛勤、智慧、善良的中国文化，创造了中国社会发展的辉煌历史，造就了一个又一个令世人瞩目的惊人成就，也正是这种中国文化给中国当今社会和经济的发展注入了无穷的动力，在治国理政者调整了正确的发展思路后，在给中国社会的发展创造了良好的大环境之后，中国在最近40年的改革开放中再次取得了令世界震惊的成绩。这是中国文化优良的一面，也是值得中华儿女骄傲的一面。但是，中国文化也存在一些糟粕，存在一些必须要摒弃的东西，否则，这些负面的因素将会影响中国社会的发展，影响中国前进的步伐和进程。其中的一些文化糟粕还是引发医疗纠纷尤其是恶性医疗纠纷、医闹事件的重要因素，为医疗纠纷的发生、发展埋下隐患。影响医疗纠纷的发生、发展的中国文化糟粕包括以下内容。

1. 上访告状

“上访”的传统，在中国可谓是源远流长。中国古代就有拦官轿上访、告状的传统。古代社会中，百姓有了冤情或矛盾、纠纷等，往往有几种处理方式：（1）乡里、族里自行解决。由乡里或族里有威望的老人出任乡长或族长，对家庭之间或个人之间的矛盾、纠纷进行评判，有些问题就通过这种非正式制度得到解决；（2）县里解决。传统的社会里，政府发挥作用的层面多在县一级。县官可以升堂断案，这种政法不分的传统直到民国以后才有些许改变；（3）“告御状”。这一制度规定，在某些情况下，案件当事人可以不受审级的限制，直接向皇帝或钦差大人申诉，也就是俗称的“告御状”。[①] 美国学者欧中坦（*Jonathan K. Ocko*）曾经将清朝的京控（告御状）现象形象地描述为“千方百计上京城”（*I'll Take it All the Way to Beijing: Capital Appeals in the Qing*），[②] 正是这种传统观念，今天的上访也就成了一种特殊的社会现象。有学者对当下中国的上访现象进行了观察：中央机关信访接待部门人满为患，永定门外访民人潮汹涌，因重要时期暂时沉寂的访民会在敏感时期过后如决堤之水涌入北京，[③] 我们不禁会发出上访与京控何其相似但又有过之无不及的感叹。[④]

---

① 倪宇洁：《我国信访制度的历史回顾与现状审视》，《中国行政管理》2010年第11期，第29～33页。

② ［美］欧中坦：《千方百计上京城：清朝的京控》，谢鹏程译，载高道蕴等编：《美国学者论中国法律传统》，中国政法大学出版社1994年版。

③ 如2003年的“非典”时期，作为重灾区的北京受到前所未有的管制，在这一时期，由于人口无法流动使得上访大大减少。但随着六七月份疫情的消除，前一时期积压的上访如潮水涌入北京，有媒体甚至用“信访洪峰”描述这一景象：“2003年7月份以来出现的信访高潮，是机关里的人多年未见的。”参见胡奎、姜抒：《信访洪峰》，《瞭望东方周刊》2003年第4期。

④ 李训虎：《“案结事了”的司法观与裁判事实的可接受性》，《证据科学》2009年第6期，第668～676页。

与信访相关的另一个现象就是“闹访”，通过正常的信访渠道解决不了问题，便采取非理性的、甚至是违法的方式，制造动静，或者给信访相关主体施加压力，制造被动困境与危机，从而获得问题解决的主动权，以便信访主管部门尽快解决信访者的问题。信访毕竟是找有权处理问题的单位反映诉求，但是在信访的大背景下有的人干脆直接将这种非理性维权的方式施加给利益诉求的相对方，让利益诉求相对方面临被动、危机、困境，逼迫对方尽快解决直接的问题，答应自己的利益诉求。患方直接到医院找医务人员纠缠，扰乱医疗秩序，甚至殴打医务人员等，便是这一现象的直接反映。

2. 死者为大

死者为大是一种习俗，是指人死了办丧事的时候，死人是最大最尊贵的，其他与之无关的事情都要让路。人都本能的怕死。所谓“人命关天”，把死放到了“天”的高度，可见死在个人乃至人类社会都是重大的事。人是怕死的，但是如果一个人能以死自证清白、以死抗争，往往就容易被人们认可他的主张，容易获得人们的同情，容易使其问题得到解决。

“死者为大”这种传统说法，根源于我们民族的死亡文化。中华民族是没有死亡准备的民族。其他民族有死后轮回或者上天堂的信仰，而中华民族的先民们相信长生不死。在很多情况下，如果有亲友离世，中国人的情绪往往起伏剧烈，震惊、愤怒感强烈。这种情绪化对待亲友死亡的方式，一旦与死因或者生前冲突相互碰撞，处理矛盾的原则往往是死者为大。①

但也正因为有这么一种传统观念的影响，当患者在接受医疗服务死亡后，患者家属便会以各种理由和方式向医院主张权利，要求医院赔偿，满足其提出的各种要求，甚至采取极端手段给医院施加压力，为此还有医务人员受伤。即便执法部门介入，由于患者死亡，执法部门也会手下留情，本该启动刑事程序的，也会暂缓；本该行政拘留的，也会网开一面。这种做法反过来会进一步助长医闹事件的持续、恶化。

3. 法不责众

“法不责众”② 是古代官府对民间出现的某种现象所采取的政府行为。这里的“民间出现的某种现象”，指的就是大家都在犯类似的错误，被集中到官府之后，官

---

① 袁钟：《尊重生命不等于死者为大》，《环球时报》2016－01－19。

② （清）石玉昆：《小五义》第38回：“大家一议论，法不责众，全走了。”

员们所采取的对策。法不责众是指当某项行为具有一定的群体性或普遍性时，即使该行为含有某种不合法或不合理因素，法律对其也难予惩戒。法不责众是制定法律的一个原则，在法理上其实不存在法不责众的情况，从水可载舟、亦可覆舟的另一角度评价法不责众，法本身的制订也是值得深思的；但是在现实生活中这种观念在老百姓中有一定的影响力。①

与法不责众相类似的，还有法不责少、法不责老，这里固然有伦理道德的考虑，在立法层面对老人、未成年人违法犯罪，有从轻、减轻处罚的法律规定，如“已满七十五周岁的人故意犯罪的，可以从轻或减轻处罚；过失犯罪的，应当从轻或者减轻处罚”，“违法行为人七十周岁以上，依法应当给予行政拘留处罚的，应当作出处罚决定，但不送拘留所执行”，“已满 16 周岁的人犯罪，应当负刑事责任。已满 14 周岁不满 16 周岁的人，犯故意杀人，故意伤害致人重伤或死亡、强奸、抢劫、贩卖毒品、放火、爆炸、投毒罪的，应当负刑事责任，已满 14 周岁不满 18 周岁的未成年人犯罪，应当从轻或减轻处罚。”但是更有相关执法部门的现实考量。在改革开放注重经济建设的当代中国，面对违法犯罪之人，如果对众人、老人、未成年人问责了，会影响稳定：问责未成年人，家长闹事；问责老人，子女闹事；问责人数众多时，大家一起闹事。因此，执法部门往往会选择性执法，抓一两个典型，象征性问责。如此一来，便助长了“医闹”泛滥。

### （三）我国改革开放四十年集中涌现的问题无时间消化

中国是一个长期闭关自守、固步自封的国家。明清政府实行严格限制对外交通和贸易的政策。到了清朝，朝廷以“天朝上邦”自居，认为“天朝物产丰盈，无所不有，原不藉外夷货物以通有无”，长期关闭国门，严格限制国人对外交往。乾隆二十二年（1757 年），清政府下令除广州一地外，停止一切对外贸易，这就是所谓的“一口通商”政策。这标志着清政府彻底奉行起闭关锁国政策。② 民国时期我国处于半殖民地半封建社会，虽有一定程度的对外开放，但仍处于极度落后封闭的状态。1949 年新中国成立以后，又受到西方国家的集体封锁。直到 1978 年党的十一届三中全会，才开始确立改革开放的基本经济制度，国家才全面开展对外开放，

---

① 姜同：《诗词中的典故与典故的英译》，《长江工程职业技术学院学报》，2006 年第 6 期，第 86 页。

② 兰延超：《清代海禁政策的原因探究》，《长春工程学院学报（社会科学版）》2014 年第 15 卷第 3 期第 54 ~ 56 页；仝飞：《明清海禁》，《人民教育网》，最后访问时间：2016 年 12 月 28 日。

开展真正意义上的经济建设。中国由闭关自守到改革开放，由半殖民地半封建向西方现代化文明的过渡，必然出现各种社会发展、建设中的问题，尤其是价值取向、文明习惯引起的生活习惯和观念的冲突，物质生活条件改善、优越文化环境变化与简陋的生活环境、生活工作条件之间的冲突。不可否认的是，通过这三十多年的改革开放和经济建设，经济上取得了巨大的成就，社会得到了空前发展，人民生活水平得到了质的提高，但同时也产生了很多问题。西方国家花了几百年的时间取得的成就、发展和进步，我们国家仅用了三十多年。西方国家在建设和发展过程中，也出现了各种社会问题，这些问题正如我们今天所面对的情况一样，当年也令西方国家的管理者一筹莫展。但是，西方国家发展中出现的问题是在发展过程中缓慢出现的，因而也有时间慢慢消化，逐步解决。但是我们的问题却是在这三十多年集中涌现的，在短短三十多年难以一下子把这些问题解决掉，甚至有的问题目前要解决还缺乏相应的条件，因而有的问题目前是无解的。这便是我们今天面临的状况。今天的中国出现的问题，有的是可以一下子解决的，有的则由于条件不够，短时间内难以消化不能化解。这些问题的解决，需要一定的时间，需要一定的条件。医疗纠纷便是这样的问题。

### （四）医疗场所、医疗服务的特殊性容易引发纠纷

正如汽车需要定期维修和保养、汽车出现故障需要修理一样，医疗服务是人类社会发展中建立起来的开展身体修复的健康保养机制，医疗服务对于维持个体健康水平，保持个体良好的身体条件，维系个体正常的寿命乃至个体的生活质量，都具有极其重要的意义。从这个意义上说，医疗服务是人类社会正常发展的产物，是维系人们身体健康、保持生活质量、延年益寿的必需品。因此，医疗服务是任何现代社会和文明国家提供给其公民的基本福利。提供基本的健康服务是所有现代国家的法定职责。正因为医疗服务有着如此的重要性，医疗服务于每一个人有着如此密切的关系，医疗服务关系到人们的健康和寿命，当人们的身体出现健康问题时，不得不选择到医疗机构就医，接受医务人员的诊疗服务。但是，当前我国的医疗场所存在着多种容易引发纠纷和暴力的因素，主要体现在以下几个方面。

第一，医疗机构承担公民的健康保障工作，但由于国家幅员辽阔，人口众多，经济发展极不平衡，国家的财力有限，在医疗服务和健康保障方面投入经费不足，因此，国家采取给予医疗行业特殊的政策，让医疗机构在提供医疗服务的过程中“以药养医”、“以药补医”，收取药品的加成加价，让医务人员从患者身上挣钱养

活自己。即便目前各地取消了药品和医疗器械的加成加价，但让医疗机构从患者身上挣钱的思路不变，从而呈现出医务人员与患者利益冲突，医患双方形成了利益消长关系。

第二，医疗活动专业性强，环节多，流程长，加之有的医院管理水平较低，不能很好地设计患者就医流程，更是让患者在医疗机构就医中耗费大量的时间。病人在医疗机构就医，至少得排三次队，所以常有“排队30分钟看病3分钟”的感慨。无聊的等候是不良情绪产生的温床，患者及其陪同家属在就医过程中的漫长等候，会毁坏患者及其家属的良好情绪，甚至会迁怒于医务人员。近年来国家卫生行政管理部门要求医疗机构改善医疗服务流程，改善患者的就医体验，增加患者就医的获得感，正是针对这一现象做出的程序性安排。

第三，人民追求美好生活与社会经济发展不均衡之间的矛盾，在医疗卫生领域也得以充分体现。由于我国地域辽阔，人口众多，医疗资源尤其是优质的医疗资源分布极不均衡，医疗资源分布与人民群众对医疗服务的需求形成了两个扭曲的三角形关系。优质的医疗资源分布在大城市，尤其分布在北京、上海、广州等这样的大城市，而二线、三线城市医疗资源短缺，在广大农村地区甚至缺乏必要的医疗资源。在优质医院的分布上形成了一个倒三角关系。然而，人民群众并非因为没有相应的医院就没有医疗保健服务的需求，相反，由于经济原因、文化素质原因、健康保健意识原因等，在二线三线城市尤其农村，人民群众的健康状况更差，有更多的健康服务需求，形成了正三角关系（见图1－2）。

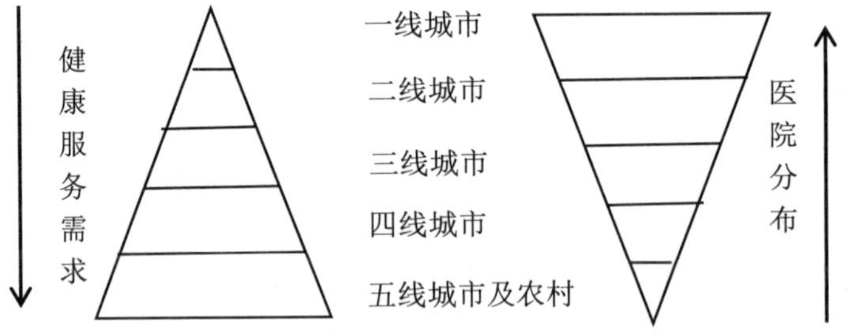


**图1－2　我国医疗资源分布不均衡与人民群众医疗保健需求形成的反差**

面对这种医疗资源分布不均衡与医疗需求之间的矛盾，导致三线四线城市乃至农村，有医疗需求尤其是患有疑难杂症就医需要的患者纷纷涌向大城市。患者看病就医纷纷涌向大医院看专家，但大医院专家数量有限，由此造成了就医难。造成大医院医疗服务量剧增，医院人满为患，医务人员疲于应付，医疗质量、服务质量都没有得到保障，由此也引发了医疗不安全事件时有发生，加剧了医患不信任和医患之间的对立。

第四，医疗机构的医疗服务区是一个开放的公共场所，众多患者、患者家属以及其他相关人员可以自由进出，长期停留、聚集，这种公共场所属性与人员聚集情况与商场、车站、码头不同，人员滞留时间长；与学校相比，人员构成复杂，场所开放。聚集人员的构成复杂，可以提供的保障人们基本需求的资源有限，如饮用水、餐食、座椅、厕所等，会让医疗服务区的滞留人员缺乏耐心。但即便人满为患，医疗机构却不能限制人员进出。这些因素使得就诊病人容易产生怨气，诱发纠纷。

## 第二节　医疗损害赔偿立法与司法规制

### 一、《侵权责任法》对医疗过错的认定作出原则性规定

对于前节所列举的医疗损害诉讼难题中的医疗过错的认定，《侵权责任法》已经做出了原则性规定。而对于其他疑难问题则鲜有涉及，以至于医疗纠纷民事诉讼在实务上仍然举步维艰，医疗纠纷案件的处理仍然陷入僵局。

《侵权责任法》第 57 条对医疗过错的认定做了原则性规定，即考察医疗机构及其医务人员是否尽到与当时的医疗水平相应的诊疗义务。医疗机构及其医务人员尽到与当时的医疗水平相应的诊疗义务，视为医疗行为没有过错；医疗机构及其医务人员没有尽到或者部分尽到与当时的医疗水平相应的诊疗义务，均视为医疗行为存在过错。不过，这仍然是一种抽象而概括的表述，令医患双方及审案的法官无法把握。尤其是如何来理解法条中“当时”的含义，是准确把握是否存在医疗过错的关键。但是，应该如何来把握“当时”，立法中没有任何的解释。从字面意思来看，“当时”是一个时间概念，但是如果仅作时间概念理解，医疗水平没有地域差别的话，在我国这样的一个医疗资源配置不均衡的国家中，医疗机构的医疗水平差别很大，对有的医疗机构极其不公平，这样处理医疗纠纷也极为不利。有学者提出该概念本身包含了“地域”的含义。但是，即便是从“地域”上来理解，在一个具体的行政区划范围内，医疗机构的医疗能力还是有高低之分。

相比较之下，《侵权责任法》草案曾经规定的“国家标准” + “差别标准”，是一种客观、科学而实事求是的做法。例如，第二次审议稿第 57 条第 2 款规定：“判断医务人员注意义务时，应当适当考虑地区、医疗机构资质、医务人员资质等因素。”这样的规定是完全正确的，但是在审议时删掉了医疗水平差别对待的内容，理由是对于医务人员诊疗义务的判断，只能考虑时代整体医学水平的因素，而不能考虑医疗机构及医务人员个人的因素，否则便成为学艺不精的医师推脱责任的理由。[①] 这种看法是错误的，不能为了避免出现医疗机构及其医务人员推卸责任之词而不顾立法的科学性。相反，我们在一些学者的著述中，对这一问题的表述则多强调要考虑“时间、地域、医疗机构资质、医务人员资质”[②]。

另外，关于过错推定，虽然《侵权责任法》一改《民事证据规定》第 4 条第 1 款第 8 项“一刀切”式的举证责任倒置的要求，提出了实施过错推定的前置条件——由患方完成适用过错推定的条件的举证，但是《侵权责任法》第 58 条规定的三种适用过错推定的条件在实践中也具有难以操作的风险。

因此，《侵权责任法》在立法中所做的医疗过错的认定基本原则，仅仅是在立法层面上确定了一个高度抽象概括但难以把握的概念，在实践操作中还需要具体的指导精神。而对于前节列举的医疗损害诉讼的其他疑难问题，在《侵权责任法》中甚至连概念都没有提及。在这样的背景之下，对《侵权责任法》相关内容，尤其是第 7 章的内容做出解释就非常必要。

## 二、《侵权责任法》相关司法解释

目前，正式对《侵权责任法》做出司法解释的规范性文件仅有 2010 年 6 月 30 日最高人民法院发布的《关于适用〈中华人民共和国侵权责任法〉若干问题的通知》和 2017 年 12 月 13 日最高人民法院发布的《医疗损害司法解释》以及最高人民法院研究室负责人针对该司法解释的答记者问。但是该《侵权法适用通知》仅 4 条内容，涉及内容主要还是法律的溯及力问题，对医疗鉴定和被扶养人生活费有指引性规定，对《侵权责任法》规定中不明确的法律问题鲜有涉及，对《侵权责任

---

① 王胜明主编：《华人民共和国侵权责任法释义》，法律出版社 2010 年版，第 284 页。

② House Would Expang Malpractice Shield, Los Angels Times, March14, 2003, Home Edition, 409 ~410. 还可以参见陈现杰主编：《中华人民共和国侵权责任法条文精义与案例解析》，中国法制出版社 2010 年版，第 201 页。

法》适用于司法实践帮助甚微。最高人民法院《医疗损害责任纠纷司法解释》则是在总结多年医疗损害赔偿案件的基础上，对医疗损害赔偿案件审理中遇到的部分具体问题作出了司法解释，为今后我国各级人民法院审理医疗损害赔偿案件制定的统一的规范。

不过，从《侵权法适用通知》第 2 条规定来看，已经将《侵权责任法》第 16 条规定的赔偿项目问题作了处理。《侵权责任法》第 16 条将赔偿项目规定为三个方面：第一个方面，受害人因侵权所遭受的实际损失，包括医疗费、护理费、交通费等为治疗和康复支出的合理费用，以及因误工减少的收入；第二个方面，受害人因被侵权伤害造成残废的，除了应当赔偿第一个方面所应给予的经济赔偿外，还应当赔偿残疾生活辅助具费和残疾赔偿金；第三个方面，受害人因被侵权而死亡的，除了应当赔偿第一个方面所应给予的经济赔偿外，还应当赔偿丧葬费和死亡赔偿金。这些具体赔偿项目应该怎么计算，是《侵权责任法》在司法实践中适用的关键。尤其是医疗损害赔偿，因为《条例》第 50 条规定了一个赔偿标准，这个赔偿标准是否适用于《侵权责任法》，这显然是《侵权责任法》实施后，医疗纠纷处理中最为引人瞩目的问题。实际上，在《侵权责任法》立法讨论之际，就有人呼吁要将赔偿标准统一。而且《侵权责任法》立法的初衷，也有变法律适用由二元向一元回归的想法。因此，在《侵权责任法》由立法机关通过之后，网上就有人提出来，《侵权责任法》实施后，《条例》将会自动失效。无论是从法制统一的观点，还是《条例》失效的观点来看，主要是针对《条例》第 50 条所确定的赔偿标准。因此，《侵权责任法》实施后，最高人民法院必然要出台适应《侵权责任法》的赔偿标准的司法解释。而最高人民法院于 2004 年 5 月 1 日实施的《关于审理人身损害赔偿案件适用法律若干问题的解释》已经确立了一个人身损害赔偿项目的计算标准。那么，最高人民法院是沿用这个标准还是会制定新的标准呢？从最高人民法院 2010 年 6 月 30 日《侵权法适用通知》的内容来看，对“被扶养人生活费”做了技术性处理，分别纳入到“残疾赔偿金”和“死亡赔偿金”之中，这样就将《人身损害赔偿解释》的内容与《侵权责任法》保持一致，没有必要再做新的司法解释了。因此，《人身损害赔偿解释》也就成了《侵权责任法》的司法解释之一，《人身损害赔偿解释》所确定的赔偿标准，可以适用于《侵权责任法》。

不仅如此，《侵权责任法》第 22 条还确定了精神损失赔偿的基本原则。那么精神损失赔偿的费用如何计算，也是《侵权责任法》实施中的一个重要问题。在此之前，《条例》第 50 条也确定了精神损失赔偿费计算的标准。即按照医疗事故发生地居民年平均生活费计算。造成患者死亡的，赔偿年限最长不超过6年；造成患者残疾的，赔偿年限最长不超过3年。而最高人民法院于2001年2月26日通过的《关于确定民事侵权精神损害赔偿责任若干问题的解释》对《民法通则》涉及人身侵权造成受害人残废、死亡给予精神赔偿做了原则性规定，因此，《精神损害赔偿解释》也就成了《侵权责任法》的司法解释之一，《精神损害赔偿解释》对精神损失赔偿的规定，可以适用于《侵权责任法》。不过，《精神损害赔偿解释》第10条第1款规定了精神损害的赔偿数额确定的考虑因素，这是计算精神损失赔偿费用的核心内容。第10条第2款又规定，“法律、行政法规对于残疾赔偿金、死亡赔偿金等有明确规定的，适用法律、行政法规的规定。”显然，这里所讲的残疾赔偿金、死亡赔偿金是《精神损害赔偿解释》第9条所列举的精神损害抚慰金包括的具体方式，而不是《侵权责任法》第16条所规定的具有物质损失赔偿性质的残疾赔偿金、死亡赔偿金，二者的内涵不同。根据《精神损害赔偿解释》第10条第2款的规定，《条例》属于国务院的行政法规，因此，《条例》第50条第11项所确定的精神损害赔偿金的计算方法，仍然适用于《侵权责任法》第7章医疗损害赔偿。

## 三、部分地方针对《侵权责任法》出台了司法审判指导文件

尽管地方法院没有司法解释权，但是由于我国的司法资源分配极不平衡，地方各级法院审判人员的素质水平参差不齐，因此，我国地方法院在长期的审判实践过程中已经形成了一个惯例，即根据各地的具体情况，针对法律规定不具体、司法解释也不甚明确的问题制定统一意见。这些司法审判指导文件虽然对当地各级法院没有强制约束力，但由于它是因地制宜制定出来的，且可以弥补审判人员对审判实践中的问题把握不准的缺陷，因此在当地具有很高的审判适用的效果。

医疗损害赔偿之诉在我国民事审判工作中是最为复杂疑难的诉讼之一。因此，早在《侵权责任法》出台之前，针对医疗损害赔偿案件的处理，在如何选择适用《条例》与《民法通则》上，各地方法院就出台了司法审判指导文件。几乎各省、自治区、直辖市都有这样的文件，很多地市也出台了这样的文件，甚至很多市辖区、县也出台了这样的文件。不过，这些文件主要是针对《条例》与《民法通则》而制定的，在《侵权责任法》出台之后，由于该法对医疗损害赔偿案件有新的规定，因此，一般而言这些司法指导文件不能再适用。在这种情况下，一些地方法院

或者针对之前出台的司法指导文件进行修订，或者出台新的司法指导文件，以弥补在司法解释出台之前当地审判难以把握《侵权责任法》中具体问题的情况。

## 第三节　医疗损害责任纠纷司法解释亮点

《最高人民法院关于审理医疗损害责任纠纷案件适用法律若干问题的解释》（法释〔2017〕20号）（以下简称《医疗损害司法解释》）已于2017年3月27日由最高人民法院审判委员会第1713次会议通过，并于2017年12月14日起开始施行。该解释共26条，内容涉及：（1）医疗损害赔偿诉讼一般性问题（前言，第25条2款，第26条）；（2）当事人、起诉、当事人追加（第1－3条，第25条第1款）；（3）病历、举证责任及分配（第4－7条）；（4）医疗侵权责任承担（第16条，第19条，第20条）；（5）医疗损害专门性问题鉴定（第8－12条）；（6）侵害患者知情同意权责任纠纷处理（第17－18条）；（7）医疗产品责任纠纷处理（第21－23条）；（8）赔偿数额计算标准（第24条）；（9）鉴定人及专家辅助人出庭（第13－15条）等九个方面。

《侵权责任法》自2009年12月26日颁布之初，最高人民法院即计划对侵权责任法中各具体侵权类型做出司法解释。医疗损害诉讼案件的司法解释工作在2011年即开始启动，几易其稿，并且每一稿都有较大的修改和调整，多次向相关各方征求意见，但多次搁浅。

《医疗损害司法解释》于2017年末得以公布并实施，是我国司法处理医疗损害赔偿案件的一大进步。《侵权责任法》自2017年7月1日开始实施之后，由于法律规定得过于原则化，相关概念和制度界定模糊，有的纠纷处理的关键要素缺乏规定，尤其是对医疗侵权案件在实务上会面临什么问题无法预判，因此，《侵权责任法》在实施过程中遇到了各种问题和困难。本次《医疗损害司法解释》的发布，是在总结我国医疗侵权赔偿案件司法审判实践经验的基础上，在考察和借鉴国内外医疗侵权案件处理的经验基础上，在充分吸取医疗侵权诉讼理论和实务研究成果的基础上，在充分考察和权衡中国医疗制度、医疗行业和医疗服务的现实情况的基础上，对《侵权责任法》中医疗损害赔偿责任规定不明、模糊的问题做出的细化的、具有可操作性的解释。毫无疑问，紧扣“健康中国”时代主题，契合我国司法审判制度和特点，照顾到医疗行业的实际情况，《医疗损害司法解释》具有积极的进步意义。

总的来看，《医疗损害司法解释》的亮点很多，比较明显的亮点如下。

## 一、明确了诉讼当事人的追加

疾病是一个非常复杂而微妙的东西，患者就医常常会涉及多家医疗机构，诊治过程较长，患者在接受医疗服务后如果发生了损害后果，到底是哪家医疗机构造成的，有时难以说清，在起诉时确定被告往往不准确或者不全面。过去，常常有被告医院在法庭提出要求追加其他医疗机构或者药品生产企业、流通企业作为被告或者第三人，但基于各种原因，得到法庭支持的概率不大，使得一些医疗损害赔偿案件的审理并不顺利，甚至有时查不清楚案件事实，有时还涉及被告医院赔偿后的追偿，耗费了诉讼资源，无端增加了诉讼成本。本次《医疗损害司法解释》明确规定，当事人申请追加被告和第三人时，人民法院应予准许。必要时，人民法院可以依法追加相关当事人参加诉讼。三种情形包括：（1）患者起诉部分就诊的医疗机构后，当事人依法申请追加其他就诊的医疗机构为共同被告或者第三人的，应予准许。必要时，人民法院可以依法追加相关当事人参加诉讼。（2）患者仅起诉医疗产品的生产者、销售者、医疗机构中部分主体，当事人依法申请追加其他主体为共同被告或者第三人的，应予准许。必要时，人民法院可以依法追加相关当事人参加诉讼。（3）患者因输入不合格的血液受到损害，仅起诉血液的提供者、医疗机构中部分主体，当事人依法申请追加其他主体为共同被告或者第三人。追加医疗机构及医疗物品的生产者、销售者，有时会降低诉讼成本，因为作为医疗物品的生产者、销售者，产品质量很可能是造成患者损害的重要因素，但由于患者不直接与其打交道而起诉与患者直接打交道的医院，最后再由医院向其追偿，无端增加诉讼成本，将医疗物品的生产者、销售者在一次诉讼中直接加入，可以有效降低诉讼成本。但有时会增加诉讼成本，比如在医疗侵权诉讼中经常存在拉管辖、拉医院证明现象，被拉进来参加诉讼的医院作为原告也知道其并无责任，仅仅是从诉讼策略上考量而将其拉入。

## 二、明确了医疗损害赔偿案件的范围

医疗损害诉讼案件到底包括哪些案件，长期以来存在比较大的争议。甚至有的人认为“医疗损害”的概念本身就是错误的，因为医疗行为必有损害，“医疗损害赔偿”是否意味着提供医疗服务就要承担赔偿责任？显然这是一种误会。有的人常常习惯于概念字面意思的纠缠，事实上任何概念字面所提供的信息是有限的，任何概念的含义还在于对该概念的定义，即内涵和外延的确定。本次司法解释对医疗损害赔偿诉讼的范围明确界定为“患者以在诊疗活动中受到人身或者财产损害为由请求医疗机构，医疗产品的生产者、销售者或者血液提供机构承担侵权责任的案件”，同时将“医疗美容服务”纳入其中。因此，医疗损害赔偿诉讼的案件范围应当包括：（1）诊疗活动中受到人身或者财产损害的患者向医疗机构请求赔偿的诉讼案件；（2）在医疗活动中使用医疗产品或者血液受到人身或者财产损害的患者向医疗产品的生产者、销售者或者血液提供机构请求赔偿的案件；（3）在医疗美容活动中受到人身或者财产损害的患者向医疗机构请求赔偿的诉讼案件。

## 三、明确了医患双方诉讼中的举证责任及范围

案件的审理过程很重要的一项任务就是查清案件事实。审判案件的法官是与事实的发生、发展毫无牵连的人，他不可能知悉案件发生的情况。法官在审理案件过程中地位中立，不应当也不会主动调查取证。案件事实的查清，有赖于诉讼当事人各方提交的证据。在诉讼过程中当事人有权根据自己的利益提出相应的主张，但同时也有义务提供证据来证明其主张，否则其主张不成立，对案件事实的认定不产生影响。

医疗损害赔偿案件的专业性、技术性极强，尤其在医疗侵权责任构成要件方面，医疗行为是否存在医疗过错、有过错的医疗行为与损害后果之间是否存在因果关系，更是涉及非常专业的知识和理论。且有的医学规律目前人类社会仍然没有认识清楚，患者在医疗过程中所遭受的损害是什么原因造成的，是否与医疗行为有因果关系很难证明，这样的举证责任分配对医方和患方而言都是一项难以完成的任务。但是，法院在受理当事人的起诉后必须在查明案件事实的基础上才能裁判，查不清楚案件事实便只能依据程序法——举证责任分担的方式裁判。

本次司法解释对诉讼当事人的举证责任作出了明确，仍然采用“谁主张、谁举证”的规则，要求患方针对其诉讼主张承担举证责任。《医疗损害司法解释》第 4 条第 1 款对患者起诉所承担的举证责任作出了规定：患者依据侵权责任法第 54 条规定主张医疗机构承担赔偿责任的，应当提交到该医疗机构就诊（有医疗行为发生）、受到损害（有损害结果存在）的证据。因为医疗过错及医疗行为与损害后果之间是否存在因果关系举证困难，同时医患双方诉讼能力和诉讼地位不平等，所以

在2001年最高人民法院采取举证责任倒置的方式①，将该两项艰难的举证任务分配给医方，然而，实际上造成了医方的举证困难。因此举证责任倒置减轻了患方的举证负担，加重了医方的举证负担，造成了新的诉讼地位的不平等，并且引发了医方在医疗服务中更多地采取防御性医疗模式加以预防，导致过度医疗、无效医疗、冗长医疗、医疗过程本末倒置，最终导致医疗费用的上涨，损害患者的利益。虽然，2010年7月1日实施的《侵权责任法》第58条规定了“附条件的医疗过错举证责任倒置”，但是很显然本次司法解释明显将其进一步淡化。

医方在医疗损害诉讼中的举证责任，仍然以“谁主张、谁举证”为原则。《医疗损害司法解释》第4条第3款规定，医疗机构主张不承担责任的，应当就侵权责任法第60条第1款规定情形等抗辩事由承担举证证明责任。

## 四、对患者诉讼的相对弱势做了适当倾斜照顾

前已述及，在医疗损害诉讼中，患方的诉讼能力和诉讼地位不及医疗机构，过去采用举证责任倒置的方式并不能取得很好的诉讼效果和社会效果，本次司法解释注意到患方举证能力的局限性，但也注意到过去举证责任倒置引发的负面影响，因此，虽然仍然在兼顾患者诉讼能力弱这一客观事实，但并没有采取举证责任倒置的方式来平衡医患双方的诉讼地位，而是采取了证据责任承担的替代方式予以解决。《医疗损害司法解释》第4条第2款规定：患者无法提交医疗机构及其医务人员有过错、诊疗行为与损害之间具有因果关系的证据，依法提出医疗损害鉴定申请的，人民法院应予准许。《医疗损害司法解释》第7条第2款规定：患者无法提交使用医疗产品或者输入血液与损害之间具有因果关系的证据，依法申请鉴定的，人民法院应予准许。

将医疗过错及因果关系的证明义务转化为提起医疗损害鉴定的申请义务，虽然采取了举证责任承担的替代方式减轻了患方的举证负担，但是医疗鉴定的申请义务在患者，因此患者在诉讼中应当依法提起医疗损害鉴定申请。提出了医疗损害鉴定申请，便意味着患者应当预交鉴定费，如果因为不交鉴定费导致无法鉴定的，患者将承担不能鉴定的不利后果。

---

① 参见《最高人民法院关于民事诉讼证据的若干规定》（法释〔2001〕33号，2001年12月6日最高人民法院审判委员会第1201次会议通过，2002年4月1日实施）第4条第1款第8项：因医疗行为引起的侵权诉讼，由医疗机构就医疗行为与损害结果之间不存在因果关系及不存在医疗过错承担举证责任。

## 五、列举了“不能取得患者近亲属意见”的情形

长期以来，紧急情况下对生命垂危患者的救治一直困扰着医疗界。在紧急情况下，面对垂危患者的救治，往往涉及两个权利的冲突：一个是患者生命垂危，不及时实施救治，患者有生命危险，可能侵害患者的生命权；另一个是紧急情况下，往往患者处于昏迷状态，且没有时间联系患者近亲属，或者即便联系了患者近亲属但后者不予表态，如果实施救治可能侵犯患方的知情权和同意权。例如之前发生的北京朝阳医院孕妇吕丽云死亡案，后来在全国多地也发生过引起类似争议的案件。① 甚至在 2017 年 8 月 31 日，在陕西榆林还发生了近亲属与患者意见不一致，医方不知按照谁的意见来处理患者，结果导致患者坠楼的惨剧。② 面对这种困惑，在 2009 年出台《侵权责任法》时即考虑到这种危机，并且在第 56 条做出了规定：紧急情况下不能取得患者及其近亲属意见的，经医疗机构负责人及授权的负责人批准，可以立即实施手术。但是仍然不能解决其中的问题。虽然《侵权责任法》第 56 条明确规定，在紧急情况下，无法取得患者意见亦无法取得患者近亲属意见时，为抢救垂危患者的生命，经医疗机构负责人或者其授权的负责人批准，即可实施相应的手术。但现实中争议很大，尤其“不能取得患者近亲属意见”到底包括哪些情形，实践中并不清楚，给医疗机构及其医务人员抢救患者带来一定麻烦。《医疗损害司法解释》第 18 条列出了 5 种“不能取得患者近亲属意见”的情况：（1）近亲属不明的；（2）不能及时联系到近亲属的；（3）近亲属拒绝发表意见的；（4）近亲属达

---

① 2010 年 10 月 13 日 14 时 40 分，一名路人在广州街头发现路边倒卧一中年男子，神志不清，口吐白沫，赶忙拨打 120。一辆救护车将男子接到附近一家三甲医院的急诊科检查。该院急诊内科梁医生称，44 岁的刘先生送来时已陷入深度昏迷，有明显酗酒迹象，紧急 CT 检查发现，他的大脑右侧颞叶发生出血，出血量约为 60 毫升，血液流入脑室系统及蛛网膜下腔，情况危急。梁医生判断，“必须马上进行手术”。随后，刘先生的两位姐姐赶来医院。她们表示，弟弟没有老婆没有工作长期酗酒，家人多次劝阻仍我行我素，终于出事。医生对两位家属详细介绍了刘先生的病情，她们听完后拒绝医生进行任何救治，甚至不同意办理入院手续，最终签字放弃治疗。无奈，16 时后，医院将刘先生转入急诊观察室。观察室的刘医生说，刘先生一直处于深度昏迷中，医院按常规给予保守治疗，但因病情过重，刘先生挨到深夜 2 时后死亡。

2010 年 12 月 3 日清晨 6 时，孕妇吕女士日前在广州华侨医院临产时出现胎盘早剥，因危及母子生命，必须剖宫产。然而她坚决拒绝签字。在征得其家人同意后，该医院医务部副主任代表医院签字进行手术，强行为其进行剖宫产。最终新生儿不幸死亡，产妇因心脏衰竭接受抢救。这起有关“签字权”的医疗事件引发了社会的争议：产妇在清醒的时候，家人能否签字同意手术？医院为了救人时，医生处置权和病人及其家属签字权谁应当摆在首位？

② 2017 年 8 月 31 日晚，在陕西省榆林市第一医院绥德院区，产妇马茸茸在待产时，从医院五楼坠亡。事发后，医院方面表示，由于家属多次拒绝剖宫产，最终导致产妇难忍疼痛跳楼。但是产妇家属却声称，曾向医生多次提出剖宫产被拒绝。

不成一致意见的；（5）法律、法规规定的其他情形。这样可以让医疗机构及其医务人员在紧急情况下抢救患者时的判断更为容易。

本次司法解释第18条对紧急情况下的救治还规定，对“不能取得患者近亲属意见”的情况详细列举了4种情形，并且规定，不能取得患者近亲属意见的，医务人员经医疗机构负责人或者授权的负责人批准立即实施相应医疗措施，患者因此请求医疗机构承担赔偿责任的，不予支持；医疗机构及其医务人员怠于实施相应医疗措施造成损害，患者请求医疗机构承担赔偿责任的，应予支持。使得紧急情况下对患者的救治更具有可操作性。实际上，对于紧急情况下患者救治问题，近年来我国立法、司法都予以较多的关注。早年的《医疗机构管理条例》（1994年）、《执业医师法》（1998年）、《条例》（2002年）即有规定，后来《侵权责任法》（2009年）、《精神卫生法》（2012年）也做出了相应规定，到了2017年更是在《民法总则》第184条有了“好人法”的内容，对紧急情况下自愿实施的紧急救助予以免责规定。这表明在立法上对紧急情况下的医疗救治者的“注意义务”的要求在放宽，降低了注意义务的要求，让医疗救治者能够放心大胆实施救治，使生命垂危患者得到最大的救治希望。

## 六、对隐匿、拒绝提供病历做出了具体解释

在医疗侵权赔偿案件的举证责任分配上，我国立法与司法经历了“无条件的双向倒置”向“附条件的单向倒置”的演变过程。“无条件的双向倒置”即是《最高人民法院关于民事诉讼证据的若干规定》第4条第1款第8项的规定；“附条件的单向倒置”即是《侵权责任法》第58条的规定。这种变化反映了立法和司法机关对医疗侵权诉讼现实的考察和经验总结，也反映了医患双方在诉讼过程中实力的变化。但是，《侵权责任法》第58条所规定的“过错推定”即举证责任倒置的条件仍然模糊，尤其是其中第2项医方拒绝提供与纠纷有关的病历资料的规定，这里的“病历资料”到底包括哪些文件？什么情况下可以认定医疗机构“隐匿、拒绝提供与纠纷有关的病历”？当然，从时间上来说，一定是医患双方发生了医疗纠纷之后。但到底是在起诉前还是起诉后呢？现实中有患者在起诉前与医院发生了医疗纠纷，因为一些特殊原因医院没有为其提供病历复制服务，诉讼中患者在法庭上要求“推定”医疗行为有过错。本次司法解释第6条第2款将其明确限定在起诉以后，患者依法向人民法院申请医疗机构提交由其保管的与纠纷有关的病历资料等，医疗机构

未在人民法院指定期限内提交的，人民法院可以依照《侵权责任法》第 58 条第 2 项规定推定医疗机构有过错。当然也做出了现实考量，如果因不可抗力等客观原因无法提交病历资料的，并不在过错推定范畴之内。

## 七、对医疗损害鉴定专家做出了规定

何人可以从事医疗损害技术鉴定呢？长期以来理论界、实务界的争议很大。尤其是在医疗损害鉴定二元化背景之下，医疗损害鉴定到底是医学会的临床鉴定专家来做还是应当让司法鉴定机构的法医来做，这是一个非常困难的问题，甚至引发了医疗损害鉴定到底是应当坚持中立性、公正性第一，还是应当坚持专业性、科学性第一的讨论。

鉴定意见的本质是科学证据，在证据分类上属于证人证言的范畴。鉴定意见是掌握了相关专业的科学技术理论、知识和经验的专家，运用特有的专业技术理论知识和经验，对诉讼案件中涉及的专门性问题进行分析、解释和评价，并形成让一个外行能够读懂的专业意见。鉴定意见的科学性需要鉴定人的专家身份和分析手段的专业性来保障，至于鉴定意见的公正性则可以通过制度设计、规则制定来解决。最典型的例子是，英美法系国家的法庭上专家证人（相当于我国的鉴定人）是由当事人聘请的，专家的身份需要在法庭上验证，并且原被告双方通过交叉询问的方式，各自按照主询问、反询问的规则向专家提问。

本次司法解释对鉴定意见的鉴定人的身份做出了与民事诉讼法明显不同的表述。《民事诉讼法》第 76 条规定，当事人可以就查明事实的专门性问题向人民法院申请鉴定。当事人申请鉴定的，由双方当事人协商确定具备资格的鉴定人；协商不成的，由人民法院指定。当事人未申请鉴定，人民法院对专门性问题认为需要鉴定的，应当委托具备资格的鉴定人进行鉴定。这里对鉴定人的身份表述为“具备资格”。鉴定资格往往与行政许可相关，容易使人联想到司法鉴定人资格，过去司法实践中也比较看重司法鉴定资格。相比较而言，医学会医疗事故技术鉴定专家库的专家没有到司法行政部门注册，往往被认定为没有医疗损害技术鉴定资格。这造成了现实中的一大困境：有相应临床专业知识的人无法做鉴定，没有相应临床专业知识的人却有权做鉴定。这实际上违背了证据效力不能预设的证据原理，也违背了同行评议的鉴定基本理论。本次司法解释第 9 条第 3 款将从事医疗损害技术鉴定的人界定为“具备相应鉴定能力、符合鉴定要求的专家”。鉴定能力，是从专业技术层面对鉴定人提出了技术能力的实质性要求；符合鉴定要求，则是从法律层面对从事医疗损害技术鉴定的人提出了形式的、程序的、规范的要求。与该司法解释同时发布的还有《最高人民法院研究室负责人就〈最高人民法院关于审理医疗损害责任纠纷案件适用法律若干问题的解释〉答记者问》，该答记者问明确说道：人民法院应当根据案件具体情况对鉴定专家作必要审查，确保鉴定专家具备相应鉴定能力。涉及临床医学方面专门性问题的鉴定，应当具备临床医学鉴定方面的资质要求；涉及法医学方面专门性问题的，应当具备法医学方面的资质要求。从解释的第 11 条第 2 款所列的医疗损害专门性问题鉴定的 7 项内容来看，有涉及法医学鉴定的内容（第 1，2，3，4 项），有涉及医疗活动特殊鉴定的内容（第 5，6 项），因此，最高人民法院研究室的负责人对鉴定能力作出如此解释非常准确而恰当，便于医疗损害鉴定人的遴选。

## 八、明确了医疗过错认定的依据

侵权责任承担最为重要的条件是过错，无过错即不承担责任。关于医疗过错的认定，在侵权法理论上一般表述为“未尽到专业上的注意义务”，《侵权责任法》第 57 条也仅仅界定为“未尽到与当时的医疗水平相应的诊疗义务”，但是何为“医疗注意义务”，则只能由法官根据具体情况掌握，因此差异较大。虽然，《侵权责任法》已经把难以把握的“主观过错”转化为客观上“违法行为”的考察，但仍然难以把握。

正是由于“医疗过错”的规定不具体，司法实践难以把握，在具体案件的认定和处理上随意性很大，常常造成同类型的医疗争议在不同法院不同法官的认定上不同甚至相反，影响了司法的权威性，也造成了医疗实践的混乱。所以在医疗侵权诉讼中法官往往转移自己的困难，过多地依赖医疗损害技术鉴定，甚至形成了无鉴不审、无鉴不判的现象，法官对鉴定意见严重依赖。实际上，将医疗过错的问题委以鉴定人进行鉴定，在鉴定人那里同样面临如何认定医疗过错的困难。虽然鉴定人具有一定的医学专业知识，从专业层面理解“医疗过错”相较于法官有一定优势，但是“过错”毕竟是一个法律概念，作为法律外行的鉴定人并不真正理解法律上过错的含义与认定要求，因而“医疗过错”以“鉴定”方式来认定同样不准确，甚至出现偏差。

本次司法解释第 16 条对医疗过错认定的依据做出了规定：对医疗机构及其医

务人员的过错，应当依据法律、行政法规、规章以及其他有关诊疗规范进行认定，可以综合考虑患者病情的紧急程度、患者个体差异、当地的医疗水平、医疗机构与医务人员资质等因素。从两个层面加以规定，一是“必须”的法律层面，即从“法律、行政法规、规章以及其他有关诊疗规范进行认定”；二是“可以”的事实层面，即“可以综合考虑患者病情的紧急程度、患者个体差异、当地的医疗水平、医疗机构与医务人员资质等因素。”相关事实层面之所以强调“可以”，是因为这些因素在每一起医疗侵权诉讼中并不一定都出现，且各种事实因素的变化也很大，因而在医疗过错认定依据上，这些事实因素处于第二位，但并非是不重要的因素，相反，只要存在就是重要因素，审判和鉴定时“应当”综合考虑。

## 九、明确了因果关系的分级

因果关系是重要的侵权责任构成要件之一，但是其进行举证的难度极大，对其进行证明的专业性要求极高，在医疗侵权案件中往往是从临床医学层面予以证明，因而一般都需要启动鉴定程序。但是，医疗损害鉴定也得有科学基础，除了需要具备特定损害结果与特定医疗活动之间的循证证据之外，还需要有因果关系判断的基本理论和方法。长期以来，因果关系的判断比较混乱，法官由于科学知识的局限性难以判断而委托鉴定，鉴定人在实施因果关系的鉴定上又自行其是，随意性很大，凭感觉进行鉴定，甚至超出一名科学工作者的能力范畴进行鉴定。在因果关系的定量判断上，目前有三种不同的表述：（1）参与度；（2）责任程度；（3）原因力。但是这三种表述到底哪一种表述更能准确反映定量因果关系呢？显然是原因力。参与度是一个舶来品，是从日本保险赔偿医学中“寄与度”移植过来的，在日本的赔偿医学中将参与度分为 11 级。责任程度是《条例》中的概念，容易与医务人员在医疗过错中“不负责任”的情况混淆，造成误会，事实上在司法实践中已经造成误会，尤其是在涉及“医疗事故罪”的追究时，如果鉴定意见为“一级甲等医疗事故，医方承担主要责任”，责任医务人员就会面临刑事责任。但鉴定意见里的“主要责任”实际上还是一个因果关系的定量表述，并非医务人员“严重不负责任”。①

---

① 《刑法》第 335 条规定：医务人员由于严重不负责任，造成就诊人死亡或者严重损害就诊人身体健康的，处 3 年以下有期徒刑或者拘役。追究医务人员医疗事故罪的重要条件是医务人员“严重不负责任”，系指医务人员在履行医疗义务、开展医疗活动时主观上有不负责任的严重恶意，客观上有不负责任的恶劣表现。

原因力则表明是因果关系的作用程度，是一个比较好理解的概念。

在因果关系的鉴定上，过去有的鉴定人更愿意在因果关系表述上列出具体的数值，即对因果关系的定量表达用数值予以体现，这对于部分患有严重的“鉴定意见依赖症”的审判人员而言当然是好事，可以在计算赔偿数额时直接代入公式计算，免去了法官判断的麻烦，也免去了说服当事人的程序。但是，这实际上是审判权向鉴定人的让渡，是鉴定取代司法的不良表现。本次司法解释第12条将因果关系定量表述为5级：鉴定意见可以按照导致患者损害的全部原因、主要原因、同等原因、次要原因、轻微原因或者与患者损害无因果关系，表述诊疗行为或者医疗产品等造成患者损害的原因力大小。这就明确了鉴定意见在因果关系的判断上，除了不能判断因果关系外，在可以判断因果关系方面，应当按照这6种情况来表述，不能再将具体的百分比数值写入鉴定文书，具体的数值由法官根据案件审理的情况来进行判断。

## 十、经质证后的专家辅助人的意见可以作为定案依据

查清案件中的专门性问题，法官由于知识的局限性固然无法查清，但也并非仅有“鉴定意见”一种形式。邀请具有专门知识的人参与到诉讼中来，近年来出现了多元化的趋势，包括当事人聘请专家辅助人、法院组织专家进行论证、甚至在知识产权案件中法院设立了技术调查官职位。[①] 尤其是借鉴英美法系的专家证人制度设立的专家辅助人制度，自2001年《最高人民法院关于民事诉讼证据的若干规定》第61条规定，当事人可以向人民法院申请由一至二名具有专门知识的人员出庭就案件的专门性问题进行说明，并且审判人员和当事人可以对出庭的具有专门知识的人员进行询问；经人民法院准许，可以由当事人各自申请的具有专门知识的人员就有案件中的问题进行对质；具有专门知识的人员可以对鉴定人进行询问。[②] 2012年修订后的《民事诉讼法》对此进行了确认，第79条规定，当事人可以申请人民法院通知有专门知识的人出庭，就鉴定人作出的鉴定意见或者专业问题提出意见。在《民事诉讼法司法解释》第122条规定，当事人可以依照民事诉讼法第79条的规

---

① 刘鑫、焦艳芳：《以审判为中心的庭审模式对法医出庭质证的挑战》，《中国法医学杂志》2017年第2期，第1~4页。

② 《最高人民法院关于民事诉讼证据的若干规定》于2001年于12月6日最高人民法院审判委员会第1201次会议审议通过，自2002年4月1日起施行。

定，在举证期限届满前申请一至二名具有专门知识的人出庭，代表当事人对鉴定意见进行质证，或者对案件事实所涉及的专业问题提出意见；具有专门知识的人在法庭上就专业问题提出的意见，视为当事人的陈述。根据《民事诉讼法》及司法解释的规定，在民事诉讼中，当事人可以申请专家辅助人出庭，对鉴定意见和专门性问题发表意见，但也仅视为当事人的陈述。而本次司法解释的第14条第2款则在此基础上进一步规定，具有医学专门知识的人提出的意见经质证可以作为认定案件事实的根据。司法解释做这样的规定，是基于以下理由：第一，医疗损害赔偿案件中专门性问题比较多而复杂，且涉及范围广，不是采用一次或者几次鉴定就可以解决的；第二，司法鉴定社会化以来，确实存在不少问题，社会鉴定机构出具的有关医疗损害鉴定意见的权威性、可信度在下降；第三，真理越辩越明这一原理在任何时候任何地方都适用，医疗损害的专门性问题也需要进行交叉询问。在英美法系国家，专家参与质证体现在开示专家证言、专家出庭作证、直接询问和交叉询问程序等诉讼环节中,① 庭审中要求专家证人对询问律师所提出的相对集中的问题作出回答，以便对方律师在预见到某些问题会使陪审团听到不具有可采性的证据时及时提出反对，以免证人作出有害的回答。因此，庭审中对专家证人的询问是以“主询问——反询问——再主询问——再反询问……”的方式交叉进行的。② 交叉询问是专家证言的完整性和可信性的保障。

## 第四节　医疗损害责任纠纷司法解释尚未解决的问题

本次司法解释虽然对很多医疗损害诉讼案件司法实践急需明确的事项作出了规定，解决了医疗损害诉讼案件审理中的一些疑难复杂问题，但是该司法解释仍然有一些重要事项没有涉及，且该司法解释也有一些缺陷，存在一些问题。

### 一、医疗鉴定二元化没有进一步明确

长期以来，我国医疗损害技术鉴定采用二元化模式，即从事涉及医疗专门性问

① 徐继军著:《专家证人研究》，中国人民大学出版社2004年版，第233页。

② 王思思、狄胜利:《专家辅助人出庭质证规则研究》，《证据科学》2015年第2期，第248~257页。

题的技术鉴定机构，既有医学会医疗事故技术鉴定办公室开展的医疗事故技术鉴定，也有社会法医鉴定机构开展的法医学医疗问题鉴定。法医学医疗问题鉴定是一种具有中国特色的医疗鉴定渠道，是在中国现阶段信任危机的产物。在 2002 年 9 月 1 日以前的“医疗事故技术鉴定委员会”鉴定的年代，将医疗事故技术鉴定说成是老子给儿子鉴定；在 2002 年 9 月 1 日以后的“医学会医疗事故技术鉴定办公室”鉴定的年代，将医学会的医疗事故技术鉴定说成是“叔叔给侄儿鉴定”。总之一句话，自家人给自家人鉴定，自家人总会照顾、偏袒自家人，鉴定缺乏公正性。在这样的背景下，法医鉴定机构开始涉足医疗鉴定。并且在《侵权责任法》实施之后直到今天，还有可能一枝独秀，独揽医疗损害赔偿诉讼的技术鉴定。而医学会的鉴定正在逐步被边缘化。

医疗损害鉴定二元化的模式导致司法实践中的问题在于，两种鉴定的鉴定人不一样（一个是临床专家，一个是法医），鉴定方法不一样、鉴定程序不一样，鉴定所依据的标准不一样，最终导致鉴定意见的表达和内容不一样，如果在诉讼中存在两次或者两次以上的鉴定，鉴定意见的内容又各不相同，那么法官在审理案件时到底采信哪一份鉴定意见作为认定案件事实的依据呢？由于医疗损害诉讼是专业性诉讼，法官在认定案件事实方面必须得依赖鉴定意见，鉴定意见在医疗损害诉讼中是非常重要的诉讼证据，其定性和定量认定医疗过错和因果关系的内容对案件裁判具有决定性的作用。同一案件不同审级的法院采纳了不同鉴定主体做出的鉴定意见，法官对案件事实的认定不同，责任的判定不同，最终导致不同的裁判结果，给诉讼裁判带来很大的不确定性，既有损司法的权威，也不利于医疗纠纷的预防与化解。

按照《侵权责任法》的规定，构成医疗事故已不再是医疗损害侵权责任的构成要件，那么在医疗损害侵权责任案件中，医疗事故技术鉴定也不再是必经程序。而与《侵权责任法》相呼应，医疗损害专门性问题的鉴定重点主要是医疗行为是否违反诊疗规范；医疗过失行为与人身损害后果之间是否存在因果关系；医疗过失行为在损害结果中的责任比例等。不过，对这些问题进行鉴定是医疗事故技术鉴定的基础和前提，即开展医疗事故技术鉴定，首先应当先明确医疗行为是否存在过错、患者是否遭受了疾病治疗之外的损害、医疗行为与损害后果之间是否存在因果关系及因果关系的大小等。[①] 在此基本事实搞清楚的基础上，鉴定人进一步依据规范文件，确定是否构成医疗事故以及事故的等级、责任程度等。从这个角度来看，医疗事故技术鉴定与医疗损害技术鉴定并不矛盾，我们这里所讲的医疗损害鉴定的二元化，并非此含义，而是指鉴定主体二元化——医学会医疗事故技术鉴定办公室、法医学鉴定机构。

比较医学会的医疗鉴定和法医鉴定机构的鉴定，我们会发现二者各有优缺点。医学会所组织的技术鉴定虽然存在鉴定专家不署名、不出庭等问题，但社会各界普遍反映，医学会的医疗事故技术鉴定有专业性、科学性、客观性的特点，且收费相对低廉。因此，最高人民法院的《侵权法适用通知》第 3 条规定，人民法院适用侵权责任法审理民事纠纷案件，根据当事人的申请或者依职权决定进行医疗损害鉴定的，按照《全国人民代表大会常务委员会关于司法鉴定管理问题的决定》、最高人民法院《人民法院对外委托司法鉴定管理规定》及国家有关部门的规定组织鉴定。据最高人民法院民一庭的法官介绍，本条规定中的"国家有关部门的规定"的意思就是指国务院、卫生部关于医学会组织进行医疗损害责任技术鉴定的有关规定。

鉴定意见的本质是科学证据，是拥有科学理论知识的专家运用其掌握的知识、理论和经验对医疗损害诉讼案件中的专门性问题所做的分析、解释和说明，从这个角度说，鉴定意见质量保证的首要条件便是实施鉴定的专家身份。医疗鉴定实际上是一种经验性评价，鉴定者是否具有相应临床专科的知识和经验非常重要。因此，在医疗鉴定实务中有"同行评议"的要求。至于"同行"是否能够客观、公正地实施"评议"，可以通过制度设计来保障。

本次司法解释在鉴定主体方面规定模糊，在第 9 条仅规定了鉴定人的遴选，甚至没有涉及鉴定机构，虽然该条第 3 款规定了鉴定人的资格要求，且在最高人民法院研究室负责人答记者问中有所指向，但是仍然语义不明，医疗鉴定二元化的模式仍将长期存在。

---

① 《医疗事故处理条例》第 31 条第 2 款：医疗事故技术鉴定书应当包括下列主要内容：（1）双方当事人的基本情况及要求；（2）当事人提交的材料和负责组织医疗事故技术鉴定工作的医学会的调查材料；（3）对鉴定过程的说明；（4）医疗行为是否违反医疗卫生管理法律、行政法规、部门规章和诊疗护理规范、常规；（5）医疗过失行为与人身损害后果之间是否存在因果关系；（6）医疗过失行为在医疗事故损害后果中的责任程度；（7）医疗事故等级；（8）对医疗事故患者的医疗护理医学建议。

## 二、鉴定人资格不明

鉴定意见是重要的法定诉讼证据之一，在医疗损害赔偿案件中尤其重要。医疗损害赔偿案件中的专门性问题如果没有相应的鉴定意见支持，法官所做出裁判缺乏说服力。我国《民事诉讼法》第76条规定，当事人可以就查明事实的专门性问题向人民法院申请鉴定。当事人申请鉴定的，由双方当事人协商确定具备资格的鉴定人；协商不成的，由人民法院指定。民事诉讼法规定做出鉴定的鉴定人应当具备资格。但是何为诉讼法上所称的资格呢？所谓资格，一般认为是为获得某一特殊权利而必须具备的先决条件，或者是从事某种活动时间长短所形成的身份。资格与资质不同，资格，通俗的说是指该个体有没有做过，知不知道这一工作的流程，有没有经验。所谓资质，则是指该个体懂得其中的理论，知道更高明的办法，但你不一定做过。说明资质最好的证明就是相关的证书、高学历等。显然，资格更多是从实践层面考察一个人从事某事的胜任能力，资质则是考察一个人的形式要件，外在的证明文件。我国《民事诉讼法》第76条选择使用了“资格”一词，当然是强调能够胜任相关专门性问题鉴定的能力。事实上，外在的鉴定资质证明文件，目前仅有法医学鉴定、物证鉴定、声像资料鉴定的传统三大类鉴定颁发了司法鉴定资格证明，其他领域并没有相关行政管理部门颁发类似的证明文件，由于鉴定的种类繁多，需要鉴定的专门性问题包罗万象，颁发鉴定资格证明也是不可能的事情。

在医疗损害专门性问题的鉴定方面，虽然《医疗损害司法解释》第11条规定了7类问题，但这仅仅是医疗损害专门性问题的形式上的类型化，从争议的医疗行为实质内容来看，则涉及庞大的临床医学专业。根据《中华人民共和国学科分类与代码简表》（国家标准GBT 13745－2009），临床医学（学科代码320）属于一级学科，以下又分为22个二级学科，三级学科则不计其数，且随着医学科学技术的进步和发展，不断有新兴的医学学科出现，目前医学界甚至划分出来四级学科。学科之间的技术隔阂明显，而且从实践角度看，即便某人长期从事某学科的专业工作，但是没有从事过某种具体的技术，其实他对该技术的实质内容并不了解，也难以评价他人实施该技术的情况。因此，从鉴定的角度来看，具有鉴定资格的人，应当是长期从事该专业领域工作，熟悉该专业的理论、知识和技术，并掌握了该专业工作的技能，拥有该专业技术工作丰富经验的人。而不能仅仅停留在拥有鉴定资格证明、教育学历证书层面，因此，是否需要经过司法行政部门批准或者授权并不重要。

这次的司法解释在第 9 条第 3 款的规定虽然较《民事诉讼法》第 76 条的规定进了一步，不再简单地将鉴定人规定为具有鉴定的资格，而是规定为“具备相应鉴定能力、符合鉴定要求”，并且在最高人民法院研究室负责人答记者问时强调，“涉及临床医学方面专门性问题的鉴定，应当具备临床医学鉴定方面的资质要求；涉及法医学方面专门性问题的，应当具备法医学方面的资质要求。”① 但是仍然没有将实施医疗损害专门性问题鉴定的专家资格讲清楚，答记者问中仍然表述为“资质”，并且什么是法医学专门性问题，什么是医学方面的专门性问题，是医疗损害鉴定二元化产生的根源。在司法行政管理部门看来，法医临床学包括了“医疗行为是否存在过错、是否存在因果关系”等内容。如果这样理解，对医疗损害专门性问题的鉴定就应当具有法医临床学鉴定资质了。这显然违背鉴定的基本理论，也违背民事诉讼法的相关规定。遗憾的是，对于医疗损害鉴定资格问题，本次司法解释没有进一步作出明确规定。

目前希望医学会鉴定和社会法医鉴定两种模式合二为一的呼声很高，但由于两类鉴定的体制不同、鉴定机构设立的目的不同、收费标准不同等，要让二者真正完全合并基本上不可能，充其量只能是一定程度的相互渗透。比如，医学会的鉴定邀请法医参加，法医鉴定要求临床专家参加。其实，关于医疗损害鉴定的专家资格，可以借鉴日本的做法。从 2001 年开始，由日本医学会各专业分会推荐建立全国性的临床医学专家库，然后提供给日本最高裁判所“医事关系诉讼委员会”，各地方法院“医疗诉讼集中部”在审理医疗纠纷案件时需要临床医学专家鉴定的，从该专家名录中遴选专家实施鉴定。② 在将医疗鉴定二元化合二为一的呼声之下，正在制定的《医疗纠纷预防与处理条例》也正在构建新型的医疗鉴定模式。目前中华医学会正在组建全国性的医疗鉴定专家库，如果该专家库建立起来之后，可以供两类鉴定机构共享，鉴定机构或者人民法院可以从专家库中直接抽取专家进行鉴定，那么通过遴选进入鉴定专家库的具有相应临床专业知识和经验的专家即为有医疗鉴定资格的专家。不过，这需要得到人民法院的认可。

---

① 《最高人民法院研究室负责人就〈最高人民法院关于审理医疗损害责任纠纷案件适用法律若干问题的解释〉答记者问》，参见中国法院网，http：//www. court. gov. cn/zixun－xiangqing－73502. html，最后访问时间：2018 年 1 月 5 日。

② 夏芸：《日本医疗诉讼改革及对鉴定结论的评价》，《证据科学》2009 年第 3 期。

## 三、医疗损害赔偿案件没有进一步类型化并区别对待

医疗侵权诉讼是一大类诉讼，包括了众多的医疗纠纷类型。不同类型的医疗服务，医患双方的权利义务有所不同，因而医疗注意义务的认定、医疗过错的认定、赔偿项目及赔偿标准等，应当有所不同。但是，目前我国的医疗损害诉讼仍然是统一归纳在一起，笼统称之为医疗侵权诉讼，不做进一步的细分，一是会造成具体案件的处理不一定很顺利，二是案件处理结果可能会导致不公平的结果。

其实在本次司法解释中已经体现了最高人民法院对某些特殊案件采取了区别对待的思路，比如涉及医疗产品质量导致患者损害的诉讼，在《医疗损害司法解释》第 23 条规定，医疗产品的生产者、销售者明知医疗产品存在缺陷仍然生产、销售，造成患者死亡或者健康严重损害，被侵权人请求生产者、销售者赔偿损失及二倍以下惩罚性赔偿的，人民法院应予支持。但遗憾的是，这一思路没有得以扩大到其他特殊类型的医疗侵权诉讼中，过去的司法实践中对各种类型的医疗损害侵权诉讼并不能区别对待。需要区别对待的特殊医疗侵权诉讼包括以下几类。

### （一）孕期保健服务侵权纠纷

孕期保健服务侵权纠纷是指怀孕的女性在医院做孕期检查的过程中，由于医方未尽孕期检查的注意义务，导致胎儿已经存在的重大生长发育缺陷不能被发现，使胎儿的“父母”未能根据优生优育的要求对胎儿的存留做出选择和决定。这类诉讼在英美法系的侵权法中称之为“错误出生之诉”和“错误生命之诉”，在英美侵权法上这两类诉讼有着重大区别，前者起诉的原告是孩子父母，类似于我国的“孕期保健服务侵权纠纷”，后者起诉的原告是孩子本人，则因为存在重点伦理问题，即使在美国也仅有少数的州支持，我国并不认可这类诉讼。如果医方存在过错，侵犯了患方的优生优育选择权，但是侵犯优生优育选择权的行为，与孩子出生后存在的先天缺陷或者畸形之间并不存在直接因果关系，那么医方应当承担什么侵权责任呢？有的法院判医方主要承担孩子出生后到 18 岁之间，由于孩子缺陷增加的父母的抚养和教育费用；但是也有法院直接判决医院赔偿孩子残疾的残疾赔偿金。

### （二）体检服务侵权纠纷

随着社会的发展和人们生活水平的提高，人们对健康的需求也越来越高，医疗

服务领域的体检服务应运而生，发展势头强劲，体检量增长很快，随之而来的体检服务侵权诉讼也在增加。但是，体检是面对“健康”个体的身体状况、潜在疾病因素和早期疾病的诊断，由于缺少患者的主诉和已经明显的症状体征线索的引导，发生误诊漏诊的概率相对较高。因此，体检服务侵权纠纷中体检服务提供者的注意义务如何认定？一旦造成了误诊、漏诊，被体检者因疾病的发展、恶化而导致不良后果的发生，体检机构应当承担什么侵权责任呢？

### （三）取消药品加成加价后医疗机构药害责任

在既往的涉及药品、医疗器械等医疗产品缺陷导致患者损害的医疗侵权诉讼中，往往将医疗机构作为这些医疗产品的“销售者”对待而成为被告，这在《侵权责任法》第 59 条中表述得非常清楚：因药品、消毒药剂、医疗器械的缺陷，或者输入不合格的血液造成患者损害的，患者可以向生产者或者血液提供机构请求赔偿，也可以向医疗机构请求赔偿。患者向医疗机构请求赔偿的，医疗机构赔偿后，有权向负有责任的生产者或者血液提供机构追偿。这条规定在立法时争议就很大。虽然医疗机构在给患者提供药品和医疗器械时有“加成加价”，这一行为貌似医疗机构通过医疗产品“营利”，但是我国对公立性医疗机构定性为“非营利性事业单位”，既然是非营利性机构，何来的“营利”呢？这本身就是一个解释不清楚的矛盾。但是，医疗机构的加成加价不是营利又是什么呢？其实我们应当将其定性为“国家政策性补贴”，即国家应当给予医疗机构相应的财政经济支持，但是限于财力所限无法提供这样的支持，所以国家给医疗机构以特殊的政策，允许医疗机构通过药品加成加价获得支持医院发展的经费。类似于医疗机构的这种政策性补贴，在我国还有一些，比如目前仍然在实施的“机场建设费”，早年电信起步发展时报装固定电话的“座机费”。更何况近年来我国政府已经明令取消了药品及医疗器械的加成加价，医院通过药品和医疗器械已经没有了任何利益，在这样的背景下，医疗机构是否还类似于药品的销售者呢？

## 四、医疗损害赔偿的特殊问题未能明确

### （一）新生婴儿死亡赔偿金

医疗侵权诉讼与其他侵权诉讼的最大区别在于，其他侵权行为中受害人被侵权

之前往往是“健康人”，所以侵权行为造成其损害，无论是残疾赔偿金还是死亡赔偿金，都理应由侵权人赔偿。但是医疗侵权行为侵害的对象是患者，即本身就患有疾病甚至是严重疾病，患者在医疗过程中所出现的损害后果往往是自身疾病发展的结果或者是混合行为所致。另一方面，在一般侵权行为中，处于特殊生理或者病理时期的个体一般不会成为侵权受害人，比如新生婴儿、严重精神障碍患者、病入膏肓之人等，但是在医疗侵权纠纷中，则往往涉及这些特殊人群。新生婴儿在出生后有短暂存活（比如几秒钟、几分钟），在法律上视为自然人，但是由于有严重的生理缺陷，甚至不可能存活，因而在出生后不久死亡，那么死亡赔偿金与正常人一样似乎并不合理。更何况还有的新生个体是否存活也会有争议，比如娩出的个体仅有心跳并无呼吸，几分钟之后心跳停止。我们之所以说有争议，是因为胎儿在其母体内即有心跳，离开母体后的心跳实际上是胎心跳动的延续。

再比如自幼患有严重精神障碍的患者，生活不能自理，家人还需请人护理和看管，以免外出惹是生非，已经成为家中的累赘和负担，为此家庭每年要支付很大的费用。但是生病住院后死亡，如果医方存在过错构成医疗侵权，在其死亡赔偿金的赔偿上即有争议。因为我国的死亡赔偿金赔偿采用填平学说，即对受害人遭受的损失予以弥补。但是这样的患者死亡后并没有什么实际的经济损失发生，如何计算其死亡赔偿金呢？按照正常人来计算合理吗？

### （二）社会保障支付医疗费用

我国的医保覆盖面达到了98%，基本医疗保障惠及了13亿多人口。[①] 很多患者到医院就医，都会涉及补充比例的医保报销，而且很多患者的医保费用支付都发生在前，医疗侵权诉讼发生在医保支付之后。患者在提起医疗侵权诉讼时，往往依据《侵权责任法》第16条的规定，提出要求医院赔偿医疗费用的主张。司法实践中，关于已经由基本医疗保险支付的医疗费用的赔偿问题，不同法院适用法律不同，判决结果存在差异甚至是相反的情况，如上海、江苏高院持“扣除医保支付费用”观点，认为医保支付费用不属于患者实际损失，应当扣除；而浙江、江西高院则持“不扣除医保支付费用”，认为医保与侵权纠纷法律关系不同，不能因一个债

---

① 我国的基本医保制度已织起一张全世界最大医疗保障网，覆盖13亿多人口。参见十二届全国人大五次会议新闻中心2017年3月11日举行记者会上，国家卫生计生委主任李斌在会上回答记者提出的关于“医保”问题时的回答。《卫计委：医保织起全世界最大医疗保障网 覆盖13亿多人》，http：//www. china. com. cn/ lianghui/news/2017 -03/11/content_ 40442758. htm，最后访问时间：2018年1月5日。

务的清偿而消灭另一个；还有折中处理，通知社会保险机构参加诉讼的做法。①

一是医疗费不予扣除的做法。例如，湖南省长沙市中级人民法院（2015）长中民一终字第 07520 号案。该案中，一、二审法院认为，医保权益的取得是以缴纳社会保险费为前提，医疗保险支付部分不能冲抵侵权人的侵权赔偿责任，且侵权人支付受害人医保报销部分的医疗费没有加重赔偿义务人的赔偿责任，也不存在重复赔偿的情形。类似的案件还有：浙江省杭州市中级人民法院（2015）浙杭民终字第 146 号案、福建省福州市中级人民法院（2013）榕民终字第 3627 号案（二审改判）、江苏省淮安市中级人民法院（2015）淮中民终字第 0848 号案、浙江省金华市中级人民法院（2015）浙金民终字第 1642 号案（二审改判为不扣除）、福建省南平市中级人民法院（2015）南民终字第 522 号案等。

二是医疗费予以扣除的做法。例如，山东威海市中级人民法院（2015）威民一终字第 207 号案。该案中，一、二审法院认为，社会医疗保险事关公共利益，侵权人和被侵权人都不能从中获取额外的利益。人身损害赔偿是赔偿受害人的损失，具有填补性质。当因侵权行为发生医疗费从医保中已得到部分或全部报销时，实际上已经减轻了受害人的损失，如再要求侵权人承担，则受害人得到双重赔偿，与损害赔偿的填补功能相悖。类似的案件有：广东省广州市中级人民法院（2014）穗中法民一终字第 1434 号案、北京市第三中级人民法院（2014）三中民终字第 06343 号案、上海市浦东新区人民法院（2013）浦民一（民）初字第 36020 号、江西省南昌市（2014）洪民一终字第 624 号案、重庆市第一中级人民法院（2015）渝一中法民终字第 00228 号案（二审改判为扣除）、陕西省西安市中级人民法院（2013）西民二终字第 00472 号案等。

三是追加社保机构参加诉讼的做法。法院在追加社会保险机构参加诉讼后，判决由侵权人将该笔费用支付给社保机构。例如，江苏省南京市中级人民法院（2014）宁民终字第 3234 号案。该案中，一、二审法院认为，《中华人民共和国社会保险法》第 30 条规定，医疗费用依法应当由第三人负担的，第三人不支付或者无法确定第三人的，由基本医疗保险基金先行支付。基本医疗保险基金先行支付后，有权向第三人追偿。所以，应由侵权人在给付受害人的赔偿款中迳行扣除并给付社保中心。持该意见的，主要是江苏南京地区的法院。

---

① 刘忠二：《由医保报销的医疗费应否从赔偿范围中扣除》，参见社保网，http：//www. 10zk. com/news/ 218158. html，最后访问时间：2018 年 1 月 5 日。

对于该问题的讨论，本书认为关键要考察医保基金的性质以及相关法律的规定。医疗保险属于我国社会保障五大险种之一，医疗保险基金指通过法律或合同的形式，由参加医疗保险的企事业单位、机关团体或个人在事先确定的比例下，缴纳规定数量的医疗保险费汇集而成的、为被保险人提供基本医疗保障的一种货币资金，医疗保险基金的筹集和管理带有强制性，不以营利为目的。医保基金系国家依法设立的旨在解决公民伤病后能够及时得到基本医疗诊治的政策性福利性基金。另外，我国《社会保险法》第 30 条规定，下列医疗费用不纳入基本医疗保险基金支付范围：（1）应当从工伤保险基金中支付的；（2）应当由第三人负担的；（3）应当由公共卫生负担的；（4）在境外就医的。同时该条第 2 款规定，医疗费用依法应当由第三人负担，第三人不支付或者无法确定第三人的，由基本医疗保险基金先行支付。基本医疗保险基金先行支付后，有权向第三人追偿。人力资源和社会保障部 2011 年 6 月 29 日发布的《社保基金先行支付暂行办法》第 12 条规定："社会保险经办机构按照本办法第三条规定先行支付医疗费用或者按照第五条第一项、第二项规定先行支付工伤医疗费用后，有关部门确定了第三人责任的，应当要求第三人按照确定的责任大小依法偿还先行支付数额中的相应部分。第三人逾期不偿还的，社会保险经办机构应当依法向人民法院提起诉讼。"而第 3 条规定，"社会保险经办机构接到个人根据第二条规定提出的申请后，经审核确定其参加基本医疗保险的，应当按照统筹地区基本医疗保险基金支付的规定先行支付相应部分的医疗费用。"第 2 条则规定："参加基本医疗保险的职工或者居民（以下简称个人）由于第三人的侵权行为造成伤病的，其医疗费用应当由第三人按照确定的责任大小依法承担。超过第三人责任部分的医疗费用，由基本医疗保险基金按照国家规定支付。前款规定中应当由第三人支付的医疗费用，第三人不支付或者无法确定第三人的，在医疗费用结算时，个人可以向参保地社会保险经办机构书面申请基本医疗保险基金先行支付，并告知造成其伤病的原因和第三人不支付医疗费用或者无法确定第三人的情况。"

处理医保支付医疗费的侵权案件，应明确两个原则，一是受害人对医保和侵权人的赔偿不能兼得；二是侵权人不能因受害人享有医保而减轻赔偿责任。根据损失填平原则，人身损害赔偿的是受害人的实际损失，是补偿性赔偿，如受害人因受伤害得到额外利益，容易诱发故意受伤和骗保等恶性事件；社会医疗保险的目的是为了保障公民患病时能得到应有的医疗救治，而非减轻有过错侵权人的赔偿责任。比较好的做法，应当是既不能因为社会保险制度而减轻侵权人的责任，也不能让被侵权人因侵权人的违法行为而获利，因此，人民法院在受理该类型的案件后，应查明已经支付了医疗费用的社会保险机构是否参加了诉讼，如果该社会医疗保险机构没有参加该案诉讼，人民法院应当向其通知本案的诉讼情况，支持其行使追偿权。①

### （三）死者生前抚养人、残者残前抚养人抚养费

《侵权责任法》规定了死者近亲属的死亡赔偿金请求权，没有规定被扶养人的生活费请求权。杨立新教授认为，在司法实践中，关于死亡赔偿金和残疾赔偿金的赔偿，都同时准许死者生前或者残疾者伤前扶养的人的生活补助费赔偿。在两个赔偿金的性质界定为精神损害赔偿的情况下，这种做法是不存在问题的，但将其界定为收入的财产损失赔偿之后，再这样赔偿就是重复赔偿。因此，在赔偿了死亡赔偿金和残疾赔偿金的情况下，不可以再主张被扶养人的生活补助费赔偿。因此，《侵权责任法》第 16 条关于人身损害赔偿的规定中没有再规定被扶养人的生活补助费赔偿的项目。

但是根据《侵权法适用通知》第 4 条的规定："人民法院适用侵权责任法审理民事纠纷案件，如受害人有被扶养人的，应当依据《人身损害赔偿解释》第 28 条的规定，将被抚养人生活费计入残疾赔偿金或死亡赔偿金。"因此，被扶养人生活费虽然被残疾赔偿金或死亡赔偿金所吸收，但是在具体的赔偿计算标准上仍应当单独计算被扶养人生活费和残疾赔偿金或死亡赔偿金，只是在总的赔偿数额上将此两项作为残疾赔偿金或死亡赔偿金一项予以赔偿。而且，根据该通知，在计算具体的

---

① 从最高人民法院民一庭编著的《民事审判指导与参考》（2014 年第 1 辑）在"指导性案例"专栏中刊载的最高人民法院法官李明义所写的文章《人身损害赔偿纠纷案件中社会医疗保险机构所支付医疗费的追偿方式》来看，该文在结尾部分明确最高人民法院民一庭倾向性意见为，在人身损害赔偿纠纷案件中，社会保险制度不能减轻侵权人的责任，而被侵权人也不能因侵权人的违法行为而获利。如果已经支付了医疗费的社会医疗保险机构没有参加该案诉讼，人民法院应当向其通知本案的诉讼情况，支持其行使追偿权。从最高人民法院民一庭庭长程新文 2015 年在《关于当前民事审判工作中的若干具体问题》中强调的意见来看，他在谈到"关于社会保险制度与侵权责任的关系"时特别强调了两点：一、社会保险制度是对受害人的一种基本社会保障，没有分散侵权人侵权责任的功能，第三人的侵权责任不能因为受害人获得社会保险的给付而减轻或免除；二、要注意保护社会保险管理机构的追偿权。如果社会保险制度规定社会保险管理机构向受害人支付保险待遇后有权就其中的部分或者全部向侵权人追偿，在相应的侵权纠纷案件中，可以通知其参加诉讼。从最高人民法院机关刊《人民司法》刊载的文章来看，虽然在 2013 年刊载了文章《社会医疗保险垫付的医疗费不应在损害赔偿中扣减》，但 2015 年其又刊载了《已由社会保险先行支付的医疗费用可向第三人追偿》的文章，有可能后文观点是对前文观点的修正。见刘兰秋：《德国医疗纠纷诉讼外处理程序研究》，载《医学与哲学》2009 年第 12 期，第 49 ~ 51 页。

被扶养人生活费和残疾或死亡赔偿金时可以适用《人身损害赔偿解释》的赔偿标准，该通知也使我们在实践中根据《人身损害赔偿解释》计算医疗损害赔偿项目有了合法依据。

既然残疾赔偿金和死亡赔偿金被定位为财产性赔偿，那还能不能再要求赔偿被扶养人生活费，是否构成重复赔偿呢？我们认为，同时赔偿残疾赔偿金和被扶养人生活费、死亡赔偿金和被扶养人生活费确实构成了重复赔偿。因为，无论是残废者还是死者，在其没有残废或者没有死亡之前，并没有因为其有劳动能力就自动地获得其担负有扶养义务的被扶养人的扶养费，而是用其劳动收入来支付被扶养人生活费的。那么受害人遭受残疾或者死亡，加害方已经赔偿了残疾赔偿金、死亡赔偿金，而残疾赔偿金、死亡赔偿金正是对受害人的劳动收入损失的赔偿，因此，加害人支付的残疾赔偿金、死亡赔偿金就应当包含被扶养人生活费。

基于以上分析，我们认为《侵权法适用通知》将被扶养人生活费计入残疾赔偿金或死亡赔偿金的赔偿的处理方式，构成了重复赔偿。

## 五、患者损害后果的评定标准不明

患者主张在医疗服务过程中因医疗机构及其医务人员的过错给其造成了损害，因而依据《侵权责任法》提出赔偿的诉讼侵权，但是依照法律规定，该患者只有存在损害后果才能获得赔偿，损害后果是侵权责任构成的必备要件之一。从赔偿的角度来说，患者不仅要有损害后果，而且其损害后果还要可以定性和定量，即遭受了多大程度的损害后果，否则就无法计算其遭受的损失，也就无法做出具体的经济赔偿的数额。

对患者损害后果的定性相对比较容易，从临床医学的角度，通过对患者的身体检查即可以明确患者是否存在组织器官的缺少，或者即便组织器官没有缺少，但可能存在功能上的障碍，有相应的临床检查资料、客观化验指标等即可明确。不过，这种损害结果的定性仅仅能解决医疗侵权责任的构成要件，从侵权构成角度可以认定侵权责任成立，但是如何确定具体的赔偿数额呢？因此，需要进一步对损害后果进行定量，即明确损害后果的具体程度。

对损害后果进行定量的方法主要采取残疾等级划分的方式，即由相关部门事先制定伤残等级分级标准，列举具体各伤残等级的要求，然后分系统、分器官、分部位列举各伤残等级的具体情况，鉴定人员对受害人的身体损害情况检查之后，比对标准确定具体的残疾等级。目前确定残疾等级的标准比较多，（1）《劳动能力鉴定　职工工伤与职业病致残等级》（GB/T16180－2014），该标准带有较强的劳动保障性质，定残的起点比较低；（2）由最高人民法院、最高人民检察院、公安部、国家安全部、司法部联合发布的《人体损伤致残程度分级》，在一般伤害案件中对受害人的残疾情况进行评定；（3）《道路交通事故受伤人员伤残评定》（GB 18667－2002）；（4）原卫生部于 2002 年 7 月 31 日发布的《医疗事故分级标准（试行）》（卫生部令第 32 号）；（5）其他特定人群的残疾认定标准。这些标准中，《道路交通事故受伤人员伤残评定》因为多年未修订不符合《中华人民共和国标准化法》的要求被废止，《医疗事故分级标准（试行）》也依据国家卫生和计划生育委员会对现行有效部门规章的清理文件，即《国家卫生和计划生育委员会公告 2018 年第 1 号——公布现行有效部门规章目录和决定不再作为部门规章纳入规范性文件管理的文件目录》而失效，除此之外的其他标准仍然有效。

## 六、主观病历的范围没有明确

自从 2002 年《条例》实施以来，我国医疗界将病历分为主观病历和客观病历：主观病历是指病历记载以反映医务人员对患者病症诊断和治疗进行主观分析、判断及提出意见和建议为主要内容的病历文件；客观病历是指病历记载反映患者病史、症状、体征等为主要内容的病历文件。对病历文件做主观病历和客观病历的划分，是赋予患者享有病历知情权，允许患者查阅、复制病历的背景下医方的应对措施——客观病历允许患者查阅、复制，① 主观病历不允许患者查阅、复制，但是如果发生医疗纠纷，应患方的要求可以进行封存。② 由于主观病历记载不同医务人员对患者疾病诊断、治疗的不同分析意见，容易对不懂医的患者及其他人员造成误导引发误会，从而容易产生不必要的医疗纠纷，且主观病历中对患者诊

---

① 《医疗事故处理条例》第 10 条第 1 款：患者有权复印或者复制其门诊病历、住院志、体温单、医嘱单、化验单（检验报告）、医学影像检查资料、特殊检查同意书、手术同意书、手术及麻醉记录单、病理资料、护理记录以及国务院卫生行政部门规定的其他病历资料。

② 《医疗事故处理条例》第 16 条：发生医疗事故争议时，死亡病例讨论记录、疑难病例讨论记录、上级医师查房记录、会诊意见、病程记录应当在医患双方在场的情况下封存和启封。封存的病历资料可以是复印件，由医疗机构保管。

治经验教训的分析，医方担心容易构成有关方面认为是医方对自己医疗行为存在过错的“自认”。

但是医疗界将病历划分为主观病历和客观病历，并且明确现在患者查阅、复制主观病历的做法一直存在争议，甚至曾经发生过患方在诉讼中以没有查看过主观病历为由，要求法庭将主观病历排除在诉讼证据、鉴定依据之外。这样的请求如果得到法庭的支持，医疗机构将面临病历资料不完整的风险，使得医疗机构在医疗损害诉讼中存在证据不充分的不确定性。

《侵权责任法》第61条没有使用主观病历、客观病历的概念，但是其列举的8种病历文件均是《条例》第10条列举的客观病历资料，有人据此认为，《侵权责任法》第61条确定的患者病历知情权的范围仅限于客观病历资料。本次司法解释第6条列举的病历资料仍然不超出《条例》第10条列举的客观病历资料的范围，见表1-6。因此，有人得出结论，医疗损害赔偿案件司法解释仍然局限在客观病历的范畴。

**表1-6《条例》、《侵权责任法》及其司法解释列举的病历资料比较**

| 病历资料文件名称 | 医疗事故处理条例 | 侵权责任法 | 医疗损害司法解释 |
|---|---|---|---|
| 门诊病历 | ✓ | | ✓ |
| 住院志 | ✓ | ✓ | ✓ |
| 体温单 | ✓ | | ✓ |
| 医嘱单 | ✓ | ✓ | ✓ |
| 化验单（检验报告） | ✓ | ✓ | ✓ |
| 医学影像检查资料 | ✓ | | ✓ |
| 特殊检查同意书 | ✓ | | ✓ |
| 手术同意书 | ✓ | | ✓ |
| 手术及麻醉记录单 | ✓ | ✓ | ✓ |
| 病理资料 | ✓ | ✓ | ✓ |
| 护理记录 | ✓ | ✓ | ✓ |

续表

| 病历资料文件名称 | 医疗事故处理条例 | 侵权责任法 | 医疗损害司法解释 |
|---|---|---|---|
| 医疗费用 | | ✓ | ✓ |
| 出院记录 | | | ✓ |
| 国务院卫生行政部门规定的其他病历资料 | ✓ | | ✓ |

本书认为，将病历资料区分为主观病历和客观病历的做法，显然不合时宜，甚至是错误的，理由如下。

第一，患者在诊疗活动过程中享有知情权，既是国际惯例，在我国相关法律、法规中也得到了确认。比如，《执业医师法》《医疗机构管理条例》《护士条例》等，都有相应的规定。患者的知情权，当然包括患者对其就诊资料知悉、查看和复制的权利。《侵权责任法》第 61 条将患者的病历知情权做了具体规定：医疗机构及其医务人员应当按照规定填写并妥善保管住院志、医嘱单、检验报告、手术及麻醉记录、病理资料、护理记录、医疗费用等病历资料。患者要求查阅、复制前款规定的病历资料的，医疗机构应当提供。有人对《侵权责任法》第 61 条的规定作了解读，认为这里列举的 8 种病历资料都是客观病历资料，由此推导出侵权责任法只允许患者查阅、复制客观病历的结论。事实上，虽然《侵权责任法》第 61 条只规定了 8 种病历资料，但是并非立法技巧中的穷尽列举，而是不穷尽列举，并且在列举了 8 种病历文件后加上“等病历资料”的表述，并没有表述为“等客观病历资料”，怎么能得出《侵权责任法》规定患者只能查阅、复制客观病历的表述呢？患者的病历知情权是绝对的，患者之外的其他单位和个人对患者病历资料的查阅权利则是相对的，除非法律规定，否则，其他单位和个人要想查阅患者的病历资料，必须得到患者的授权和许可。

第二，在当前医患关系紧张的背景下，任何制度的构建都应当着眼于更有利于改善医患关系、化解医疗纠纷，这是制度构建的第一目标。在患方与医方发生了医疗纠纷之后，只允许患者复印客观病历的做法，容易引发患方对医方的医疗行为和病历造假产生猜疑，认为医方有故意隐匿病历的嫌疑，造成病患对医疗机构及其医务人员的不信任，引发不必要的医疗纠纷。开放全本病历的查询、复制不仅能够帮助患方更方便地了解医疗服务的运作细节，以公开和透明促进医疗机构提升服务质量，还能增进患者与医务人员之间的交流、沟通和理解，有助于在良性互动中建立彼此信赖的医患关系。

第三，病历分为主观病历和客观病历，这本身就是伪命题，甚至在国家卫生和计划生育委员会的相关规范性文件中都难以自圆其说。主观病历和客观病历的相关规定，最早产生于2002年的《条例》第10条和第16条。《条例》第16条规定的包括死亡病例讨论记录、疑难病例讨论记录、上级医师查房记录、会诊意见、病程记录等5种文件为主观病历，其他文件为客观病历，并不局限于《条例》第10条规定的那些文件。但是，在《病历书写基本规范》中，病程记录则是一个大口袋。2002年《病历书写基本规范（试行）》将病程记录规定为15种文件，2010年修订后的《病历书写基本规范》将病历记录分为23种文件，显然都包括了手术记录、麻醉记录、护理记录等一系列的文件。而手术记录、麻醉记录、护理记录等在《条例》第10条规定为客观病历资料，这显然矛盾。

第四，人为地将病历分为主观病历和客观病历，在现实中不可行。一是病历归档装订之后，成为了一个整体，患方查阅时如何将主观病历分开？二是一旦发生诉讼，无论是在法庭审理，还是在鉴定机构进行鉴定，患方都必须要查看所有的证据材料，包括全部病历资料。并且在司法程序中常常要启动审前证据交换程序，医疗机构需免费给患方复印一份完整的病历资料。

第五，只允许患者查阅复制客观病历，不允许其查阅、复制主观病历，有可能误导医务人员，以为患者只能看客观病历，看不到主观病历。因此，有的医务人员在写病历时，对客观病历非常认真、规范，对主观病历则随意而为，可能会出现病历内容不完整甚至出现瑕疵、疏漏的情况，以致在诉讼中成为一份不利证据。

综上所述，固守陈腐、落后的主观病历与客观病历的观念，将患者的病历知情权限定在客观病历领域，既不利于改善医患关系，与医疗纠纷预防的立法目的不符，也不符合法律规定，因此，应当予以废除和更正。遗憾的是，这次司法解释未能纠正这一情况。

## 七、病历的隐私属性没有明确

《侵权责任法》第62条涉及患者个人信息和隐私的保护，这项规定明确把病历记载的内容与患者的隐私联系到一起，既符合病历记载内容的实际情况，也与我国当前依法保护公民个人信息和隐私的大环境相一致。

但是当前我国医院管理和司法实践中，并没有把病历与患者的隐私有机连接起来。医疗机构面对病历的查阅、复制，在管理上仍然比较宽松，甚至一些纪检监察部门、保险公司、司法鉴定机构、劳动管理部门、非患者的代理律师等，凭介绍信即可查阅、复制患者的病历。在司法诉讼活动中，对病历信息的隐私属性也没有引起足够重视。比如，现在很多法院在民事审判、民事案件执行程序中，在探索、试行“法院调查令”制度。所谓调查令，是指当事人在民事诉讼中因客观原因无法取得自己需要的证据，经申请并获人民法院批准，由法院签发给当事人的诉讼代理律师向有关单位和个人收集所需证据的法律文件。调查令制度的实施，无疑可以有效缓解律师调查取证的难度，对于民事诉讼庭审模式改革具有非常好的推动作用。但是，调查令的申请、开具、使用等也必须严格管理，并非什么证据都可以适用调查令的方式调取。为此，很多法院在调查令管理方面明确了不适用调查令的范围，一般包括：（1）涉及国家秘密的；（2）涉及个人隐私的；（3）涉及商业秘密的；（4）与本案无关的；（5）不在本省行政区划内的；（6）其他不宜持令调查的。[①] 显然，司法机关基本上都认为，涉及公民个人隐私信息的证据材料不宜适用调查令。但现实中常常有法院开出调查令让律师到医疗机构调取患者的病历资料。究其原因，还是目前大家对病历内容系患者的隐私认识不够，把病历文件当做一份简单的文书对待。本次司法解释对病历的患者隐私属性没有作出相应的规定，这涉及《侵权责任法》第 62 条的具体落实，医疗机构未经患者同意，将病历资料给其他部门或者人员查阅、复制，给患者造成不良后果的，如何追究病历管理者和病历违法查阅、复制者的侵权责任。

## 八、过度医疗没有进一步解释

过度医疗（overtreatment）是指医疗机构提供了超出个体和社会医疗保健实际需求的医疗服务。过度医疗具体表现在：（1）患者遭受额外的风险、身心负担和

---

① 参见《安徽省高级人民法院关于民事诉讼调查令的实施办法（试行）》（2013 年 8 月 14 日发布）；《陕西省高级人民法院关于执行案件调查令制度的实施意见（试行）》（陕高法〔2015〕165 号，2015 年 6 月 8 日发布）；《天津市高级人民法院关于在民事诉讼中实行律师调查令的若干规定》（2017 年 12 月 4 日发布）等等。

（或）损伤；（2）诊疗费用不适当增高；（3）整体医疗资源的不适当使用。[①] 我国权威的医学伦理学专家杜治政则把过度医疗总结为：由于多种原因引起的超过疾病实际需要的诊断和治疗的医疗行为和医疗过程。[②] 从该概念产生的领域来看，过度医疗是从保险业中发展起来的一个词汇，从现象上表现为“小病大医，多检查，多开药，多治疗，长住院”。[③] 虽然这些定义的表述各不相同，着眼点也有特色，但是，从本质上来看，过度医疗就是不必要的医疗、多余的医疗，甚至是产生不良后果和危害的医疗，是与医疗目的背道而驰的名义上的“医疗”。过度医疗不是为了治病救人，而是基于特殊的目的和动机，假借医疗的名义而实施的侵害患者合法权益的行为。过度医疗行为与医师的“自由裁量权”有着密切的关系，因此其危害性巨大，隐蔽性极强，难以识别，难以防范。[④]

从医疗执业管理角度来看，对于过度医疗必须要坚决打击。对于过度医疗的受害人，有权根据《侵权责任法》第63条的规定追究过度医疗实施者的侵权责任。但是，《侵权责任法》第63条对过度医疗规定得过于原则，“医疗机构及其医务人员不得违反诊疗规范实施不必要的检查”这一法律规定是存在严重缺陷的。第一，《侵权责任法》第63条的核心意思是对“过度医疗”予以禁止，但在条文中却表述成“不得违反诊疗规范实施不必要的检查”，落脚点在“检查”上。因此，在法律条文的表述上，《侵权责任法》第63条是对“过度检查”的禁止。事实上，“过度医疗”包括过度检查和过度治疗，过度治疗较过度检查更为严重。一般而言过度检查仅仅耗费患者的钱财，但过度治疗除了增加的经济开支之外，很多治疗手段还会造成患者身体损害。[⑤]

这是一条禁止性规定，要求医疗机构及其医务人员在医疗过程中不得违反诊疗规范实施不必要的检查。这里涉及了两个概念：不得违反诊疗规范和不必要的检查。这实际上是提出了“过度检查”的法律判断标准。这是从反面对医疗机构及其医务人员实施的医疗行为作出禁止性规定，只要医疗机构及其医务人员实施的检查

---

① 张忠鲁：《过度医疗：一个紧迫的需要综合治理的医学问题》，《医学与哲学》2003年第24卷第9期。

② 杜治政：《过度医疗、适度医疗与诊疗最优化》，《医学与哲学》2005年第7期。

③ 李英华、田晓峰、郭玉敏：《过度医疗与医疗风险的关系》，《医学与哲学》2003年第24卷第9期。

④ 刘鑫著：《医疗执业不当利益研究》，中国人民公安大学出版社2012年版，第141页。

⑤ 刘鑫、张宝珠、陈特主编：《侵权责任法“医疗损害责任”条文深度解读与案例剖析》，人民军医出版社2010年版，第20页。

是违反诊疗规范和不必要的，就应当是《侵权责任法》所禁止的。这里规定的似乎是两个条件和要求，那么这两个条件是同时具备还是有其一即可呢？我们认为，表面上看这是两个条件，实际上是从不同角度对过度检查的说明，因而有复指和递进修饰的作用。医疗机构所实施的检查是否属于应当承担责任的过度检查，应当以符合这两个条件为前提。

不过，无论是违反诊疗规范，还是不必要的医疗行为，都规定得过分原则，在司法实践中很难掌握，如果患者起诉医疗机构提供了过度医疗，应当如何进行证明，如何进行认定呢？这次司法解释也没有做进一步的解释性规定。

## 九、紧急情况下的救治是否必须经医疗机构负责人同意

《侵权责任法》第 56 条规定，紧急情况下不能取得患者及其近亲属意见时，经医疗机构负责人及授权的负责人批准，可以立即对生命垂危的患者实施必要的紧急救治。该条紧急情况下对生命垂危患者的救治程序要求，有人认为这是发生了 2007 年北京朝阳医院吕丽云案件后的制定的紧急救治程序，甚至有人称其为“吕丽云条款”。实际上，该条文规定的情况并不能解决类似于北京朝阳医院吕丽云案件的情况。因为在那起悲剧性的医疗救治案件中，当时在场的患者的“丈夫”已经明确表示“不需要抢救”、“不是说剖宫手术”，即不同意医方提出的救治方案，这已经是患者近亲属的明确意思表示，并非第 56 条所说的“不能取得患者或其近亲属意见”。

当然，在紧急情况下患者生命垂危需要紧急救治，如果不能取得患者或其近亲属意见，如果时间允许，医务人员理应征求医疗机构负责人或者授权的负责人的同意，方可实施必要的紧急救治。但是，在很多时候，患者病情危急，需要医务人员立即救治，此时没有时间告知，没有时间请示，医务人员必须争分夺秒对患者实施救治。那么，医务人员是不是也必须要先行实施报告，得到医疗机构负责人或者授权的负责人的同意后，方可实施必要的紧急救治呢？从急救医学的角度来说，为保护患者根本利益，当然可以跳过请示汇报的流程，以救治患者的生命为重，径直对患者实施救治。这实践上是医务人员根据患者病情的需要实施的医疗特权。知情权同意权并不是绝对的，在某些情况下，即使没有患者的知情同意，医师也有权对其进行治疗。这些例外包括对急症的治疗。当患者的生命受到威胁或如不实施某一治疗将因此导致患者受到严重或长期的损害时就需要紧急的治疗。在急症中，无论患

者或其近亲属是否作出同意，医师都可以对患者进行挽救生命的治疗。急诊中允许医师在没有得到患者同意时进行治疗，是法律上假定的“默示的同意”。“默示的同意”理论也被视为是为了公众的利益，它使医师对生命处于危险状态的患者提供抢救治疗，而不必害怕触犯法律。直至患者的状态稳定下来之前，都被视为有默示的同意。①

但是，对于生命垂危患者的紧急救治是否必须要得到医疗机构负责人或者授权的负责人的同意，长期以来立法上没有明确，《侵权责任法》第56条的规定有误导之嫌，而这次司法解释没有做出相应的规定，确实遗憾。

## 十、没有区分会诊和“走穴”

由于我国医疗资源分布不均衡，优质的医疗资源分布在大城市，尤其分布在北京、上海、广州等这样的大城市，而二线、三线城市医疗资源短缺，在广大农村地区甚至缺乏必要的医疗资源。然而，由于经济原因、文化素质原因、健康保健意识原因等，在二线三线城市尤其农村，人民群众的健康状况更差，有更多的健康服务需求，但是人民群众的这种医疗保健服务的需求并未因此消失，在三线四线城市乃至农村，有大量的患有疑难杂症的患者有高质量的医疗服务的需要。面对这种医疗资源分布不均衡与医疗需求之间的矛盾，因此就出现了医院之间的会诊现象，即医师外出会诊。医院之间的会诊包括合法的会诊与违法会诊，违法会诊包括不履行相应的审判程序不办理相应的会诊手续，也包括超出会诊范围，医师到自己执业地点之外的医疗机构提供诊疗服务，甚至长期出门诊做手术，实际上是一种“走穴”的非法牟利的行为。根据《医师外出会诊管理暂行规定》第2条规定，医师外出会诊是指医师经所在医疗机构批准，为其他医疗机构特定的患者开展执业范围内的诊疗活动。

这次的司法解释对会诊的法律责任作出了规定，甚至在最新编纂的《中华人民共和国民法典（征求意见稿）》中也将会诊的法律责任纳入其中，可见会诊现象亟待规范和管理。但是，本次司法解释第20条仅仅对会诊的法律责任规定为：医疗机构邀请本单位以外的医务人员对患者进行诊疗，因受邀医务人员的过错造成患者损害的，由邀请医疗机构承担赔偿责任。虽然明确了会诊产生的医疗损害责任承担

---

① 刘鑫著：《医事法学》，中国人民大学出版社2015年版，第71页。

的方式，但是没有对会诊做出解释，容易导致有的医疗机构滥用会诊，纵容非法会诊、走穴现象的泛滥。而近年来实施的医师多点执业却难以得到执行。

## 十一、还存在一些文本内容错误

本次最高人民法院发布的医疗损害赔偿案件司法解释虽然经历了近 7 年的制定、修改，并且形成了二十多稿，但是，司法解释文本仍然存在一些错误。

1. 司法解释第 6 条，关于医疗机构提供病历文件的内容的规定，将医疗机构应当提供的病历文件的内容作了规定，列举了一系列的病历文件，但其中出现了一个错误的文件名：医疗费用。这一规定虽然是延续了《侵权责任法》第 61 条的规定，但是与目前医疗机构的病历文件明显不符，也与国家卫生和计划生育委员会发布的有关规范性文件不一致。无论是 2002 年 8 月 16 日原卫生部、国家中医药管理局发布的《病历书写基本规范（试行）》（卫医发〔2002〕190 号），还是 2010 年 1 月 22 日原卫生部医政司发布的《病历书写基本规范》（卫医政发〔2010〕11 号），病历文件中均没有“医疗费用”的概念，甚至病历文件中也没有“医疗费用清单”。虽然患者对病历享有知情权，患者提出查阅、复制病历文件的要求，医疗机构应当予以配合，但是病历文件中并没有“医疗费用”这一文件，如果患方以法律规定为由，让医疗机构提供其“医疗费用”相关文件，医疗机构只能从财务部门打印，但由于没有纳入到病历中管理，缺乏相应的“保真”措施，其真实性容易为患方质疑，使医疗纠纷诉讼陷入困境。

2. 司法解释第 11 条对鉴定委托书撰写的内容提出了要求：委托鉴定书，应当有明确的鉴定事项和鉴定要求。关于鉴定要求，在该司法解释的第 11 条第 3 款规定为：鉴定要求包括鉴定人的资质、鉴定人的组成、鉴定程序、鉴定意见、鉴定期限等。然而，这些内容不可能出现在委托书上。鉴定委托书是办案单位向鉴定机构提出鉴定委托，启动鉴定程序的文件，在鉴定机构提出鉴定委托时，鉴定机构是否接受委托尚且不知，怎么填写鉴定人的资质、鉴定人的组成、鉴定程序、鉴定意见、鉴定期限等内容呢？这些内容实际上是鉴定文书中应当载明的。因此，关于本次司法解释第 11 条，要么是第 1 款鉴定委托书要求写委托要求的规定有误，要么是该条第 3 款委托要求有误。经过与鉴定实际工作比较，本书认为，应当是第 3 款鉴定要求的规定有误。事实上，在《司法鉴定程序通则》中也没有鉴定要求的规定。我们以为，鉴定要求应当是办案单位对“鉴定目的”所做的补充说明，即要求鉴定机构针对委托的鉴定目的，按照办案单位的要求来具体实施。比如鉴定完成的时间，办案单位如果有特殊要求，可以在委托时提出来；比如对鉴定人的要求，在委托时也可以对鉴定人的资质和条件提出要求。

3. 诉讼中开展鉴定、邀请专家辅助人出庭，不一定局限在“医学专业”。本次司法解释第 14 条将当事人有权申请通知一至二名具有专门知识的人出庭的规定界定为具有“医学专门知识”的人，并且是对“鉴定意见或者案件的其他专门性事实问题提出意见”。从逻辑上看，该规定似乎是在医疗损害赔偿案件中邀请专家辅助人出庭，对医学问题和其他问题都由具有医学专门知识的人来提出意见。事实上，医疗损害赔偿诉讼专业性太强，涉及的相关专业知识也非常广泛，显然这项规定并不符合医疗损害诉讼的实际情况，医疗损害诉讼邀请专家辅助人的专业不应局限于“医学”。

# 第2章 起 诉

起诉是诉讼的开始。医疗损害赔偿诉讼中，由于医疗服务的专业性和特殊性，提起诉讼的当事人、诉讼请求、起诉的条件、证据和要求等均有别于其他诉讼。《医疗损害司法解释》是如何规定的，如何领会和理解其中的内容，在司法实践中应当如何操作？本章将针对这些问题展开论述。

**《医疗损害司法解释》中涉及起诉的法条**

第1条 患者以在诊疗活动中受到人身或者财产损害为由请求医疗机构，医疗产品的生产者、销售者或者血液提供机构承担侵权责任的案件，适用本解释。

患者以在美容医疗机构或者开设医疗美容科室的医疗机构实施的医疗美容活动中受到人身或者财产损害为由提起的侵权纠纷案件，适用本解释。

当事人提起的医疗服务合同纠纷案件，不适用本解释。

第2条 患者因同一伤病在多个医疗机构接受诊疗受到损害，起诉部分或者全部就诊的医疗机构的，应予受理。

患者起诉部分就诊的医疗机构后，当事人依法申请追加其他就诊的医疗机构为共同被告或者第三人的，应予准许。必要时，人民法院可以依法追加相关当事人参加诉讼。

第3条 患者因缺陷医疗产品受到损害，起诉部分或者全部医疗产品的生产者、销售者和医疗机构的，应予受理。

患者仅起诉医疗产品的生产者、销售者、医疗机构中部分主体，当事人依法申请追加其他主体为共同被告或者第三人的，应予准许。必要时，人民法院可以依法追加相关当事人参加诉讼。

患者因输入不合格的血液受到损害提起侵权诉讼的，参照适用前两款规定。

第25条 患者死亡后，其近亲属请求医疗损害赔偿的，适用本解释；支付患者医疗费、丧葬费等合理费用的人请求赔偿该费用的，适用本解释。

本解释所称的“医疗产品”包括药品、消毒药剂、医疗器械等。

第 26 条　本院以前发布的司法解释与本解释不一致的，以本解释为准。

本解释施行后尚未终审的案件，适用本解释；本解释施行前已经终审，当事人申请再审或者按照审判监督程序决定再审的案件，不适用本解释。

本解释是调整医疗损害责任纠纷案件的司法解释，首先要明确的就是司法解释适用范围，本解释第 1 条开宗明义地规定了适用范围，简洁清晰，一目了然，为了解后续条文内容打下了基础。本解释名称是《医疗损害司法解释》，显而易见，“医疗损害”四个字是关键词，讲的是司法解释的调整范围。

本书作为对医疗新规理解与实操的辅导用书，首先应当阐明的就是“医疗损害”概念的内涵和外延。哪些医疗损害责任纠纷属于本司法解释调整对象，适用本解释；哪些案件可以参考适用司法解释；哪些案件不属于本解释适用范围，属于本条要解决的问题。只有先把这些问题搞清楚，我们才可能了解司法解释全貌，把握本解释的要旨。

医疗损害责任纠纷案件是人民法院受理民事案件数量较多的案件类型之一，随着群众生活水平提高，经济社会发展，医疗服务的范围也在不断拓展，医疗活动形式也越来越丰富，群众对医疗服务的质量也有了越来越高的期待，特别是在一些大中型城市，由于医疗资源集中，吸引了大量外地患者前来就医，由于患者就医成本较高，加之这些地区法治发达，法律服务触手可及。就医期间因各种原因导致发生纠纷的概率增加，诉讼到法院的纠纷案件数量也呈上升趋势。法院在受理了大量此类纠纷案件过程中，在审理过程中积累了丰富的审判经验，同时，医疗实践过程中也出现了很多新情况、新问题，比如因医疗行为引起的患者财产损失如何主张、新民事诉讼法实施后追加当事人范围等，这些问题在实践中见仁见智，观点不一，最高院出台的司法解释作为一种具有法律效力的规范性文件，本身具有强制力，在具有强制力的司法解释指导下，实现同案同判的法律效果成为现实。

本条规定了司法解释的适用范围，即医疗活动中因医疗行为引起的患者遭受人身和财产损失的侵权诉讼；医疗活动中因医疗物品引起的患者遭受人身和财产损失的侵权诉讼；医疗美容活动中遭受人身和财产损失的侵权诉讼。但应当注意的是，医疗服务合同纠纷案件不适用于本解释。

# 第一节 条文理解

关于本部分的理解，主要是结合民事诉讼法、侵权责任法以及其他相关法规的规定加以把握。具体而言，可以从以下角度加以分析：

## 一、条文含义

适用解释的案件范围：医疗活动中因医疗行为引起的患者遭受人身和财产损失的侵权诉讼；医疗活动中因医疗物品引起的患者遭受人身和财产损失的侵权诉讼；医疗美容活动中遭受人身和财产损失的侵权诉讼；不适用于医疗服务合同纠纷案件。

被告：医疗机构，医疗产品的生产者、销售者或者血液提供机构；美容医疗机构或者开设医疗美容科室的医疗机构。

被告及第三人追加：民事诉讼中，原告追加被告及第三人较为常见，本次司法解释明确规定了被告以及第三人追加被告、第三人的情况。

## 二、关键词

### （一）医疗活动

目前关于医疗活动没有很权威的定义，医疗活动是什么，学界争议很大。1998年6月颁布的《中华人民共和国执业医师法》第21条规定的“医师的执业活动”与这一概念相类似。该法虽对“医师的执业活动”这一概念没有做出明确的定义，但根据该法条文内容可将其理解为“防病治病、救死扶伤”。日本学者认为：“医疗活动是指以疾病的预防、患者身体状况的把握和疾病原因以及障害的发现、病情和障害治疗以及因疾病引起的痛苦的减轻，患者身体及精神状况改善等为目的对身心所作的诊察治疗行为。”① 我国台湾学者认为：“医疗活动是指有关疾病的诊断治疗，疾病的预防、畸形的矫正、助产、堕胎及各种基于治疗目的及增进医学技术的实验行为。”②

---

① 龚赛红著：《医疗损害赔偿立法研究》，法律出版社2001年版，第1页。

② 黄丁全著：《医事法》，中国政法大学出版社2003年版，第5页。

虽然医疗活动的概念不一，但是我们认为医疗活动至少应该符合以下两个条件。第一，医疗活动应具有高度专业性。医疗活动是运用医学科学理论和技术对疾病作出诊断治疗，恢复人体健康，提高生活质量的高技术、高风险职业行为。医学科学的专门性、复杂性、综合性，要求从业者必须经过专门的教育培训，经过资格考试取得从业资格。疾病的表现与正常生理活动交织在一起，这就要求医师具有借助各种检查检验手段准确了解和判读各种疾病的专门知识以及具备良好的判断力。疾病的治疗需要借助药物或手术方法，而这些方法在治疗疾病的同时也损害正常人体机能，对其适应性、副作用、并发症、后遗症的了解和做出抉择，需要专门的知识，选择不当就会造成严重的后果。因此，医疗是一项具有高度专业性的职业，国家在医学教育的课程设置、高素质医师培养上的要求远高于其他职业。国家也制定了严格的任职考试批准制度，不具备相应的专业知识而擅自从事医疗活动是违法行为，情节严重的构成非法行医罪，将受到国家刑法的制裁。第二，医疗活动具有侵袭性。医疗活动虽然是以拯救患者的生命健康为目的，但采用的检查方法、手段、治疗的方法以及使用的药物，不仅对患者身体具有侵入性和损害性，而且对组织器官具有一定甚至是明显的侵袭性，易对人体造成损害。这似乎侵犯了患者的人身权，但实际上属于正常的医疗活动行为。其原因在于正当的医疗行为具有违法阻却的性质。

医疗活动的专业性、侵袭性是判断医疗活动最重要的标准，至于医疗活动的场所是在医院还是在院外、医疗活动的目的是为了治疗疾病还是为了美容，都不是判断是否属于医疗活动的标准。

### （二）人身损害

损害（Damage），是指在法律规定可以起诉的情况下，一个人所受到的损失和伤害。[①] 损害是一种事实状态，是由人的一定行为所引起的人之权益的不利益。人身是人格的物质载体，主要包括生命权、健康权和身体权，当损害进行延伸，作用于人身时即为人身损害，即自然人的人身权益被侵害后的事实状态。人身损害是侵权行为法中最具有实践性的一个问题，是侵权损害的三种损害类型中适用最广泛、难点和不同看法最多的一个问题。对于生命权、健康权和身体权三个人格权，其各自所调整的范围以及相互之间的界限究竟应当怎样区分？

---

① 戴维·M. 沃克：《牛津法律大辞典》，李双元等译，法律出版社2003年版，第300页。

生命权，从法律学的角度上说，生命仅指自然人的生命，是人体维持其生存的基本的物质活动能力，它是自然人的最高人格利益。① 生命权是以自然人的生命安全利益为内容的人格权，它以自然人的生命安全为客体，以维护人的生命活动延续为基本内容，其保护的对象，就是人的生命活动能力。侵害生命权，以自然人的生命丧失为标准，侵权行为作用于人体，使人的生命活动能力丧失，就是侵害生命权。

健康权，从法律学的角度上说，健康是指维持人体生命活动的生理机能的正常运作和功能的完善发挥，简言之，健康所概括的就是人体生理机能的完善性。健康权是指自然人以其机体生理机能正常运作和功能完善发挥，维持人体生命活动的利益为内容的人格权。它的基本功能就是维护人体机能和功能发挥的完善性。侵害健康权，是侵权行为作用于人体，使人的机体生理机能的正常运作和功能的完善发挥受到了破坏，使受害人的人体生理机能、发育、体质等综合发展状况在原有的水平上下降，不能保持原有的水平。

身体权，从法律意义上讲，身体专指自然人的身体，是指自然人生理组织的整体即人的躯体，包括：（1）主体部分，即头颅、躯干、肢体的总体构成；（2）附属部分，即毛发、指（趾）甲等附属于身体的其他人体组织等组成的整体。因此，身体的基本特征在于其组成的整体性和完全性。身体权就是自然人维护其身体组成部分的完整、完全并支配其肢体、器官和其他组织的人格权。侵害身体权，就是侵害身体组成部分的完整性，包括身体组成部分的实质性完整和形式上完整。

损害事实是构成赔偿责任的前提，无损害就无赔偿。围绕损害事实的发生，人身损害赔偿由损害行为主体、损害行为、损害对象、损害结果这几个方面构成。其中，损害行为主体是行使侵害行为的自然人、法人、其他组织等，其在法律上有相应的行为能力、权利能力要求；损害行为则指损害行为主体在主观过错的作用下所做出的身体上的动静，损害行为包括积极的作为和消极的不作为；损害对象则是损害行为所具体作用的被害人；损害结果则是由损害行为所引起的、客观上发生了权益被侵害的事实状态。

需要指出的是，胎儿的身体权也应受到保护，对于胎儿的身体利益的保护应当在其出生后进行。自然人在出生后发现自己的身体在胎儿期间受到损害，对加害人可以请求人身损害赔偿。

---

① 杨立新：《人身损害赔偿问题研究（下）》，《河南省政法管理干部学院学报》2002 年第 2 期。

### （三）财产损害

损害赔偿法上所谓的损害可分为财产上损害与非财产上损害，也有人称为物质损害与精神损害。财产上损害是指于赔偿权利人财产上所发生的损害，凡一切财产上不利的变动均属之，它不但包括财产的积极减少，亦包括财产的消极不增加在内。① 一般而言，违约行为主要导致财产损害，而侵害任何民事权益都可能出现财产损害，常见的财产损害如医疗费支出、抚养费用、营业收入减少、物之价值减损或修缮费用等。

事实上，在医疗损害责任纠纷中规定财产损害的内容，既是对现有法律规定的承继，也是对医疗实践中出现的新情况新问题的回应。

从法律规定来看，《民法总则》第 3 条规定：民事主体的人身权利、财产权利以及其他合法权益受法律保护，任何组织或者个人不得侵犯。第 113 条规定：民事主体的财产权利受法律平等保护。此外，《侵权责任法》第 19 条、第 20 条、第 21 条都对财产损害导致的赔偿责任进行了规定，在医疗损害责任纠纷中规定财产损害与其他法律保持了一致。

此外，在医疗实践中，患者在诊疗活动中财产受到损害的案例屡见不鲜，但是《侵权责任法》第七章并未对此作出具体规定，这就导致不论是医疗机构还是司法机关，在实务中处理方式不一，甚至无所适从。为此，本次司法解释中统一规定患者在诊疗活动中财产受到损害，也可以请求医疗机构、医疗产品的生产者、销售者或者血液提供机构承担侵权责任的，以便实务人员在面临类似情况时有据可依。

### （四）医疗美容

医疗美容纠纷为什么要单独列一款进行规定？因为长期以来医疗活动是以解决患者的伤病为目的的，正因为这样，医疗界一直反对将医疗服务纳入到消费者权益保护法的处理框架内，患者到医院来看病，不是来消费。但是美容恰恰是一种消费，既然是一种消费，那属不属于医疗侵权的范围呢？所以这长期以来是个非常大的争议。

医疗美容最早起源于古埃及时期，是使容貌美丽的一门艺术。随着经济社会的发展，特别是 20 世纪 80 年代改革开放以来，美容行业在我国也得到了迅猛发

---

① 韩世远：《非财产上损害与合同责任》，载《法学》1998 年第 6 期。

展，各级各类医疗美容机构如雨后春笋般出现，与此相对应，医疗美容纠纷也逐年增加。

《医疗机构管理条例实施细则》第 88 条规定医疗美容是指使用药物以及手术、物理和其他损伤性或者侵入性手段进行的美容。该法第 4 条还同时规定卫生防疫、国境卫生检疫、医学科研和教学等机构在本机构业务范围之外开展诊疗活动以及美容服务机构开展医疗美容业务的，必须依据条例及本细则，申请设置相应类别的医疗机构。

《医疗美容服务管理办法》第 2 条中予以明确的规定，即医疗美容是指运用手术、药物、医疗器械以及其他具有创伤性或者侵入性的医学技术方法对人的容貌和人体各部位形态进行的修复与再塑。例如割双眼皮、注射美容等。

医疗美容行为具有同医疗行为相同的专业性，均需要医疗机构的医护人员具有相当丰富的医疗知识和掌握相关的医疗技术和能力，才能为就医者提供相关的医疗服务；医疗美容行为具有同医疗行为相同的侵袭性和创伤性，医疗行为和医疗美容行为都是医护人员使用药物、器械等对就医者的人身进行侵袭性的、损害性的行为；医疗美容机构及其医护人员具有同医疗机构及其医护人员相同的行政管理和行业准入机制。医疗美容机构及其医护人员和医疗机构及其医护人员均需按照我国法律法规的规定具备相应的条件才能进行医疗行为，均需接受我国卫生行政部门的监督和管理。

结合《医疗机构管理条例实施细则》《医疗美容服务管理办法》的规定以及医疗美容行为与医疗行为的共同点，本次司法解释明确规定了医疗美容属于“诊疗活动”的范围，因医疗美容行为引发的纠纷应当适用医疗损害责任的规定。

### （五）医疗损害责任纠纷

根据《民事案件案由规定》，医疗纠纷民事诉讼中的案由有两类：医疗损害赔偿纠纷和医疗服务合同纠纷。医疗损害赔偿纠纷是指因医疗机构及其医护人员在诊疗护理过程中存在过失，造成患者死亡、残疾、组织器官损伤引发功能障碍，产生对受害人赔偿责任而引发的争议。选择这一案由只能是患方当事人针对医疗行为造成患者损害提起诉讼。《最高人民法院关于印发修改后的〈民事案件案由规定〉的通知》（法〔2011〕42 号）中，将医疗损害赔偿纠纷分为“侵害患者知情同意权责任纠纷”和“医疗产品责任纠纷”两个子案由，这样可以更加准确地解决医疗损害赔偿问题。

### （六）医疗服务合同纠纷

医疗服务合同是指医疗机构与患者之间就明确相互权利义务关系而订立的合同。选择这一案由可以是患方起诉医疗机构，也可以是医疗机构因患方拖欠医疗费、拒不出院等情形起诉患方。如果患者因医疗机构或医护人员的过错产生损害而寻求司法救济时，存在违约责任和侵权责任竞合的现象，当事人可以选择其中之一作为案由进行起诉。

需要指出的是，当事人在选择医疗服务合同纠纷作为案由进行起诉时会面临无法主张精神损害赔偿的问题，因为医疗服务合同纠纷本质上属于合同纠纷的一种，目前我国法律尚不支持在合同纠纷中主张精神损害赔偿。

### （七）医疗损害责任纠纷与医疗服务合同纠纷案由的异同

案由，指的是民事诉讼案件的名称，反映案件所涉及的民事法律关系的性质，是人民法院将诉讼争议所包含的法律关系进行概括。用通俗的话说，案由就是概括案件的主要内容，反映案件的法律关系。比如医疗损害赔偿纠纷就是医疗侵权诉讼案件的案由。可以看出案由就是一个案件的题目，但并不是每一件具体的案子都有相对应的案由，甚至有些案件找不到合适的案由，因为案由并不能涵盖一些很特殊的案子。长期以来，医疗纠纷民事案件的案由确定非常混乱，在《侵权责任法》颁布之前，案由选择上有医疗纠纷、医疗侵权、医疗事故侵权、医疗损害赔偿、人身损害赔偿等等，各地法院根据自己的理解自行确定。不过现在基本上可以从《民事案件案由规定》中找到相应的案由——医疗损害赔偿纠纷和医疗服务合同纠纷。

确立案由对于法院和当事人都有重要意义，有利于建立科学完善的民事案件案由体系，也有利于当事人准确选择诉由，同样促使人民法院在民事立案和审判中准确确定案件诉讼争点和正确适用法律，从而提高民事案件司法统计的准确性和科学性，并且对受理案件进行分类管理，更好地为审判规范化建设服务，为人民法院管理决策提供更有价值的参考。

那么，医疗损害赔偿纠纷与医疗服务合同纠纷案由的相同点和不同点？相同点有：（1）两者的主体相同：两种纠纷都是患者和医疗机构之间发生的，损害赔偿纠纷是因为医疗机构由于过错对患者造成了损害产生的，而服务合同纠纷是因为医疗机构或患者违反了相应义务，比如，泄露患者隐私。（2）责任的性质相同：两种纠纷所承担的责任都是民事责任，因为两种纠纷都是违反了民事义务从而承担的责任。比如，恢复原状、赔偿损失、赔礼道歉。（3）两种纠纷适用的诉讼程序相同：如前面所说，不论是医疗损害赔偿纠纷还是医疗服务合同纠纷都是适用民事诉讼法的规定，所以，两者适用的都是民事诉讼程序。

医疗损害赔偿纠纷与医疗服务合同纠纷案由的不同点有：（1）承担责任的前提不同：医疗违约责任以当事人间存在合同关系为前提，即患者与医疗机构之间建立了医疗服务合同，并因该合同产生了权利义务；医疗侵权责任并非依据当事人间建立的医疗服务合同关系，而是医疗机构在医疗活动中其行为构成侵权，即以侵权行为的发生作为依据。（2）侵犯的权利不同：医疗违约责任是侵犯债权人的债权产生的民事责任，侵犯的是相对权；医疗侵权责任是侵犯他人的财产权或人身权产生的民事责任，侵犯的是绝对权。（3）依据的事实基础不同：医疗违约责任不需要有损害事实的存在，只要医疗机构有违约行为就应承担责任；而医疗侵权责任则一般要有损害事实存在，才承担责任。（4）归责原则不同：一般认为，我国合同法采用无过错责任原则或者严格责任原则，因此，医疗违约责任主要适用无过错责任原则，即违约就应当承担责任。但应当注意因医疗服务合同产生的是一种手段债务，并非结果债务，故而患者并不能依据合同而要求医疗机构履行合同必须将其治愈，而是要求依合同义务审查医疗机构是否履行治疗义务和是否恰当地进行治疗。侵权责任主要适用过错责任原则，同时还有适用无过错责任、公平原则的例外情况。当前医疗侵权责任主要适用过错推定责任。（5）举证责任不同：医疗违约责任因基于医疗服务合同而产生，故应当适用合同的举证责任，患者对证明合同关系成立并生效的事实负有举证责任，医疗机构对是否履行合同承担举证责任，如在治疗过程中发生了合同关系的变更、解除、终止等情形，由主张该情形发生的一方承担举证责任。医疗侵权责任在举证时由患者证明损害结果的存在，由医疗机构对医疗行为与损害结果之间不存在因果关系及不存在医疗过错承担举证责任。（6）诉讼时效不同：医疗违约之诉的诉讼时效，适用《民法总则》第 88 条的规定“向人民法院请求保护民事权利的诉讼时效期间为三年”；而医疗侵权之诉的诉讼时效，依《民法通则》第 136 条规定，身体受到伤害要求赔偿的诉讼时效期间为 1 年，故而医疗侵权的诉讼时效期间要短于医疗违约的诉讼时效期间。（7）诉讼管辖不同：医疗违约之诉可以按照《民事诉讼法》的规定约定管辖，约定原告住所地、被告住所地、合同履行地、合同签订地、标的物所在地人民法院管辖，在没有约定的情况下一般主要是由被告住所地法院管辖，也有可能发生如上门提供医疗服务的情况，从而使上门服务的合同履行地法院也具有管辖权。医疗侵权之诉则主要是由侵权行为地或者被告住所地人民法院管辖。(8) 承担责任的范围不同：医疗违约责任的责任范围在于赔偿财产责任；医疗侵权责任不仅可以是财产责任，也可以是非财产责任，包括因人身损害造成的精神损害赔偿。(9) 承担责任的方式不同：医疗违约责任的承担方式是实际履行、违约金责任、财产损失赔偿等责任；而医疗侵权责任则相对广泛，包括赔偿损失、消除影响、恢复名誉、赔礼道歉等形式。(10) 债务连带性上的不同：患者因为治疗疾病而到不同的医疗机构进行诊治，其依据医疗服务合同向不同的医疗机构主张权利，各医疗机构依各自与患者建立的医疗关系而分别承担责任；患者如依医疗侵权主张权利，则各医疗机构可能因自身行为承担相应责任，也可能因共同侵权行为承担连带责任。①

## 三、意义

该部分法条规定了起诉以及当事人的相关规定，虽然主要是对诉讼程序方面所做的规定，但是对于实体的审理仍有重要意义。

### (一) 明确了医疗侵权诉讼的范围

解释第1条明确规定了医疗侵权诉讼的范围，医疗美容侵权纠纷适用本解释，医疗服务合同纠纷不适用本解释。司法解释明确载明医疗服务合同纠纷不适用司法解释，医疗服务合同纠纷属于合同纠纷，不属于侵权纠纷，所以为什么要多写这一款？司法解释语言是高度概括凝练的，写这一款是否画蛇添足？答案是否定的。原因是，一方面，2011年最高法院《民事案件案由规定》将医疗诉讼明确区分为医疗服务合同纠纷和医疗损害责任纠纷；另一方面，长期以来，医疗纠纷案件即使当事人按照医疗服务合同纠纷这个案由起诉，到最后的赔偿基本上还是按照人身损害赔偿司法解释来处理，所以只是说法上的不同，最后处理基本上是一样的，虽然说有的国家、地区会对这两者做一定划分，但是最后的处理都是按照人身侵权来处理，所以司法解释第1条就医疗损害责任纠纷与医疗服务合同纠纷区分开来。

---

① 刘鑫、王岳、李大平著：《医事法学》，中国人民大学出版社2009年版，第239~240页。

### （二）涉及多家医疗机构同时或先后为同一名患者提供医疗活动的医疗纠纷争议案件中，明确规定了增加被告和第三人

根据《民事诉讼法》的规定，增加当事人由法院依职权追加和当事人申请追加，但是法院依职权追加当事人存在许多弊端：损害当事人诉讼自主权，与法院中立原则相违背；因追加当事人需要指定举证期限，增加开庭次数等，增加许多工作量，拖延了审理期限，降低审判效率，常造成案件的法律关系混乱，审理难度加大，诉讼成本大大提高；无端增加当事人的诉累，影响司法满意度。有些当事人追加了，却跟案件的最终处理结果没有利害关系，或虽有利害关系，原告方并不对其主张权利；有的当事人追加了，却需要公告送达，花费时间和公告费；更有甚者，一些析产案件被追加作为原告参加诉讼的当事人最后分不到财产，反而需要承担巨额诉讼费用和律师代理费，有损司法的权威性，正因为如此，在司法实践中，大多数案件都是当事人申请追加被告或者第三人。

其实，在本解释出台之前，《最高人民法院关于适用〈中华人民共和国民事诉讼法〉的解释》第73条也有类似规定，该条规定："必须共同进行诉讼的当事人没有参加诉讼的，人民法院应当依照民事诉讼法第132条的规定，通知其参加；当事人也可以向人民法院申请追加。人民法院对当事人提出的申请，应当进行审查，申请理由不成立的，裁定驳回；申请理由成立的，书面通知被追加的当事人参加诉讼。"本司法解释规定在涉及多家医疗机构同时或先后为同一名患者提供医疗活动的医疗纠纷争议案件中，明确规定增加被告和第三人，是对民诉法解释的细化具体规定，该规定有利于查清案件事实，分清责任，提高诉讼效率，减少重复诉讼。

### （三）尤其是赋予了"第三人申请追加被告和第三人"的规定

在司法实践中，第三人为了减轻自己的责任以及查明案件事实的需要，第三人申请追加被告的情形也屡见不鲜，然而对于此种情形的处理方法观点不一，有的观点认为第三人的诉讼地位是消极的、被动的，不能主动要求追加被告或者第三人，有的观点认为第三人有权申请追加被告和第三人。本次司法解释支持了第二种观点，赋予了"第三人申请追加被告和第三人"的权利。

事实上，不论是从法律规定还是从程序上分析，当事人在法律规定的范围内，对自己的民事权利和诉讼权利有支配和处置的自由，有决定是否追加、追加谁为被告或者第三人是当事人的权利。

赋予“第三人申请追加被告和第三人”的权利，有以下几个重要意义：首先，保护当事人合法权益，特别是对于保障被告医疗机构的合法权利具有十分重要的意义。某些情况下，在起诉人起诉时所列的当事人之外仍然存在着对诉讼标的有权利义务或是有利害关系的人存在，此时为了保障各方当事人的权利，即需要追加当事人。具体到医疗损害诉讼中，由于有多家医疗机构曾经为患者实施过诊疗行为，患者在起诉时出于便利诉讼的考虑，可能会只列一家医疗机构作为被告，而实际实施了过错医疗行为的可能不是被告医疗机构，赋予被告医疗机构申请追加被告或者第三人的权利，能够有效保护被告医疗机构合法权益。其次，查明案件事实。由于共同诉讼参加人的缺失，在未追加当事人的情况下，原、被告陈述事实可能具有片面性，不能完全反映案情事实，而且在处理纠纷时也不能正确彻底地解决。因此，追加当事人的另一目的即为了查清案件事实。再者，减轻当事人讼累。通过赋予第三人申请追加被告和第三人的权利，便于当事人将案件情况全面客观地展示在法庭上，使各方当事人均有表达陈述的权利，从而避免当事人二次诉讼、重复诉讼，减轻当事人讼累。

## 第二节　实务操作及要求

司法解释是统一的规范，具有普适性，然而在实际应用中，具体情况可能千差万别，我们需要准确理解司法解释的含义，探寻立法者真正的本意，以便我们更好地运用法律武器维护自身合法权益。

### 一、实操要求

本部分司法解释有一些与《侵权责任法》规定不一致的地方，是对《侵权责任法》的改进与完善，我们在研究与实践过程中都要加以注意，以更好地理解、运用司法解释，维护自身合法权益。

#### （一）医疗产品的“销售者”侵权也适用于本解释

本司法解释第1条第1款开宗明义指出：患者以在诊疗活动中受到人身或者财产损害为由请求医疗机构，医疗产品的生产者、销售者或者血液提供机构承担侵权责任的案件，适用本解释。

《侵权责任法》第54条并未规定销售者需要承担相应的责任，该条规定："患者在诊疗活动中受到损害，医疗机构及其医务人员有过错的，由医疗机构承担赔偿责任"，并未明确规定生产者、销售者需承担责任。《侵权责任法》第59条关于因药品、消毒药剂、医疗器械的缺陷，或者输入不合格的血液造成患者损害的责任的规定也仅仅规定了患者可以向生产者或者血液提供机构、医疗机构请求赔偿，还是没有明确规定可以向销售者主张侵权责任。

那么，为什么这次要专门把销售者作为赔偿主体纳入本次司法解释中呢？我们认为原因有以下几点：

第一，在目前的医患关系中，患者由于在知识、经验、精力等各方面的原因，导致在医患关系中相对处于弱势地位，特别是一些赴外地求医的患者，情况更是如此，为了方便患者维权、化解医患矛盾，将销售者明确写入司法解释中，便于患者维护自身合法权益。

第二，与其他相关法律法规配套。《产品质量法》第2条第2、3款规定："本法所称产品是指经过加工、制作、用于销售的产品。"我国《产品质量法》未用"投入流通"一词，而表述为"用于销售"。《民法通则》第122条规定了产品质量不合格情况下，产品制造者、销售者应当承担的民事责任。

由上述法律法规的列举可见，大量的法律法规在涉及产品责任侵权时，均将产品的生产者与销售者并列，甚至《侵权责任法》本身第43条在规定产品生产者和销售者之间的承担方式时，也同时规定了产品的生产者和销售者的承担方式，即"因产品存在缺陷造成损害的，被侵权人可以向产品的生产者请求赔偿，也可以向产品的销售者请求赔偿。产品缺陷由生产者造成的，销售者赔偿后，有权向生产者追偿。因销售者的过错使产品存在缺陷的，生产者赔偿后，有权向销售者追偿。"因此，在医疗损害责任纠纷中明确规定销售者作为赔偿主体，能够更好地与其他法律法规相衔接。

### （二）法院应当准予当事人申请追加其他就诊的医疗机构为共同被告或者第三人

追加当事人，是指法院根据法律的规定，使应当参加而未参加诉讼的当事人加入到诉讼中的制度。[①] 追加的启动原因既可能是根据当事人的申请，也可能由人民

---

① 刘哲玮：《追加当事人制度的理论追问与程序构建》，《政法论丛》2016年第6期。

法院依职权决定，但毫无疑问，最终确定追加当事人的主体，只能是人民法院。

1. 追加的法律依据

从法律规定来看，新《民事诉讼法》第 56 条规定：“对当事人双方的诉讼标的，第三人虽然没有独立请求权，但案件处理结果同他有法律上的利害关系的，可以申请参加诉讼，或者由人民法院通知他参加诉讼。”第 132 条规定：“必须共同进行诉讼的当事人没有参加诉讼的，人民法院应当通知其参加诉讼。”《最高人民法院关于适用〈中华人民共和国民事诉讼法〉的解释》（以下简称民诉解释）第 73 条规定：“必须共同进行诉讼的当事人没有参加诉讼的，人民法院应当依照民事诉讼法第 132 条的规定，通知其参加；当事人也可以向人民法院申请追加。人民法院对当事人提出的申请，应当进行审查，申请理由不成立的，裁定驳回；申请理由成立的，书面通知被追加的当事人参加诉讼。”第 74 条规定：“人民法院追加共同诉讼的当事人时，应当通知其他当事人。应当追加的原告，已明确表示放弃实体权利的，可不予追加；既不愿意参加诉讼，又不放弃实体权利的，仍应追加为共同原告，其不参加诉讼，不影响人民法院对案件的审理和依法作出判决。”上述法律法规列举可以看出，法律并未对第三人申请追加被告和第三人的情形作出禁止性规定。而为了最大限度地保护公民权益，繁荣社会发展，民事法律领域有一条重要的法律原则是“法无禁止即可为”，既然法律法规没有明文禁止，我们认为就是可以实施的行为。

2. 应当准予追加的原因

我们可以看到在医疗损害诉讼案件中，法院在处理当事人申请追加其他就诊的医疗机构为共同被告或者第三人的请求时，应当准予，而在普通民事诉讼案件中，法院应当对于当事人追加被告或者第三人的诉讼请求进行审查，然后再决定是否允许追加当事人。为什么医疗损害诉讼案件中当事人申请追加被告或者第三人条件更为宽松？我们认为原因可能有以下几点：第一，医疗纠纷案件本身特殊性。与普通民事案件当事人比较单一不同，在医疗损害案件中，一个患者往往要历经多个医生、多个医院就诊，会诊、转诊在许多病例诊治过程中并不少见，这时要区分导致患者损害的医疗行为发生在哪个阶段就比较困难，加之有的患者为了诉讼方便或者法律知识欠缺，往往仅起诉其居住地附近的医院，未将其他参与诊治的医院纳入诉讼之中。所以为了便于查清事实，法院应当准予当事人申请追加其他就诊的医疗机构为共同被告或者第三人。

第二，从保护患者合法权益角度来看，当事人不仅包括患者还包括医疗机构，医疗机构当然也可以申请追加其他就诊的医疗机构为共同被告或者第三人，所以不管是患者申请追加被告、第三人还是医疗机构申请追加被告或者第三人，都能够将案件更加全面地重现在法庭上，这样对于举证能力较弱的患者一方来说，无疑是有利的，此外，在某些案件中，增加一些被告、第三人能够提高履行裁判的实力，使裁判结果得到更好的履行。

3. 追加当事人应该注意的问题

虽然本次解释明确规定了追加当事人的问题，但是追加当事人应注意几个问题：（1）申请追加当事人参加诉讼的，应在举证期限届满前提出，逾期申请追加的，不予支持。申请追加当事人参加诉讼，一般会提出相应的诉讼请求，将追加当事人的申请期限限制在举证期限内，这与增加、变更诉讼请求的时间限制相符。（2）对未在举证期限内申请追加或经一审法院释明不要求追加的，或一审法院未作释明而二审法院在审理中认为有利害关系的人需参加诉讼，但经释明当事人不要求追加的，应直接作出判决，二审法院不应将案件发回重审。

### （三）如何理解"医疗产品"与不合格血液

对于医疗产品的范畴，存在着许多争议，特别是血液是否属于医疗产品的问题，更是各方争议的焦点。

血液简称血，是个纯粹的医学概念，是循环流动在心脏和血管腔内的一种组织。成人体重的约十三分之一是人的血液，主要成分是血浆和血细胞，另外血浆内还含有各类营养成分，如脂蛋白。无机盐，酶，氧和细胞代谢产物也是组成成分。而血细胞包括红血球、白血球和血小板。当一个人机体的生理变化和病理变化后，往往会引起血液成分的改变，所以血液成分是否合格安全有重要的医学临床意义。[①]所谓合格的血液，指的就是我们在医疗诊治过程中，安全可用的血液，不带有病毒、寄生虫、酒精、化学物质的血液，如果血液中的外来物质会导致受血者遭遇损害，危险疾病等，都应被认定为不合格血液。简言之，合格血液是可以安全输入人体内，保证人体安全的特殊医学物质。

对血液的法律属性定性，目前，在学术界存在很大争议，主要有三种观点：

1. 认为血液是产品

血液要成为医学上的用血液，并不是人体流入即可自动转化成医学用血液，它

---

① 韩红伟、张学林著：《血液的秘密》，中国中医药出版社 2009 年版，第 33 页。

同产品一样，需要加工制作的过程，它仅是以人体流出血液作为材料，经过采血，分离等过程，再加入一些医学制剂最终形成。且该血液从血站到医院的过程，是通过价格交易销售的，患者到医院，同样是通过价格交易购买的。我们知道，产品的整个过程也是类似，先加工制造，后销售买卖。医学用血液也同样，只是他们的主体不相同，事实上，在医用血液的产出销售过程中，血站就是产品的生产者，销售者就是医疗机构，患者是买家。因此，有学者认为“医疗产品损害责任，是指医疗机构在医疗过程中使用有缺陷的药品、消毒药剂、医疗器械以及血液及血液制品等医疗产品，因此造成患者人身损害，医疗机构或者医疗产品生产者、销售者应当承担的医疗损害赔偿责任。”① 根据这种观点，血液属于产品，同其他产品一样使用无过错责任原则，适用同一部法律。

2. 认为应当将血液“视为产品”

血液制品，带有很明显的产品味道，它同血液的区别就在于，它是血液的进一步再加工、从新鲜血液中提取出来的或者分离出来的白蛋白、血浆等等，所以这些都属于产品性质。事实上，医学用血液同血液制品，在源头上是相同的，即无偿献血者抽取出的新鲜流动的血液。二者是极为类似的过程，只是要变为医学用血液，或是血液制品，它们的工序是不同的，前者操作较为简单，而后者要经过专门企业机构来进行加工制作，程序繁琐。另外，如果都是由于血液本身自带问题如漏检期所造成的质量问题，二者由于定性不同，归责原则不相同，医学用血液中血站承担过错责任，血液制品的企业无过错责任，明显造成不平等的现象，制造血液制品的机构和血站不公平的待遇，是不妥当的。于此，第二种观点就认为医学用血液应视为产品来对待，不应与其他的医疗产品区别待遇，要灵活考虑它的法律后果，同其他产品一样适用无过错责任，用同一部法律进行规制。

3. 认为血液不是产品

要将医学用血液从其他普通产品中区分出来，就应该从其本质中发现其不同点，产品最后销售，必定是成品，要成为成品的过程少不了加工、制作。那么医学用血液最后成为可用血液的过程，同产品成为成品的过程是否相同就是比较的关键，血液是用于医疗抢救和治疗病人的，血站将无偿献血者的血液采集之后，首先要分装，其后要贮存保管，运输，期间还要加入医用制剂方可使用，但是这一过程同产品的加工制作是不尽相同的，称不上是产品的加工制作。血液的本质特征不是

① 杨立新：《论医疗产品损害责任》，《政法论丛》2009 年第 2 期。

生产劳动的成果，血站也不能生产、制作血液。人类的一种基本的身体机能就是造血功能，血液从献血者身上采集而来，输血行为根本不同于普通的商品销售，而类似于人体组织的移植。其目的是为了满足患者治疗的需要。我国相关法律规定，血站的血液来源主要是无偿献血采集的血源，而血站的主要工作即是负责采集，在各医疗机构出现血液供给不足时提供应急适合血液，该机构是国家扶持的公益性组织，并不是和其他产品生产商一样，以营利为目的。还有血站采集来的血液流向必须透明，目的必须明确合法，只能用于医学临床用血，禁止一切买卖血液行为，禁止将无偿献血者的血液出售给一些生产商家，供生产商家制造血液制品，最终出售营利。事实上，当患者去医院就诊，急需用血时，付款的并不是买血费用，而是血液采集、贮存、检验等手续费。公民无偿献血，是真正意义上的无偿，并不含营利的目的和性质。所以，医学用血液不能归入产品行列。

但是我们认为血液是由人体产生的，其性质特殊，依据现有的法律规定不宜将其认定为产品。理由如下：第一，血液不具有产品的基本特性，产品是通过生产加工制造出来的，并且产品是可以用于买卖的，而血液的形成过程不能称之为生产加工和制造，且一般商家之间对血液也不可以进行买卖，因此，我们不应将血液简单看成是产品，也不应将血液和其他药品药剂，医疗器械等医疗产品视作一类。第二，从损害后果来讲，一般产品缺陷造成的损害，是可以用金钱去衡量和弥补的，而不合格血液造成的损害，往往是较为严重的，甚至是危及生命健康或者无法治愈的，更不能用金钱去衡量和弥补。从血液造成的损害后果来看，它与其他产品造成的损害后果有所区别，如其他产品造成损害后果后，承担的后果往往有所谓的“三包政策”，即包修，包退，包换，而血液不可能实行三包政策，当血液注射到人体后，将有不可逆转的性质，不存在三包的承担方式。

因此，我们认为血液不是产品。正是因为血液不是医疗产品，而药品、医疗器械、消毒药器都是医疗产品，所以本解释第3条才分成两款进行规定。如果血液属于一般意义上的医疗产品，则无需多此一举而专门列出一款规定不合格血液致损责任。

## 二、注意事项

本部分司法解释虽然法条较为精炼，但是在理解与应用中还需要注意如下问题。

### （一）并非医疗机构内发生的所有财产损害都适用本司法解释

与《侵权责任法》第七章、《医疗事故处理条例》（以下简称《条例》）、《医疗事故处理办法》规定的不同，《医疗损害司法解释》不仅规定了人身损害赔偿责任，还有对财产损害赔偿责任作出了规定。《侵权责任法》《条例》都没有对诊疗活动中的财产损害作出规定，那么诊疗活动中是否存在纯粹财产损害？

其实这样的案例在实践中并不少见，比如患者在医院住院期间，护士给患者输液，输液瓶中装有500ML破伤风药液，但是患者往往要用多种药，护士在向输液瓶中增加一种药物的过程中，突然输液瓶中液体浑浊沉淀了，这时护士出于安全考虑会停止输液，那这瓶药已经开封就无法二次使用了，但是这瓶药液是患者支付过医疗费用的，如果医院各方面做的完善，可能会免费给患者换药，免费换就不存在财产损害的情况。但许多医院不给患者免费换，往往医院不会跟患者说明情况，而是重新再开一次这种药，这种情况下让患者掏这瓶药液的钱就不合适，这种情况就是一种纯粹的财产损失，患者如果知道真实情况，应该也不愿意多支付这瓶药水的钱。

但是需要明确的是，是否患者住院过程中遭受的财产损失就必然适用《医疗损害司法解释》？司法解释原文前提条件是“患者在诊疗活动中……”，也就是说财产损害需要发生诊疗活动中，如果与诊疗活动无关，可能就不属于解释的适用范围。比如患者在医院住院期间手机被盗，患者住院期间手机被盗与诊疗活动没有关系，这种情况与社会上、大街上的行人手机被偷并无二异，就不属于本司法解释的适用范围。所以适用本司法解释我们强调必须是医疗活动过程中出现的问题，必须与医疗服务或者医疗行为有因果关系。

### （二）注意区分医疗美容和生活美容

在实践中，许多人无法区分医疗美容和生活美容，甚至选择去美容院做医疗美容手术，造成了较为严重的后果。二者究竟有什么区别？

首先是定义上的不同，生活美容一般认为是指运用化妆品或保健品之类的非药物、非医疗器械等非医疗性手段，对人体进行的不具有侵袭性的美容护理。例如生活护理、面部按摩等。

关于医疗美容的定义，在我国《医疗美容服务管理办法》第2条中予以明确的规定，即医疗美容是指运用手术、药物、医疗器械以及其他具有创伤性或者侵入性的医学技术方法对人的容貌和人体各部位形态进行的修复与再塑，例如割双眼皮、注射美容等。

其次是实施美容的机构。《医疗美容服务管理办法》第2条规定本办法所称美容医疗机构，是指以开展医疗美容诊疗业务为主的医疗机构。《医疗美容服务管理办法》第5、6、7、8、9、10条规定了申办美容医疗机构或医疗机构设置医疗美容科室应当具备的资格和条件。生活美容机构往往都是社会上各类美容店、美容院或者美容中心举办的，不具备《医疗机构执业许可证》。

再次，从从业人员资格来看，《医疗美容服务管理办法》第11条规定负责实施医疗美容项目的主诊医师必须同时具备下列条件：（1）具有执业医师资格，经执业医师注册机关注册；（2）具有从事相关临床学科工作经历。其中，负责实施美容外科项目的医师应具有6年以上从事美容外科或整形外科等相关专业临床工作经历；负责实施美容牙科项目的医师应具有5年以上从事美容牙科或口腔科专业临床工作经历；负责实施美容中医科和美容皮肤科项目的医师应分别具有3年以上从事中医专业和皮肤专业临床工作经历；（3）经过医疗美容专业培训或进修并合格，或已从事医疗美容临床工作1年以上；（4）省级人民政府卫生行政部门规定的其他条件。而国家对生活美容从业人员并未规定统一的技术职业标准，大多不具备医师执业资格。

尽管列举了二者以上不同，事实上，医疗美容较之于生活美容最明显的区别和特征就是对被美容者具有创伤性和侵入性的特点，这明显的区别和特征能够使群众较为容易地将二者进行区分。司法解释的适用范围必须是医疗美容，而不是生活美容。因为生活美容不是医疗行为，不能包含在该司法解释适用范围之内。

### （三）其他注意事项

1. 本解释生效时间

本解释是2017年3月27日由最高人民法院审判委员会第1713次会议通过，自2017年12月14日起施行。众所周知，一般司法解释都会预留学习、理解解释的时间，为何此次司法解释发布次日就开始生效？

我们认为这与解释的内容是分不开的，根据解释第24条：被侵权人同时起诉两个以上医疗机构承担赔偿责任，人民法院经审理，受诉法院所在地的医疗机构依法不承担赔偿责任，其他医疗机构承担赔偿责任的，残疾赔偿金、死亡赔偿金的计算，按下列情形分别处理：（1）一个医疗机构承担责任的，按照该医疗机构所在地的赔偿标准执行；（2）两个以上医疗机构均承担责任的，可以按照其中赔偿标准较高的医疗机构所在地标准执行。该条解决了司法实践中长期存在的同命不同价的问题。比如同样一个患者，在计算残疾赔偿金或者死亡赔偿金时，假设其他各种情形都一样，仅仅因为医疗机构所在地的不同，就会导致残疾赔偿金或者死亡赔偿金计算结果产生巨大的差异。

本次解释第24条规定如果由一个医疗机构承担责任的，按照该医疗机构所在地的赔偿标准执行，如果两个以上医疗机构均承担责任的，可以按照其中赔偿标准较高的医疗机构所在地标准执行。明确了医疗机构承担责任时不同的计算方式，同时规定解释出台次日即生效，能够大大统一裁判尺度，尽量避免同案不同判现象的发生。

2. 与其他司法解释衔接适用问题

解释第26条第一款规定：本院以前发布的司法解释与本解释不一致的，以本解释为准。我们认为本规定与原有司法解释“不一致”的定位必须局限于：同一法律问题或者规则，如果是不同问题的规定，那就不能适用本条的规定。一般来说，本规定对原有司法解释有关规定内容作出修改或者新增的规定，属于本司法解释与之前出台的其他司法解释“不一致”的情形。当然，对于本规定没有规定，而此前出台的其他司法解释对这一问题又有规定的，这一规定又与本司法解释相关条文不冲突，则原有的司法解释规定应当继续适用。

此外还要注意的是，解释第26条第2款规定：“本解释施行后尚未终审的案件，适用本解释；本解释施行前已经终审，当事人申请再审或者按照审判监督程序决定再审的案件，不适用本解释。”即自2017年12月14日司法解释施行后，尚未终审的案件适用本解释的规定，若已经终审，即当事人未在一审判决送达后15日内未上诉或者二审判决送达之日，则即使启动再审程序，仍然不适用本解释。因本解释是《侵权责任法》的解释，因此适用本解释的前提是还必须能够适用《侵权责任法》，即必须是2010年7月1日以后发生的医疗行为，如果是2010年7月1日以前发生医疗行为，患方与医院诉讼不适用《侵权责任法》，也就无法适用侵权责任法司法解释。

3. 死者近亲属及其他人员的起诉

生活当中，患者人身侵害致死案件中的生命赔偿低额化现象大量存在，损害赔偿请求权由近亲属继承，有利于减少现在医疗产品的生产者、销售者和医疗机构侵害人身致死案赔偿低额化现象，使人的生命价值得到更高保护，契合了抚慰金的填补损害和抚慰的机能，也与法律填补损害的宗旨相吻合。

本司法解释第25条是对《侵权责任法》第18条规定的承继，《侵权责任法》第18条规定："被侵权人死亡的，其近亲属有权请求侵权人承担侵权责任。被侵权人为单位，该单位分立、合并的，承继权利的单位有权请求侵权人承担侵权责任。被侵权人死亡的，支付被侵权人医疗费、丧葬费等合理费用的人有权请求侵权人赔偿费用，但侵权人已支付该费用的除外。"原因就在于医疗损害纠纷诉讼中，当事人本人死亡概率远大于其他类案件，通过细化患者死亡后的诉讼主体，有利于保护当事人的合法权益，弥补实际支出相关医疗费用当事人的损失。

## 第三节 存在问题与建议

《医疗损害司法解释》的制定工作是一项规模巨大的工程，经历了多次修改论证，但是难免挂一漏万，我们认为司法解释在本部分存在立法用语表述不够严谨的问题。此外，在医疗损害诉讼实践中，也有不少值得注意之处。

### 一、条文中的问题与建议

#### （一）条文中存在的问题

解释第2条规定：患者因同一伤病在多个医疗机构接受诊疗受到损害，起诉部分或者全部就诊的医疗机构的，应予受理。

"同一伤病"此处表述不够严谨，很多情况下对当事人的诊断都不是一种疾病，而可能是多种疾病并发，也就是说当事人可能因多种伤病或者同时发生的不同伤病在多个医疗机构接受诊疗受到损害，那么这种情况下，是否可以适用解释第2条的规定？

#### （二）对条文中存在问题的建议

我们认为可以去掉"同一"二字，因为患者同一时间发生的不同伤病在多个医疗机构接受诊疗受到损害的情况也很常见，更进一步说，即使是不同时间的不同伤病，也就是两种不同的伤病在不同的医疗机构接受诊疗受到损害，只要患者认为两个医疗机构都有可能承担责任，并且进行了初步的举证，患者就可以起诉部分或者全部就诊的医疗机构。

## 二、实施中的问题与对策

在民事诉讼中，双方当事人和法院之间是三方法律关系，虽然在这三方关系中，法院的审判权占据主导地位，但是当事人如何选择诉讼参加人、被告如何应诉等也将直接影响判决结果。

### （一）如何选择管辖法院

新的司法解释实施后，患者在医疗机构诊治后，与医疗机构发生纠纷，患者作为原告，该如何选择管辖法院？我们可以从以下几个方面进行判断。

从方便原告[①]诉讼的角度来看，患者可以选择距离自身住所地较近的法院提起诉讼。举个例子，患者张三因为骨折先后在山东省某市医院甲、山东某省医院乙以及北京某知名骨科医院丙接受治疗，治疗结束后，张三骨折已经治愈，但是张三染上了肝炎，张三不知道是哪个医院在治疗过程中存在疏忽导致其染上肝炎，目前张三在山东老家养病。就这种情况，从方便张三诉讼的情况来说，张三应该选择哪个医院作为被告比较合适？根据《民事诉讼法》第21条的规定："对公民提起的民事诉讼，由被告住所地人民法院管辖；被告住所地与经常居住地不一致的，由经常居住地人民法院管辖。对法人或者其他组织提起的民事诉讼，由被告住所地人民法院管辖。同一诉讼的几个被告住所地、经常居住地在两个以上人民法院辖区的，各该人民法院都有管辖权。"医疗机构属于法人单位，在不考虑其他情况的情形下，就便于诉讼来说，张三可以在甲医院所在地的法院提起诉讼，这样对于张三来说，不管是提交诉讼材料还是进行其他的诉讼行为，都将具有"主场优势"。

从原告诉讼利益最大化的角度来看，应该以哪个医疗机构为被告？在本次司法解释出台以前，我们在计算死亡赔偿金或者残疾赔偿金时，是按照当地的经济发展水平计算的，因此，同样的伤病情况以及过错程度，但是在不同的地区、不同的医疗机构，残疾赔偿金和死亡赔偿金的计算结果千差万别，有的甚至相差一半以上。但是解释第24条规定：被侵权人同时起诉两个以上医疗机构承担赔偿责任，人民法院经审理，受诉法院所在地的医疗机构依法不承担赔偿责任，其他医疗机构承担赔偿责任的，残疾赔偿金、死亡赔偿金的计算，按下列情形分别处理：（1）一个医

---

① 因在医疗损害诉讼案件中，绝大多数案件的原告都是患者，故如无特别指出，原告一般指患者。

疗机构承担责任的，按照该医疗机构所在地的赔偿标准执行；（2）两个以上医疗机构均承担责任的，可以按照其中赔偿标准较高的医疗机构所在地标准执行。

对于解释第24条第一种情形，也就是对于一个医疗机构承担责任的情况，解释规定得很明确就是按照医疗机构所在地的赔偿标准执行；但是对于解释规定的第二种情况，即两个以上医疗机构均承担责任的情形，因为可以按照其中赔偿标准较高的医疗机构所在地标准执行，所以我们在起诉的时候可以选择医疗机构所在地经济发展水平较高的法院起诉。尽管我们在诉讼实践过程中可以通过追加当事人或者再次起诉实现上述诉讼目的，但是无疑，起诉的时候便确定好合适的被告、第三人，有利于司法机关便捷、高效地处理纠纷，也有利于医患矛盾的快速化解。

### （二）患者死亡后的原告确定

解释第25条第1款规定："患者死亡后，其近亲属请求医疗损害赔偿的，适用本解释。"在此类患者死亡案件中，谁可以成为原告？患者死亡后，哪些人属于患者的近亲属？

《最高人民法院关于贯彻执行〈中华人民共和国民法通则〉若干问题的意见》（以下简称《民通意见》）第12条规定："民法通则中规定的近亲属，包括配偶、父母、子女、兄弟姐妹、祖父母、外祖父母、孙子女、外孙子女。"《中华人民共和国刑事诉讼法》第106条第6项规定："'近亲属'是指夫、妻、父、母、子、女、同胞兄弟姊妹。"同时《最高人民法院关于执行〈中华人民共和国行政诉讼法〉若干问题的解释》第11条规定："行政诉讼法第24条规定的'近亲属'，包括配偶、父母、子女、兄弟姐妹、祖父母、外祖父母、孙子女、外孙子女和其他具有扶养、赡养关系的亲属。"

从上述法律法规关于近亲属的规定可以看出，民事、行政、刑事诉讼法上关于近亲属的范围规定各不一致，本解释是指导民事纠纷解决的规范性文件，自然应该适用民事法上关于近亲属的规定。虽然我国自2017年10月1日起施行《民法总则》，但目前尚未出台相关民法分则，关于近亲属范围，仍然应当沿用《民通意见》的规定，因此本解释中的近亲属包括配偶、父母、子女、兄弟姐妹、祖父母、外祖父母、孙子女、外孙子女。

近亲属的范围确定了，如果多个近亲属均有意为患者主张权利，此时该如何处理？我们认为应当参照法定继承的顺位进行确定，患者死亡后，其财产、相关权利义务均由继承人继承，根据《继承法》的相关规定，第一顺位继承人为配偶、父母、子女，第二顺位继承人为祖父母、外祖父母、孙子女、外孙子女。

### （三）已支付合理费用的其他人如何主张权利

随着社会发展，群众道德水平不断提高，见义勇为、见死即救的行为越来越多，从鼓励公众做好人好事的角度出发，我们不能让好人"出钱出力又伤心"。因此，司法解释第25条第1款还规定："支付患者医疗费、丧葬费等合理费用的人请求赔偿该费用的，适用本解释。"司法解释支持那些支付了患者医疗费、丧葬费等合理费用的人主张自己的权利。那么，在实践中，该类案件当事人具体该如何主张自己的权利?

我们认为，该类案件当事人可以直接以自己作为原告，以不当得利为案由向患者本人或者患者近亲属主张医疗费、丧葬费等合理费用。不当得利是指没有合法根据，取得不当利益，造成他人利益受损。该类案件中，支付了医疗费、丧葬费等合理费用的人支出了合理费用，而患者或者其继承人则获得了少支付甚至不支付医疗费、丧葬费的利益，因此，可以以不当得利为案由提起诉讼。

本解释规定的"支付患者医疗费、丧葬费等合理费用的人请求赔偿该费用的，适用本解释"是一条新的规定，但该规定适用的范围有限，在符合本解释的适用情形外，至少还有两个适用前提，首先是支付了哪项费用就只能主张哪项费用，不能主张尚未实际支付的费用；其次，适用的前提是存在医疗损害争议，患者必须受到医疗损害，患方受有损失，如果医院并无医疗过错，双方也不存在医疗争议，则实际支付该部分费用的人无权主张上述费用。

### （四）被告如何应对诉讼

医疗侵权诉讼实践中，如何确定被告？被告如何应诉？新的司法解释对此作出了一些新的规定，值得我们思考。

如果患者受到医疗产品侵权，同时存在医疗机构、生产者、销售者甚至血液提供机构时，该以谁为被告？解释第3条规定：患者因缺陷医疗产品受到损害，起诉部分或者全部医疗产品的生产者、销售者和医疗机构的，应予受理。患者仅起诉医疗产品的生产者、销售者、医疗机构中部分主体，当事人依法申请追加其他主体为共同被告或者第三人的，应予准许。必要时，人民法院可以依法追加相关当事人参加诉讼。患者因输入不合格的血液受到损害提起侵权诉讼的，参照适用前两款规定。根据该条规定，患者可以起诉部分或者全部医疗产品的生产者、销售者和医疗机构，这一点方便了患者。事实上，在很多情况下，患者仅凭自己的力量，难以找到生产者或者销售者，患者甚至不知道问题出在哪个环节，往往只能找到自己看病治疗的医疗机构，这种情况下，患者便可以只起诉医疗机构。另一方面，避免了众多被告对责任的相互推诿，把被告看作是一个整体，先有其中部分被告承担责任，然后符合条件的可以追偿，这对于保障被告医疗机构的合法权利具有十分重要的意义。

在医疗诉讼中，医疗机构除了要积极收集证据反驳对方主张外，往往还需要做一些程序方面的工作，在一些情况下，这些程序方面的工作反而会起到意想不到的效果。比如，在医疗产品侵权诉讼中，司法解释明确赋予了医疗机构依法申请追加其他主体为共同被告或者第三人的权利，如果确实是医疗产品质量存在问题，医疗机构的诊疗操作符合诊疗规范，那医疗机构通过申请追加当事人就能够较好地维护自身合法权益。且一般来说，患者本人可能不清楚其自身受到损害的原因，但是医疗机构大多数情况下还是能够判断出患者受到损害的原因，从而能够自行判断是否需要追加当事人。

## 第四节　案例分析

司法案例研究，在法学理论研究中占有重要地位，在司法实践也越来越受到重视，最高人民法院还成立了司法案例研究院，我们对医疗侵权案例进行研究，目的是缓解医疗纠纷，减少医闹事件的发生。

### 案例2－1　不合格血液侵权

近年来，不合格血液造成的医疗侵权的事件激增，既是由于医疗机构技术操作不规范，更是由于我国对血液侵权损害赔偿的相关法律不完善所致，本次司法解释对不合格血液侵权做了较为详尽具体的规定。

#### 一、案例介绍

1996年9月，李某忠因工伤入住某市人民医院治疗。据该医院病历记载，李某忠因手术输血六百毫升，所输血液是中心血站提供的李某某、王某某档血液。血液交叉配合报告单记载，病人姓名李某忠，所需血量八百毫升，给血名李某某，血库瓶号1693，血量四百毫升，王某某血库瓶号1692，血量四百毫升。出院后，李某忠单位为其办理了病退手续。2008年11月，李某忠在市现代健康体检中心体检时被查出已感染丙肝，随后经市第二人民医院化验确诊。同年12月，李某忠在市第三人民医院住院治疗，被确诊为病毒性肝炎慢性中毒丙型，于2009年2月好转后出院，李某忠共住院两个多月，医嘱院外继续抗病毒治疗、注意休息、近期复查肝功育旨。①

2009年3月，李某忠以市人民医院和市中心血站为被告向市解放区人民法院提起诉讼，请求：1. 判令二被告赔偿其医疗等各项费用七万三千余元；2. 支付继续治疗费。

市解放区人民法院经审理认为，市中心血站检验结果证明当年供给市人民医院两份四百毫升血液（献血者李某某血袋号1693，王某某血袋号1692）抗HCV（丙型肝炎抗体）为阴性，根本不会造成原告病毒感染，被告市中心血站提供的证据证明其没有过错，不应承担本案的赔偿责任。被告市人民医院虽在病历中记载给李某忠所输血液系市中心血站提供的李某某、王某某的血液，但市人民医院配血时并未将辨识标志贴在配血单上，故不能证明其使用的就是市中心血站提供的李某某、王某某的血液。市中心血站提供两份血液每袋为四百毫升，市人民医院的血液交叉配合报告单上也记载该两袋血为每袋四百毫升，可在病历手术记载中给原告输血为六百毫升，在庭审中原告陈述输了三袋血，每袋两百毫升，被告市人民医院予以承认，因此，被告市人民医院不能证明给原告输的是李某某、王某某的血液，也不能证明没有输他人的血液，更没有证据证明其医疗行为与原告被感染丙肝病毒没有因果关系，应承担赔偿责任。原告要求被告支付继续治疗费用的诉讼请求，因该费用尚未发生，故本院不予支持，可待继续治疗费用实际发生后，另案起诉。

根据《最高人民法院关于民事诉讼证据的若干规定》第4条、《最高人民法院关于审理人身损害赔偿案件适用法律若干问题的解释》第17条、第19条、第20条、第23条、第24条之规定，判决如下：1. 被告市人民医院应当于本判决生效之日起10日内赔偿原告李某忠医疗费7129元、营养费630元、住院伙食补助费630元、误工费8500元，精神损害抚慰金10000元，以上各项合计26889元。2. 驳回原告的其他诉讼请求。本案诉讼费1630元由原告李某忠负担1000元，被告焦作市

---

① 赵文波：《医疗产品损害责任研究》，西南政法大学2011年。

人民医院负担630元，该费用先由原告垫付，待执行时结清。

市人民医院不服一审判决，向市中级人民法院提出上诉，称：原审认定事实不清，判决错误，请求二审依法撤销原判，驳回原审原告的诉讼请求。理由是：1. 被上诉人李某忠在上诉人处住院期间，所输的血液是由市中心血站提供。根据李某忠的病历记载，献血者李某某、王某某的血瓶编号与市中心血站供血记录完全一致。在一审庭审中已经查明这一事实，因此，上诉人不应承担责任。2. 输血是丙肝感染的一种途径，但不是唯一途径，密切接触和注射也是丙肝感染的途径。丙肝的感染潜伏期为15天到180天，被上诉人李某忠1996年9月住院输血，2008年11月发现感染丙肝，这早已过了潜伏期。因此，李某忠的丙肝不是输血引起，而是通过其他途径感染的。

## 二、审判结果

市中级人民法院经审理认为，李某忠因工伤于1996年9月入住市人民医院，病历记载，李某忠因手术输血六百毫升，所输血液是中心血站提供的李某某、王某某的血液。但市人民医院在配血时却未将辨识标志贴在配血单上，因此，市人民医院不能证明为李某忠所输血液系中心血站提供的李某某、王某某的血液。市中心血站提供的两份血液每袋为四百毫升，市人民医院的血液交叉报告单亦记载李某忠所需总血量为八百毫升，病历手术记载给李某忠输血为六百毫升，李某忠在一、二审中均陈述输了三袋血，每袋为二百毫升，市人民医院仅以血瓶编号与中心血站供血记录一致，主张李某忠输的血就是李某某、王某某的血液，显然与事实不符，且无其他证据佐证其为李某忠所输的六百毫升血液系李某某、王某某提供的，故本院对该主张不予采纳。对于市人民医院上诉提出的李某忠输血感染已超过临床感染潜伏期，李某忠所患丙肝不是输血引起，其不应承担赔偿责任之主张，因市人民医院提供不出科学依据，本院对该主张不予采信。原审认定事实清楚，适用法律正确，判决并无不当，本院应予维持。依照《中华人民共和国民事诉讼法》第153条第一款第（一）项之规定，作如下判决：驳回上诉，维持原判。二审诉讼费1630元，法律文书专递邮费30元，共计1660元，由市人民医院承担。本判决为终审判决。

## 三、评析

本案的医疗纠纷是否符合医疗产品损害责任纠纷？市人民医院和市中心血站的责任如何分担？

首先，本案不属于医疗产品责任纠纷，应是医疗损害责任。因为纠纷的焦点是医院输入血液记载有误，血液交叉报告单和病历记载不同。对于责任的分担来说，市人民医院不能证明为李某忠所输血液系李某某、王某某的血液；两份血液每袋为四百毫升，市人民医院的血液交叉报告单记载李某忠所需总血量为八百毫升，病历手术记载给李某忠输血为六百毫升；李某忠陈述输的每袋血液为二百毫升，共三袋；市人民医院不能证明血液交叉报告单与病历为何不同，说明医院存在过错。根据《侵权责任法》第54条规定，医疗损害赔偿适用过错责任归责原则。据此，损害责任应由医疗机构承担。

此外，《侵权责任法》第59条规定："因药品、消毒药剂、医疗器械的缺陷，或者输入不合格的血液造成患者损害的，患者可以向生产者或血液提供机构请求赔偿，也可以向医疗机构请求赔偿。患者向医疗机构请求赔偿的，医疗机构赔偿后，有权向负有责任的生产者或者血液提供机构追偿。"因此，假如过错在于市中心血站，那么市人民医院在承担责任后，可以向市中心血站追偿。

## 案例2-2　患者死亡后近亲属起诉

### 一、案例介绍

2008年，某市的董某某、宿某某的19岁女儿甜甜，因感冒被送到市城关街道办事处卫生院红旗路诊所治疗时发生医疗事故，后被紧急送到市人民医院抢救，尽管最后孩子的生命得以保全，但却成了植物人。由于经济条件所困，董某某一家不得不将甜甜接回家照顾。根据医生的嘱咐，长期卧床的甜甜极易发生抽搐、咳嗽而导致浓痰堵喉，造成病人短时间无法喘息，如果不及时处理，可能会引发致命后果。因此，甜甜的父母晚上都不敢睡觉，轮番照看甜甜。一家人不得不花费大量时间和心血照顾、看护甜甜。

甜甜的事故，对于董家而言是一次沉重的打击，原本幸福的家庭支离破碎，家人为了甜甜的生存整日奔波操忙，按照国内外的经验，如果照顾得当，植物人完全可以存活很长时间。然而，不幸再一次降临这个家庭，甜甜在2013年去世了。

2014年3月，甜甜的父母董某某、宿某某以市城关街道办事处卫生院、市城关街道办事处卫生院红旗路诊所和市人民医院为被告向城关法院提起诉讼，请求：1. 判令二被告赔偿甜甜医疗等各项费用215400元；2. 赔偿甜甜死亡赔偿金580000元。

城关法院经审理查明，市城关街道办事处卫生院红旗路诊所负责人是逄某，而诊所的法定代表人为城关街道办事处卫生院刘某，红旗路诊所每年向城关街道办事处卫生院交纳管理费1500元，身为卫生院副院长的逄某平时在卫生院上班，由卫生院发放工资，有时在红旗路诊所为病人看病。

## 二、审判结果

城关法院经审理认为，市城关街道办事处卫生院红旗路诊所在为甜甜诊治期间，在对甜甜的诊断、用药及抢救上均存在缺陷和过错，造成甜甜现在的状况，其缺陷和过错与甜甜自身的特异体质有一定因素，原被告双方应负同等责任。不日，法院判决市城关街道办事处卫生院赔偿甜甜父母医疗费、死亡赔偿金等共计58万余元。

对于一审法院判决的同等责任，甜甜父母表示不接受判决结果，并向上级法院提起了上诉。上级法院经过审理后，维持了一审法院判决。

## 三、评析

《侵权责任法》第18条规定："被侵权人死亡的，其近亲属有权请求侵权人承担侵权责任。被侵权人为单位，该单位分立、合并的，承继权利的单位有权请求侵权人承担侵权责任。"本案中甜甜去世了，甜甜的父母可以代替甜甜主张权利。

而且，本司法解释第25条也明确规定："患者死亡后，其近亲属请求医疗损害赔偿的，适用本解释；支付患者医疗费、丧葬费等合理费用的人请求赔偿该费用的，适用本解释。"新的司法解释实施后，我们可以直接适用本司法解释第25条的规定，来维护死亡后患者的合法权益。

# 第3章 证据、举证责任及分配

人民法院裁判案件，要求以事实为依据，以法律为准绳。法律涉及法律关系主体的权利义务的原则性规定，是裁判案件的依据所在。但是法律所规定的内容是否能适用到具体案件并成为裁判“准绳”，则需要用证据来证明、揭示案件事实。因此，证据是审判的核心，法庭审理案件的主要功能是查明案件事实，主导双方当事人对案件主张进行举证、质证和认证，在查清案件事实的基础上适用法律进行裁判。医疗损害赔偿案件具有极强的专业性，这种专业性体现在证据上。本章针对《医疗损害司法解释》关于证据、举证责任的要求及分配等规定进行论述。

**《医疗损害司法解释》中涉及证据、举证责任及分配法条**

第4条　患者依据侵权责任法第五十四条规定主张医疗机构承担赔偿责任的，应当提交到该医疗机构就诊、受到损害的证据。

患者无法提交医疗机构及其医务人员有过错、诊疗行为与损害之间具有因果关系的证据，依法提出医疗损害鉴定申请的，人民法院应予准许。

医疗机构主张不承担责任的，应当就侵权责任法第六十条第一款规定情形等抗辩事由承担举证证明责任。

第5条　患者依据侵权责任法第五十五条规定主张医疗机构承担赔偿责任的，应当按照前条第一款规定提交证据。

实施手术、特殊检查、特殊治疗的，医疗机构应当承担说明义务并取得患者或者患者近亲属书面同意，但属于侵权责任法第五十六条规定情形的除外。医疗机构提交患者或者患者近亲属书面同意证据的，人民法院可以认定医疗机构尽到说明义务，但患者有相反证据足以反驳的除外。

第6条　侵权责任法第五十八条规定的病历资料包括医疗机构保管的门诊病历、住院志、体温单、医嘱单、检验报告、医学影像检查资料、特殊检查（治疗）

同意书、手术同意书、手术及麻醉记录、病理资料、护理记录、医疗费用、出院记录以及国务院卫生行政主管部门规定的其他病历资料。

患者依法向人民法院申请医疗机构提交由其保管的与纠纷有关的病历资料等，医疗机构未在人民法院指定期限内提交的，人民法院可以依照侵权责任法第五十八条第二项规定推定医疗机构有过错，但是因不可抗力等客观原因无法提交的除外。

第 7 条　患者依据侵权责任法第五十九条规定请求赔偿的，应当提交使用医疗产品或者输入血液、受到损害的证据。

患者无法提交使用医疗产品或者输入血液与损害之间具有因果关系的证据，依法申请鉴定的，人民法院应予准许。

医疗机构，医疗产品的生产者、销售者或者血液提供机构主张不承担责任的，应当对医疗产品不存在缺陷或者血液合格等抗辩事由承担举证证明责任。

## 第一节　条文理解

医学的快速发展带来了医疗证据的丰富和多面性，随着司法解释的出台，对医疗证据的审查、保全提出了更高的要求。同时哪些证据应分别由哪一方当事人向法庭提交一直是学界讨论的热点问题，也是举证责任分配制度的核心内容。因此关于《医疗损害司法解释》的理解，主要是结合《民事诉讼法》《民法通则》以及《最高人民法院关于民事诉讼证据的若干规定》等其他相关法规加以把握。具体而言，从以下角度加以分析。

### 一、条文含义

#### （一）第 4 条含义解读

该条内容明确了《侵权责任法》第 54 条规定所涉及的医疗侵权责任构成诸要件的举证责任。医疗侵权责任与其他侵权责任一样，目前一般采用四要件说，即侵害行为、损害后果、因果关系、医疗过错。侵权责任构成是被告承担侵权赔偿责任的基础，是医疗损害诉讼重点要解决的问题。根据我国《民事诉讼法》第 64 条规定，当事人对自己提出的主张，有责任提供证据。医疗侵权诉讼是原告患者发起的，患者应当依法承担举证证明自己主张的义务。因此，该条内容规定了患者对医疗侵权责任构成要件的基本举证责任，即举证证明患者在医院接受了医疗服务（侵害行为）、发生了损害后果、侵害行为与损害后果之间具有因果关系、医疗行为人主观上有过错。

不过，关于侵害行为，该条文规定为证明患者到医疗机构就医的证据。因为医疗行为是如何实施的，患者甚至连医疗行为的概念都不知道，因而是不可能证明其接受了什么具体的医疗服务，医疗机构给其实施了什么具体医疗行为，因而司法上对患者的这种证明责任的要求予以降低，仅证明其到医疗机构就医即可。至于因果关系和医疗过错的证明，由于专业性太强，证明难度太大，让患者完成证明义务显然有困难，但是如果仍然采用2002年《民事证据规定》第4条第8项的举证责任倒置的方式，由于医疗机构举证同样存在困难，且医方可能会采用防御性医疗措施来对待，社会效果并不好，因此，本次司法解释在兼顾到患者医学知识缺如、患者举证能力不足，也考虑了举证责任倒置实施多年的社会效果的基础上，仍然对患者实施中举证能力弱势的倾斜，将举证医疗过错和因果关系的举证责任采用医疗损害鉴定申请予以替代。

医疗机构根据《侵权责任法》第60条第1项所规定的三种情形主张不承担责任的，也应当提交证据证明自己的主张。这仍然是“谁主张谁举证”，并非举证责任倒置。具体说包括：医疗机构应当举证证明患方对医方提出的符合诊疗规范的诊疗行为；紧急情况下对生命垂危患者的救治，医方已经尽到了合理诊疗义务；限于当时的医疗水平难以诊疗的。

### （二）第5条含义解读

过去认为，侵犯患者知情权、同意权之诉与医疗损害侵权之诉不同，构成要件不一样，但到底应当包括哪些要件，如何分配举证责任，并不明确。本条规定即是对《侵权责任法》第55条第2款规定的补充和完善，即司法审判中如何来认定医疗机构侵害患者知情权、同意权的侵权责任。患方根据《侵权责任法》第55条第2款规定，以医方在医疗过程中侵犯了其知情权、同意权为由，要求医方承担相应的侵权责任，仍然按照医疗侵权责任构成要件来完成举证，患方应当证明其到医疗机构就诊过的证据和存在损害结果的证据。然后才涉及医方侵犯其知情权、同意权的主张。对于医方是否侵犯了患方的知情权、同意权，该条第2款规定由医方进行举证，不过这里的举证要求并不是特别高，做出了两项具体规定：其一，在实施手术、特殊检查、特殊治疗时，医疗机构应当承担1）说明义务，2）取得患者或者患者近亲属书面同意；其二，由医方提供患方做出同意的书面证据，即有患方做出同意并签字的知情同意书。允许患方做出反驳，但必须要提供足以反驳的证据支持。

### （三）第6条含义解读

从2002年《民事证据规定》开始规定医疗侵权案件施行医疗过错和因果关系举证责任倒置以来，医疗侵权诉讼中的举证责任倒置一直是一个敏感的话题。虽然经历了《民事证据规定》的“无条件的双向倒置”向《侵权责任法》第58条的“附条件的单项倒置”过渡，[①] 但仍然面临各方面的质疑。《侵权责任法》第58条规定了医疗机构如果存在三种严重违反法律、法规及诊疗规范，或者严重侵犯患方的病历知情权及妨碍患方举证，严重影响证据的真实性的行为，均推定医疗机构的医疗行为存在过错。这种推定的结果，允许医疗机构进行举证反驳，从而发生了举证责任倒置的效果。只不过《侵权责任法》第58条规定的三种情形过于概括，在实践中适用存在很大的困难和争议，有必要进行进一步规定。因此，本条对《侵权责任法》第58条第2项、第3项所涉及的“病历资料”进行了解释。《医疗损害司法解释》第6条第1款对病历资料进行了穷尽列举，主要限于客观病历资料，基本上没有包括主观病历资料，但同时规定了“国务院卫生行政主管部门规定的其他病历资料”，国务院卫生行政主管部门规定的其他病历资料有待于国务院卫生行政主管部门进一步予以规定，即凡是允许患方查阅、复制的病历资料范围的病历资料，均是本条所称的病历资料。

本条进一步对隐匿、拒绝提供病历资料的行为进行解释，即是在患方起诉后，或者患方申请人民法院进行启动证据保全程序后，患者依法向人民法院申请医疗机构提交由其保管的与纠纷有关的病历资料等，人民法院向医疗机构发出了提交病历资料通知，并且指定了病历资料提交的最后期限，但医疗机构未在人民法院指定期限内提交相关病历资料的，即可以认定为《侵权责任法》第58条第2项规定的“隐匿、拒绝提供与纠纷有关的病历资料”的行为，因而可以“推定医院的医疗行为存在过错”，但同时允许患方提供证据予以反驳。对于法院介入医疗纠纷之前患方到医疗机构要求查阅、复印病历资料遇阻是否属于“隐匿、拒绝提供与纠纷有关的病

---

① 高鹏志：《医疗侵权构成要件举证责任分配的流变》，《证据科学》2011年第3期，第318～326页。

历资料”的情形，《医疗损害司法解释》没有规定。由于发生在诉讼之外，我们认为不宜认定为医疗机构“隐匿、拒绝提供与纠纷有关的病历资料”情形。

### （四）第7条含义解读

患方以医疗机构使用的医疗物品存在缺陷，或者输入了不合格的血液，给患者造成损害的，可以依据《侵权责任法》第59条的规定提起诉讼。但是《侵权责任法》第59条规定的医疗物品侵权责任与医疗侵权责任、一般的产品责任应当有区别，医疗物品侵权责任由于与医疗行为交织在一起，因而有其特殊性，在被告的确定、举证责任分配等方面，都具有特殊性。

按照医疗侵权构成要件的要求，患方医疗物品责任纠纷起诉，首先应当举证证明其使用了相关的医疗物品，包括药品、医疗器械、消毒药剂、血液等，这种举证要求主要体现在医疗机构的病历和相关医疗文书上，比如，载有患者使用医疗物品信息的收费清单、收费发票、诊断证明等。同时患者还要举证证明其遭受了相应的损害，即提交损害结果的证据。至于其所主张的损害结果是否系其主张的医疗物品造成的，即患者无法提交使用该医疗产品或者输入血液与损害之间具有因果关系的证据，可以采取申请鉴定的替代方法予以解决。患者依法申请就其使用的医疗产品或者输入血液与损害之间具有因果关系进行鉴定的，人民法院应予准许。

医疗机构，医疗产品的生产者、销售者或者血液提供机构主张不承担责任的，由于产品责任适用严格责任原则，无需患方举证医疗行为之过错，但应当要证明所使用的医疗产品是否存在缺陷，所输入的血液是否合格，该条第3项规定，产品不存在缺陷、血液合格的举证责任由医疗机构承担。医疗机构证明产品不存在缺陷、血液合格可以通过产品合格证、招投标文件、采购合同、出入库凭证等予以证明，如果这些证明医疗物品不存在缺陷、血液合格的证据仍无法完成证明的，可以申请进行医疗物品质量鉴定。因此，医疗物品鉴定申请义务在医疗机构，由医疗机构预交相应的鉴定费。

## 二、关键词

### （一）就诊

目前关于“就诊”没有统一的定义，但可以理解为到医生那里接受诊断和治疗。就诊意味着实际发生了诊疗行为，如疾病的诊断、治疗、预防等。在司法实践中，只要可以证明患者与医疗机构之间实际存在医疗服务合同，提交可显示患者个人信息的与就医相关的证据，即可认为存在就诊事实。这些证据包括病历文书（如门、急诊病历，住院病历，记载了病人及医疗机构信息的化验单、报告单等）、医学证明类文件（如包括诊断证明、病假条、出生证明、死亡证明等加盖医疗机构公章的制式法定证明文件）及非病历文件（如挂号条、排队条码、缴费明细、发票等）证明。

值得注意的是，尽管我国医疗保险政策在大力完善，但仍未达到全社会覆盖的程度，异地诊疗模式仍在搭建完善中，因此医保患者与自费患者就诊疗费用的承担差距很大，甚至悬殊。尽管一再强调实名制就医，但不乏存在恶意套保、钻空子的患者，尤其是三级医疗机构门诊量大，预约诊疗模式仍在试运行中，因此让临床医生担负实名制就医的审查工作是有难度的，且遇到年龄、性别、相貌相仿的病人很难做到完全规避患者恶意套保的风险。医疗侵权诉讼审理中，若实际就诊人不是病历材料中显示的患者，但可以提供其他证据证明实际就诊行为发生，医疗服务合同是否成立？就诊事实是否认可？笔者认为，若能够有客观、真实、可靠的证据证明在医疗机构发生了诊疗行为，即使患者存在恶意套保行为，也无法否认就诊事实，但本着公平公正原则，同时规避当事人不当得利，原告当事人应当承担相应套保的过错责任。

### （二）损害

“无损害则无责任”，损害后果必须是法律明确规定的后果，必须是侵害了患者受法律保护的合法权利。根据《侵权责任法》第2条的规定，侵权责任法所保护的民事权益包括生命权、健康权、姓名权、名誉权、荣誉权、肖像权、隐私权、婚姻自主权、监护权、所有权、用益物权、担保物权、著作权、专利权、商标专用权、发现权、股权、继承权等人身、财产权益，而医疗损害责任主要侵害患者的权利包括生命权、健康权、财产权益，在一定情况下还会侵害患者的隐私权、监护权等权利。

同时《侵权责任法》第54条并未将受到损害限制于人身损害，还包括财产损害、财产损害与人身损害同时发生的情形。如患者在输液给药期间发生液体浑浊，造成药品失效废弃造成财产损失，钢板植入手术过程中发生钢板断裂等。

值得注意的是，只有损害后果实际发生，且具有可证明性，才需考虑医疗机构及其医务人员存在过错并需承担赔偿责任。在医疗实践中，不乏出现患者以“头痛头晕”、“服药后失眠加重”、“月经不调未见好转”、“治疗无效果”为由，提出延误治疗时机、导致病情加重、财产损失等将医疗机构起诉的情形。但由于这些“损害结果”无法客观证明，因此不能得到法庭认可。

（三）证明责任

关于举证证明责任的研究，横跨民法与民事诉讼法两大法域结合衔接的问题。目前关于学界普遍认可举证责任包括行为责任和结果责任两方面内涵。行为责任是指从提供证据或者行为意义的立场把握举证责任，即提供证据责任、行为举证责任。结果责任是指在审理终结时，案件实体事实真伪不明的状态下，提出该事实的当事人应当承担不利判决（败诉）的后果。① 可见在事实真伪不明状态发生时起到决定作用的是结果意义上的证明责任，直接关系到实体法的立法目的能否在诉讼中实现。结果责任分配给哪一方当事人，哪一方当事人的行为责任实际上也要比对方重一些。同时证明责任由谁承担取决于法律和司法解释的预先规定，在诉讼中不存在证明责任在原被告之间转移的问题。因此在司法实践中，举证责任的分配原则备受瞩目。

有一种观点认为，侵权责任法施行的立法目的是按照一种最接近公平正义标准来借以实现损害赔偿，也就是最终是否能够将所遭受的损失在法律设定的条件下，由受害人转嫁给加害人。② 受害人想要在实体法上获得救济补偿，其前提是必须在程序法或者证据法上获利，履行其证明义务使加害人承担败诉后果，而归责原则的确立使证明责任的分配更加具体、明确，也更容易使受害人通过法律手段获得救济。在医疗侵权诉讼案件中，明确举证责任分配原则，不仅是确定证明义务承担程度，同时是确定医疗损害鉴定申请程序及后续责任承担规则的基础。

在2010年《侵权责任法》颁布之前，医疗损害责任的举证责任分配主要体现在《医疗事故处理条例》和2002年4月1日施行的《民事证据规定》第4条第8项：因医疗行为引起的侵权诉讼，由医疗机构就医疗行为与损害后果之间不存在因果关系及不存在医疗过错承担举证责任。即举证责任倒置。可见《民事证据规定》开创了我国对医疗过错和医疗损害因果关系实行举证责任倒置的先河，也就是说，

① 邵明：《论现代法治视野中的民事举证责任》，《中国人民大学学报》2005年第6期，第100页。

② 毕玉谦著：《民事证明责任研究》，法律出版社2007年版。

患方当事人在提起诉讼时就侵权行为，仅仅需要提供证据证明存在合法的医疗服务合同关系、客观的损害后果，由医疗机构来承担是否存在过错医疗行为及因果关系的举证。在立法意图上体现了减轻患方当事人的举证负担，由离证据最近、甚至可以说制作证据、保管证据的医疗机构承担更多的举证责任，当举证不能或不充分时，由医疗机构承担败诉风险。但在司法实践中我们发现，由于举证责任倒置的范围过于宽泛，加重了医疗机构举证的负担，降低了患方当事人诉讼的成本，导致医疗机构可能通过过度检查、消极治疗等防御性手段规避医疗风险，不利于医学的发展，同时导致医疗侵权诉讼案件量大幅激增，激化医患矛盾。

《侵权责任法》颁布施行以后，医疗侵权案件的举证责任有所变化，第 54 条是对一般医疗损害责任的规定，患者在诊疗活动中受到损害，医疗机构及其医务人员有过错的，由医疗机构承担赔偿责任。第 54 条确定了医疗损害赔偿的规则原则是过错责任原则，即“谁主张、谁举证”的举证责任分配方式。也就是说，除了第 58 条规定的三种情形采用过错推定原则、医疗产品损害为无过错责任外，一般的医疗损害赔偿案件均需由患方当事人举证。此次司法解释的颁布进一步明确了这一举证分配原则。司法解释第四条除规定了一般医疗损害侵权原则的举证责任分配外，并明确了通过申请医疗损害鉴定的举证方式代替举证责任倒置；第五条规定了侵害患者知情同意纠纷案件的举证责任及细则；第七条规定了医疗物品责任纠纷的举证分配原则。

### （四）说明义务

《侵权责任法》第 55 条规定：“医务人员在诊疗活动中应当向患者说明病情和医疗措施。需要实施手术、特殊检查、特殊治疗的，医务人员应当及时向患者说明医疗风险、替代医疗方案等情况，并取得其书面同意；不宜向患者说明的，应当向患者的近亲属说明，并取得其书面同意。医务人员未尽到前款义务，造成患者损害的，医疗机构应当承担赔偿责任。”

《侵权责任法》第 56 条规定：“因抢救生命垂危的患者等紧急情况，不能取得患者或者其近亲属意见的，经医疗机构负责人或者授权的负责人批准，可以立即实施相应的医疗措施。”

医学具有专业性、复杂性、研究性等特点，同时伴随着医学研究的快速发展，医患双方的信息不对称性突显出来。医疗行为具有双面性，一方面为患者消除疾病、减轻痛苦、延长生命，同时又对患者的人体、机能存在一定侵袭性。因此想要实施医疗行为，需要获得患者或其他相关权利人的知情、同意、选择，从而才能实现法律意义上的正当性。因此，从立法意图上来看，说明义务的产生源于对患者自主选择权的尊重，阻却具有风险性的医疗行为的违法性，只有患者充分了解了自己的病情、可能要采取的诊疗措施、面临的医疗风险及并发症等信息后，才能做出有效的决定，即是否同意实施相关诊疗措施的选择。

溯源我国关于说明义务的立法，最早可以追溯至1982年卫生部颁布的《医院工作制度》："实行手术前必须由家属或者单位签字同意，紧急手术来不及征求家属或单位同意的，可由主治医师签字，主任或院长、业务院长批准执行。"1991年5月1日实施的《中华人民共和国执业医师法》第26条规定："医师应当如实向患者或者其家属介绍病情，但应注意避免对患者产生不利后果。""医师进行实验性临床治疗，应当经医院批准并征得患者本人或者其家属同意。"1994年9月1日实施的《医疗机构管理条例》第33条规定："医疗机构施行手术、特殊检查或者特殊治疗时，应当取得家属或关系人同意并签字。"随后出台的《医疗机构管理实施细则》第62条规定："医疗机构应当尊重患者对自己的病情、诊断、治疗的知情权利。在实施手术、特殊检查、特殊治疗时，应当向患者作必要解释。因实施保护性医疗措施不宜向患者说明情况的，应当将有关情况通知患者家属。"这一规定不仅在说明义务、知情同意立法上发生了质的飞跃，同时为之后出台法律法规奠定了立法基础。2002年9月1日颁布实施的《医疗事故处理条例》第11条规定："在医疗活动中，医疗机构及其医务人员应当将患者的病情、医疗措施、医疗风险等如实告知患者，及时解答其咨询。但是应当避免对患者产生不利影响。"2010年10月1日施行的《侵权责任法》更是将患者的知情权、同意权及说明义务进行了立法上的完善，成为目前知情同意侵权案件审理的主要依据。不难发现，此次司法解释的出台，结合了2010年《侵权责任法》颁布实施后的实际司法审理情况，进行了进一步的完善，强调了"书面同意"和"相反证据"。

医疗行为是一个复杂的行为，涉及多个环节及多方面内容。根据《侵权责任法》第55条的相关规定，告知的内容大概可以分为四类：（1）患者病情：所罹患的疾病、病情轻重、治愈率等。（2）医疗措施：即将采取的诊疗措施的种类、理由、内容，预期的效果等。（3）医疗风险：对诊疗措施可能伴随的风险、发生的概率及危险防控和可处理性，手术并发症、药品的毒副作用等内容，概括起来大概分为三类：1）能够预见且易于防控的风险；2）能够预见但不易防范的风险；3）偶然预见或无法预见的风险。（4）替代医疗方案：随着医疗技术的发展，对于同一个疾病的诊疗方法逐渐丰富起来，不同的诊疗方法实现的诊疗效果可能不同，同时对医疗技术水平的要求也不同，同时还涉及诊疗费用问题，因此有必要向患者进行告知。如是否有可替代的医疗措施，这种医疗措施的种类、内容、预期的效果，这种医疗措施可能引起的并发症及意外风险，不采取这种医疗措施的原因等。就司法实践来看，医疗活动中关于替代医疗方案告知不充分的侵权诉讼案件不在少数，有些情形是由于医疗水平有限，有些情形是医生的疏忽、没有告知意识，有些是术前讨论不充分，而出现争议后，替代医疗方案往往是告知说明内容中最为敏感重要的部分，不仅影响到治疗效果，还有关医疗费用，涉及患方当事人的人身财产权利。

尽管《手术知情同意书》的模板设计已较为完善，涵盖了大多数需要说明的内容，但是在医疗活动中仍不可忽视的是必须做到特殊患者特殊告知，具体情形具体告知。《医疗机构管理条例实施细则》中就特殊检查、特殊治疗的具体内容做出了明确规定。具有下列情形之一的诊断、治疗活动：有一定危险性、可能产生不良后果的检查和治疗；由于患者体质特殊或者病情危笃，可能对患者产生不良后果和危险的检查和治疗；临床试验性检查和治疗；收费可能对患者造成较大经济负担的检查和治疗。同时《病历书写基本规范》第 26 条也明确了特殊检查、特殊治疗告知的内容：特殊检查、特殊治疗的项目名称、目的、可能出现的并发症及风险等。

知情同意是一个“知情→同意→决定”的过程，因此患者是否能够理解、表达、选择取决于自己的行为能力。《民法总则》根据自然人的年龄和精神状态，将自然人划分为完全民事行为能力人、限制民事行为能力人和无民事行为能力人。法律就是要保障不具有完全民事行为能力者的合法权益才进行了上述划分，患者有可能会成为任何一种上述法律意义上的自然人，因此医方履行说明义务，患者做出是否同意的意思表示，必须根据这个标准去衡量。

在临床实践中，目前履行说明义务的形式有口头告知、公示告知及书面告知。口头告知是在医疗实践中医患之间最常见的告知形式，履行简单、易于沟通，但口头告知的缺陷在于告知过程不易被固定下来，一旦产生医疗争议引发医疗纠纷，医方在举证时将处于不利地位。公示告知具有普适性，面向不特定的患者，告知的内容集中于一些共性的方面。如在醒目位置张贴公告，悬挂医院、医师的有关情况、入院须知及在院管理规定等，以方便患者就医，规范住院流程。

书面的知情同意书，在一定程度上可以保证告知义务的落实，同时可为事后可能发生的纠纷提供明确的证据，防止口说无凭举证不能的情况出现。伴随着医学的快速发展，人们对疾病的认识逐渐加深，对替代医疗方案、并发症及风险的关注度越来越高，而这些内容与患者的人身财产权益密切相关，因此书面知情同意书的制作需要严格的流程及严谨的表述。同时电子病历系统在三级诊疗中的开展，各医疗机构也在结合实际工作经验及治疗特色的基础上，制定了知情同意书的电子模板植入病历系统中供医务人员依需要调取，大大增加了书面知情同意书的可操作性。

但从司法实践来看，知情同意书电子模板也存在一定风险。(1) 由于知情同意书电子模板库已建立的较为全面，因此医疗实践工作中常常发现医务人员为了节省时间，在不结合患者自身病情的情况下就用模板照本宣科，在形式上完成说明告知工作，也正是由于这种疏忽往往造成告知内容不充分。(2) 医疗技术发展迅速，医学界对疾病、并发症、风险的认识都处在一个不断更新的过程中，而知情同意书电子模板的修订往往很难做到与之同步，因此在医疗措施、并发症及风险程度发生较大变化时，医方如果仅按照模板告知，未作更正、修改、补充，一旦出现医疗争议将会陷入举证不能的两难之地。(3) 另在司法实践中，书面知情同意书常常因为签字问题而引发争议。患方签字不当：如患者本人同意实施治疗措施但未签字，由其亲属代签知情同意书的情形，由此引发的纠纷近年来时有发生。关于签字人，基本上与告知对象是一致的，某些特殊情况下，在有授权委托书时可以由被授权人签在代理人一栏，而不能替患者签字。医方签字不当：签字的人员非实际谈话的人员；谈话当时未签字事后补签，签字时间空白或前后矛盾，被否定证据效力。

司法解释的颁布实施关于说明义务的举证责任强调了“书面同意”这一行为。究其缘由，近些年司法实践中，关于知情告知的履行往往通过三方面进行审查评价，医疗损害鉴定中对病历资料的文证审查，医患双方听证会时就告知过程的专家质询，对笔迹不认可的情形通过笔迹鉴定评价。但常常出现一种情况，即患方认可签字，不认可签字的效力，如“字是我签的但医生未告知，或告知的内容我并不理解”，确有类似案例最终由医方承担了败诉的不利后果。而此次司法解释明确了“书面同意”这一行为的法律效力，即实施手术、特殊检查、特殊治疗的，只要有患者或近亲属的“书面同意”即视为医方尽到了说明义务，视为患方认可签字的效力，除非有相反证据足以反驳。这里相反证据的举证责任在患方，大概有以下几种情形：(1) 在签署知情同意书时有录音录像等视听资料证明医务人员并未实际履行告知行为，仅告知患者或其近亲属需要签字才能行相关治疗；(2) 可提供证据证明知情同意书上签字的医务人员并非实际与其谈话的人员，或知情同意书是事后补签并非谈话当时所签，如可证明谈话医生当时休假并未上班；(3) 发生医疗纠纷后医患双方谈话过程中，医方承认了未进行告知、告知不充分或医方签字人员并非实际谈话人员等。

### （五）病历资料

病历资料是医患沟通的桥梁，是医疗机构管理、评价医疗质量的依据，是医方证明诊疗过程中是否存在过错的重要依据，是医疗侵权诉讼中最为重要的证据。

2010 年 3 月 1 日实施的《病历书写基本规范》第 1 条的规定，病历是指医务人员在医疗活动过程中形成的文字、符号、图表、影像、切片等资料的总和，包括门（急）诊病历和住院病历。病历资料的概念首次出现在规范性文件中是《医疗事故处理条例》①，后出现在了《医疗机构病历管理规定》，但这两部卫生行政规范文件均没有对病历和病历资料进行区分。病历资料应当是对病历展现形式的规定，即是指医疗机构及其医务人员在医疗执业中形成的可供参考和借鉴的文字、符号、图表、影像等材料，它主要是从病历中所包含的内容上来界定和规定，而不是从病历的整体上来规定，这与《侵权责任法》第 61 条中列举的病历文书相对应。《侵权责任法》第 61 条规定：医疗机构及其医务人员应当按照规定填写并妥善保管住院志、医嘱单、检验报告、手术及麻醉记录、病理资料、护理记录、医疗费用等病历资料。患者要求查阅、复制前款规定的病历资料的，医疗机构应当提供。

《医疗事故处理条例》第 10 条、第 16 条和《医疗机构病历管理规定》第 15 条分别对病历资料进行了列举式表述，前者将病历文书作了主、客观病历的区分，并明确规定患方只可查阅、复印客观病历，主观病历仅在发生医疗纠纷后患方可以要求封存。但这种区分主观病历和客观病历的做法，显然不合时宜，甚至是错误的，理由在第一章第四节第六部分中进行过论述。

## 三、意义

此次解释的第 4 条至第 7 条体现了医疗损害侵权诉讼审理活动中对医疗证据、举证责任及分配的相关规定，不仅在程序上进行了完善和明确，同时对实体的审理也有重要意义。

---

① 见《医疗事故处理条例》第 1 条、第 8 条、第 9 条、第 10 条、第 16 条、第 28 条、第 56 条、第 58 条、第 59 条。

### （一）明确并细化了医疗侵权诉讼举证责任分配

专业性强、原被告双方信息不对称、举证难度大、与民生问题密切相关，是医疗侵权诉讼案件的审理的特点。关于哪些证据由哪一方举证的问题一直受到司法实务界和理论界的密切关注。

2002 年 4 月 1 日施行的《民事证据规定》规定“以举证责任倒置”的分配原则，由医疗机构承担医疗行为无过错及过错与损害后果之间无因果关系的举证责任，一直到 2010 年《侵权责任法》的颁布实施明确了医疗损害责任纠纷的举证原则，在立法角度确定了患方对医疗行为存在过错和因果关系的举证责任。医疗侵权诉讼涉及医疗技术责任纠纷、医疗伦理责任纠纷和医疗物品责任纠纷①，但《侵权责任法》的相关规定稍显笼统，个别专业术语不准确，个别描述存在界限模糊，导致实际审判工作中法官及医患双方的律师均对举证责任的分配问题产生了误解甚至重大分歧，各执一词，影响了医疗侵权案件的处理，甚至类似的案情和证据，却出现截然相反的判决结果。

此次《医疗损害司法解释》就患方举证责任问题，针对医疗技术责任纠纷、医疗伦理责任纠纷和医疗物品责任纠纷做了区分，《医疗损害司法解释》第 4 条规定了医疗技术损害责任纠纷的举证责任分配原则，《医疗损害司法解释》第 5 条规定了医疗伦理责任纠纷的举证责任分配原则，《医疗损害司法解释》第 7 条规定了医疗物品责任纠纷的举证责任分配原则。并在这个明确举证责任的情况下结合《侵权责任法》实施以来司法实践中暴露的问题进行明确、修正、完善。如固定了医疗活动中“书面同意”的法律效力，明确了“签字即认可”，不再支持患方陈述“字是我签的，谈的内容我不认可”的情形，以利于审理工作的顺利进行。

### （二）考虑患方举证能力不足而增加替代方式

如何保护医患双方权利，平衡医患双方义务，一直是司法实务界和理论界意图解决的问题。此次解释也在证据和举证责任等方面进行了调和。

《医疗损害司法解释》第 4 条明确了患方的初步举证责任，对举证较难的证明是否存在过错及因果关系问题，《医疗损害司法解释》对患方的举证责任做了缓和

---

① 杨立新著：《侵权责任法》，法律出版社 2010 年版，第七章“医疗损害责任”。

处理，明确了患方有权以申请医疗损害鉴定的辅助手段完成医疗损害侵权四要件的举证，从而在客观上平衡了医患双方信息不对等和举证能力上的差距。同时《医疗损害司法解释》第5条规定，患者可以通过提供相反证据进行反驳，明确了患者可通过合法形式反证的权利。

### （三）明确了过错推定涉及病历资料范围

《医疗损害司法解释》第6条在《侵权责任法》基础上增加了“国务院卫生行政主管部门规定的其他病历资料”，对病历资料的范围进行了扩大，明确了疑难病例讨论记录、死亡病例讨论记录、上级医师查房记录、会诊记录及病程记录等主观病历必须提交的要求，否则医方将对举证不能承担不利后果。这一规定结合了医疗侵权案件审理实践工作的同时，与《医疗损害司法解释》中有关医疗损害司法鉴定的相关规定相呼应。病历资料是对医疗行为真实客观的记录，可以最大程度还原已经发生了的诊疗经过，具有重塑性。主观病历部分反映了各级医师的诊疗思路，从病情诊断、医疗方案的选择，并发症的避免、风险的认识及患者病情变化的处理过程是否得当均在主观病历中体现出来，对于医疗损害鉴定的科学性具有重要意义，且很多情况下主、客观病历是很难完全进行区分的，因此《医疗损害司法解释》在这里将病历资料提交范围进行扩大有利于实际审理工作。

### （四）明确了医疗机构提交病历资料的期限

《医疗损害司法解释》第6条对医疗机构提交病历资料的期限做了规定，若未在法院指定期限内提交者可依据第58条第2项规定，即“隐匿或者拒绝提供与纠纷有关的病历资料”承担败诉的不利后果。这一规定在明确了医疗机构配合义务的同时，也对医疗机构对病历资料的保管义务提出严格要求。《医疗损害司法解释》第6条规定，若非因不可抗力无法提交病历资料的，推定医疗机构存在过错。立法关于不可抗力有严格的规定，必须满足三要素，“不可预见性、不可避免性、不可克服性”，医疗机构多具备专门的病案管理部门负责病历资料的归档保管，是医疗安全质量控制中非常重要的环节，因此《医疗损害司法解释》第6条的规定也将医疗机构对病历资料的保管义务进行了严格规范。

《医疗损害司法解释》来源于医疗活动，影射至医疗活动。《医疗损害司法解释》中关于病历资料的配合提交、提交期限、保管义务作出的严格规定，将第一时间映射到医疗机构对医疗质量的管理工作中，杜绝以往医务人员在书写病历时重客观、轻主观；病案管理部门因管理漏洞导致的丢失、篡改行为，对医疗安全管理、医疗质量控制具有积极作用。

## 第二节 实务操作及要求

《医疗损害司法解释》是伴随《侵权责任法》而生的统一规范，具有普适性，然而在实际应用中，由于医疗行为的复杂性、专业性，具体情况可能千差万别，我们需要准确理解《医疗损害司法解释》的含义，结合《民法通则》《民事诉讼法》《民事证据规定》等法律、法规、司法解释等，就医疗侵权诉讼案件的审理工作及医疗证据管理的实务问题进行阐述。

### 一、实操要求

司法解释第 4 条至第 7 条阐述了医疗侵权诉讼审理过程中的证据及举证责任分配的相关内容，从实体法到程序法，均与实际审判工作、医疗机构管理工作、医务人员的应作应为密切相关。

#### （一）《侵权责任法》第 60 条规定实务操作要求

《医疗损害司法解释》第 4 条与《侵权责任法》第 60 条密切相关，同时也是近些年备受司法实务界和理论界共同关注的焦点问题。以下问题在司法审理工作中存有争议并对医疗机构的举证责任提出要求。

根据《侵权责任法》第 60 条的规定，医疗机构主张其不应当对患者损害承担责任的三种情形包括：（1）患者或者其近亲属不配合医疗机构进行符合诊疗规范的诊疗，医疗机构及其医务人员也有过错的，应当承担相应的赔偿责任；（2）医务人员在抢救生命垂危的患者等紧急情况下已经尽到合理诊疗义务；（3）限于当时的医疗水平难以诊疗。

1. 医疗机构因患方不配合而不承担责任的诊疗规范

患者或其近亲属拒不配合的医疗机构进行的医疗行为符合诊疗规范。如果医疗机构进行的诊疗行为违反医疗卫生相关的法律法规、规章制度、诊疗规范，没有考虑患者的实际病情而随意决定进行治疗或手术，抑或是进行不必要的检查或治疗，或者是在治疗中违反无菌操作等基本规范，可能对患者造成各种损害的，患者及其近亲属当然有权拒绝，而且因此影响治疗的后果需要由医疗机构承担。因此，医疗机构在医疗损害纠纷中需要引用本项规定为自身辩护时，必须确保自身实施的诊疗行为是符合诊疗规范的，是合法合理的。只有在保证诊疗行为符合诊疗规范的情况下，患者及其近亲属拒不配合的，医疗机构才能够据此免除赔偿责任。除此之外理解这一免责事由，还有以下几点需要特别注意。

2. 拒不配合诊疗的主体是患者或者其近亲属

这是对上述免责事由适用时主体的限制，即必须是患者本人或者其近亲属拒绝配合合理的诊疗行为，医疗机构才能免责。患者作为独立的民事主体，在其是完全民事行为能力人时，也即患者年满 18 周岁，心智健全时，患者对自身的身体、健康有自行决定和处分的权利，任何人不得强迫患者接受各种诊疗行为。患者可能出于各种原因的考虑而拒绝医疗机构的诊疗行为，只要该行为未对社会和公众利益造成损害，即不属于法定需要进行强制医疗的传染病、精神病等，那么拒绝诊疗的行为合法的，医疗机构无权强制患者接受诊疗。当患者是限制民事行为能力人或无民事行为能力人，也就是说患者不满 18 周岁或者虽年满 18 周岁但患有精神病的情况下，患者自己无法就是否采取某种医疗行为作出判断，需要由其近亲属来作出决定。根据《民法总则》《民法通则》及其解释的有关规定，此处的“近亲属”应当包括配偶、父母、子女、兄弟姐妹、祖父母、外祖父母、孙子女、外孙子女。在现实中，有些情况下患者的近亲属未在身边，而是由患者的朋友、同事等陪送患者到医疗机构，这些人也可能因为各种原因而拒绝医疗机构实施诊疗行为，在这种情况下医疗机构就必须注意，务必切实审查这些人员是否符合本项规定的近亲属范围，其拒绝诊疗的行为是否能够免除医疗机构的责任，如果不能，那么医疗机构就不能据此作为要求免责的理由。在这种情况下，如果不是《侵权责任法》第 56 条规定的“因抢救生命垂危的患者等紧急情况”，可以“经医疗机构负责人或者授权的负责人批准，立即实施相应的医疗措施”外，医疗机构应当慎重地决定是否对患者实施诊疗行为，以免造成不必要的纠纷。

3. 患方不配合医疗机构进行的符合诊疗规范的诊疗的具体情形

在医疗实践中，患方不配合医疗机构符合诊疗规范的诊疗的情形是比较多的，有的比较明显，患方的表现即可以直接表现出患方不配合医疗机构符合诊疗规范的诊疗；有的比较隐蔽，需要进一步剖析之后才得以发现。这里我们简单罗列一些常见的患方不配合医疗机构进行的符合诊疗规范的诊疗的具体情形如下。

（1）患方不同意医方建议，拒绝留观。患者前往医疗机构的门诊或者急诊就医，虽然当时的病情并不一定严重，但是接诊医师根据自己的临床经验，考虑到患者的病情有一定的不确定性，有进一步加重或者恶化的风险，因而建议患者留观于医疗机构。但患方不予配合，不同意留观，径直离开医疗机构。如果患者在回家途中，或者回到家中之后，病情出现了变化，由于得不到及时有效的治疗，造成了不良后果的，医方可以免责。

（2）患方不同意医方建议，放弃治疗。在医疗活动过程中，经常会出现患者或其家属对于患者的疾病治疗愈后不看好，对于疾病治疗丧失信心，或者出于经济窘迫等原因，患方放弃对病人的继续治疗。表现在患方拒绝医师开处方，或者患方要求终止治疗而出院。患方放弃治疗的行为，从医疗服务合同的角度来看，实际上是患方终止医疗服务合同的行为。对医疗机构而言，医疗服务合同具有强制缔约性，因而医方在一般情况下不得擅自解除合同，只有患方可以单方面解除合同。患方单方面解除医疗服务合同，包括中止治疗、放弃治疗、出院、转院等。

（3）患方不同意医方建议，拒绝必要检查。这里所讲的检查既包括需要借助仪器、设备的辅助检查，也包括医师的手法检查。医务人员对患者疾病的诊疗活动，检查是必不可少的措施。没有必要的检查，就不可能充分揭示患者的疾病信息。然而，有的检查会对患者造成一定的损害，如X线透视、拍照X线片、CT扫描等；有的检查让患者痛苦难忍，比如胃镜检查；还有的检查充满着危及患者健康、生命的风险，如冠状动脉造影；还有的检查费用比较昂贵，比如核磁共振成像检查。在诊疗过程中，有的居于自身的身体感受或者经济上的考虑，对于医师建议的检查予以拒绝。由于检查没有及时做，对患者疾病确诊可能会造成影响，或者对于患者疾病治疗效果和影响缺乏判断指标，给患者造成了不良后果，医疗机构不承担责任。

（4）患方不同意医方建议，拒绝必要治疗。这里所讲的治疗，是指具体的治疗方法，包括药物治疗和手术治疗。治疗方法本身可能存在对患者的伤害，有的治疗手段给患者造成一定的痛苦，因而有的患者会拒绝医师提出的治疗建议。比如，有的患者对于手术治疗心存疑虑，因而不愿意接受医师的手术建议，而要求医师对其疾病进行保守治疗。比如某患者因急性化脓性阑尾炎入院，医师根据患者的病情，建议实施手术治疗，但是患者在过去也有过阑尾炎发作的经历，并且多次保守治疗均治愈出院，因此对于医师本次手术治疗建议不予理睬，结果患者病情没有控制住，最终病情恶化，阑尾穿孔，导致患者出现败血症，危及患者生命。

（5）患方私自停药。药物有一定的副反应，且长期服药可能是件痛苦的事情。

有的患者不遵医嘱，在出院之后，没有继续按照医师的要求服药，擅自减量甚至停药，从而给患者疾病治疗造成了负面影响。例如，某肺结核的患者，在医院内治疗基本上控制了病情，医院给患者制定好出院后长期抗结核治疗的方案后出院，但是患者回到家中，没有按时服药，在治疗效果明显，症状减轻之后直接停药，最终导致患者疾病复发、恶化，最终死亡。

（6）患方私自服药。有些患者自认为久病成医，对医生的建议和治疗方案半信半疑，如下肢动脉血栓患者入院期间，医生根据患者既往病史及现病史将其服用的抗凝药在医嘱中进行了更改，并嘱咐患者禁服某种药物。术中出现不明原因大出血，导致失血性休克，术后才从家属口中得知患者一直未遵医嘱，偷偷服用了抗凝药品。

（7）患方私自拔管。有的病人需要在身体上安插一些导管，比如术后在手术部位的引流管，在患者的胃中插上胃液引流管。有的病人感觉到这些引流管碍事或者感觉不舒服，擅自将引流管拔出。或者患者意识不清，烦躁不安，家属没有严加看护，结果病人在躁动中将引流管拔掉，又没有及时通知医务人员插管，导致病情恶化。

（8）患者不遵医嘱，擅自食用禁止食物。有的疾病在治疗过程中需要患者忌食，有的食物不能吃。比如糖尿病患者不能吃含糖高的食物，但是患者不听医务人员的劝告，擅自食用了这类食物，导致病情加重。另外目前我国的食品安全也存在很大隐患，有时患者随便食用医院门口小摊上购买的不洁食物，造成食物中毒。此外还有患者既往脑梗死病史伴随假性球麻痹，入院时即有呛咳表现，医生明确告知禁食，但患者固执己见服用食物后发生噎嗝，导致窒息死亡。如果医疗机构在患者入院时对于饮食的要求做了清楚的告知，而患者仍然我行我素，不听劝告，出现了问题，只能自己承担不利后果。

（9）患方未经医护人员同意，私自外出。医疗机构对住院患者实施严格禁止外出的管理，因此，医疗机构在其入院之初应当让患者签署《住院须知》，该文书上要写明“患者住院期间，未经医护人员同意，不得擅自外出”。如果患者未经请假外出，造成患者出现不良后果的，医疗机构不承担责任。不过，医疗机构为了便于管理，应当要求住院病人统一着病号服，医院门卫要严格管控身穿病号服的患者外出。

（10）患方不配合，不设立陪护人员，造成患者摔伤、坠床、自杀。住院患者因病重，或者活动不便，或者有自杀的倾向，或者没有民事行为能力等，医疗机构应当通过设立陪护的方式来防止患者出现摔伤、坠床、自杀等情况发生。因此，医疗机构应当规范陪护制度，对于需要陪护的患者，应当向家属告知陪护的要求，签署《陪护风险告知书》。如果家属不设陪护，或者虽然设有陪护，但陪护人员不恪尽职守，导致患者出现了不良后果的，责任由患方自行承担。

另本条第 2 款是对混合过错时责任承担的规定。混合过错是我国民法学上的称谓，在国外也称为“过失相抵”或“与有过失”，指受害人的过错仅仅是损害发生的一个实质性要素，加害人对此也存在过错。根据民法学的一般原理，当存在混合过错的情形时，根据双方过错的情况，由双方分别承担相应的责任。我国的《民法通则》第 131 条规定，受害人对于损害的发生也有过错的，可以减轻侵害人的民事责任。《侵权责任法》第 26 条也有同样的规定。根据该款规定，如果患方对于医疗机构符合诊疗规范的诊疗不予配合，但同时医疗机构在诊疗过程中也存在过失，比如告知不充分，导致患方没有清楚理解医方拟实施的医疗行为的作用和性质，从而拒绝接受相应的诊疗，这种情况医疗机构仍然有责任。

### （二）《医疗损害司法解释》对病历资料范围扩大后对医疗机构医疗质量管理工作的影响

此次《医疗损害司法解释》的修订，明确并扩大了医疗机构保管、提供病历资料的范围，严格了医疗机构配合提交义务。保障患者知情同意权的同时对医疗机构病历文书质量管理和保管义务均提出了更高的要求。

既往主观病历是否向患者公开一直是法学界和医学界争论的焦点问题。映射到医疗机构对病历文书质量管理的过程中，体现在对病历书写、病历修改、病历归档、病历查阅、病历复印和病历封存等各个质控环节。

1. 关于病历书写和修改的规范义务

（1）按照规范性文件所规定的格式来书写病历。病历是一种特殊的公文性文件，因此，文书的格式、书写内容的顺序、表述方式、文件排列顺序等，都应当符合规范的要求。尤其是《侵权责任法》第 61 条使用了“填写”一词，我们应当更加强调病历书写的格式要求。

（2）按照规范性文件所规定的内容要求书写病历。在患者诊疗过程中，尤其是住院治疗过程中，医护人员会了解到患者的很多信息，到底哪些信息应当收录到病历中呢？需要遵循卫生行政主管部门对病历的要求来收集。在《病历书写基本规范（试行）》中，基本上把医疗行业认可的应当书写的病历文件必要的内容项目做了明确规定，这些项目性规定是医务人员书写病历时的最低要求，每一个项目都不能省略或者减少，但可根据医疗机构的实际情况和诊疗特色适当增加项目。

（3）病历书写人员的要求。《病历书写基本规范》第 8 条规定，病历应当按照规定的内容书写，并由相应医务人员签名。实习医务人员、试用期医务人员书写的病历，应当经过在本医疗机构合法执业的医务人员审阅、修改并签名。进修医务人员应当由接收进修的医疗机构根据其胜任本专业工作的实际情况认定后书写病历。

（4）特定文件制作时间的要求。病历中特定文件的制作时间，在《医疗事故处理条例》和《病历书写基本规范》都有相应的要求，医护人员在书写病历时，要遵循这些时间要求，不得违背。

（5）修改方式方法的要求。《病历书写基本规范》第 6 条规定，病历书写应当文字工整，字迹清晰，表述准确，语句通顺，标点正确。第 7 条规定，书写过程中出现错字时，应当用双线划在错字上，修改时，应当注明修改日期，修改人员签名，并保持原记录清楚、可辨。不得采用刮、粘、涂等方法掩盖或去除原来的字迹。上级医务人员有审查修改下级医务人员书写的病历的责任。病历书写错误的修改方法不规范，将会成为病历书写缺陷的硬伤，一旦出现不规范修改，由于其书写错误的内容被掩盖或者遮挡，势必影响原先书写内容真实性的认定，从而在诉讼中患方经常会以此为由要求认定医疗机构书写的病历资料无效。

2. 关于病历资料的保管义务

（1）病历资料保管的主体

《侵权责任法》第 61 条规定：医疗机构及其医务人员应当按照规定妥善保管病历资料。《医疗机构病历管理规定》第 4 条规定：在医疗机构建有门（急）诊病历档案的，其门（急）诊病历由医疗机构负责保管；没有在医疗机构建立门（急）诊病历档案的，其门（急）诊病历由患者负责保管；住院病历由医疗机构负责保管。当然，如果患者就医时使用的是门诊病历手册，由于其内容简单，携带方便，没有必要由医疗机构统一保管，一般由患者自己保管。因此，病历资料的保管主体以医疗机构保管为原则，以患者保管为例外。

（2）病历资料保管的时间要求：

我国《医疗机构管理条例实施细则》第 53 条规定，医疗机构的门诊病历的保存期不得少于 15 年，住院病历的保存期不得少于 30 年。在 2002 年 8 月卫生部发布的《医疗机构病历管理规定》对病历的保管主体和保存年限也做了规定，第 7 条规定，医疗机构应当建立门（急）诊病历和住院病历编号制度。第 10 条规定，在患者住院期间，其住院病历由所在病区负责集中、统一保管。病区应当在收到住院患者的化验单（检验报告）、医学影像检查资料等检查结果后 24 小时内归入住院病历。住院病历在患者出院后由设置的专门部门或者专（兼）职人员负责集中、统一保存与管理。第 20 条规定，门（急）诊病历档案的保存时间自患者最后一次就诊之日起不少于 15 年。2000 年 6 月 1 日卫生部发布《临床输血技术规范》第 20 条规定，输血科（血库）要认真做好血液出入库、核对、领发的登记，有关资料需保存 10 年。卫生部 2007 年 5 月 1 日实施的《处方管理办法》第 50 条规定：处方由调剂处方药品的医疗机构妥善保存。普通处方、急诊处方、儿科处方保存期限为 1 年，医疗用毒性药品、第二类精神药品处方保存期限为 2 年，麻醉药品和第一类精神药品处方保存期限为 3 年。处方保存期满后，经医疗机构主要负责人批准、登记备案，方可销毁。

（3）病历资料查阅、复印的相关注意事项

第一，患者查阅、复印病历的时机。

查阅病历、复印病历是患者的法定权利，医疗机构应当配合，不得拒绝。但是患者是可以在就诊、住院过程中查阅病历还是应当在就诊结束、出院之后进行呢？对此，《侵权责任法》《医疗事故处理条例》《医疗机构病历管理规定》均无规定。实践中很多医疗机构是限制患者在就医、住院过程中查阅病历，只允许患者查阅终末病历而不许查阅环节病历（运行中病历）。

我们认为，既然法律没有限制患者查阅病历的时间，而法律将患者对病历的知情权作为一项与就医相关的权利予以规定，患者就应当可以在任何时候查阅、复制病历，只要患者的这个请求没有干扰医疗机构的工作。但是这样做的话问题又出现了，如果患方复印病历是在医疗过程中，此时由于医疗没有终结，病历的内容在不断增加，且医务人员及上级医务人员均会依法对病历进行正常修改，这将会导致患方手中出现不同版本病历复印件，患方可能会在法庭上质疑医方制作阴阳病历，从而否定医疗机构病历的真实性，否定医方提供病历的证据价值。《病历书写基本规范》中第 6 条、第 8 条规定了书写病历的医务人员、上级医务人员有权修改病历。因此，在司法实践中必须要严格区分病历中的修改是正常修改还是恶意修改，正常修改在形式上必须符合《病历书写基本规范》中第 6 条、第 8 条规定，在修改时间上必须是在发生医疗纠纷之前。对于恶意修改，严格说应当从主观故意上进行认定，但是这几乎是不可能的，因此，只能从修改的形式和时间上来认定。在形式上采用刮、粘、涂、贴等方式，掩盖或者去除了原来的字迹，在时间上则是在医疗纠纷发生过程中或者之后。

第二，患者查阅、复印病历的范围。

主观病历与客观病历有时不可分，如果患方要求复印病历，当然可以只给他复印客观部分，主观部分不予复印，医疗机构可以把控。但是如果患方不要求复印病历，只要求查阅病历，医方如何限制患方只查阅客观病历呢？医疗机构对病历的管理，环节病历由病区护士站保管，此时的病历存放在病历夹中，无论是客观病历，还是主观病历，都是按照一定的顺序集中排列的，患方查阅病历时，医方是派一名医务人员全程陪同，还是先将主观病历抽出呢？对于终末病历，医疗机构一般由病案室统一保管，此时的所有病历文件，无论是主观病历还是客观病历，都按照既定的固定顺序排列，并已经装订成册，对于患方查阅病历时，医方是派一名医务人员全程陪同，还是先将主观病历抽出呢？显然这又是一个问题。目前变通的做法只能是医方派一名医务人员全程陪同，既可以避免患者查阅主观病历，也可以防止患方在查看病历时抽走其中的病历文件。

虽然在医疗机构内患方只能复印客观病历，但是并不等于患方无法看到、复印到主观病历。因为诉讼启动之后，无论是在庭审阶段，还是在医疗事故技术鉴定中，病历都是至关重要的证据，如果医方不同意患方查看、复印其主观病历，主观病历必然就会被排除在证据之外。《民事诉讼法》第68条规定，证据应当在法庭上出示，并由当事人互相质证。对涉及国家秘密、商业秘密和个人隐私的证据应当保密，需要在法庭上出示的，不得在公开开庭时出示。《民事证据规定》第37条规定，经当事人申请，人民法院可以组织当事人在开庭审理前交换证据。第47条规定，证据应当在法庭上出示，由当事人质证。未经质证的证据，不能作为认定案件事实的依据。而医疗机构在医疗纠纷诉讼中，面临举证责任倒置的压力，医疗机构应当主动将全部病历提交给法庭，以证明医疗行为没有过错及医疗行为与损害后果没有因果关系。可见，医疗机构提交病历，应当是包括主观部分和客观部分的全部病历，举证中如果医方仍然坚持患方不得查看主观部分的病历，最终主观病历将会被法庭排除在证据之外，既不能依据主观病历做医疗事故技术鉴定，也不得将主观病历拿来作为定案的依据，已经依据主观病历做出了医疗事故技术鉴定的，医疗事故技术鉴定结论应当排除，已经依据主观病历认定的案件事实，也应当重新认定。这样做的结果必然对医方不利，往往迫于举证的压力，最终医方都会放弃不让患方查看主观病历的主张，同意患方查阅患者的主观病历。我们认为，《医疗事故处理条例》将病历划分为主观部分和客观部分，且只允许患方查阅客观部分，在实践中并不可行。但是这项规定却误导了书写病历的医务人员，给他们留下的印象是患方只能看到客观病历，主观病历看不到，因此，书写客观病历时，就比较认真、规范，而书写主观病历时，就可能马虎、不规范。这样的主观病历在法庭上呈现作为证据使用时，很容易被患方发现破绽、漏洞、瑕疵，最终为患方否定病历的证据价值提供了条件。

第三，患者本人以外的他人查阅、复印病历的注意事项。

《侵权责任法》第 61 条第 2 款只规定了患者享有查看、复印病历的权利，并没有规定患者授权的亲属或者委托人有无权利查看、复印病历。那么患者可否将其享有的查看、复制病历资料的权利授权由他人来行使呢？除了涉及公民个人人身必须亲自而为的权利之外，公民享有的权利一般都可以授权他人行使。但是，查看、复印的病历资料涉及患者的隐私，如果未经患者本人授权，或者患者的授权存在瑕疵，任由他人查看其病历资料，又可能会侵犯患者的隐私权。因此，患者授权的委托人有权查看、复制患者的病历，但应当严格查验患者的授权法律文件及其他文件，实施中应当参照《医疗事故处理条例》《医疗机构病历管理规定》来执行。

《医疗事故处理条例》第 10 条规定了患者有权复印客观病历，医疗机构在给患者复印病历的时候，应当有患者在场。这样的规定并无不妥之处，毕竟病历中是患者的资讯，患者对其不仅享有知情权，还享有隐私权，所以患者可以排斥患者之外的任何人查看他的病历。但是，患者的知情权并不一定要由自己亲自行使，完全可以进行授权和委托，将这项权利交予他人来代为执行。因此，《医疗机构病历管理规定》对于授权和委托他人复印病历的具体操作做了规定，允许患者授权他人复印其病历。这似乎是一项补充性的规定。然而，《医疗事故处理条例》属于上位法，《医疗机构病历管理规定》属于下位法，下位法不得与上位法矛盾和冲突，条例只规定了患者享有病历复印权，并没有委托性规定，而且复印病历的时候应当有患者在场，如果患者授权他人复印病历，患者必须在场的要求如何处置？如果没有患者在场，将来患方以没有患者在场，违反条例的规定为由，提出病历复印违法，病历复印件无效，如何处理？再者，患者授权他人复印病历，被授权人必须要提供患者的授权书，那么医疗机构如何来鉴别授权书的真伪，即授权书上的签字是不是患者本人的签字？别说对于医疗专业人员这是一件非常困难的事情，就是对于笔迹鉴定专家，由于缺乏可信的比对样本，也无法做出这样的判断。实践中，目前只能采取一些变通解决的办法。我们一般是建议医疗机构，患者授权他人复印病历的，除了要提供患者亲笔书写的授权委托书之外，还应当提供患者本人和被授权人的身份证件原件，以此来佐证授权书的真实性和被授权人的身份。至于复印病历时患者不在场的问题，可以要求患者在签署授权委托书时声明放弃其病历复印在场权。

与这个问题相关还有患者死亡后患者病历的复印问题。这在法律上没有规定，且无法获得患者的授权，在死亡患者家属复印病历时，患者也无法复活在复印病历的现场。患者虽然死亡，但是其隐私权依然存在，隐私权不因患者的死亡而消灭。如果依据《医疗事故处理条例》的规定，医方可以拒绝患者家属复印病历的要求。在条例没有规定死亡患者家属可以复印病历的情况下，《医疗机构病历管理规定》规定死亡患者的近亲属提供患者死亡证明及其近亲属的有效身份证明、申请人是死亡患者近亲属的法定证明材料，死亡患者近亲属的代理人提供患者死亡证明、死亡患者近亲属及其代理人的有效身份证明，死亡患者与其近亲属关系的法定证明材料，申请人与死亡患者近亲属代理关系的法定证明材料之后，就可以复印患者的客观病历，显然是违法性规定，且是一个无法变通执行的问题，这只能留待将来《医疗事故处理条例》修订时处理。

### （三）医疗纠纷证据管理的相关实务问题

尽管此次《医疗损害司法解释》在一定程度上缓和了医疗机构的举证压力，但由于医疗证据具有极强的专业性、制作的复杂严谨性、保管的特殊性，仍不可避免某些举证困难的情形，因此医疗机构需要对医疗证据的收集、固定、保全提前做好完善工作。

《民事诉讼法》第 63 条规定，民事诉讼的证据包括：当事人的陈述、书证、物证、视听资料、电子数据、证人证言、鉴定意见、勘验笔录。以下，结合医疗侵权诉讼审理实务就医疗证据相关问题进行归纳总结。

1. 当事人陈述

当事人陈述指诉讼中的原告、被告和第三人就他们对案件事实的了解和认识所发表的陈词及叙述。在西方传统理论中，当事人陈述不能作为证据，但我国现行立法认为当事人所处的特殊地位决定了他们所陈述的案件事实，对审判人员借以发现、查明案件事实具有一定的积极效果。

在医疗纠纷中，当事人包括作为原告的患者和作为被告的医疗机构，实践中医疗机构均事先对纠纷事件经过进行调查、了解，整合事件发生经过，以书面形式对案件的发生事实进行陈述。这一点往往在民事上诉状和答辩状上均有体现。

2. 书证

书证是指在诉讼中用语言文字、符号或图画所表达的思想内容来证明案件事实的证据。在医疗纠纷中，医疗损害鉴定最主要的就是依据医学文书进行文证审查。医学文书包括：医学证明类文书、病历文书和非病历文件三类。医学证明类文书：指包括诊断证明、病假条、出生证明、死亡证明等制式的具有法定证明价值的证明文件。病历文书：指包括门诊病历、急诊病历、住院病历在内的证明医疗活动实施情况的过程性文件，记载医生询问病史、躯体检查、仪器辅助检查、分析、诊断、诊疗等情况。原始病历资料是病情发展的真实记录，从病历记载能够了解诊疗过程是否符合诊疗常规，是判断医疗行为是否存在过错最重要的原始依据之一。如果病历记载不清，或者病历被证明伪造，或者病历丢失，都可能导致医疗纠纷案件事实认定不清，医疗机构面临承担不利后果的可能。容易被忽视但对审理工作及后续赔偿非常重要的非病历文件：指医疗过程中记载的未纳入病历管理的文件，包括处方笺、护理交班本、血液出入库记录、病房巡视记录表、收费明细表、诊疗费发票等。

为了保障医疗书证的证据价值，发生医疗纠纷后，患方可以要求医方对相关的医疗文书证据资料进行复制或者封存。《医疗事故处理条例》规定，病历封存由医患双方共同实施，且由医疗机构保管封存件。笔者建议，(1) 封存时最好有不相关第三人参与，制作封存笔录，由三方签字确认。公证人员、律师见证当然可以完成这项工作，但相比起来，医患双方可以共同邀请周边的居委会工作人员，不仅与案件不相关较为公平公正，同时可以节约经济支出。(2) 有专门的封存地点，同时配备专门的录音录像设施，对封存过程全程记录，并按时保存归档，以备不时之需。

在众多被查找属实的证据中，书证的证明力一般大于物证。《民事证据规定》中指出，书证的证明力一般大于其他书证；物证、档案、鉴定结论、勘验笔录或者经过公证、登记的书证，其证明力一般大于其他书证、视听资料和证人证言。因此，医疗机构出具的医学文书在医疗纠纷处理中起着关键性作用。

3. 物证

物证是指客观存在的，以其外部特征，物理属性、所处状态以及位置证明案件真实情况的物品或痕迹。医疗纠纷中的物证，是指证明医疗过失发生的医疗物品，包括医疗器械、输液器、注射器、药品、消毒药剂、血液等及其包装物。由于在医疗场所内这些东西很多，容易被调包、遗失，因此需要对涉嫌医疗不良事件的医疗物品及其包装物予以立即封存并送检。

目前对发生医疗争议的可疑医疗物品（医疗器械、药品、血液等）封存和送检在实际操作上存在很大的困难，一是可以提供技术检测服务的机构有限，二是检测费用极高，三是检测还受到封装的医疗物品开启时间的限制。医疗纠纷发生以后由于受到客观上限制，对可疑医疗物品的封存、检测很难实现，但是在诉讼中却确实需要搞清楚可疑医疗物品是否存在问题，法院最终只能根据举证责任来确定，这个时候往往由医疗机构承担败诉的不利后果。因此笔者建议，一旦发生医疗物品争议，在封存之初就告知患方送检的意义和要求，对争议物品、血液等封存过程全程录音录像，同时翔实记录封存过程，邀请与案件无利害关系的第三人现场见证封存过程，最后由三方共同在封存记录上签字。将录像资料、封存记录完好保存，以备不时之需。同时将可疑物品送检时，由患方全程保管封存的医疗物品，医方陪同送检并对重要信息拍照留存（如医疗物品的形态学表现、唯一标识、重要信息等），如确实发生了客观上送检不能的情形，建议由患方保管可疑物品，避免患方事后对医方的保管提出质疑。

4. 视听资料

视听资料是指利用录音磁带、录像设备、电子计算机中储存的资料和数据等来证明案件事实的证据。基于视听资料的直观性，成为了医疗纠纷处理的重要证据。目前证据来源有两个，一是医疗场所的视频音频监控设备，二是对医疗过程、谈话过程（包括电话）的公开或者秘密录制。

未经对方同意的私下录音录像是否具有证据价值？这涉及 3 个条件。

第一，是否侵犯对方合法权益，是否违反法律禁止性规定。《民事证据规定》第 68 条规定：以侵害他人合法权益或者违反法律禁止性规定的方法取得的证据，不能作为认定案件事实的依据。因此，只要不侵犯对方的合法权益，不违反法律的禁止性规定，未经对方同意的私下秘密录音录像具有法律效力。据此，一般在工作场所、工作期间录音，都不违反该规定。

第二，录音录像资料作为证据使用的前提，是必须未被剪接、剪辑或者伪造，前后连接紧密，内容未被篡改，具有客观真实性和连贯性。一旦录音录像证据被质疑，可以启动声纹司法鉴定程序予以认定。

第三，还需要与其他证据相互印证，如果对方当事人提出异议，并提供相反证据予以反驳的，视听资料证据也可能失去证明力。

视听资料证据的优势：几乎可以做到完全还原现场情况，具有唯一性，所以双方谈话过程想不承认都不行，同时录音录像过程会显示医患互动的过程，有问有答，有来言有去语，在对话之间，双方均有可能在一定程度上承认、否认或默认一些事实，对法官自由心证产生影响。

值得引起注意的是，诊疗场所的录音录像资料常常被患方用来质疑医方的病历和其他医疗行为主张，视频中的时间信息常常被使用。所以，医疗机构应设立专门监控设备管理中心，配备专门的监控设备管理人员，定期查验监控设备的损坏情况，矫正时间误差，有效规避举证不利的风险。

5. 电子数据

电子数据是指基于计算机应用、通信和现代管理技术等电子化技术手段形成包括文字、图形、符号、数字、字母等的客观资料。

《最高人民法院关于适用〈中华人民共和国刑事诉讼法〉的解释》第94条规定，视听资料、电子数据具有下列情形之一的，不得作为定案的根据：（1）经审查无法确定真伪的；（2）制作、取得的时间、地点、方式等有疑问，不能提供必要证明或者作出合理解释的。

目前医疗纠纷中作为证据使用的电子数据主要有电子病历、医疗机构管理系统（HIS）相关信息等，后者主要指未纳入病历管理的证明医疗机构对医疗物品采购、出入库、使用流转程序及医疗活动过程的相关数据。

由于电子病历是证明医疗活动过程的重要证据，与纸质病历相比，容易被修改、篡改、删除，因而电子病历的真实性、完整性、有效性等常常被质疑。而医疗侵权诉讼是由双方当事人自行举证，一旦医疗机构电子病历存在管理上的瑕疵，其证据效力必然大受影响。因此，使用电子病历的医疗机构应当严格按照《电子病历应用管理规范》进行管理，采用带时间戳的电子签名，包括HIS在内的备份系统都应当具备防篡改功能，修改之处留有痕迹，保留原内容清晰可辨，并可查询修改者及修改时间。发生医疗纠纷之后及时锁定所涉及患者的电子病历的电子数据，必要时打印或者制作成可视化电子病历文本封存。同时，为形成长期的规范化信息化管理，建议医疗机构设立专门的信息管理中心，定期维护信息库和病历系统后台，并根据实际情况进行改进，保证电子病历的完好，避免丢失，保证电子病历的真实性、合法性、完整性。

这里有一点提请注意，由于科学技术的快速发展、通讯设备的普及，联络软件在人际交往中被丰富起来。那么微信聊天记录、QQ聊天记录、短信聊天记录、邮箱聊天记录是否可作为证据使用呢？

在实际案例中，我们常常发现，为方便患者就医，追踪患者病情，增进医患关系，医患之间通过微信沟通病情不在少数。一旦出现纠纷，聊天记录是否被法院采信成为了关注的焦点。

《电子签名法》第 8 条规定，生成、储存或者传递数据电文方法的可靠性、保持内容完整性、方法可靠性，用以鉴别发件人方法的可靠性。在实践中，互对两个方面进行审查：对信息收发人是否有异议，对内容是否有异议。也就是说，有证据证明短信消息、微信消息是对方所发、信息内容未被改动过、内容完整，则即可被作为证据使用。

6. 证人证言

证人证言是指知道案件发生情况的非案件当事人，就其所感知的案件情况向法院所作的陈述。由于证人证言的内容往往能够直接证明案件事实，同时证人证言又容易受到证人生理、心理、环境等因素影响，因此，司法审判中对证人证言的要求越来越高，审查也越来越严格。

要说明的是，对证人作证采用直接言辞规则，目前我国《民事诉讼法》第 73 条规定，证人有出庭作证的义务，未经质证的证据不得作为定案依据。因此，在医疗纠纷诉讼中，医疗机构对患方提供的证人证言有疑义时，应当向法庭提出证人出庭质证的书面申请。另一方面，医疗机构在医疗纠纷诉讼中如果其他证据不是很充分时，也可以提出证人证言，医疗机构在收集证人证言时，可采用以下途径：(1) 发生突发事件，第一时间报警，警务人员会携带执法记录仪出现场，客观、翔实地问询并记载事件经过，形成勘验笔录；(2) 申请医疗纠纷人民委员会调解人员出急险，由调解人员记录事件经过；(3) 上报卫生行政部门，由医政人员在现场记录事件经过；(4) 其他正在就诊的病人，在记载了事件经过的记录上签字并留有有效个人信息；(5) 工作中的同事也可以成为证人，在特殊情况下可实行双签字，如患者或其近亲属明确表示不配合时，应及时记录在病历里由两名以上医师签字。

7. 鉴定意见

鉴定意见是指各相关行业或专业的专家依据自己的专业知识、经验和技能对案件中的专门性问题所出具的专门性意见。

由于医疗纠纷的专业性极强，法官难以判断其中的是非曲直，因此，医疗纠纷处理基本上都会涉及专业鉴定，既包括对相关医疗物品的检验、检测，也包括对医疗行为是否存在过错及是否存在因果关系的判断，还包括对患者损害后果、后续康复措施等进行专业评价。

当前我国由于特殊原因，在医疗损害鉴定上呈现二元化态势，鉴定活动违背了同行评议的基本原则，鉴定不能客观、公正、科学地反映医疗事实，加之缺乏对鉴定理论、鉴定程序、鉴定方法的研究，鉴定意见的科学性难以保证。医疗机构对医疗纠纷诉讼中的鉴定意见有异议时，应当及时提出异议及反驳依据，并通过申请鉴定人、专家辅助人出庭的方式质疑鉴定意见，必要时提交重新鉴定申请书。

在医疗损害鉴定二元化一时难以改变的情况下，规范鉴定主体的资质和鉴定行为至关重要。笔者建议，在《医疗纠纷预防与处理条例》中加入以下无争议内容：（1）明确鉴定专家应当具有鉴定所涉及临床学科专业知识和经验的资格；（2）明确规定参加鉴定的有相应临床学科知识和经验的专家人数不得少于3人；（3）公开参加鉴定的专家和提供咨询意见的专家的个人信息；（4）严格限制和规范鉴定收费。

8. 勘验笔录

勘验笔录是人民法院指派的勘验人员对案件的诉讼标的物和有关证据，经过现场勘验、调查所作的记录。我国《民事诉讼法》第73条规定，勘验笔录应当由勘验人、当事人和被邀请参加人签名或者盖章。在医疗纠纷中的勘验笔录有利于准确还原医疗行为实施的过程，因而勘验笔录是医疗纠纷处理的重要证据。

发生医疗纠纷后，医疗机构应当注意收集以下证据：（1）告知患者及其家属处理医疗纠纷的程序并予以记录；（2）如果患者死亡，告知患者家属有关尸体解剖相关处理方案并予以记录；（3）尽快对纠纷前后患者的就诊情况予以全面记录，对病历和可疑医疗物品进行封存，并做好送检要求的告知；（4）及时启动医疗损害鉴定；（5）将医疗场所中其他非病历证据，包括非病历文件、科室录像等证据予以固定；（6）其他有关证据。

另发生患方盗窃、抢夺、占有病历的情况时，医方应当收集以下证据予以证明：（1）盗窃、抢夺病历的现场证据，包括笔录、监控拍摄的盗窃、抢夺病历的现场录像，事件发生时旁观者的证人证言等；（2）发生盗窃、抢夺病历后报警证据，包括报警时间、现场勘查情况，出警人员信息等，必要时可以让法院向公安机关调取出警记录；（3）事后医疗机构自己拍照、录制的病历被盗窃、抢夺的现场录像、照片；（4）亲历病历被盗窃、抢夺的医务人员证人证言；（5）其他有关证据。

## 二、注意事项

本部分司法解释虽然法条较为精炼，但是在理解与应用中还需要注意如下问题。如明确抗辩事由不同于免责事由，举证过程中强调结果证据。

抗辩事由是指，被告据以主张原告诉讼请求不成立或不完全成立，从而免除或减轻其民事责任的行为。①抗辩事由是针对侵权行为的构成要件提出的，因此只要提出一个抗辩事由阻断侵权行为的成立，行为人即可不承担侵权责任。而需要进行区分的另一个概念是免责事由，免责事由的立法意义在于免除侵权人应当承担的责任，也就是说侵权行为切实存在、已经构成，只是因为法律的特殊规定，而将责任免除罢了。②可见这两者的差异在于，抗辩事由是直接阻断侵权行为的成立，免责事由是对抗侵权责任的承担。

抗辩事由是由法律明确规定的、具体的、封闭式的列举规定，不可随意扩大或者缩小。一般过错原则中，谁主张谁举证，被告的过错行为是原告请求权的成立要件，是需要原告承担举证义务的，但《侵权责任法》第 60 条导致医疗行为的免除责任或减轻责任的理由变得狭窄，加大了医疗机构的举证负担。同时尽管从立法意图上来看，《侵权责任法》第 60 条是为了维护医疗机构及其医务人员的合法权益，但是由于利用了封闭式限制列举的立法技术，明确、限定地列举了 3 条医疗机构不承担赔偿责任的抗辩事由③，使医疗损害责任的举证责任分配产生了误解和认识混乱。如《北京市高级人民法院关于审理医疗损害赔偿纠纷案件若干问题的指导意见（试行）》第 11 条规定：医疗损害赔偿纠纷案件，医疗机构对《侵权责任法》第 60 条规定的免责事由承担举证责任。难免有混淆了抗辩事由与免责事由的概念之嫌。因此在一定程度上难以起到保护医务人员合法权益的目的的效果。

## 第三节　存在问题与建议

《最高人民法院关于审理医疗损害责任纠纷案件适用法律若干问题的解释》的制定工作是一项规模巨大的工程，经历了多次修改论证，但是难免挂一漏万，我们认为司法解释在本部分存在立法用语表述不够严谨的问题。此外，在医疗损害诉讼实践中，也有不少值得注意之处。

---

① 王家福著：《中国民法学・民法债权》，法律出版社 1991 年版，第 429 页。

② 刘鑫、张宝珠、陈特著：《侵权责任法“医疗损害责任”条文深度解读与案例剖析》，人民军医出版社 2010 年版，第 86 页。

③ 李筱永、唐超、邹伟：《〈侵权责任法〉第六十条抗辩事由立法技术若干问题》，《中国医院管理》，2013 年第 33 卷第 7 期。

## 一、条文中的问题与建议

### （一）条文表述欠严谨

《医疗损害司法解释》第 4 条第 3 款：医疗机构主张不承担责任的，应当就《侵权责任法》第 60 条第 1 款规定的情形等抗辩事由承担举证证明责任。《侵权责任法》第 60 条第 1 款所规定的医疗机构不承担赔偿责任的情形有三种：（3）患者或者其近亲属不配合医疗机构进行符合诊疗规范的诊疗；（2）医务人员在抢救生命垂危的患者等紧急情况下已经尽到合理诊疗义务；（3）限于当时的医疗水平难以诊疗。

该法条在字面含义上可以被理解为，只要医疗机构主张不承担责任，就应该对《侵权责任法》第 60 条第 1 款规定的三种情形进行举证，但这样理解显然是不合理的，因为针对患方的医疗侵权诉讼，医方主张不承担侵权责任的理由很多，不可能仅限于这三种情况。我们理解的立法者想要表达的意思是：患者针对其所遭受的损害主张医疗机构赔偿，但医疗机构认为属于《侵权责任法》第 60 条第 1 款规定的三种情形之一，因而主张不承担责任的，有义务就此抗辩事由进行举证。

### （二）专业术语过于陈旧

1. 关于“住院志”的争议

《医疗损害司法解释》第 6 条关于病历资料的描述直接引用了《医疗事故处理条例》第 10 条规定：患者有权利复印或者复制其门诊病历，住院志、体温单、医嘱单、化验单（检验报告）、医学影像检查资料、特殊检查同意书、手术同意书、手术及麻醉记录单、病理资料、护理记录以及国务院卫生行政部门规定的其他病理资料。有些专业术语过于陈旧，与现行国家卫生部于 2010 年 3 月 1 日起施行的《病历书写基本规范》不匹配。如《医疗损害司法解释》中还在引用“住院志”这个概念，溯源“志”的出处，最早“志”通“记”，形容记事的文章。《齐谐》者，志怪者也。[①] 释文：“志，记也。”又如志书、志乘，地方志、墓志等。在司法实践中，也因此就“住院志”到底是指入院记录还是病程记录，引起了医患双方的争

---

① 《庄子·逍遥游》。

议，让法官甚为头疼。如果是住院记录，那么与其他列举出来的病历资料一样，属于客观病历；而如果指的是病程记录，那么则意味着患方有查阅、复印主观病历的权利。结合最新出台的《病历书写基本规范》第 16 条，住院病历内容包括住院病案首页、入院记录、病程记录、手术同意书、麻醉同意书、输血治疗知情同意书、特殊检查（特殊治疗）同意书、病危（重）通知书、医嘱单、辅助检查报告单、体温单、医学影像检查资料、病理资料等。同时结合《医疗损害司法解释》中的语境，我们认为这里的住院志更正为“入院记录”更为妥当。

2. 关于“医疗费用”的争议

《医疗损害司法解释》第 6 条第 1 款中还规定一个既不属于客观病历也不属于主观病历的“医疗费用”。与前面列举的文件相比，“医疗费用”本身不是一个文件，在《医疗事故处理条例》《医疗机构病历管理规定》和《病历书写基本规范》中都没有这个文件，只能理解为“与医疗收费相关的文件”，因此应当是“收费清单”。“收费清单”向患方的公开，是医院公示制度的重要组成部分。[①]“收费清单”也列入病历资料的范畴的话，将病历资料解释为病历的同义语显然就不合适了。我们认为，在《侵权责任法》中病历资料应做扩大理解，即医疗机构在给患者提供服务的过程中形成的与患者诊断、资料、收费相关的文件资料，除了病历之外，还应当包括收费清单、收费发票、交接班记录等能够反映医疗过程的全部材料。因此我们建议这里的“医疗费用”更正为“费用清单”更为合适。

## 二、实施中的问题与对策

### （一）如何理解患者提交相反证据足以反驳医方尽到说明义务

《医疗损害司法解释》第 5 条第 2 款是此次修订的亮点内容，既往医疗侵权诉讼案例中，不乏有患者或其近亲属称“字是我签的，但是内容医生并未对我讲，仅告知我治疗前需要签字，迫于急于治疗的压力就签了字，但并没有明白理解其中的风险”的情形，最终由医方承担了不利后果。但《医疗损害司法解释》的出台肯

① 《卫生部关于全面推行医院院务公开的指导意见》（卫医发〔2006〕424 号）：住院病人实行费用“每日清”制度，医院每天通过适当方式向患者提供包括药品、医用耗材和医疗服务的名称、数量、单价、金额等使用情况，或提供费用查询服务，出院时提供总费用清单。

定了“书面同意”这一行为的法律效力，缓解了医方对告知义务举证的负担。同时为保护医患双方的合法权利，保证审判工作的公平性和科学性，《医疗损害司法解释》也提出了“说明义务的相反证据”这一论点，对患方知情同意权进行救济。

结合司法审判实践工作，患方提出医方未尽到告知义务往往集中于以下几种情形：(1) 患者或患者近亲属称“字不是我签的”，这种情形在交叉质证无果后，往往会通过笔迹司法鉴定来裁决；(2) 患者或其近亲属偷录、偷拍谈话过程，通过提交相关视听资料证明医方未履行说明义务，或说明不充分，告知不全面；(3) 事后患者或其近亲属偷录、偷拍医方自认了未尽说明义务或说明不充分、告知不全面的情形；(4) 患方可提供证据证明书面知情同意书上签字的医师并非实际谈话的医师，例如医患谈话时，患者通过视听资料的方式保存的医方自认不是该医师的情形，如承认签字医师那段时间休假未工作的证据；(5) 目前通讯设备愈发先进，不乏出现医患双方添加微信好友、QQ 好友、邮件往来做病情沟通的情形，患方可通过截取双方聊天记录中医方自认未充分尽到说明义务的言论，作为证据进行反驳救济。足以反驳是一个量化程度的词语，也就是说患方意图反证医方未尽到充分的说明义务，需提供合法、客观、充分的证据，证明过程形成完整的证据链从而推翻“书面同意”。这在司法审理实践中，根据具体案情具体分析。

### (二) 医疗机构举证因不可抗力拒不提交或无法提交病历资料的情形

1. 不可抗力

不可抗力是指：(1) 火灾；(2) 天灾；(3) 战争或者武装冲突；(4) 政府或者主管部门的行为、检疫限制或者司法扣押；(5) 罢工、停工或者劳动受到限制。可以归纳为三个方面，即自然原因的不可抗力，社会原因的不可抗力，国家原因的不可抗力，同时需要满足不可预见、不可避免、不可克服三要素。

判断是否能够预见某一事件是否会发生有两个标准：一是客观标准，即在某种具体情况下，一般理智正常的人能够预见到的，该当事人就应当预见到。如果对该种事件的预见需要一定的专门知识，那么只要具有这种专业知识的一般正常水平的人所能预见到的事件则该当事人就应当预见。二是主观标准，即在某种具体情况下，根据行为人的主观条件，如当事人的年龄、发育状况、知识水平、职业状况、受教育程度以及综合能力等因素来判断当事人是否应该预见到。

医疗机构管理病历资料根据国家规定需要设立专门的管理部门、管理人员、有严格管理流程，病历资料的管理是医疗机构医疗安全的日常管理工作之一，因此医疗机构就病历资料的保管有严格的管理责任，在形成医疗安全、医疗质量管理流程之前，医疗机构必须结合相关法律法规制定相关流程，以应对突发事件。火灾、水灾、库房搬家、病案管理人员工作交接、病历被盗被抢夺的案例既往时有发生。但是否可以不可抗力为由不提交病历资料呢？笔者认为未必能实现，设立病案管理流程、病案室装修设计时，关于病历资料的存放位置、存档方式就应提前考虑到可能出现的突发事件，如停水停电，若真的遇到火灾、水灾，也应该设立联合消防部门的应急安全流程。库房搬家或病案管理人员工作交接，均应该有严格的查对流程，因为病历资料的保管归档工作是医疗机构病案室最主要最日常的工作内容。

2. 医疗机构病历资料管理部门应该如何应对突发事件？

如遇突然发生的火灾、水灾对病历资料可能造成或已经造成损害的情形，应做到以下几点：（1）上报消防安全管理部门，以最快速度控制现场灾情；（2）上报驻地警务工作站，由警务工作人员做现场勘验形成勘查记录；（3）影响较大的案件需层级上报卫生行政管理部门，邀请医政管理人员现场考察；（4）详细记录灾情发生的事件、地点、造成的影响、处理的经过，并通过影像设备记录、有效保存现场情形，邀请附近居民或无关第三人在记录上签字说明，以备不时之需：（5）在病案室有效位置安装录音录像设备，如实记录病历复印、病历封存甚至抢夺病历的经过，并以胶片、磁带、U 盘等有效方式保存固定。

### （三）在医患双方申请医疗损害鉴定，但没有鉴定机构受理案件的情况下，人民法院是否可以不考虑实体法内容通过程序法判决

《医疗损害司法解释》第 4 条、第 7 条明确以申请医疗损害鉴定的方式解决医疗侵权诉讼中的专业问题。而司法审理实践中，常常出现鉴定机构因案件情况特殊不受理的情形，如被告医疗机构地处全国各地。曾有患者起诉了 4 家医疗机构的案例，但该 4 家医疗机构分处 4 个省市，为避免鉴定过程中的不必要困难、诉讼时间过长，联系多家鉴定机构都被告知不予受理，最后人民法院依据病历资料形式审查判决其中两被告承担赔偿责任，两被告均以判决意见不专业、缺乏科学性为由提起上诉。可见在实体法审理困难的情况下凭借程序法审理医疗侵权案件的风险是非常大的，因为往往病历资料中看似雷同的专业术语差别有可能很大，如同为医嘱单，但是《病历书写基本规范》对临时医嘱单和长期医嘱单的书写时间、内容、人员要求是不同的，看似形式审查病历是否存在篡改、伪造的问题实际上与实质的病历内容审查密不可分。

虽然从裁判规则来说，由于法院不能拒绝裁判，人民法院在对相关案件进行审理后，如果确实无法查清案件事实，不能从实体法进行裁判，可以用程序法进行裁判，但由于这样的裁判过于残酷，给当事人带来的权利义务影响太大，应当要慎之又慎，必须是在迫不得已的情况下为之。

## 第四节　案例分析

### 案例3－1　视听资料证据在医疗侵权诉讼中的应用

#### 一、案例介绍

患者张某经人介绍就诊于北京某三甲医院肛肠科门诊，经肛肠科医生诊断为痔疮，肠息肉待查，建议转内镜中心肠镜下观察并进行相关治疗。患者遵医嘱前往内镜中心办理入院手续，在完善术前相关检查第三天行肠镜探查，手术记录显示镜下可见息肉，行肠息肉切除术，手术过程顺利。患者术后3天办理出院手续返回家中，当天洗澡时突发大量便血，急返病房行肠镜下止血，3天后镜下再次止血。患者出院一周后返回医院病案室要求复印并封存病历，病案室工作人员态度恶劣，称由于院方人事安排不合理，导致人手不足，个人工作负担太大，前面还有排队等候的其他患者，当日无法复印、封存病历，让患者改日再来咨询。但再来时是否可以复印、封存病历，也得看情况，目前不好说。由此激化矛盾，投诉至医院医患关系协调部门（简称医患办），医患办联系病案室，明确说明复印和封存病历是患者的合法权利，病案室应予配合。病案室工作人员坚持己见不予复印。当日组织患方、科室就病情进行沟通。患方提出质疑：期间患者提问知情同意书的签字人员既不是手术人员，也不是主管医生，那段时间是不是在休假？知情同意书是不是后补的？科室承认，知情同意书上的签字人员是在休假，签字是休假后补的，因为是一个医疗小组，所以谁签都一样。患方在与医院相关部门交涉病历复印和与有关部门沟通的过程中，均用手机秘密录音录像。

后患者起诉至北京市某区人民法院。患者在起诉状中指出医院存在5方面的问题。(1) 手术操作存在过错，止血过程不顺利，是由于操作医生操作不当，止血钛夹脱落，导致其下消化道大出血，给其造成了人身及财产损害。(2) 医院伪造篡改病历，知情告知书没有写时间，怀疑是医院后补的，与病案室拒不提供病历相吻合，同时签字医师从未对其就手术措施、并发症、可能存在的风险进行告知，甚至有证据证明签字医师在患者住院治疗期间休假不在岗，知情同意书造假。(3) 实施镜下手术一共三次，第一次肠息肉切除术，第二次和第三次均为镜下止血术，属于有创操作，但第二次、第三次均未签署知情同意书。(4) 止血钛夹数量在手术记录中显示一共14个，但病程记录中显示13个，前后矛盾。(5) 病案室工作人员在患者本人拿着合法有效证件要求复印并封存病历时，以“太忙、人手不足”为由不予配合，故意隐匿、拒不提供病历。且患者向法庭提交了用手机拍摄的复印、封存病历医院病案室工作人员不予配合的全程录音录像，以及医患沟通过程中，科室承认签字人员在休假，知情告知书为后补事实的录音。

## 二、审判结果

北京市某区人民法院经审理认定：(1) 医疗机构构成隐匿、拒不提供与纠纷有关的病历资料情形；(2) 知情告知书存在过错；(3) 术后消化道出血尽管为正常手术并发症，但手术记录与病程记录前后矛盾，存在严重瑕疵，同时由于止血不当导致多次手术加大患者损害。(4) 医疗机构依法承担赔偿责任。

## 三、评析

打官司即打证据。该案是典型的通过视听资料证据胜诉案，同时暴露出医疗机构在病历质量管理、病案保管管理制度上存在严重漏洞。

(一) 医疗侵权诉讼中视听资料的证据价值

随着手机等便携通讯设备的普及，功能的丰富，人们可以通过手机录音、录像、拍摄固定某一时刻的场景，几乎可以做到完全还原现场情况，具有唯一性，同时双方均有可能在一定程度上承认、否认或默认一些事实。因此在医疗纠纷中，由于视听资料的直观性、唯一性，成为了医疗纠纷处理的重要证据。关于对医疗过程、谈话过程（包括电话）的公开或者秘密录制的视听资料是否具有证据价值，《民事证据规定》第68条规定：以侵害他人合法权益或者违反法律禁止性规定的方法取得的证据，不能作为认定案件事实的依据。因此，只要不侵犯对方的合法权益，不违反法律的禁止性规定，未经对方同意的私下秘密录音录像具有法律效力。据此，一般在工作场所、工作期间录音，都不违反该规定。

同时，录音录像资料作为证据使用的前提，是必须未被剪接、剪辑或者伪造，前后连接紧密，内容未被篡改，具有客观真实性和连贯性。一旦录音录像证据被质疑，可以启动声纹司法鉴定程序予以认定。

此外，还需要与其他证据相互印证，如果对方当事人提出异议，并提供相反证据予以反驳的，视听资料证据也可能失去证明力。

（二）医务人员告知义务的意识薄弱，医疗机构对医务人员的培训不足

在此案中，医务人员在术前告知上犯了三个严重的低级错误，一个是未实际履行告知，导致患者在术前对并发症的认识不充分；一个是医师签字为后补，同时还不是手术人员或管床医师签字，篡改伪造病历，行为恶劣，法律意识淡薄；同时，知情同意书不仅应由医患双方签上名字，同时签字的时间也应该及时固定，否则有弄虚作假之嫌，导致知情同意书被否定证明力。

（三）医疗机构病案管理混乱，不能保障患者的病历知情权

由于医疗机构对病案室的质量管理重视不够，把关不足，导致人员配置不合理，加大病案室工作人员负担，同时引起工作人员情绪不满，对患者的合理诉求不配合，激化医患矛盾。同时病案室工作人员对涉及医疗纠纷的病历相关法律问题认识不足，导致人民法院在审理过程中根据《侵权责任法》第58条第2项“隐匿、拒不提供与纠纷有关的病历资料”推定医疗机构过错。不过需要指出的是，本案人民法院认为被告医院不予复印病历的行为构成了《侵权责任法》第58条第2项“隐匿、拒不提供与纠纷有关的病历资料”，明显不同于本次司法解释第6条第2款规定的情形，是否属于“隐匿、拒不提供与纠纷有关的病历资料”值得商榷。

# 第 4 章　医疗损害责任构成及其责任形态

侵权责任构成、侵权责任方式和侵权责任形态是侵权法的基本概念。《侵权责任法》第 54 条有关医疗损害责任的规定，明确了医疗损害责任适用过错责任原则，医疗损害责任的责任主体是医疗机构，医疗损害的行为主体是医务人员，医疗损害责任发生在诊疗活动之中，医疗损害责任是医务人员过失行为造成患者人身权益损害，医疗损害责任的基本形态是替代责任。2017 年 12 月 14 日，最高人民法院颁布实施的《关于审理医疗损害责任纠纷案件适用法律若干问题的解释》(法释〔2017〕20 号)（以下简称司法解释）又进行了解释说明。本章结合医疗损害责任构成和《司法解释》的新内容进行解读，以便读者更好地理解相关规定并正确运用于司法实践。

### 《医疗损害司法解释》中涉及医疗损害责任构成的法条

第 16 条　对医疗机构及其医务人员的过错，应当依据法律、行政法规、规章以及其他有关诊疗规范进行认定，可以综合考虑患者病情的紧急程度、患者个体差异、当地的医疗水平、医疗机构与医务人员资质等因素。

第 19 条　两个以上医疗机构的诊疗行为造成患者同一损害，患者请求医疗机构承担赔偿责任的，应当区分不同情况，依照侵权责任法第八条、第十一条或者第十二条的规定，确定各医疗机构承担的赔偿责任。

第 20 条　医疗机构邀请本单位以外的医务人员对患者进行诊疗，因受邀医务人员的过错造成患者损害的，由邀请医疗机构承担赔偿责任。

# 第一节　条文理解

## 一、条文含义

医疗过错认定的依据：医疗机构或医务人员是否尽到医疗注意义务，必须依据法律、行政法规、规章以及其他有关诊疗规范进行认定，可以对病情的紧急程度、患者个体差异、当地的医疗水平、医疗机构与医务人员资质等因素综合考虑。

共同侵权的责任分担：不同医疗机构的过错医疗行为造成共同的损害结果，医疗机构应当承担连带责任；两个以上医疗机构分别实施侵权行为造成同一损害，每个医疗机构的行为都足以造成全部损害的，承担连带责任；两个以上医疗机构在诊疗活动中，无共同故意，也无共同过失，由于自己的过失诊疗行为造成同一损害，应当根据过失大小或者原因力各自承担相应的赔偿责任，难以确定各个医疗机构责任大小的，平均承担。

会诊活动的法律责任：医疗机构对受邀医务人员的过错承担替代责任。

## 二、关键词

### （一）医疗机构

国务院于1994年2月26日颁布的《医疗机构管理条例》第2条规定，医疗机构是从事疾病诊断、治疗活动的医院、卫生院、疗养院、门诊部、诊所、卫生所（室）以及急救站等医疗机构。2017年4月1日，国家卫生计生委新修订的《医疗机构管理条例实施细则》对医疗机构的类别作了细化规定，该细则第2条规定，医疗机构，是指经登记取得《医疗机构执业许可证》的机构。第3条规定，医疗机构的类别：（一）综合医院、中医医院、中西医结合医院、民族医医院、专科医院、康复医院；（二）妇幼保健院、妇幼保健计划生育服务中心；（三）中心卫生院、乡（镇）卫生院、街道卫生院；（四）疗养院；（五）综合门诊部、专科门诊部、中医门诊部、中西医结合门诊部、民族医门诊部；（六）诊所、中医诊所、民族医诊所、卫生所、医务室、卫生保健所、卫生站；（七）村卫生室（所）；（八）急救中心、急救站；（九）临床检验中心；（十）专科疾病防治院、专科疾病防治所、专科疾病防治站；（十一）护理院、护理站；（十二）其他诊疗机构。（十三）医学检验实验室、病理诊断中心、医学影像诊断中心、血液透析中心、安宁疗护中心。第 4 条规定，卫生防疫、国境卫生检疫、医学科研和教学等机构在本机构业务范围之外开展诊疗活动以及美容服务机构开展医疗美容业务的，必须依据条例及本细则，申请设置相应类别的医疗机构。

### （二）医务人员

《执业医师法》第 2 条规定，医务人员包括执业医师和执业助理医师。是指依法取得执业医师资格或者执业助理医师资格，经注册在医疗、预防、保健机构中执业的专业医务人员。《执业医师法》第 45 条规定，尚未取得执业医师资格或者执业助理医师资格，经注册在乡村医疗卫生机构中向村民提供预防、保健和一般医疗服务的乡村医生，也视为医务人员。国务院于 2008 年 5 月实施的《护士条例》，根据该条例第 2 条规定，护士是指依法取得护士执业证书并经执业注册，从事保护生命、减轻痛苦、增进健康护理活动的卫生技术人员。根据国家相关规定，从事医疗服务活动的执业药师、技师，也属医务人员范畴。

### （三）过错

医疗损害责任中的主观过错要件，表现为医疗机构及其医务人员在诊疗活动中的故意和过失。医疗行为本身就是一把双刃剑，治病救人与侵袭损害始终并存，如果医务人员故意伤害患者就是刑事犯罪行为，因而医疗过错只能是过失。美国法对医疗过错定义为失职行为，在日本，医疗过错也叫诊疗过误。医疗过错是医疗机构及其医务人员，在诊疗活动中，没有尽到当时医疗水平的注意义务，通常采用客观标准认定。就医疗机构而言，如疏于对医务人员选任、管理、教育、允许没有医师资格的人员上岗执业、违反手术分级管理制度由经验不足的低职医师做高难复杂手术造成不良后果等等，就认为医疗机构存在过错。就医务人员而言，其过错通常表现为违反法律法规、规章、诊疗护理规范常规、违反实施某一行为必须遵循的规章制度，造成患者损害的，就被认为有过失。

### （四）因果关系

因果关系之“因”是行为，之“果”是结果，“关系”是因造成果，因与果之间存在前者引起后者，后者被前者所引起的客观联系。侵权责任构成要件的因果关系，其因是指违法行为，其果是指损害结果，违法行为与损害结果之间存在前者引起后者，后者被前者所引起的客观联系。医疗损害责任构成的因果关系，是指违法诊疗行为作为原因，患者受到损害事实作为结果，同样存在前者引起后者，后者被前者所引起的客观联系。通俗地讲就是医疗机构及其医护人员的违法行为发生在前，患者的损害结果发生在后，前者是后者发生的原因，后者是前者引起的结果。医学行为的复杂性、患者个体差异性、人类认识疾病和战胜疾病能力以及医疗技术水平的有限性决定了诊疗行为与患者损害之间的因果关系判定的复杂性。实践中判断诊疗行为与患者损害之间是否存在因果关系，是专业性极强的问题。事实上，患者原发疾病的损害、营养情况、自身机体特异性、诊疗行为等方面因素之间存在错综复杂的关系，医务人员的诊疗行为与患者损害之间很少存在简单的一因一果的情形，更多地表现为多因一果、一因多果、多因多果共同作用最终引起了损害结果的发生。

## 三、意义

### （一）明确了医疗过错认定的依据

《侵权责任法》第54条、第58条分别规定了医疗机构的责任承担主要适用过错责任原则，在一些例外的情况下适用过错推定责任原则。但是对于如何认定医疗机构在诊疗活动中是否存在过错，《侵权责任法》并未给出明确的规定。仅规定了医疗机构在违反法律、行政法规、规章以及其他有关诊疗规范的规定，隐匿或者拒绝提供与纠纷有关的病历资料或伪造、篡改或者销毁病历资料时，若不能证明其没有过错，就推定其有过错。但是在司法实践中，如何认定医疗机构是否存在过错，又存在着许多不同的标准和方法。本次司法解释提出，对医疗机构及其医务人员的过错，应当依据法律、行政法规、规章以及其他有关诊疗规范进行认定，综合考虑患者病情的紧急程度、患者个体差异、当地的医疗水平、医疗机构与医务人员资质等因素。这样的规定，明确了该用什么样的标准来认定医疗机构是否存在过错。我国是一个医疗资源分布不均匀的大国，一个北京三甲医院的主治大夫与一个西藏乡村医生的水平是相差甚远的，若用北京三甲医院主治大夫的标准去要求一个乡村医生，是非常不现实的。这一次的司法解释综合考虑了我国医疗资源分配不均的现状，对于不同的个案应当考虑其所具有的特殊性，对司法实践有很好的指导作用。

### （二）明确了多个医疗机构造成患者同一损害的责任形态的责任承担问题

在司法实践中，对于多个医疗机构造成患者同一损害时的责任承担方式是不明确的，适用的法律也参差不齐，导致了许多法院的判决也存在不一致的情形，给了许多人钻法律的漏洞的机会，这不利于树立司法的统一性，严重破坏了司法权威。这一次的司法解释就对这一问题作出了明确的规定，在共同侵权的问题上适用《侵权责任法》的第 8 条、第 11 条、第 12 条。即两家以上的医疗机构共同故意的造成了患者的同一损害，所有实施该侵权行为的医疗机构则要承担连带责任；若两家以上的医疗机构虽然彼此之间没有意思联络，但是实施了足以造成患者损害的同一侵权行为，并且每一单独的侵权行为足以造成患者全部的损害，则所有实施侵权行为的医疗机构均要承担侵权责任；两家以上的医疗机构没有意思联络，分别实施了侵权行为，造成了同一损害，若能够确定责任大小，就按各自的比例承担责任，若不能确定责任大小，则平均承担责任。通过明确在共同侵权时各侵权主体如何承担责任，既能让医疗机构在医疗活动中更好地尽到注意义务，又能让患者在权利受到侵害时找到明确的救济方式。

### （三）明确了医务人员外出会诊和“飞刀”造成患者损害的责任承担问题

医疗机构由于规模不同、所处的地理位置不同、专科不同，各个医疗机构之间往往存在会诊的实践，特别是在现阶段的“互联网 +”的背景之下，会诊在医疗实践中变得越来越普遍。所谓“飞刀”是指，一个大医院的主治主任医生在下班之后和休息时到下面的医院主刀，并收取报酬。“飞刀”现象经常表现为民营医院邀请三甲医院的医生坐诊，这只要是医疗资源的分布不均所造成的。医务人员在会诊和“飞刀”的过程中造成患者的损害，应当由谁来承担责任，一直是理论界和实务界讨论的问题。关于这个问题，一直没有确定的标准，按照不同的标准可能得出不同的结论，因此也造成了在实践中各个法院判法不一，总是“公说公有理，婆说婆有理”。这一次司法解释的出台，明确了在此种情况下，应当是由邀请该医务人员的医疗机构承担责任。这样的规定是非常合理的，“利益之所在，风险之所在”，医疗机构在邀请其他医疗机构的人员来本院进行会诊甚至是“开飞刀”赚取相应的利益时，就要承担该行为可能失败带来的不利的后果，这也算是一种衡平的公正。

## 第二节　实务操作及要求

### 一、医疗损害责任的归责原则

所谓归责原则，是在损害事实发生的情况下，确定侵权人对自己造成的损害是否应当承担民事责任的原则。因此，侵权责任归责原则，是侵权法的统率和灵魂，是侵权行为法理论的核心。同样，医疗损害责任的归责原则也是医疗损害责任法的统率、灵魂和理论核心①。根据《侵权责任法》第 6 条、第 7 条的规定，在我国侵权责任归责原则是过错责任原则、过错推定责任原则和无过错责任原则。

过错责任原则，是以过错为判断标准，行为人对自己的行为造成的损害是否应当承担赔偿责任，取决于行为人主观上是否存在过错，有过错则承担责任，没有过错无需承担责任。也就是说，行为人没有过错，即使行为造成损害事实，并且行为与损害结果之间存在因果关系，也不承担赔偿责任。这就明确无误地告诉我们，在适用过错责任原则归责的场合，行为人承担责任的前提和基础是有过错，行为人承担侵权损害赔偿责任不仅因为有损害，还因为有过错，总而言之就是没有过错则没有责任。

我国《侵权责任法》规定了七种特殊侵权责任类型，第 54 条作为医疗损害责任的一般条款独具特色，明确规定“患者在诊疗活动中受到损害，医疗机构及其医务人员有过错的，由医疗机构承担赔偿责任”。这一条十分明确地说明，医疗损害责任的归责原则是适用过错责任原则，即只有在医疗机构及其医务人员存在过错的情况下，诊疗行为造成患者损害，才承担赔偿责任。这样的规定是完全科学的，合理的，符合医学科学发展的客观规律。

医学科学发展一日千里，医疗技术创新日新月异。目前，大数据技术在医学领

---

① 杨立新著：《医疗损害责任法》，法律出版社 2012 年版，第 71 页。

域广泛得到应用，基因编辑、人工智能、机器人发展方兴未艾。但人类认识和战胜疾病的能力依然非常有限，目前人类已发现的疾病有上万种，罕见病发病率不断增高，很多未知领域需要不断探索。例如我国是一个人口大国，也是一个出生缺陷高发国家，每年产前筛查明显可见缺陷胎儿平均 26 万例左右。监测数据表明，我国新生儿缺陷率为 5.6%。2016 年我国出生新生儿 1846 万，其中 103 万是缺陷儿，2017 年出生新生儿达 2023 万，缺陷儿至少有 113.2 万，平均 30 秒出生一个缺陷儿。随着二孩政策的全面放开，高龄大龄孕妇比例随之上升，缺陷儿数量也将随之增多。受医学技术水平发展的局限性，医师任职能力水平低下，病人个体差异较大，设备质量条件良莠不齐等诸多因素影响，导致疾病治愈率不可能达到百分之百，医疗行为的复杂性也决定了医疗质量只有更好没有最好。医疗行为是把双刃剑，治病救人与侵袭损害始终并存，医生在为患者消除疾病、减轻痛苦、延长寿命、提高生活质量的同时，也会给就医患者的身体和健康带来负面影响。医疗体现的是“两害相权择其轻，两利相权择其重”这个中国的古老法则。《侵权责任法》意义上的医疗损害，强调的是损害的非正当性，惩罚的是有过错的诊疗行为。因此，医疗损害责任只有以过错为判断标准，才符合医学科学发展的客观规律，相反只能阻碍医学科学发展。

## 二、医疗损害责任的构成要件

在过错原则归责场合，侵权责任由四个要件构成：损害事实，违法行为，因果关系，主观过错。《侵权责任法》第 54 条规定，患者在诊疗活动中受到损害，医疗机构及其医务人员有过错的，由医疗机构承担赔偿责任。这条规定的基本内容包括医疗损害责任的构成要件：（一）患者受到损害；（二）医疗机构及其医疗人员在诊疗活动中的诊疗行为具有违法性；（三）诊疗行为与患者损害之间存在因果关系；（四）医疗机构及其医务人员有过错。

### （一）患者受到损害

1. 患者

众所周知，《侵权责任法》是救济法，是受害人民事权益受到侵害怎样救济的法律。医疗损害责任在我国《侵权责任法》中，是一种特殊的侵权责任类型，该法第 54 条作为医疗损害责任的一般条款，开宗明义地指出“患者在诊疗活动中受到损害，医疗机构及其医务人员有过错的，由医疗机构承担赔偿责任”。因此，医疗损害责任救济的是民事权益受到侵权损害的患者。然而，患者与医疗机构发生的纠纷是多种多样的，纠纷产生的原因和表现形式千姿百态，处理的方式和适用的法律规范也不相同。准确适用法律，正确、及时处理医疗纠纷，明确《侵权责任法》的救济对象很重要。

在我国法律体系中没有“人”的概念。我国《刑法》《民法总则》只有“自然人”的规定。自然人是指已经出生的人。我们认为，侵权责任法救济的患者，是指已经出生、患有疾病等候接受医师诊疗的自然人。若不符合患者的条件，则不能成为侵权责任法的救济的对象。如抱错婴儿（通常称串子案件）纠纷中，被抱错的婴儿并不是等候医师诊疗的患者。在医院发生的尸体纠纷本身就不存在患者。死胎纠纷中的死胎尚未出生，不是自然人。癌症晚期患者不堪忍受痛苦跳楼自杀，这里虽然存在患者，但患者跳楼自杀的原因不是医务人员的诊疗行为造成的。在缺陷出生纠纷中，出生儿虽然有残疾，但残疾是其在母腹中已经形成而不是医疗行为造成的，因而缺陷儿不是侵权责任法中所指的患者，不是适格的原告。这是因为，无论从刑法学还是民法学的角度讲胎儿都不能算是“人”，胎儿没有出生之前只属于母体的一部分。如母亲对自己胎儿的堕胎行为属于自残行为，不是杀人行为。他人殴打孕妇腹部导致堕胎，属于对孕妇的伤害行为，而不是故意杀人。过失用药致胎死腹中，更不是过失杀人。如果胎儿属于自然人，我国计划生育政策就要重新解读了。2017 年 12 月 14 日，最高人民法院颁布实施的《司法解释》第 1 条规定，患者以在美容医疗机构或者开设医疗美容科室的医疗机构实施的医疗美容活动中受到人身或者财产损害为由提起的侵权纠纷案件，适用本解释。接受美容的人本身并没有疾病，追求的目标是锦上添花的效果，对此《侵权责任法》第 54 条规定是不明确的，这次《司法解释》把在医疗美容活动中受到损害的人明确规定为属于患者范围，按照医疗损害责任纠纷处理。在司法实践中，诸如此类情况很多，准确理解侵权责任中的患者，能够将医患纠纷进行大致分类，不同类型纠纷适用不同的法律规范来处理，能达到事半功倍的效果，纠纷处理才能保障正确、及时。

2. 损害

损害事实是由两个要素构成的，一是权利被侵害，二是因权利被侵害而造成的利益受到损害的客观结果。一个损害事实必须完整地具备侵害客体和利益损害这两个要素，缺少其中任何一个要素，都不是侵权法意义上的损害事实，都不符合侵权责任构成要件的要求。侵害人身权的损害事实要件，必须具备人身权受到侵害，导致人格利益和身份利益损害这两个要素。①

在医疗损害责任构成中，其损害事实要件是指患者人身权受到损害并造成财产利益损害两个要素，缺少其中任何一个要素，都不构成医疗损害事实。“无损害则无责任”，只有在损害后果发生的情况下，才需要考虑医疗机构及其医护人员是否存在过错，是否要由医疗机构承担医疗损害责任。根据《侵权责任法》第2条的规定，《侵权责任法》所保护的民事权益包括生命权、健康权、姓名权、名誉权、荣誉权、肖像权、隐私权、婚姻自主权、监护权、所有权、用益物权、担保物权、著作权、专利权、商标专用权、股权、继承权等人身、财产权益。医疗损害责任主要侵害患者的权利包括生命权、健康权、隐私权、知情权等人身、财产权益。也就是说，医疗机构及其医护人员的行为必须侵害了患者的上述合法权利，产生了一定的损害后果，才可能构成医疗损害责任构成要件的损害事实要件。

在司法实践中，医疗损害事实的认定，很重要的问题是谁的权利被侵害？什么权利受侵害？明确这些问题直接关系到怎样赔偿。例如，缺陷出生纠纷中，谁的权利被侵害？是缺陷儿还是孕妇?《民法总则》规定，自然人的权利从出生时起到死亡时止，依法享有民事权利。胎儿尚未出生，依法不享有民事权利，只有“涉及遗产继承、接受赠与等胎儿利益保护的，胎儿视为具有民事权利能力。但是胎儿娩出时为死体的，其民事权利能力自始不存在”。因此，此类纠纷权利受到侵害的只能是接受检查的孕妇。那么孕妇的什么权利被侵害了呢？有的学者根据《人口与计划生育法》《母婴保健法》的相关规定，推演出医疗机构侵害了孕妇的优生优育选择权。假设这种推演是成立的，那救济优生优育选择权的实体是什么呢？我们认为这类纠纷仍应当适用《侵权责任法》。但是《侵权责任法》第2条并不能对号入座。事实上《侵权责任法》针对保护对象采用的是兜底式的保护方式，将保护的对象明确界定为权益，既包括权利也包括利益。《民法总则》第126条规定：民事主体享有法律规定的其他民事权利和利益。因此，与其凭空创设一种优生优育选择权等待法律的认可，不如直接以侵害其他人身、财产利益，依据《民法总则》和《侵权责任法》予以保护更为直接、便利。对于母婴保健，国家相关法律法规给医疗机构规定了相应的法定义务，如果医疗机构没有适当履行自己的法定义务，侵害的是孕妇应当获得适宜产前保健服务的权益，导致患有先天残疾儿出生，造成受害人的精

① 杨立新著:《人身权法论》，人民法院出版社2002年，第193页。

神痛苦和额外的养育负担，即为损害事实。再如，由于医务人员的诊疗过错导致孕妇胎死腹中，这里侵害的客体依然是孕妇的健康权，并不存在胎儿生命权问题，更不存在死亡赔偿金问题。抱错孩子侵害的是母子的亲权，而亲权属于精神性人格权，其救济赔偿由法官自由裁量，等等。因此，准确把握在医疗损害责任构成的损害事实要件中，谁的权利被侵害，侵害的是什么权利是非常必要的。

总之，患者权利侵害和利益损害结合在一起，构成医疗损害责任完整的损害事实要件。这一客观要件的存在，是医疗损害责任赖以产生的根据。医疗损害责任只有在医疗机构及其医务人员侵害了患者权利并且造成相应利益损害的条件下才会发生。如果仅有医务人员的违法违规行为而无患者权利侵害和利益损害的损害事实，就不能发生医疗侵权损害民事赔偿责任。

### （二）医疗损害责任的违法行为

医疗损害责任构成的违法行为要件，是构成医疗损害责任的必备条件，也是医疗损害责任成立必不可少的要件之一，必须是医疗机构及其医护人员在诊疗活动中存在。这一要件包括三方面的要素，即主体必须是医疗机构及其医护人员，必须发生在诊疗活动过程中，诊疗活动存在违法行为。

1. 违法行为的主体是医疗机构及其医护人员；

2. 必须发生在诊疗活动过程中。

首先，《侵权责任法》第54条规定中的诊疗活动，其实质考察的是医疗过程中的行为，没有行为不可能造成后果。但我国法律中没有医疗及医疗行为概念。1994年2月26日国务院颁布的《医疗机构管理条例》仅针对医疗机构有“从事疾病诊断、治疗活动”的描述。1998年6月26日颁布的《执业医师法》使用的是“医师执业活动”，也没有对“医师执业活动”作出明确界定，将医师执业活动概括为“防病治病、救死扶伤、保障健康”，这种口号式的定义过于笼统。1994年8月原卫生部制定的《医疗机构管理条例实施细则》使用了诊疗活动概念并一直延用至今。该细则第88条规定，诊疗活动是指通过各种检查，使用药物、器械及手术等方法，对疾病作出判断和消除疾病、缓解病情、减轻痛苦、改善功能、延长寿命、帮助患者恢复健康的活动。这是迄今为止我们能够获得的最权威、最贴近“医疗行为”含义的概念。《侵权责任法》正是在这种意义上使用了“诊疗活动”概念。概括地讲就是诊的活动和疗的活动，通过各种检查，对疾病作出判断即为“诊”，使用药物、器械及手术等方法消除疾病等即为“疗”。由此可见，医疗活动是具有目的性的。这里给出了七个目的："对疾病作出判断和消除疾病、缓解病情、减轻痛苦、改善功能、延长寿命、帮助患者恢复健康。"要界定某一行为是否属于诊疗行为，须具备这七个目的中的任意一个。如卫生部《健康体检管理暂行规定》第 2 条规定，健康体检是指通过医学手段和方法对受检者进行身体检查，了解受检者健康状况、早期发现疾病线索和健康隐患的诊疗行为。可见，体检行为的目的在于发现疾病线索，并不包括治疗。在行为方式上，通过诊的行为，使用药物、器械及手术等方法对患者实施相应的治疗。近年来，针对未取得《医疗机构执业许可证》的人员为患者查体温、测血压、量体重、测尿糖等，认定其诊疗活动违法并予以处罚，都是错误的。

诊疗活动是一个过程。根据《侵权责任法》第 54 条的规定，患者的损害必须发生在诊疗过程中，这就给出了医疗损害责任发生的时空条件，即限定了医疗机构或医护人员侵害患者的相关权利的行为必须发生在对患者的诊疗过程中，如果侵害行为不是发生在诊疗活动过程中，就不构成医疗损害责任。医疗机构是责任主体，医务人员是行为主体。患者到医疗机构就医，从而在医患之间成立医疗服务合同关系，医疗机构及其医护人员按照相关医疗卫生法律法规而实施的一系列诊断、治疗行为，包括门诊检查、治疗，住院检查、住院治疗，康复治疗，疾病预防等方面的行为。因此医疗损害责任是医疗机构的损害责任，而不是医务人员的损害责任，如医务人员在诊疗活动之外，擅自实施诊疗行为造成他人损害，就不构成医疗损害责任，而是构成一般的人身损害责任。

3. 诊疗活动存在违法性

侵权行为的违法性，是指行为在客观上与法律规定相悖。诊疗行为的违法性是指医疗机构及其医护人员在对患者实施诊疗活动时存在违反法律、法规、诊疗规范的规定以及医疗质量管理相关制度、规范、标准和指南等。我国已初步形成了以医事法律为核心，医事法规为主体，医事规章为网络的卫生法律体系，包含医事法律 11 部，医事法规近 30 个，医事规章 400 余件。医疗机构及其医护人员在对患者实施诊疗行为过程中必须遵守相关规定，以保障医疗质量和医疗安全。

违法诊疗行为包括作为和不作为两种方式。我国相关法律法规就诊疗活动中什么应当作为，什么不得作为均有相应规定。例如，《执业医师法》第 22 条至 30 条规定了医师在执业活动中的执业规则，必须严格遵循，应当作为的必须严格履行法定义务，不当作为的必须令行禁止，违者具有违法性。《侵权责任法》第 56 条规定，因抢救生命垂危的患者等紧急情况，不能取得患者或者其近亲属意见的，经医疗机构负责人或者授权的负责人批准，可以立即实施相应的医疗措施。《司法解释》第 18 条规定，医疗机构及其医务人员怠于实施相应医疗措施造成损害的，应当承担赔偿责任。根据《侵权责任法》规定，未经本人同意，泄漏患者的隐私或公开患者的病历资料、医务人员违反诊疗规范实施不必要检查，违者具有违法性。特别是卫生计生委于 2016 年 11 月 1 日实施的《医疗质量管理办法》，就提高医疗质量、规范医疗行为，保障医疗安全进行了顶层制度设计，要求医疗机构及其医务人员在诊疗活动中必须严格遵守相关制度，其中明确规定了十八项核心制度：首诊负责制度、三级查房制度、会诊制度、分级护理制度、值班和交接班制度、疑难病例讨论制度、急危重患者抢救制度、术前讨论制度、死亡病例讨论制度、查对制度、手术安全核查制度、手术分级管理制度、新技术和新项目准入制度、危急值报告制度、病历管理制度、抗菌药物分级管理制度、临床用血审核制度、信息安全管理制度等，违反这些制度同样具有违法性。在其他法律中同样有相关的规定，如《传染病防治法》《献血法》《医疗机构管理条例》《病例书写基本规范》等。然而，在诊疗活动中，有的医疗机构或医护人员无视法律规定，当为而不为，不当为而为之的违法现象时有发生，有的还造成了患者人身损害，此时医疗机构就需要承担责任。

### （三）因果关系

如前所述，医学行为的复杂性、患者个体差异性、人类认识疾病和战胜疾病能力以及医疗技术水平的有限性导致了诊疗行为与患者损害之间的因果关系判定起来十分困难。因此需要极强的专业性，很多情况下必须借助于专业鉴定机构并由具有专门知识的人才能确定。在具体的鉴定过程中，鉴定人必须从医学实践出发，充分考虑患者病情的普遍性和特殊性，审慎分析各种影响因素，准确把握某一诊疗行为与患者最终的损害后果之间的因果关系，从而能够得出令人信服的结论。近年来，医疗纠纷“高烧”不退，趋之若鹜，作为医疗纠纷处理核心环节的医疗损害鉴定，公信力不高一直被医患双方所诟病，对因果关系及其原因力的表述更是五花八门、千奇百态，如事实因果关系、法律因果关系、直接因果关系、间接因果关系、盖然性因果关系、必然性因果关系、相当因果关系、推定因果关系等等，不一而足。《司法解释》第 8 至 12 条，针对目前医疗损害鉴定的乱象，作了具体规定，即鉴定意见可以按照导致患者损害的全部原因、主要原因、同等原因、次要原因、轻微原因或者与患者损害无因果关系，表述诊疗行为或者医疗产品等造成患者损害的原因力大小。具体内容详见本书第 5 章。

### （四）过错

在侵权责任构成中，过错是主观要件，是指加害人在实施行为时主观上的一种可归责的心理状态，包括故意和过失两种形态。故意分为直接故意和间接故意，直接故意指明知损害结果会发生，并且希望损害结果发生的心理状态，间接故意指能够预见到损害后果发生的结果，并放任这种损害后果发生的心理状态。过失分为疏忽大意的过失和过于自信的过失，疏忽大意的过失指行为人应当预见到自己的行为会引起损害后果的发生，因为疏忽大意而没有预见，最终导致损害后果发生的心理状态，过于自信的过失指已经预见到损害后果的发生，但是轻信能够避免，导致损害结果发生的心理状态。这种区分在刑法上有非常重要的意义，对于判定犯罪嫌疑人的刑事责任非常关键，但在民法中的区分并没有这么严格。

《侵权责任法》第 57 条规定，医务人员在诊疗活动中未尽到与当时的医疗水平相应的诊疗义务，造成患者损害的，医疗机构应当承担赔偿责任。通常认为，这里“医务人员在诊疗活动中未尽到与当时的医疗水平相应的诊疗义务”就是对医疗过错的规定。但在司法实践中，当时的医疗水平究竟是什么水平？这涉及到时间因素、医院级别因素、地域因素、医师级别因素等，如同样是北京的三级甲等医院，医疗水平也不尽相同，北京与边远地区的同级医院的诊疗水平也有差别，不同级别的医师诊疗怎样衡量当时的医疗水平？十年前实施的手术行为十年后发生问题，是依据十年前的医疗水平还是十年后的医疗水平？这对于医疗过错的认定带来诸多困惑。对此，《司法解释》第 16 条作了规定，“对医疗机构及其医务人员的过错，应当依据法律、行政法规、规章以及其他有关诊疗规范进行认定，可以综合考虑患者病情的紧急程度、患者个体差异、当地的医疗水平、医疗机构与医务人员资质等因素。”这条解释类似于《医疗事故处理条例》（以下简称《条例》）第 27 条第 1 款的规定，“专家鉴定组依照医疗卫生管理法律、行政法规、部门规章和诊疗护理规范、常规，运用医学科学原理和专业知识，独立进行医疗事故技术鉴定，对医疗事故进行鉴别和判定，为处理医疗事故争议提供医学依据。”一是明确了鉴定的依据是法律、行政法规、规章、诊疗规范；二是强调了运用医学科学原理综合考虑患者病情的紧急程度、患者个体差异以及导致患者损害的多因一果性，从而从专业角度上科学判断诊疗行为造成患者损害的原因力大小；三是明确了当时医疗水平是指当地的医疗水平、当地的医疗机构等级和当时当地的医务人员的资质。

### （五）医疗损害责任构成四个要件缺一不可

如前所述，我国《侵权责任法》规定的归责原则体系，是由过错责任原则、过错推定责任原则和无过错责任原则构成的一个体系。《侵权责任法》第54条作为医疗损害责任的一般条款，明确无误地述明医疗损害责任的归责原则是过错责任原则。在过错责任原则场合，侵权责任由四个要件构成，即患者受到损害；医疗机构及其医务人员在诊疗过程中存在违法行为；违法诊疗行为与患者损害之间存在因果关系；医疗机构及其医务人员存在过错。四个要件缺一不可，构成完整的医疗损害责任。有人仅从《侵权责任法》第54条的字面表述出发，认为医疗损害责任构成摒弃了因果关系要件，医疗机构及其医务人员只要具有违法行为、损害后果和主观过错三个要件，医疗损害责任就能够成立。这种过分局限于条文的字面含义，在理论上是站不住脚的，在实践中也是非常有害的。试想，如果不要求医疗机构及其医护人员的违法行为与患者的损害后果之间存在因果关系，那么违法行为与损害后果之间是孤立的、互不相干的，因与果之间就没有发生关系的可能性。没有违法行为之因造成的果，就不存在损害结果，如医务人员诊疗行为完全符合诊疗规范常规，患者终因疾病自然转归无力回天，患者的死亡难道是损害结果吗？没有损害结果之果，就不存在违法行为之因。比如在紧急情况下为抢救患者生命为目的，在采取紧急医疗措施过程中造成患者一定的伤害结果，按照《侵权责任法》紧急避险的规定，这些情况是无需承担责任的，这种伤害就不是损害结果，没有损害的紧急救治行为难道是违法行为吗？医疗侵权损害责任由四个要件构成，缺一不可，无庸置疑。

### （六）医疗美容纠纷

笔者认为，《侵权责任法》第54条所规定的受害患者，是指已经出生、患有疾病等候接受医疗机构及其医务人员诊疗的自然人。而接受美容的人本身并没有疾病，追求的是锦上添花之“美”，因此接受美容的人不属于患者范畴。最高人民法院这次颁布实施的《司法解释》第1条第2款规定，患者以在美容医疗机构或者开设医疗美容科室的医疗机构实施的医疗美容活动中受到人身或者财产损害为由提起的侵权纠纷案件，适用本解释。将医疗美容损害责任纠纷纳入医疗损害责任纠纷范围。

1. 立法背景

随着经济社会发展，人民群众生活水平提高，我国医疗美容市场发展迅速，医疗美容需求日趋旺盛，正在从少数人接受的特需需求向普通百姓日常需求转变。但医疗美容市场受利益驱使，准入门槛几乎被趟平，超范围美容现象泛滥成灾，乱象丛生。2011 年卫生部、2013 年卫生计生委曾先后开展了医疗美容专项整治工作，依法严肃查处违法违规行为，取得了一定成效。近年来，越来越多消费者选择注射透明质酸钠（即玻尿酸）、胶原蛋白、肉毒毒素等进行“微整形”医疗美容。非法医疗美容现象死灰复燃，一些不法分子为牟取利益，无相应资质非法制售使用注射用透明质酸钠、胶原蛋白、肉毒毒素等药品、医疗器械，造成危害和影响消费者健康的事件时有发生。

为进一步维护消费者合法权益，保护人民健康，国家卫生计生委、中央网信办、公安部、人力资源社会保障部、海关总署、工商总局、食品药品监管总局于 2017 年 5 月 18 日联合发文，作出《严厉打击非法医疗美容专项行动方案》，决定于 2017 年 5 月至 2018 年 4 月联合开展严厉打击非法医疗美容专项行动。

但是，因美容问题引发的人身损害纠纷如何适用法律，尤其是对此类纠纷是否属于医疗损害责任纠纷的范畴争议较大。为了明确医疗美容损害责任纠纷的法律适用规则，规范医疗美容行业健康有序发展，维护广大人民群众的健康利益，最高人民法院在充分调研论证基础上，将医疗美容损害纳入《侵权责任法》保护，列入医疗损害责任纠纷范围，彰显国家对接受医疗美容者的合法权益保护力度。

2. 明确概念

（1）医疗美容

原卫生部于 2002 年 5 月 1 日实施的《医疗美容服务管理办法》第 2 条规定，本办法所称医疗美容，是指运用手术、药物、医疗器械以及其他具有创伤性或者侵入性的医学技术方法对人的容貌和人体各部位形态进行的修复与再塑；医疗美容的主管部门是国家卫生计生委。

（2）生活美容

生活美容是指运用手法技术、器械设备并借助化妆、美容护肤等产品，为消费者提供人体表面无创伤性、非侵入性的皮肤清洁、皮肤保养、化妆修饰等经营性服务；生活美容的主管部门是国家商务部。

（3）整形外科

整形外科是一门边缘学科，与临床各学科有着紧密的联系与交叉，目前没有专门的法律予以调整，也没有统一的概念。一般认为，整形外科治疗范围主要是皮肤软组织、肌肉及骨骼的创伤疾病、先天性或后天性的组织、器官缺损与畸形。以手术的方法进行自体的各种组织的移植或采用异体、异种或其他代用品来修复各种原因所造成的组织缺损或畸形，以改善或恢复其功能和外形。

明确概念旨在防止在纠纷处理中打乱仗，张冠李戴。《司法解释》明确规定，因医疗美容行为引发的纠纷应属于医疗损害责任的范围，应当适用医疗损害责任的规定。而因生活美容发生的纠纷则不适用医疗损害责任的规定。外科整形损害纠纷的对象本身就是患者，无疑属于医疗损害责任纠纷范畴。

3. 医疗美容纠纷处理注意事项

因医疗美容活动中受到人身损害适用医疗损害责任的规定，所以医疗美容损害责任构成是四个要件：患者受到损害；医疗机构及其医务人员行为违法；违法行为与患者美容损害之间存在因果关系；医疗机构及其医务人员有过错。鉴于美容纠纷的特殊性，以下几点要特别予以重视：

（1）告知方式

《医疗美容服务管理办法》第 20 条规定，执业医师对就医者实施治疗前，必须向就医者本人或亲属书面告知治疗的适应症、禁忌症、医疗风险和注意事项等，并取得就医者本人或监护人的签字同意。未经监护人同意，不得为无行为能力人或者限制行为能力人实施医疗美容项目。这里特别强调了实施医疗美容的告知必须是书面的，不存在公示告知和口头告知的方式。没有书面告知就意味着没有告知。

（2）美容手术效果的标准

美容手术不同于一般手术，它具有医学手术的一般特点和风险，同时还带有美容的特色。美容手术追求的是外观的改善，而这种改善的评判与他人的主观感觉相关，美与丑的评价与个体的文化修养、受教育程度、生活环境、经历、个人素质、审美观等密切相关。同样的脸型，同样的肤色，有的人认为美，而有的人认为难看。因此，确定判断医学美容效果的标准就成了判断手术成败的一个重要指标，也是解决医学美容纠纷的关键。实践中，往往采取术前术后照片对比的方法，但要注意：第一，照片必须经患者本人确认，粘贴在病历中的照片需要盖章。第二，需要告知患者医院对照片保管遵循有关隐私权和肖像权的规定。

（3）人工替代物的风险

有时美容手术还是使用人工替代材料或者辅助材料，这些材料多数是人工合成的，对于人体来说就是异物。因此，这些物质长期植入体内，可能会出现排异反应，或者一些感觉上的不适，经过一定的时间，可能会出现老化现象而需要更换，还有可能出现其他的并发症，如隆乳假体在较大外力作用下可以出现破裂等。

## 三、医疗损害责任形态与不承担责任的法定事由

侵权责任构成之后，侵权责任究竟应当由谁来承担以及如何承担，这就是侵权责任形态问题。所谓侵权责任形态，是指在侵权法律关系中，根据不同的侵权行为类型的要求，侵权责任在不同的当事人之间进行分配的表现形式①。侵权责任形态具有三种类型：第一种类型是自己责任和替代责任；第二种类型是单方责任和双方责任；第三种类型是单独责任和共同责任。这三种侵权责任不是并列关系，而是相互包容的关系②。医疗损害责任形态也不例外。

### （一）医疗损害责任的责任形态

根据《侵权责任法》第 54 条规定，医疗机构及其医务人员在诊疗活动中存在过错并造成患者损害的，由医疗机构承担赔偿责任。这就是说，医疗损害的责任方式主要是赔偿责任。“由医疗机构承担赔偿责任”的规定，就是规定医疗损害责任的责任形态是替代责任。结合《司法解释》的相关规定，医疗损害责任的责任形态，主要有以下几种情形：

1. 替代责任

替代责任，是指责任人为他人的行为和为他人的行为以外的自己管领下的物件所致损害承担的侵权赔偿责任形态③。替代责任是医疗损害责任的基本责任形态。这是因为，在我国，医疗机构与医务人员之间存在特定的关系。根据《执业医师法》的相关规定，国家实行医师资格考试制度和医师执业注册制度。医师依法经注册后，方可在医疗、预防、保健机构中按照注册的执业地点、执业类别、执业范围执业，从事相应的医疗、预防、保健业务。未经医师注册取得执业证书，不得从事医师执业活动。如果违反这些规定，《执业医师法》规定了相应的行政责任，如吊销其执业证书等。这就表明医疗机构与医务人员之间是一种隶属关系。正是这种特定的关系，决定了作为医疗损害的行为人——医务人员，造成患者损害的责任自然由作为医疗损害的责任人的医疗机构来承担。就其法律依据而言，有观点认为《侵

---

① 杨立新著：《侵权法总则》，人民法院出版社 2009 年，第 474 页。

② 杨立新著：《侵权法总则》，人民法院出版社 2009 年，第 491 页。

③ 杨立新著：《医疗损害责任法》，法律出版社 2012 年版，第 172 页。

权责任法》第 34 条第 1 款规定是明确的，即“用人单位的工作人员因执行工作任务造成他人损害的，由用人单位承担侵权责任。”毫无疑问，医疗机构与医务人员存在用人单位与工作人员的关系，但我们认为，《侵权责任法》第 54 条是关于医疗损害责任的特别法，根据特别法优先适用的效力原则，不必舍近求远，直接适用第 50 条的规定即可。因此，医疗损害责任是医疗机构的责任，而不是医务人员的责任。如果医务人员与医疗机构不存在这种隶属关系，其诊疗行为造成患者损害则是自己责任。

在医疗机构管理的具体实践中，需要特别注意的是在医疗机构内大量存在的进修生、实习生、临床研究生等问题，尤其是一些比较大型的医疗机构或者是医学院校、医学研究机构附属的教学医院等，这些问题更加突出，也非常容易引发纠纷。笔者认为，既然医疗机构接受进修生、实习生、临床研究生参加临床工作，就必须严格按照《中华人民共和国执业医师法》《中华人民共和国高等教育法》《医学教育临床实践管理暂行规定》《病历书写基本规范》等法律、法规的规定进行操作，在进修生、实习生、临床研究生参加临床实践的过程中做好相关的管理，严格约束进修生、实习生、临床研究生的行为，同时也要为进修生、实习生、临床研究生的行为引起的侵权后果承担相应的责任。其原因在于在医疗机构接受进修生、实习生、临床研究生参加临床工作的同时，在一定程度上已经赋予了进修生、实习生、临床研究生准工作人员的身份，而且对患者来说，进修生、实习生、临床研究生与医疗机构正式的工作人员并无明确区别，在进修生、实习生、临床研究生的行为引起患者的损害需要承担赔偿责任时，由医疗机构承担责任也是顺理成章的。

需要指出的是，随着医疗体制改革的深入发展，为了优质医疗资源，国家大力推进“医联体”建设。在“医联体”内以人才共享、技术支持、检查结果互认、处方流动、服务衔接等为纽带进行合作，以实现区域资源共享。从医联体的组织形式看，无论城市组建的医疗集团、县域组建的医共体、跨区域建立的专科联盟，还是边远贫困地区组建的远程医疗协作网，其内部是协作关系，均不具备独立的法人资格。如果“医联体”内的医疗机构自己的单独行为造成患者损害的，由该医疗机构独立承担侵权责任，这个责任对医务人员而言是替代责任，对患者而言则是该医疗机构的自己责任。

现代医学分工越来越细，一个医师的知识、经验、能力是有限的，而疾病的种类和表现形式是无限的。当遇到难以诊断清楚、难以把握治疗方案的时候，就需要多学科之间协作、配合和相互补充。这种由多学科多名医师共同对疑难杂症进行诊断的方式被称作会诊。根据《医院工作制度》规定，会诊包括多种形式，《司法解释》仅对院外会诊活动的法律责任作了规定。《司法解释》第 20 条规定，医疗机构邀请本单位以外的医务人员对患者进行诊疗，因受邀医务人员的过错造成患者损害的，由邀请医疗机构承担赔偿责任。这就明确了医疗机构（邀请方）针对受邀医务人员的过错承担替代责任；邀请与接受邀请的医疗机构之间不存在共同责任，是提出邀请的医疗机构的单方责任。

这个规则同样适用于互联网会诊。远程医疗服务是一方医疗机构（邀请方）邀请其他医疗机构（受邀方），运用通讯、计算机及网络技术为本医疗机构诊疗患者提供技术支持的医疗活动。随着互联网 + 医疗时代的到来，医疗机构通过网络异地传输，跨医院、跨地域、跨国界进行远程会诊，为不同种族、肤色、信仰、语言的民族提供高质量的医疗信息资源。我国人口庞大、病患众多，通过远程医疗服务，不但方便了患者就医，而且，通过对患者生病、治疗、用药产生的大数据收集，有助于医疗机构发现疾病预防与治疗的规律，其意义不言而喻。因此，在远程医疗服务活动中造成患者损害由邀请方承担责任是合理的，这个责任类似于替代责任。

2. 共同责任

共同责任是相对单独责任而言的。侵权责任的共同责任形态，是指侵权行为的加害人是多数的时候，侵权责任在数个加害人之间如何分配的责任方式。共同责任形态包括连带责任、按份责任、不真正连带责任和补充责任。对此，《侵权责任法》第 54 条没有作具体区分。涉及医疗损害责任的共同责任问题，《司法解释》作了具体规定。

（1）连带责任

连带责任，是指共同侵权人作为一个整体对损害结果共同承担责任，其中的任何一个义务人都有义务对全部损害结果承担责任的责任方式。当其中的一人或数人对全部损害后果承担责任后，有权向未承担责任的共同加害人追偿。《司法解释》第 19 条规定，两个以上医疗机构的诊疗行为造成患者同一损害，患者请求医疗机构承担赔偿责任的，应当区分不同情况，依照《侵权责任法》第 8 条、第 11 条的规定确定各医疗机构承担的赔偿责任。第 22 条规定，缺陷医疗产品与医疗机构的过错诊疗行为共同造成患者同一损害，患者请求医疗机构与医疗产品的生产者或者销售者承担连带责任的，应予支持。

第一，《侵权责任法》第 8 条规定，二人以上共同实施侵权行为，造成他人损害的，应当承担连带责任。有病乱投医加之我国医院资源配置的极端不平衡，使患者在不同医院奔波以及不同医疗机构之间先后转诊的现象司空见惯。因此，在医疗损害责任中，非常容易发生共同侵权行为。因不同医疗机构的过错医疗行为造成共同的损害结果的情形，医疗机构应当承担连带责任。

第二，《侵权责任法》第 11 条规定，二人以上分别实施侵权行为造成同一损害，每个人的侵权行为都足以造成全部损害的，行为人承担连带责任。这是关于叠加的共同侵权行为的规定。它需要满足以下几个要件：第一，两个以上侵权行为人；第二，行为人主观上没有共同的过错；第三，行为人分别实施侵权行为，造成了同一个损害结果；第四，每一个侵权行为人的行为都足以造成全部的损害后果[①]。叠加的共同侵权行为是共同侵权行为的一种特殊类型，与一般的共同侵权行为相区别的主要特征是：行为人各自实施的侵权行为是相互独立的，不存在相互配合共同实施的情形。这是对每个侵权行为人的侵权行为所造成损害后果的程度的规定，也是法律规定由共同侵权行为人承担连带责任的主要原因。

第三，《司法解释》第 22 条规定，缺陷医疗产品与医疗机构的过错诊疗行为共同造成患者同一损害，患者请求医疗机构与医疗产品的生产者或者销售者承担连带责任的，应予支持。《侵权责任法》第 59 条规定的是医疗产品责任，该法第 41 条对缺陷产品生产者规定的是严格责任，第 42 条对销售者规定的是过错责任。但对于生产者承担严格责任，销售者、使用者存在过错，共同作用造成患者损害的情形下责任如何承担没有作出规定。《司法解释》明确规定，共同造成患者同一损害的，承担连带责任。这一规定充分体现了保护患者权益的价值取向。

（2）不真正连带责任

《侵权责任法》第 59 条规定，因药品、消毒药剂、医疗器械的缺陷，或者输入不合格的血液造成患者损害的，患者可以向生产者或者血液提供机构请求赔偿，也可以向医疗机构请求赔偿。患者向医疗机构请求赔偿的，医疗机构赔偿后，有权向负有责任的生产者或者血液提供机构追偿。这条规定被学者称为医疗产品责任，其责任形态是不真正连带责任。

不真正连带责任，是指多数行为人对一个受害人实施加害行为，或者不同的行为人基于不同的行为致使受害人的权利受到损害，各个行为人产生的同一内容的侵权责任，各负全部赔偿责任，并因行为人之一的履行而使全体责任人的责任归于消

① 杨立新著：《中华人民共和国侵权责任法精解》，知识产权出版社 2010 年版，第 64 页。

灭的侵权责任形态[①]。按照这个概念表述，医疗产品损害的不真正连带责任，就是指医疗机构、产品的生产者、销售者违反法定义务，致使有缺陷的医疗产品对受害患者造成人身损害，对产生的具有同一内容的损害赔偿各负全部责任，并因医疗机构、生产者、销售者之一承担责任，而使全体责任人的责任归于消灭，并最终归属于医疗产品的生产者或者有过错的医疗机构或者销售者承担的侵权责任形态。

不真正连带责任的一个显著特征是：受害人的请求权可以“就近择一”，损害赔偿责任由“最终”责任人承担。但在医疗产品损害责任中，这种“一刀切”的做法在司法实践中遭遇诸多尴尬，如缺陷血液产品造成患者损害的，患者可以向生产者或者血液提供机构请求赔偿，也可以向医疗机构请求赔偿。名义上责任主体为生产者、销售者及医疗机构，但实践中几乎所有的医疗产品损害纠纷均指向医疗机构，由医疗机构先行赔偿后，再向相关责任主体纠缠追偿诉讼。由于医疗产品种类十分繁杂，几乎所有的医疗服务均会涉及不同种类的医疗产品。这就意味着医疗机构先行为之承担的医疗产品责任将不计其数，医疗机构需要耗费巨大的人力、物力资源应付这些诉讼，进而陷入无休止的诉累窘境。追偿不能也是医疗机构面临的现实难题，“最终原则”无法兑现，医疗机构实际上承担了医疗产品无瑕疵的保证责任和患者赔偿的保险责任，而本应当为缺陷医疗产品承担责任的生产者却置身事外。

对此，《司法解释》作了相应的规定，我们相信正确理解和适用这些规定，对于上述存在的问题会起到缓解。

第一，《侵权责任法》第 59 条没有明确医疗机构的归责原则，《司法解释》第 21 条明确规定，医疗机构在产品责任中适用过错责任原则。

第二，《司法解释》针对医疗产品责任有五条规定，相对其他医疗损害类型的规定是最多的，涉及当事人追加、举证责任分配、侵权责任形态、处罚性赔偿等，对于正确理解医疗产品损害责任及其诉讼规则，具有重大的指导意义。此类纠纷在今后的诉讼过程中，大致有以下几种情形：

一是患者起诉部分责任主体

最为常见的情形是患者仅起诉医疗机构，医疗机构应当根据《医疗损害司法解释》第 3 条第 2 款，申请追加其他主体为共同被告或者第三人。如果原先放弃追究责任主体承担责任的，医疗机构仅承担因自己过错造成医疗损害的责任，不承担产品缺陷造成的责任。

---

① 杨立新著：《民法讲义（侵权法总则）》，人民法院出版社 2009 年版，第 505 页。

根据《侵权责任法》第42条规定精神，如果医疗机构不能指明缺陷产品的生产者，也不能指明缺陷产品的供货者的，医疗机构应当承担产品缺陷或血液不合格造成患者损害的侵权责任。

二是患者起诉全部责任主体

（1）患者因医疗产品或血液造成损害，起诉全部责任主体的，如果患者损害由缺陷产品造成，医疗机构对损害的发生没有过错的，按照产品责任的最终规则，直接确定缺陷产品制造者承担侵权责任，不能适用“最近原则”让医疗机构先承担责任后再行追偿。

（2）患者因医疗产品或血液造成损害，起诉全部责任主体的，如果医疗机构的诊疗行为有过错并与缺陷医疗产品、不合格血液共同造成患者同一损害，根据《司法解释》第22条第1款的规定，由医疗机构与医疗产品的生产者或者销售者或者血液提供机构承担连带责任。承担责任的主体向其他责任主体追偿的，应当根据诊疗行为与缺陷医疗产品造成患者损害的原因力大小确定相应的数额。

但是，根据《人身损害赔偿司法解释》第5条规定，受害患者明确放弃共同侵权人的诉讼请求的，其他共同侵权人对被放弃诉讼请求的被告应当承担的赔偿份额，不承担连带责任。

三是惩罚性赔偿

由于缺陷医疗产品的危害较普通产品的危害更为严重，侵权责任法第47条虽规定了处罚性惩罚，但没有规定处罚性赔偿的标准，《司法解释》参照《消费者权益保护法》第55条第2款的规定，明确规定了“医疗产品的生产者、销售者明知医疗产品存在缺陷仍然生产、销售，造成患者死亡或者健康严重损害，被侵权人请求生产者、销售者赔偿损失及二倍以下惩罚性赔偿的，人民法院应予支持。”这对于威慑或者阻遏明知医疗产品存在缺陷仍然生产、销售的行为，维护广大人民群众的生命健康利益，具有重要而积极的作用。

（3）按份责任

《司法解释》第19条规定，两个以上医疗机构的诊疗行为造成患者同一损害，患者请求医疗机构承担赔偿责任的，应当区分不同情况，依照《侵权责任法》第8条、第11条或者第12条的规定，确定各医疗机构承担的赔偿责任。《侵权责任法》第12条规定，二人以上分别实施侵权行为造成同一损害，能够确定责任大小的，各自承担相应的责任；难以确定责任大小的，平均承担赔偿责任。这条所规定的情形就是按份责任。

按份责任是指数个行为人之间没有意思联络，也没有共同的过失，只是由于行为在客观上的联系，而共同造成了一个损害后果。按份责任的特点是没有意识联系，因而不构成共同侵权责任。二者的区别表现为两点：第一，在主观上，无意思联络的数个侵权行为人之间既没有意思联络，也没有共同过失，没有对损害结果发生有共同预见或追求。而共同侵权行为人之间则存在共同过失，一般都有共同的意思联络和对损害结果的预见；第二，在客观上，无意思联络的数个侵权人的行为是分别进行的，其造成的损害结果是可以分割的。而共同侵权行为人的侵权行为是侵权人共同实施的或者之间存在分工配合，其造成的损害结果也是同一的，是不可分割的。

按照本条规定，两个以上医疗机构在诊疗活动中，没有意识联系，也没有共同过失，各自的过失诊疗行为造成患者同一损害。根据过失大小或者原因力比例各自承担相应的赔偿责任。如果难以确定各个医疗机构责任大小的，平均承担损害赔偿责任。由于各个医疗机构之间的侵权行为是独立的，因而不存在承担连带责任的基础和可能。《司法解释》关于医疗产品责任也有相应的规定，即第22条第2款所规定的情形，医疗机构或者医疗产品的生产者、销售者承担赔偿责任后，向其他责任主体追偿的，应当根据诊疗行为与缺陷医疗产品造成患者损害的原因力大小确定相应的数额。输入不合格血液造成患者损害的，同样适用这个规则。

### （二）不承担责任的法定事由

我们在研究医疗损害责任构成和医疗损害责任形态的同时，必须了解在患者受到损害的情况下，医疗机构不承担责任的情形，否则，医疗损害责任构成理论就是不完整的，这也是由于医疗行为的特殊性所决定的。《侵权责任法》规定了医疗损害责任的三个免责事由，符合规定情形的，应当免除医疗机构的赔偿责任[①]。笔者不赞成这样的提法，因为免责的前提是有责，有责而免责有法律对医疗机构施舍的味道。《侵权责任法》第60条规定的三种不承担赔偿责任的情形，属于不构成医疗损害责任的情形。根据第60条规定，患者有损害，医疗机构不承担赔偿责任的情形包括：患者或者其近亲属不配合医疗机构进行符合诊疗规范的诊疗；医务人员在抢救生命垂危的患者等紧急情况下已经尽到合理诊疗义务；限于当时的医疗水平难以诊疗。

---

① 杨立新著：《医疗损害责任法》，法律出版社2012年版，第112页。

1. 患者或者其近亲属不配合医疗机构进行符合诊疗规范的诊疗。但医疗机构及其医务人员也有过错的，应当承担相应的赔偿责任

诊疗活动是医患双方进行配合的过程，需要医患双方通力合作才能完成。从医疗损害责任构成要件上分析：患者受到损害，是医疗机构承担责任的基础条件，但是如果患者或其近亲属对正当的医疗行为不予配合，根本就谈不到医疗行为的实施，违法医疗行为也就无从谈起。由于患方的不配合，也说明患者的损害与诊疗行为不存在因果关系。如患方不同意医方建议，拒绝留观、住院、放弃治疗、拒绝必要检查、拒绝必要治疗，患者不遵医嘱，擅自食用禁止食物、乱用药物，患者违反医院规章制度私自外出，发生交通事故、酗酒身亡，患者亲属拒绝陪护患者或者陪护者失职，造成患者摔伤、坠床、自杀，隐瞒病史，欺骗医务人员等等，这些问题的出现也说明过错不在医疗机构及其医务人员，而在于患方不配合。需要指出的是，患者或者其近亲属不配合，可能导致患者受到损害的后果，医务人员有告知的义务，否则医务人员有过错；医务人员的诊疗行为应当符合诊疗规范，不规范的诊疗行为，谈不上患方不配合问题。不配合的患者必须是年满 18 周岁，心智健全的完全民事行为能力人。

2. 医务人员在抢救生命垂危的患者等紧急情况下已经尽到合理诊疗义务

法谚云：紧急时无法律。其基本的含义是，在紧急状态下，可以实施法律在通常情况下所禁止的某种行为，以避免紧急状态所带来的危险。正当防卫、紧急避险、自救行为、义务冲突都是在紧急状态下实施的权利行为，而这些权利行为的共同特点是，将法律在通常情况下所禁止的行为作为手段来保护合法权益。在紧急状态下所产生的这种权利，被称为紧急权。①

在医疗服务过程中，往往会遇到患者生命垂危的紧急情况，此时对患者的救助需要争分夺秒，救治患者的措施和方法也可以超出常规，不受诊疗规范所限制，以救治患者的生命为唯一目的。《侵权责任法》做出的该项规定，是从国家立法的层面对我国医疗急诊急救工作的规范和保护。该项规定的实质是患者的生命权与其他权利之间发生冲突的时候，生命权应当放在第一位。在紧急情况下，医务人员为了追求患者的最大生命利益，造成患者其他较小的健康利益损害，是不得已而为之，只要医务人员尽到了相应的诊疗义务，这种损害就是合理的，不是《侵权责任法》意义上的损害事实。由于情况紧急，救治患者的措施和方法也可能超出诊疗规范限

① 张明楷著：《刑法格言的展开》，法律出版社 1999 年版，第 241 页。

制，如发生大规模灾害现场，情况紧急、条件局限，没有消毒包，没有充分的消毒医疗器械，对于多人需要急救时，可能会出现多位患者就得共用一套医疗器械的情形，此种情况下，交叉感染在所难免，这种违规操作也是合理的，不构成侵权法意义上的违法行为要件。在这种情况下，医疗损害责任本就不构成，自然就不存在医疗损害赔偿问题，更谈不上有责而免责的问题。

3. 限于当时的医疗水平难以诊疗

随着大数据技术在医学领域广泛应用，基因编辑、人工智能、机器人等高科技的临床应用，医学科学的发展一日千里，医疗技术创新日新月异，但人类认识和战胜疾病的能力依然非常有限。例如，我国出生婴儿缺陷率仍高达5.6%；放疗、化疗治疗癌症会对人体正常的机能造成很大损害，但目前依然是治疗恶性肿瘤的重要手段；血液是重要的医疗用品，目前在全球范围内也难以解决“窗口期”问题，血液漏检率仍高达5%，通过血液感染疾病尚无法完全避免等等。难以诊疗包括难诊和难疗。难诊是指通过当时的各种检查手段及医务人员的认知能力，对疾病难以作出诊断。难疗是指通过当时的药物、器械及手术等方法对疾病难以治疗，比如对癌症诊断比较容易，但癌症疾病治疗仍困难重重。限于当时的医疗水平难以诊疗的疾病，在诊疗过程就会出现误诊或误治，进而给患者造成损害。这种损害结果的发生，不是基于医务人员主观上的疏忽大意或过于自信之过失，也不是基于医务人员行为的违法作为或不作为。因而在医疗损害责任构成上，主观过错要件、违法行为要件均不具备，自然不存在损害赔偿问题，更不存在有责而免除责任的问题。

医疗机构不承担赔偿责任的内容，还应当结合《侵权责任法》第26、27、28、29、30、31条的规定全面理解并指导实务工作。

## 第三节　存在问题与建议

经过无数专家的多次论证和修改，《医疗损害司法解释》终于在万众期盼中出台了。这一个浩大的工程，凝聚了无数专家学者的心血，但是在某些方面还是有一些没有考虑到的层面，所以该司法解释在本部分仍然存在着立法用语不够严谨，没有充分考虑医疗损害实际操作中的问题。因此在实践中处理这些问题时需要格外留心。

## 一、条文中的问题与建议

### （一）条文中的问题

《司法解释》第20条规定：医疗机构邀请本单位以外的医务人员对患者进行诊疗，因受邀医务人员的过错造成患者损害的，由邀请医疗机构承担赔偿责任。此项规定对于“医疗机构邀请本单位以外的医务人员对患者进行诊疗”的表述不够严谨。现阶段，中国约有194万名执业医师和执业助理医师，但同时具有丰富的诊疗经验和专业知识的医生多集中于大城市的三甲医院，北上广城市与中西部地区医疗资源分布严重不均衡。为了缓解这种资源紧张的局面，实践中通常有两种做法，一种是民营医疗机构出于提高自己诊疗质量、提升医院知名度等方面的考虑，邀请其他医疗机构的具有执业资格的医师来会诊，这种会诊一般不会通过被邀请的医师所在的医疗机构进行，大众称这种现象为“医生走穴”；另一种是医院正常手续下的会诊行为，特别是在在互联网+模式下，远程会诊应运而生。那么在医生未经所在医疗机构批准擅自外出“走穴”给患者造成损害的情况下，是否可以适用该解释第20条的规定呢？

### （二）对条文中存在问题的建议

医师外出会诊是指医师经所在医疗机构批准，为其他医疗机构特定的患者开展执业范围内的诊疗活动。有观点认为，医院邀请其他医疗机构的专家参与本院会诊过程中造成患者损害，如果是因为医师的行为存在明显过失，会诊专家应当与邀请单位共同承担责任。而《司法解释》规定由邀请专家的医疗机构承担责任，为会诊专家卸下思想包袱，有利于保障专家参与会诊的积极性，也有利于邀请专家的医疗机构业务水平的提高。但是对于该条规定中的“诊疗”适用范围没有做出明确解释，导致实践中可能会出现“走穴”医生利用这项解释的漏洞逃避法律责任，因为根据第20条的规定，即使由于医师自己的过错造成患者损害，也应由邀请会诊的医疗机构承担责任，如此一来，就会使医生多点执业制度形同虚设，因为“走穴”医生不用承担如此大的风险，即使在医疗过程中未严格遵守诊疗规范，也可以置身事外，反而在多点执业的情况下会承担更大的责任。谈到这点，就不得不提及医师多点执业制度。医师多点执业是指符合条件的执业医师经卫生行政部门注册后，受聘在两个以上医疗机构执业的行为。在医疗资源如此紧缺的条件下，这项制度可以更好地促进医学交流与发展，提高医疗机构的医疗水平，推进医务人员的合理流动，方便群众就医，从而全方位地保护患者、医师、医疗机构的合法权益。

出于这种考虑，我们认为应当将该条规定中的“诊疗”适用范围应该明确为合法会诊，排除医师不经所在的医疗机构同意外出会诊的情形，否则这项规定就会从某种程度上助长医生“走穴”的现象，使多点执业制度如同摆设。

至于非法会诊的行为，“走穴”医师没有与医院建立职务关系，所以其诊疗行为应当认定是医院的医疗行为，医疗服务合同的双方分别是患者和医疗机构，造成医疗损害后，理所当然的应由医疗机构承担责任。至于医院和会诊医生的责任如何分配，需要二者内部协调，对外由医院承担责任。《医师外出会诊暂行规定》第 20 条规定，医师违反第 2 条、第 7 条规定擅自外出会诊或者在会诊中违反第 17 条规定的，由所在医疗机构记入医师考核档案；经教育仍不改正的，依法给予行政处分或者纪律处分。医师外出会诊违反《执业医师法》有关规定的，按照《执业医师法》第 37 条处理。第 21 条规定，医疗机构疏于对本单位医师外出会诊管理的，县级以上卫生行政部门应当对医疗机构及其主要负责人和负有责任的主管人员进行通报批评。因此对于医师“走穴”行为，应该严格按照卫生部 2005 年 7 月 1 日颁布的《医师外出会诊暂行规定》来实施，利用行政手段来规定非法会诊医师的责任。作为患者，可直接到卫生行政部门去投诉，维护自己的合法权益。

## 二、实践中的问题及对策

最近几年的医疗改革如雨后春笋般兴起，那么在这样的情况下，如何让司法解释发挥其应有的规范作用呢？下文将从“医联体”这个近几年新出现的实体出发，来探讨如何适用司法解释。实践中，由于“医联体”的法律地位存在多种情形，并且各种模式的法律地位也不一致。在实践中，当出现“医联体”的组成医院中的一家或者多家造成患者同一损害时，由于医疗案件的专业性以及现实“医联体”模式的复杂性，造成很多的案件适用法律困难，司法实践难以统一。

### （一）医联体

医疗联合体是由区域内的医疗中心或三级医院联合二级医院和区域内一级医院、乡镇卫生院、社区卫生服务中心等组成的跨行政隶属关系、跨资产所属关系的联合体，简称“医联体”。建设一个成功的医疗联合体，能够有效促进资源合理分布，优化资源配置，促进卫生事业人才良性流动，转变广大患者的就诊模式，提高地区的整体医疗水平。

### （二）医联体的模式①

1. 内地以外“医联体”发展现状

（1）美国“医联体”

在美国，其建立的“医联体”称为“责任医疗组织”（Accountable Care Organization，ACO）。2010 年 3 月，美国总统奥巴马签署了《患者保护与平价医疗法案》（PPACA. Patient Protection and Affordable Care Act，ACA）。ACA 法案积极倡导建立责任医疗组织。ACO 是以初级保健医生为核心的医疗联合体，包括各级医院和康复中心等多种医疗机构，这些机构或融为一体，或在经济利益上取得一致。以加强各医疗机构和医疗服务之间的协调、合作和信息共享，减少患者候诊时间，避免重复检查和治疗。建立 ACO 的目的是：系统管理和协调治疗过程、提高医疗质量、减少重复检查与治疗、控制医药费用。

（2）新加坡“医联体”

在新加坡，其建立的“医联体”采取政府控股下的公司化运营方式。由国家原卫生部控股国立保健集团和新加坡保健集团两大医院集团组成，两大医院集团实行董事会管理制。集团包含各级各类医疗机构，形成集团内上下级医疗机构的双向转诊。新加坡对经社区首诊转入上级医院的患者实施 10% -20% 的优惠政策，而在上级医院首诊的需额外加价，以鼓励患者的首诊活动在社区完成。

（3）香港“医联体”

在香港，其建立的“医联体”统一由医管局管理。医管局根据区域和人口分布需求，将公立医院组成七个联网。借助发达的信息系统，使联网内各家公立医院实现设备、人力、耗材等资源的统一购置、调配与使用，并实现联网内患者按病情需要双向转诊，减少患者重复检查与治疗。

### （三）大陆“医联体”发展现状

1. 紧密型“医联体”

---

① 李乐波著：《新医改下市级公立医院财会协作》，浙江工商大学出版社 2015 年版，第 204 页。

第一，医院集团模式。政府部门将辖区内各级公立医院整合成为医院集团，医院集团作为区域内医疗国有资产的投资、管理和运营责任主体，对区域内公立医疗资源配置进行总体规划。模式代表为马鞍山市市立医院集团。

第二，医院托管模式。社区医疗卫生机构将资产交与卫生主管部门所有，由主管部门托管给三级医院组建医院集团，其管理权与干部任命权被统一纳入集团管理。模式代表为镇江市第一人民医院。

第三，联合兼并模式。区域内卫生主管部门将辖区内社区卫生服务中心划拨给若干家上级医院. 实现资产所有权与管理权的转移，由三级医院直接管理社区卫生服务中心，属本级行政区域内的资源整合。模式代表为武汉市第五医院。

2. 松散型“医联体”

也即医疗联盟模式，若干家不同性质的三级医院、二级医院和社区医疗服务中心实现区域内跨系统、跨行政管理层级合作. 组成医疗联盟。模式代表为北京朝阳医院医疗联盟。

3. 契约结盟式“医联体”

即在自愿的前提下，各下级医院通过信息系统与三级医院进行业务合作，遵守共同的规则，组成医疗服务共同体，共同体内各级医疗机构的产权、决策权相对独立。模式代表为北京大学人民医院。

### （四）解决对策

此次司法解释的第 19 条明确了两个以上医疗机构的诊疗行为造成患者同一损害，患者请求医疗机构承担赔偿责任的，应当区分不同情况，依照《侵权责任法》第 8 条、第 11 条或者第 12 条的规定，确定各医疗机构承担的赔偿责任。那么在“医联体”的多种模式下，当患者因为“医联体”里多家医疗机构的行为造成了患者的同一损害，应当如何承担责任呢?

首先，在紧密型的“医联体”模式下，无论是医院集团模式、医院托管模式还是联合兼并模式，它们都形成了一个法人主体，所以当其中两家以上的医疗机构无论是有意思联络的共同实施还是分别实施了侵害患者权利的行为，造成了患者的同一损害，都由医疗集团对外承担无限责任；其次，如果是松散型“医联体”或者是契约结盟式“医联体”，这两种“医联体”的联系比较松散，各自都有独立的法人地位，其财产独立，能独立对外从事活动，也能对外独立承担责任。在这样的情况下，如果其中两家以上的医疗机构共同故意实施了侵害患者权利的行为，并造成了患者损害的，那么实施侵权行为的医疗机构就应当承担连带责任，该“医联体”的其他医疗机构就不承担相应的责任。如果其中两家以上的医疗机构并没有意思联络，分别实施了侵害患者权利的行为，造成了患者的同一损害，并且每一家医疗机构的行为都足以造成该损害的发生，则实施侵权行为的医疗机构就承担连带责任。如果其中两家以上的医疗机构，在没有意思联络的情形下，分别实施了侵害患者权利的行为，共同造成了同一损害，如果能确定责任大小的，实施侵权行为的医疗机构分别按份承担责任，如果不能确定责任大小的，就平均分担责任。

# 第四节　案例分析

## 案例4－1 医疗损害责任纠纷

### 一、案例介绍

2009年9月，原告林某因左眼视力下降，自行购买眼药水治疗无效后到被告附属医院门诊部治疗，诊断结果为“视神经病变”并给予“激素”治疗，状况未得到好转。10月15日入院治疗，入院诊断为：1. 双眼视神经炎；2. 双眼视神经萎缩。住院期间使用过强的松等糖皮质激素。12月31日，林某到中山大学附属医院治疗，确诊为mt－DNA14484突变阳性。出院诊断：Leber's遗传性视神经病变。原告隐瞒曾在被告附属医院治疗的情况，于2010年2月22日到被告眼科医院住院37天。眼科医院使用的药物包括强的松等糖皮质激素。2011年4月7日至2011年4月28日，林某因髋部疼痛到医院就诊，被诊断为双侧股骨头缺血坏死。林某提起诉讼，请求法院判定二被告承担医疗损害赔偿责任。湖南省某县人民法院委托鉴定机构进行鉴定，鉴定中心做出湘芙蓉司法鉴定中心〔2012〕法临鉴字第802号鉴定书，鉴定意见为：医方眼科医院、附属医院在诊疗过程中，使用糖皮质激素不当，存在医疗过错，与患者双侧股骨头坏死存在因果关系，医疗过错责任比例为70%，患者在治疗时未说明使用激素的情况，对医院采取治疗措施有一定的影响，且糖皮质激素引起骨质疏松、股骨头坏死也存在个体差异，医方存在部分免责。

### 二、审判结果

法院审理后认为，林某在就诊期间，医院长时间使用糖皮质激素治疗，违反医疗常规，用药不当，且未履行书面告知义务，具有过错。经鉴定认定药物的不当使用与患者股骨头坏死存在因果关系，因此医院应当承担赔偿责任。但是林某未向医院说明曾经就诊和治疗的情况，对二被告采取治疗措施有一定的影响，也应承担部分责任。

### 三、评析

本案是患者在医疗机构就医时，由于医疗机构及其工作人员的过错，在诊疗活动中受到损害，医疗机构应当承担侵权损害赔偿责任。但是由于患者隐瞒曾经就诊的情况，使医疗机构不能采取有效的治疗措施，医疗机构可以因此减轻赔偿责任。对本案事实及法院判决意见进行分析，需要注意以下方面：

（一）医疗机构及医务人员有过错的，医疗机构应当承担赔偿责任

对本案中的医疗行为进行分析，糖皮质虽然对缓解急性症状有效，但若长期用药，其不良反应不容忽视。眼科医院和附属医院在未充分了解患者是否进行过诊疗的情况下，长时间使用糖皮质激素进行治疗，违反医疗规范，均存在过错。

（二）医务人员在诊疗活动中应当尽到合理的说明义务，保障患者的知情权和同意权

在需要实施手术、特殊检查、特殊治疗的，医务人员应该及时向患者说明诊疗风险、替代解决方案等情况，并取得其书面同意。未尽上述义务，造成患者损害的，医疗机构应当承担赔偿责任。本案中医院用药不当，且未履行书面告知注意义务，因此应当对林某的损害结果承担赔偿责任。为了避免这种现象的发生，义务人员应当积极履行告知义务，尽量落实成书面形式，从而避免纠纷发生时因举证不能而遭受的不利后果。

## 案例 4－2　医疗美容损害赔偿纠纷

### 一、案例介绍

原告王某某于 2002 年 5 月 16 日到被告高某某开设的沈阳市某某专业美容中心行下眼睑外侧除皱术，沈阳市某某专业美容中心为其实施了奥美定一针灵双下眼睑外侧注射除皱术，原告王某某交纳手术费 900 元。术后，王某某认为手术不但没有达到预期的效果，反而做出了明显的下眼袋，遂找到美容中心。2002 年 5 月 27 日美容中心为被原告王某某免费实施了眼袋矫正术，并取出注射填充物。由于术后双下眼睑外翻逐渐加重，原告王某某再一次找到美容中心，美容中心为原告王某某免费实施了颞部除皱术。后原告王某某自觉效果不理想，于 2002 年 7 月 16 日到中国

医科大学附属第一医院就诊，经诊断为双眼下睑外翻。王某某遂诉至法院。王某某于2002年8月21日向沈阳市医疗技术鉴定委员会申请鉴定，要求鉴定其双眼睑外翻是否为被告手术所致。该委员会做出（2002）第009号鉴定书，该鉴定书上专家意见为：1. 奥美定为国家批准的注射填充物，但医生注射部位选择不当，不应做眼袋部位注射；2. 为取出注射填充物及解决细皱纹，可以行眼袋去除术。由于术前受术者有轻度睑球分离，又与注射充填时间过短，因此手术时间选择不当，手术切除皮肤略多加重了睑球分离，造成双侧下眼睑外翻；3. 眼睑外翻出现后，行颞部除皱术（颞部上提术）对眼睑外翻起到了改善作用；4. 受术者现术后3个月，恢复时间较短，不能最终判定效果。随时间的推移下眼睑外翻可逐渐改善；以后必要时也可作恢复性手术。最终鉴定结论为：双眼睑外翻与注射填充术及手术有关，但最终结果目前不能判定。王某某对此鉴定结论不服，又向辽宁省医学会提出医疗事故鉴定申请，辽宁省医学会以辽医会医鉴字（2003）13号医疗事故鉴定书出具鉴定结论为：一、是否存在违法、违规事实：1. 奥美定是国家批准的注射填充物，但不应用于注射消除皮肤皱纹，属选择术式不当；2. 注射奥美定后，行眼袋去除术相距时间过短，加重睑球分离及下睑外翻；二、因果关系：术式选择不当及眼袋手术时机不当；三、责任程度：患者以往曾行面部除皱及眼袋手术，眼睑术前有轻度分离，注射及手术加重睑球分离出现外翻，院方应承担次要责任；四、事故等级：四级医疗事故；五、对患者的医疗护理建议：下眼睑球分离及外翻可手术修复。

## 二、审判结果

法院经审理后认为，公民享有生命健康权。原告到被告处接受美容服务，被告作为专业的美容机构，应该按照原告的实际情况及相关的医学知识选择手术的时机、确定手术的部位，现因被告术式以及手术时机选择不当造成了加重原告睑球分离及下眼睑外翻的后果，构成四级医疗事故，给原告的身心和健康带来伤害，被告应当承担赔偿责任。

## 三、评析

本案是由于医疗美容引起的损害赔偿纠纷。上述所说的美容机构因为存在过错并且给王某某造成了损害后果，因此应当赔偿王某某所遭受的损失。对本案事实及法院判决意见进行分析，需要注意以下方面：

该美容机构未尽到其应尽的义务，因此认为其存在过错。奥美定是国家批准的注射填充物，但不应用于注射消除皮肤皱纹，并且被告在给原告注射奥美定后，行眼袋去除术相距时间过短，加重睑球分离及下睑外翻。被告作为专业的美容机构，应该按照原告的实际情况及相关的医学知识选择合适的药物来消除皮肤的皱纹，然而被告却无视奥美定不应用于注射消除皮肤的皱纹而给原告注射了该填充物，造成了原告王某某双眼睑外翻，并且在注射美定后，行眼袋去除术相距时间过短，加重睑球分离及下睑外翻。被告并应该根据自己的专业知识来确定手术的时机、手术的部位，但现因被告术式以及手术时机选择不当造成了加重原告睑球分离及下眼睑外翻的后果。因此，以上行为属于违反了国家的法律，行为具有违法性，该美容机构存在过错。

美容机构的不当行为与王某某的不利后果之间存在着因果关系。本案中，美容机构作为专业的机构，在选择美容物品时应当尽到相应的注意义务，但是该美容机构却无视国家的规定，将不得用于除皱的填充物注射到了王某某的眼睑，导致了王某某的双下眼睑外翻。并且在注射后未在合理的时间内行眼袋去除术，加重了睑球分离及下眼睑外翻的后果。该美容机构一系列的行为与王某某遭受的损害之间具有因果关系。

该案是属于美容服务合同纠纷，不属于司法解释第 1 条第 2 款所说的适用范围，因此，不应当适用该司法解释。

## 案例 4－3　医疗事故赔偿纠纷①

### 一、案例介绍

2001 年 12 月 24 日，王某（江某之女）到北京某医院治疗，被确诊为“结核性胸膜炎”，该院于当日及当月 27 日两次对王某进行胸穿，抽取积液。之后开始进行药物化疗，2002 年春节前，经接诊大夫同意王某回湖北，并继续服用北京某医院所开化疗药物。2002 年 9 月 17 日下午王某去世，死亡原因系猝死。

之后，江某诉至北京市某区人民法院。法院经审理后认为，侵权民事责任的构成要件包括侵权方的主观过错、侵权行为、受害方的损害结果，以及侵权行为与损害结果间的因果关系。本案中，江某称北京某医院的主要侵权行为包括：当王某要求住院时医院拒收；接诊医生只要求王某进行肝功 1 项检查即可，而没有要求其进行拍胸片等其他检查，并认为上述侵权行为违反了《结核病防治管理办法》中“全程督导化疗指治疗全过程中每次用药均在医务人员直接观察下进行；全程管理

① 刘鑫、张宝珠著：《侵权责任法“医疗损害责任”条文尝深度解读与案例剖析》，人民军医出版社 2010 年版，第 82 ~ 85 页。

化疗指治疗全过程中通过定期门诊取药，家庭访视，尿液监测，家庭督导及误期追回的管理方法”的规定。

医疗手册、病历等是医护人员对患者病情诊断、治疗措施、治疗结果等情况的原始记录，在患者否定其记录的真实性但没有提出相应证据的情况下，应当认定病历的真实性。北京某医院在王某的医疗手册中明确写明“建议患者住院治疗，家属不同意”及“建议查肝功能、胸片”。庭审中江某虽对上述记录内容提出异议，但均未能向法庭提供相应证据，所以法院对北京某医院在医疗手册上所做记录的真实性予以认定，并据此进一步认定，该院未实施针对王某的侵权行为。虽然有关规章规定，医疗机构应对结核病人的化疗管理实行全程督导和全程管理，但考虑到王某的亲属拒不接受北京某医院住院治疗的建议，且该院也无强制王某住院的权利，故对江某所称北京某医院对王某的医疗行为违反国家相关规定，法院未予采信。

## 二、审判结果

最终法院认定王某的死亡与北京某医院的医疗行为之间无因果关系，江某要求北京某医院承担相应的民事赔偿责任，无事实及法律依据，判决驳回江某的全部诉讼请求。

## 三、评析

本案是因为患者或其近亲属拒不配合医务人员进行符合医疗常规的诊疗，从而判定医疗机构免责的案件。在本案中，法院判决医疗机构不承担损害赔偿责任，其原因在于患者及其家属拒不听从医务人员的有关医疗建议，没有按照医师的要求住院治疗并接受有关检查。另外，患者是在出院后死亡，且其死亡原因系猝死，这一结果与医疗机构的医疗行为之间无因果关系，故根据医疗损害赔偿责任构成的要件，医疗机构无需承担赔偿责任。本案中需要注意如下问题：

（一）医疗机构应严格按照医疗法律法规、规章等规定实施诊疗行为

本案中，北京某医院在对患者确诊后就积极按照有关规章的规定进行系统的抗结核化疗，还根据患者的病情需要建议患者住院和进行胸片等检查，并将有关的知情告知等内容在医疗手册中如实加以记录，这些做法符合《执业医师法》《医疗机构管理条例》《病历书写规范（试行）》的规定，为最终法院认定医疗机构不存在过错奠定了基础。

（二）医疗机构及其医务人员必须做好知情告知工作，预防纠纷的发生

医务人员在医疗行为过程中，不可避免地遇到患者出现特殊情况，进行特殊检查、特殊治疗等情形，在这些情况下，按照《侵权责任法》第55条及其他有关规

定，医务人员必须将医疗行为有关的医疗措施、医疗风险、替代方案、可能的风险和结果等情况告知患者或其近亲属，并征得患者或其近亲属的同意。一般情况下，告知应当采用书面形式，在条件具备时也可以采取录音录像等形式。一旦发生纠纷，书面、录音录像等形式能够再现告知当时的情形，能在一定程度上免除医务人员的责任。但许多医务人员经常采用的口头告知的形式是不能接受的，这种告知方式无法再现，可能会出现不被法院采信的情况。

（三）医疗机构及其医务人员要正确理解《侵权责任法》第 60 条的规定，合理利用免责事由维护自身权益

法律在本条规定免责事由，其目的是为了明确医疗机构无需承担责任的情形，保护医疗机构及医务人员的合法权益。但是，运用这些免责适用的前提是医疗机构实施的医疗行为符合相关规定，主观上不存在过错，客观上未对患者造成损害或造成损害是因为合法的医疗行为所致，或者医疗行为与损害后果之间不存在因果关系。只有保证医疗行为合法合规，才能够运用这些免责事由维护自身的权益。

## 案例 4－4　因错误手术损害赔偿纠纷

### 一、案例介绍

1997 年 9 月 18 日，原告从某某因右乳房包块入住被告医院，入院诊断是“右乳包块待查：右乳腺小叶增生症”。经术前穿刺细胞学检查和各项常规检查，医院认为无手术禁忌症。经全科术前讨论，认为不排除恶性可能，决定行“右乳包块切除术＋快速冰冻切片检查”，若快速冰冻切片为恶性，则行“右乳癌改良根治术”。术前将有关情况告知患者家属，家属同意并签字。9 月 25 日，医生实施手术，术中包块组织经快速冰冻切片检查诊断为恶性肿瘤，医生将该诊断结果告知家属并经签字同意后，对从某某实施了“右乳癌改良根治术”，手术顺利。术后该院病理科对术中切除的组织进行免疫组化检查，出具报告称从某某右乳包块为侵袭性颗粒肌母细胞瘤，属低度恶性或境界恶性，手术切除后不必进行其他治疗，但须密切随访。从某某得知该报告后，将其获得的术后病理切片送至多家医院检验，均认为并非恶性肿瘤。因此从某某认为南京某医院术中快速冰冻切片检查诊断有误导致其右乳组织被全部切除，给自己带来严重精神痛苦，存在重大过错，遂要求医院承担损害赔偿责任。经从某某申请，南京市区、市两级医疗事故委员会进行鉴定，均诊断为颗粒肌母细胞瘤，并认为本例不属于医疗事故，但均认为“南京某医院快速切片病理

诊断从某某右乳包块为恶性肿瘤存在不谨慎之处，并导致了临床手术扩大化。”

从某某对此结论不服，诉至法院，要求医院承担过错责任，赔偿相关损失。医院则认为其医疗行为并无过错，术中快速冰冻切片仅仅为给肿瘤细胞定性，最终病理报告亦诊断肿瘤细胞为侵袭性。既然是侵袭性，即属于低度恶性或有恶变趋势，临床治疗可与恶性肿瘤相同。

法院委托鉴定机构对术后病理切片进行鉴定，结果认为原告所患肿瘤是侵袭性或恶性肿瘤，为颗粒肌母细胞瘤，是一种非常罕见的软组织肿瘤，国外文献报道极少，其中恶性颗粒肌母细胞瘤更为少见，在南京地区各主要医院病理科尚未遇到过。该肿瘤属少数来源未确定，良恶性质难以准确界定的肿瘤之一，目前病理界对此肿瘤形态命名各异，标准不一，临床上对该病可以同恶性肿瘤一样采取根治术，也可根据患者具体情况，考虑在适当范围内切除。

## 二、审判结果

法院认为原被告存在医患关系，医疗机构在实施医疗行为时尽到了其应尽的义务。因本案中所涉及的肿瘤为罕见肿瘤，目前医疗水平尚无法准确诊断，尤其是在术中进行快速冰冻切片检查时。虽然医疗机构的诊断未达到精确的地步，但是并不能视为误诊或错诊，且在此诊断基础上对患者实施根治术亦符合行业惯例。患者右乳缺失的结果虽然和医疗机构的行为有关，但医疗行为不存在过错，不能认为构成医疗侵权行为。因此，一审法院判决驳回原告的诉讼请求。原告不服，上诉至南京市中级人民法院。二审法院审理后认为，原告所患肿瘤为非常罕见的疾病，现有病理学诊断方法和认识水平难以对此进行准确认定，医院在快速冰冻切片检查时诊断存在一定偏差但不能过于苛刻，不宜认为其诊断错误，因此，被告选择进行根治术未尝不可。故二审法院判决：驳回上诉，维持原判。

## 三、评析

本案是因为限于当时的诊疗水平难以诊疗，故认定医疗机构的医疗行为不存在过错，进而免除责任的案件。对本案事实及法院判决意见进行分析，需要注意以下方面：

### （一）医疗机构尽到了当时水平条件下的义务，不能认定其行为存在过错

对本案中的医疗行为进行分析，不能苛求其快速冷冻切片诊断结果的绝对准确。其原因有：第一，本案中患者所患疾病是非常罕见的疾病，在世界范围内都十分罕见，有关报道及论述较少，南京地区各大医院病理科无一先例。属少数来源未确定，良恶性质难以准确界定的肿瘤之一，目前病理界对此肿瘤形态命名各异，标

准不一，因此这一病理诊断对医务人员的水平要求十分高，客观上也超过了医务人员一般水平下的注意义务，存在一定的偏差也是情理之中的事情。第二，医疗机构已经尽到了谨慎的注意义务，无论是选择先行快速冷冻切片检查，根据结果判断后续术式，还是在快速冰冻显示恶性肿瘤后采取根治术，都是在充分考虑患者疾病情况的基础上作出的合乎医疗常规的决定，尽管最终结果存在一定的偏差，但其根本治疗方法与过程都是正确的。第三，目前的医学知识仍然是有限的，人们对疾病的认识水平和诊疗技术仍存在很大的缺陷，在本案中就体现出来。医学具有一定的探索性和冒险性，如果要求没有一点儿风险是不可能的，其结果只能是阻碍医学进步和影响患者的抢救。只要医疗机构及医务人员在实施医疗措施中尽到了充分注意义务，合理运用现有手段，符合现行法规规章，那么就不能认定其行为存在过错，当然也就无需要求其承担责任。

（二）医疗机构对患者病症诊治不清的注意事项

当医疗机构遇到疑难病例或者依靠目前诊疗技术无法进行治疗等情况时，必须适时按照有关规定操作，或者请相关专家会诊确定，或者转至上级医疗机构进行救治，或者在紧急情况下按照现有技术进行对症治疗等。在这种情况下，医疗机构必须比处理一般医疗问题尽到更谨慎的注意义务，更加严格遵守有关规章制度，更加注意严密监护及时抢救，更加按时规范完成有关病程记录等病历资料书写，只有这样，才能够在发生损害后果时依据《侵权责任法》第60条的规定要求免除责任。

# 第5章　医疗损害专门性问题鉴定

医疗侵权纠纷是发生在医疗领域的纠纷，具有专业性、技术性以及医疗场所发生的特殊性，而从事医疗侵权纠纷审判工作的审判人员，一般都是法律专业人士，不懂医；而参加医疗侵权纠纷诉讼的律师和患方当事人，往往也是医学的外行，对医疗知识更是一无所知。由专业人士对医疗纠纷问题中的专业技术问题进行鉴定从而为审判人员提供裁判的基础和根据是案件能够得到公平、公正解决的关键。因此，医疗损害鉴定在医疗侵权诉讼案件的处理中就具有举足轻重的地位，甚至成了医疗纠纷处理的核心环节。

长期以来，我国形成了医疗卫生系统的医疗事故鉴定与司法行政部门主管的司法鉴定同时存在的二元化医疗损害鉴定模式，两种模式各有千秋，但在实践中都显现出了不同的缺陷。由此，2017年12月14日开始实施的《医疗损害司法解释》为我国医疗损害鉴定中存在的诸如鉴定人的确定、鉴定人资质和遴选、因果关系鉴定等问题进行了具体规定，起到了促进鉴定程序规范化、科学化，提高鉴定意见的公信力等作用。本文通过对《医疗损害司法解释》第8至12条的含义剖析，分析讨论其中可能存在的问题并初步提出解决问题的对策和建议。

### 《医疗损害司法解释》中涉及医疗损害专门性问题鉴定

第8条　当事人依法申请对医疗损害责任纠纷中的专门性问题进行鉴定的，人民法院应予准许。

当事人未申请鉴定，人民法院对前款规定的专门性问题认为需要鉴定的，应当依职权委托鉴定。

第9条　当事人申请医疗损害鉴定的，由双方当事人协商确定鉴定人。

当事人就鉴定人无法达成一致意见，人民法院提出确定鉴定人的方法，当事人同意的，按照该方法确定；当事人不同意的，由人民法院指定。

鉴定人应当从具备相应鉴定能力、符合鉴定要求的专家中确定。

第 10 条　委托医疗损害鉴定的，当事人应当按照要求提交真实、完整、充分的鉴定材料。提交的鉴定材料不符合要求的，人民法院应当通知当事人更换或者补充相应材料。

在委托鉴定前，人民法院应当组织当事人对鉴定材料进行质证。

第 11 条　委托鉴定书，应当有明确的鉴定事项和鉴定要求。鉴定人应当按照委托鉴定的事项和要求进行鉴定。

下列专门性问题可以作为申请医疗损害鉴定的事项：

（一）实施诊疗行为有无过错；

（二）诊疗行为与损害后果之间是否存在因果关系以及原因力大小；

（三）医疗机构是否尽到了说明义务、取得患者或者患者近亲属书面同意的义务；

（四）医疗产品是否有缺陷、该缺陷与损害后果之间是否存在因果关系以及原因力的大小；

（五）患者损伤残疾程度；

（六）患者的护理期、休息期、营养期；

（七）其他专门性问题。

鉴定要求包括鉴定人的资质、鉴定人的组成、鉴定程序、鉴定意见、鉴定期限等。

第 12 条　鉴定意见可以按照导致患者损害的全部原因、主要原因、同等原因、次要原因、轻微原因或者与患者损害无因果关系，表述诊疗行为或者医疗产品等造成患者损害的原因力大小。

## 第一节　条文理解

### 一、条文含义

#### （一）第 8 条

该法条规定了医疗损害鉴定启动的两种模式，[①] 一是可以由当事人申请来启动，

---

① 《医疗损害司法解释》第 8 条：当事人依法申请对医疗损害责任纠纷中的专门性问题进行鉴定的，人民法院应予准许。当事人未申请鉴定，人民法院对前款规定的专门性问题认为需要鉴定的，应当依职权委托鉴定。

二是在当事人未申请时，人民法院认为需要对专门性问题进行鉴定时，应当依职权委托医疗损害鉴定。法条中提到的“专门性问题”，是指当事人申请医疗损害责任鉴定所委托的专门事项和要求。本条所指“专门性问题”即在《医疗损害司法解释》第11条中相应内容。

（二）第9条

《医疗损害司法解释》中关于医疗损害鉴定方面最大的突破就在第9条，改变了以往法院直接委托鉴定机构并由鉴定机构组织听证会的模式，确立了以鉴定人而不是鉴定机构为本位的医疗损害鉴定制度。具体条文规定在第9条第1款及第3款中，即“当事人申请医疗损害鉴定的，由双方当事人协商确定鉴定人；鉴定人应当从具备相应鉴定能力、符合鉴定要求的专家中确定。”

目前，法院在审理医疗损害责任案件中，遇到医疗专业问题时，均直接委托鉴定机构做鉴定。这些鉴定机构包括“设立于地级市以上医学会的医疗损害鉴定办公室以及设立于各大学及私人举办的民间社会司法鉴定机构”。医学会医疗事故技术鉴定中，《医疗事故处理条例》（以下简称《条例》）中未强制要求鉴定专家签名，最后做出的鉴定结论以鉴定机构公章为准；民间社会司法鉴定机构中，《司法鉴定人登记管理办法》（以下称《登记管理办法》）中虽然要求“司法鉴定人执业实行错鉴追究制度”并将“对鉴定意见负责”作为司法鉴定人必须履行的义务，但是在实践中，对鉴定结论起到关键性作用的往往是鉴定机构聘请、参考的临床医学专家，其并不会在鉴定意见上签名，只有鉴定机构所属的法医才有签名的权利①。因此，无论是委托哪种鉴定机构，医患双方不仅不知晓出席鉴定听证会的专家姓名，而且最后作出鉴定结论的均为鉴定机构，一旦出现伪造鉴定意见等问题，法律责任难以落实。而确定鉴定人为本位既符合鉴定人是自然人的法律性质，又可以大大解决以上问题，具体意义及可能的操作过程、其中潜在的问题等将在下文中阐述。

《医疗损害司法解释》第9条第2款规定：当事人就鉴定人无法达成一致意见，人民法院提出确定鉴定人的方法，当事人同意的，按照该方法确定；当事人不同意的，由人民法院指定。该款条文提出了当医患双方无法协商确定鉴定人时，由人民法院提出确定鉴定人的方法，双方表示同意时，按照此方法来确定鉴定人；若仍难

---

① 陈小嫦：《〈侵权责任法〉背景下医疗损害鉴定程序改革研究》，载《证据科学》2013年第21期。

以达成同意，则由法院直接指定鉴定人，但条文中并未就确定鉴定人的方法进行具体规定。

（三）第10条

《医疗损害司法解释》第10条要求当事人提供真实、完整、充分的鉴定材料，鉴定材料包括“患者住院期间的原始病历（包括主、客观病历）、医学诊断报告及影像资料（如X光片、CT片、核磁片、冠脉造影片及诊断报告）以及其他一些学要证明真实诊疗过程的影像、录音资料；鉴定申请书；医方鉴定陈述意见”。其中，根据《医疗机构病历管理规定》第19条，主观病历包括死亡病例讨论记录、疑难病例讨论记录、上级医师查房记录、会诊意见、病程记录等内容，并且规定发生医疗纠纷时患者有权复印或复制客观性病历资料，但主观性病历资料不能复印或复制，只能封存。虽然如此规定可以避免患方根据主观病历的内容随意猜测，而带来对医疗行为认识偏差产生的不良后果①，但是从人文角度来讲，会加剧患方对医方的不信任，不利于医患关系和谐发展。

《医疗损害司法解释》第10条第2款规定“在委托鉴定前，人民法院应当组织当事人对鉴定材料进行质证。”该法条说明所有的鉴定材料必须经过法院质证，得到双方当事人的认可后方可进行委托鉴定。若当事人对鉴定材料不认可，需提供证据加以证明。

（四）第11条

《医疗损害司法解释》第11条具体规定了申请医疗损害鉴定的专门性问题，即“（一）实施诊疗行为有无过错；（二）诊疗行为与损害后果之间是否存在因果关系以及原因力大小；（三）医疗机构是否尽到了说明义务、取得患者或者患者近亲属书面同意的义务；（四）医疗产品是否有缺陷、该缺陷与损害后果之间是否存在因果关系以及原因力的大小；（五）患者损伤残疾程度；（六）患者的护理期、休息期、营养期；（七）其他专门性问题。”按照学界通说“四分法”，侵权行为的构成要件有侵害行为、损害后果、侵害行为与损害后果之间的因果关系以及过错，医疗损害鉴定便是在侵权责任法背景下对诊疗行为有无过错、因果关系、原因力

① 唐赛贞、张玉霞、方桂华：《客观病历与主观病历对医疗纠纷的影响》，载《中国病案》2009年10月。

大小、患者知情同意权、医疗产品缺陷、伤残等级、三期等专门性问题进行鉴定。其中，医疗损害鉴定机构负责对原因力大小进行鉴定，而过错参与度则由法院进行评定。

第三款规定了医疗损害鉴定要求，包括鉴定人的资质、鉴定人的组成、鉴定程序、鉴定意见、鉴定期限等。其中，鉴定程序包括以下几点：

1. 医疗损害鉴定申请：提交《医疗损害鉴定申请书》，内容包括：第一，医疗行为是否存在过错；第二，医疗行为与损害后果（写明具体的损害后果）之间是否存在因果关系；第三，若存在因果关系，原因力大小是多少。必要时，还要一并做伤残等级评定、护理依赖鉴定等；

2. 鉴定人遴选：在法院主持下，双方协商确定鉴定机构，若协商不成，抽签决定鉴定机构；

3. 鉴定材料审核：核对鉴定的材料（以患者诊疗的原始病历为主）；

4. 写出鉴定陈述意见：医方主要写明医院不存在过错、医疗行为与损害后果之间不存在因果关系的观点及证据；

5. 参加司法鉴定的听证程序：由医学会主持，医、患双方各派三人，鉴定人3—5人参加。首先，医患双方陈述各自对患者医疗损害的不同意见。然后，每位鉴定专家对医患双方提出各自专业的相关问题。7—15个工作日后通知医患双方领取《医疗损害鉴定意见书》。

### （五）第12条

《医疗损害司法解释》对因果关系等级采用“六分法”，即将医方诊疗行为或医疗产品缺陷与患者损害后果之间的因果关系分为“全部原因、主要原因、同等原因、次要原因、轻微原因或者与患者损害无因果关系”。在出具鉴定意见时，鉴定机构通过因果关系来表述医疗机构诊疗行为造成患者损害的原因力大小。而对于医疗事故技术鉴定来说，其因果关系等级采用“五分法”，即“全部原因、主要原因、次要原因、轻微原因或者与患者损害无因果关系”。

## 二、关键词

### （一）医疗损害鉴定

医疗损害鉴定是指人民法院在审理医疗侵权案件的过程中，为了解决争议医疗行为是否存在过错、过错医疗行为与损害后果之间是否具有因果关系、医疗过错在损害后果发生的参与程度以及后续治疗要求的认定等，由人民法院委托专门鉴定机构组织具有相关临床医学专业学科知识和经验的专家所做的有针对性的技术分析、解释和报告的活动[①]。我国目前存在医学会主导的医疗事故技术鉴定与法医主导的医疗损害责任鉴定两种模式，这也是我国长期以来存在的医疗损害鉴定双轨制。但无论哪一种鉴定模式，医疗损害鉴定都具有如下特点：

1. 技术性

医疗损害鉴定的本质，在于对医疗行为的技术判断上，是对既往发生的医疗行为所做的全面技术回顾、技术细节重建的过程，是一种技术性分析和判断活动。

2. 法定性

医疗损害鉴定活动，从鉴定的组织、鉴定的过程、鉴定的形式以及鉴定意见的构成等方面来看，都具有法定性。医疗损害鉴定的组织，是依法设立的专门从事医疗损害鉴定的机构，目前有医学会下属的医疗损害鉴定机构和在司法行政机关登记注册的司法鉴定机构；鉴定的启动必须依照法定的启动程序，由卫生行政部门、人民法院或者其他相关办案单位来委托，鉴定机构依照法定的程序进行操作；鉴定意见，无论是鉴定文书，还是意见的实质内容，都需要依照具体法律规定的标准来确定。这些都体现了法律规定的特点，不能违背法律的规定和要求。

3. 证据性

医疗损害鉴定意见在医疗损害诉讼中属于法定证据之一，即鉴定意见，具有证据属性，符合证据要求。但是医疗损害鉴定意见与诉讼法上其他司法鉴定意见不同，主要表现在：一是鉴定对象不是人也不是物，而是诊疗行为或医疗产品；二是在鉴定过程中，专家需要甄别证据真伪，判断证据的证据能力和证明力，进而运用

---

① 刘鑫、梁俊超：《论我国医疗损害技术鉴定制度构建》，载《证据科学》2011 年第 3 期。

证据来确认事实；三是鉴定专家在做出事实判断的基础上，需要进一步适用法律；四是鉴定活动需要在运用技术和判断事实的基础上，最终运用医疗法律规定及相关判断标准等作出结论。

### （二）医学会主导的医疗事故技术鉴定

我国的医疗事故技术鉴定，最早可以追溯到1987年，当时出台的《医疗事故处理办法》（以下称《办法》）首次规定了医疗事故技术鉴定制度。当时的医疗事故技术鉴定机构是设立在卫生行政部门之下并由其直接管辖的医疗事故技术鉴定委员会①。但由于《办法》的行政保护色彩浓重，在多方质疑之下，该鉴定制度终于被2002年4月4日颁布的《医疗事故处理条例》（以下简称《条例》）所确立的医学会组织实施医疗事故技术鉴定的新的医疗事故技术鉴定制度取代。随后，卫生部颁布了《医疗事故技术鉴定暂行办法》（卫生部第30号令）和《医疗事故技术鉴定专家库学科组专业名录（试行）》，正式确立了由医学会主导的医疗事故技术鉴定体制。

《条例》所确立的医疗事故技术鉴定存在一些固有的缺陷，例如鉴定专家不签名、上级鉴定机构出具的鉴定意见的效力优于下级鉴定机构、鉴定人不出庭等。此外，由于医疗事故技术鉴定委员会隶属于卫生行政部门，而卫生行政部门又是医疗机构的主管部门甚至是设立部门，这种既是运动员又是裁判员的鉴定模式受到了法学界的很多质疑。尤其是在2010年《侵权责任法》颁布后，第七章医疗损害责任中取消了"医疗事故"的概念，患者起诉医疗机构承担的是医疗损害赔偿责任，这使得医学会主导的医疗事故技术鉴定面临重大困境。

### （三）法医主导的医疗过错鉴定

目前法医主导的医疗过错鉴定模式尚缺乏一个统一的、规范的、权威的概念，各鉴定机构、各专家学者对这类鉴定的叫法并不统一。这里所称的法医主导的医疗过错鉴定，是指在司法鉴定管理机关登记注册的鉴定机构及其鉴定人，在法医临床学鉴定类别下开展的医疗行为是否存在过错及其与损害后果之间是否存在因果关系以及相关问题的分析判断活动。与医学会医疗事故技术鉴定模式相比，法医主导的

---

① 李平龙、肖鹏：《我国医疗损害鉴定制度研究述评（2002－2012）》，载《证据科学》2013年第21期。

医疗过错鉴定优势在于独立于医疗机构，容易为患方信任，但是其缺点也是显而易见。

首先，法医的临床知识有限，对具体医疗损害案件中的诊疗行为的实际操作、理论知识都有所欠缺。其次，法医作为鉴定人在鉴定意见上签字，但实际对鉴定意见起关键性作用的往往是法医为了弥补自己欠缺的临床知识而邀请的临床医学专家，专家却并不签字，法律责任很难理清①。第三，临床医学专家由于不在鉴定意见上署名，不出庭质证，但法医作为鉴定人出庭质证时又缺乏专业的临床知识，使得质证处于尴尬处境。第四，鉴定过程比较随意，没有严格的鉴定程序。在漫长的鉴定过程中，各个环节的时间如何分配，鉴定意见怎么做出，完全由法医个人掌握，随意性很大，也留下了作弊的可能。第五，临床专家的结论可能被法医更改，法医在得到专家的意见后，仅仅是参考专家的意见提出自己的鉴定意见，最终的鉴定意见到底多大程度反映了聘请的咨询专家的意见，恐怕只有法医鉴定人知道。最后，法医鉴定从性质上来说是一种商业运作的面向社会的运行模式，鉴定机构及鉴定人都要追求其利润，社会鉴定机构收费一直居高不下。

### （四）医疗损害鉴定启动

医疗损害技术鉴定启动是医疗损害技术鉴定能够实质性地进行的决定点，因而是医疗损害技术鉴定的首要环节。《医疗损害司法解释》第8条规定“当事人依法申请对医疗损害责任纠纷中的专门性问题进行鉴定的，人民法院应予准许。当事人未申请鉴定，人民法院对前款规定的专门性问题认为需要鉴定的，应当依职权委托鉴定。”该条文提出了医疗损害技术鉴定的两种启动方式，即当事人依申请或者法院依职权，这符合《民事诉讼法》中的相关规定。在诉讼法背景下，诉讼当事人没有直接委托启动医疗损害技术鉴定的权利，但有申请医疗损害技术鉴定的权利。《民事诉讼法》第64条规定，当事人对自己提出的主张，有责任提供证据。当事人及其诉讼代理人因客观原因不能自行收集的证据，或者人民法院认为审理案件需要的证据，人民法院应当调查收集。由于医疗损害技术鉴定的复杂性，对鉴定材料、涉事双方当事人的陈述都非常重要，鉴定往往需要双方当事人配合，因而司法鉴定机构往往不接受当事人自行委托，甚至当事人的代理律师以律师事务所的名义委托

---

① 李平龙、肖鹏：《我国医疗损害鉴定制度研究述评（2002－2012）》，载《证据科学》2013年第21期。

也被拒绝。如果诉讼案件涉及专门性问题需要启动鉴定，也由当事人自行收集鉴定意见的话，当事人基本上不可能完成这项举证义务。《民事诉讼法》第76条规定，当事人可以就查明事实的专门性问题向人民法院申请鉴定。因此，赋予当事人提起进行医疗损害技术鉴定申请的权利，正是鉴于当事人无法自己委托鉴定的情况下，赋予当事人完成举证义务的一种保障措施。除了办案机关决定实施医疗损害技术鉴定的情况之外，医患双方当事人在医疗纠纷处理过程中，针对医疗纠纷争议事件中的医疗行为是否存在过失及其与损害后果有没有因果关系，可以向办案单位提出进行医疗损害技术鉴定的申请。

### （五）鉴定人

鉴定人指具有解决案件中某些专门性问题的知识和技能的自然人。在医疗损害鉴定中，鉴定人是鉴定的核心，是贯穿和联络医疗损害鉴定相关各方的环节和纽带，他接受委托人的委托，完成鉴定活动，并将鉴定成果提交法庭。如果没有鉴定人这一关键性要素，或者鉴定人这一关键性要素发生了问题，鉴定活动要么不可能完成，要么不能按照诉讼法的要求保质保量地完成。鉴定人具有如下特点：

1. 鉴定人只能是自然人

在证据的大分类中，鉴定意见属于人证的范畴，即鉴定人针对法庭提出的专门性问题所做出的专业性解答。在英美法系，这样的专业性解答称为专家意见，给出专家意见的人称为专家证人。这更是明确地将鉴定人归为自然人的范畴。

鉴定意见是由鉴定人运用自己的专业知识和经验对专门性问题进行分析、研究和思考而得出的，是一个能动的、体现鉴定人逻辑思维的过程，具有的主观能动性的特点，目前是任何仪器、设备都不可替代的，作为自然人之外的其他单位、组织更是不可能实施，唯有自然人才能胜任。因此，鉴定人只能是自然人，作为为鉴定人执业提供仪器、设备和条件平台的司法鉴定机构，也不能充任鉴定人。由此看来，《医疗损害司法解释》确立鉴定人为本位的鉴定制度的理论基础在于鉴定人只能是自然人这一法律特点。

2. 鉴定人必须具有相应学科的专业知识和经验

鉴定人所从事的鉴定活动是一种专业层面的科学活动，鉴定人区别于律师、法官、案件当事人的重要方面在于他具有相关学科的专业知识和经验，这有两个层面的含义：其一，这种专业知识和经验不是一般意义上的专业科学常识，而是需要经过长期、系统的专业训练，对该专业领域的知识有着充分的、系统的认识、理解，并能够灵活运用于实践。其二，要求是某一特定专业领域的专业知识和经验，一个具有其他专业领域知识和经验的人，不能做另一个他不具有专业知识和经验的专业领域的鉴定人。换言之，鉴定人所要求掌握的专业知识和经验必须与其从事司法鉴定的专业领域相一致。甚至，鉴定人所应当掌握的专业知识和经验应当直接对应于诉讼中某一专门性问题的要求。

3. 鉴定人是一种特殊的资格

在证据的大分类中，鉴定人与证人同属于人证的范畴，但是与证人相比，鉴定人所具有的资格相对较高，不仅要求具有完全民事行为能力，而且还要求具有相关的专业知识和经验，并且其民事行为能力及掌握专业知识和经验的情况还需要审查，只有达到一定条件，符合一定要求的人，才能担任鉴定人。因此，这种达到一定条件、满足一定要求的要素就是作为鉴定人的资格。

### （六）鉴定人资质

《医疗损害司法解释》中第9条第3款提出“鉴定人应当从具备相应鉴定能力、符合鉴定要求的专家中确定”。该条文强调了鉴定人须具备相应资质。无论是医学会组织的医疗事故技术鉴定，还是司法鉴定机构组织的医疗过错鉴定，鉴定人员的组成是其核心问题，且将直接决定鉴定结论的科学性和公正性①。但两种鉴定模式对于鉴定人资质的规定有所不同。

首先，对于医学会鉴定专家的资质，相关法规和卫生部规章有严格的条件限制。《条例》第23条规定：负责组织医疗事故技术鉴定工作的医学会应当建立专家库。专家库由具备下列条件的医疗卫生专业技术人员组成：（一）有良好的业务素质和执业品德；（二）受聘于医疗卫生机构或者医学教学、科研机构并担任相应专业高级技术职务3年以上。同时第三款还将符合条件的法医加入专家库中，即“符合前款第（一）项规定条件并具备高级技术任职资格的法医可以受聘进入专家库。”由此可以看出，医学会鉴定人医学会的鉴定人员通常具有争议所涉学科的医学专业知识和临床实践经验，同时还包括符合相关规定的法医。

其次，对于医疗过错鉴定，鉴定人员由取得了《司法鉴定人执业证》的鉴定人组成。《司法鉴定人登记管理办法》（以下称《登记管理办法》）第12条第2、3款对鉴定人资质做了如下规定：“具有相关的高级专业技术职称；或者具有相关的行

① 陈志华：《医学会从事医疗损害鉴定之合法性研究》，载《证据科学》2011年第19期。

业执业资格或者高等院校相关专业本科以上学历，从事相关工作五年以上；申请从事经验鉴定型或者技能鉴定型司法鉴定业务的，应当具备相关专业工作十年以上经历和较强的专业技能。”

可见，与司法鉴定人相比，医学会鉴定人资质较高，其要求必须具有相应专业高级技术职务3年以上，而司法鉴定人最低要求为具备高等院校相关专业本科学历，从事相关工作5年。医学会鉴定人具备更专业、广泛的临床医学知识和经验，而司法鉴定人大多数为法医出身，缺乏相应临床实践经验，在鉴定中多数需要依靠专家意见来作出结论。

### （七）鉴定人遴选

鉴定人的遴选在医疗损害鉴定中起到至关重要的作用，它直接关系到案件的进展和鉴定意见。尤其是以经验判断为主的医疗损害技术鉴定，鉴定人的因素更是直接主导和影响整个鉴定工作的成败。因此，鉴定人遴选应当以公正、专业对口并兼顾鉴定人工作量、个人意愿为原则。此外，由于《医疗损害司法解释》第9条确立的鉴定人为本位制度将要改变以往法院直接委托鉴定机构的模式，这一变化引起了广大学者对医疗损害鉴定中人民法院的委托对象以及鉴定人的遴选方式的思考。有学者认为，鉴定人制度并不影响当事人通过先选择鉴定机构再确定鉴定专家，但也有学者认为，在今后的医疗损害鉴定中，法院从公开的鉴定人名册中直接委托鉴定人。笔者认为，鉴定人制度作为一个新生事物刚刚开始萌芽，还需要很长时间的磨合，根据我国目前的司法鉴定模式和现状，取消鉴定机构似乎是一个天方夜谭的想法，在司法实践中，当事人还是应该先选择鉴定机构再确定鉴定人。下面介绍国外不同国家遴选鉴定人的方式以供参考。

1. 日本

属于大陆法系的日本，遴选鉴定人需要几下几步：①基层法院委托医事关系诉讼委员会代为选定候选鉴定人；②医事关系诉讼委员会受委托后，选择适当的医学会专科分会，委托其推荐候选鉴定人；③医学会专科分会向医事诉讼委员会推荐候选鉴定人；④医事关系诉讼委员会从中选定候选鉴定人并通知基层法院；⑤基层法院最后在候选鉴定人中选定鉴定人。也就是说，日本在进行医疗损害鉴定时，医事关系诉讼委员会作为委托机构，委托医学会推荐鉴定人，最终再由其决定并通知基层法院。日本采用先确定鉴定机构，再确定鉴定人的方式。

2. 德国

作为法律体系相当完善的德国，其医疗损害鉴定的遴选鉴定人方面也有自己独特的方式。德国采取由医师担任鉴定人的方式进行鉴定，联邦政府为了避免同行医生互相包庇，会对每一个鉴定人，也就是医生，进行鉴定方面的培训，提高鉴定质量。法官启动的医疗鉴定是依照程序进行的。每一个医生都有义务就需要鉴定的问题向法官作出鉴定意见。在每一个法院，都有一个列表，像候选人名单一样，列出每一个能够作为鉴定人的医生名单，以及在哪些领域里哪些医生最为权威。审理案件时，法官需要鉴定的，就从中确定鉴定人。因此，德国采用直接从鉴定人名册中选定鉴定人的方式①。

3. 荷兰

荷兰没有官方组织的鉴定委员会，因为鉴定的专业范围过宽，没有什么都懂的专家，而是临时由法官指定专家进行鉴定。对于医疗问题的鉴定，法官有权力指定一个专家或者大学教授审查这个案件的事实和证据，确定是不是有责任，是不是有过失，是不是有损失②。

目前，由于我国医疗损害鉴定二元化模式，鉴定人遴选的步骤和方法在两种模式中也有所不同。首先，对于法医主导的医疗损害责任鉴定，鉴定机构没有规范的鉴定专家遴选程序，确定鉴定人的程序比较随意，没有相应的规则和程序约束。其次，对于医学会主导的医疗事故技术鉴定，卫生部发布的《医疗事故技术鉴定暂行办法》中有鉴定专家遴选的程序要求，实践中医学会在遴选鉴定专家方面也积累了一些经验。医学会遴选临床鉴定专家采用的是抽签决定制，即由医患双方当事人代表在鉴定专家库确定的专业组中抽取专家（包括正选和备选）（具体操作见下文）。

由此可见，无论是哪一种鉴定模式，我国采用的都是先确定鉴定机构，再确定鉴定人的方式。但是《医疗损害司法解释》确立的鉴定人制度使鉴定人成为法律责任承担和负责的主体，鉴定意见由鉴定人签字，鉴定人出庭质证并接受法院质询。由法院直接从鉴定人名册中确定鉴定人这一模式在鉴定人隐私保护、人身安全、鉴定的费用支付等方面仍存在较多问题，因此现阶段，我国更宜保持目前的鉴定人遴选模式不变，将鉴定人制度慢慢渗入司法改革中，期待进一步的提升和改变。

---

① 参见杨立新著：《医疗侵权法律与适用》，法律出版社 2008 年版，第 24～25 页。

② 同上第 27～30 页。

### （八）鉴定材料范围

根据《司法鉴定程序通则》第12条的规定，鉴定委托单位在提交鉴定委托书的同时，还应当提交委托鉴定事项所需的鉴定材料。委托鉴定事项所需的鉴定材料包括检材和鉴定资料。检材是指与鉴定事项有关的生物检材和非生物检材；鉴定资料是指存在于各种载体上与鉴定事项有关的记录。

关于委托人提供鉴定材料的要求，《医疗损害司法解释》第10条有如下规定，即“委托医疗损害鉴定的，当事人应当按照要求提交真实、完整、充分的鉴定材料。提交的鉴定材料不符合要求的，人民法院应当通知当事人更换或者补充相应材料。”法条中提到的鉴定材料的“真实、完整、充分”是指根据委托人的现有情况所能提供的相对真实、完整、充分的鉴定材料。

此外，《司法鉴定程序通则》第13条规定，委托人应当向司法鉴定机构提供真实、完整、充分的鉴定材料，并对鉴定材料的真实性、合法性负责。换言之，提供给鉴定机构作为鉴定依据的所有材料均为委托单位合法取得，即便当事人采用违法方法取得的材料，也须在质证后得到委托单位的认可方可提交。同时，对鉴定材料的真实性，也须经委托单位按照法定程序审查过。鉴定单位不能自行接受当事人双方或者单方提交的鉴定材料，鉴定单位及其鉴定人更不能自行调取鉴定材料，除非有委托单位的书面授权。否则，依据鉴定机构自行接受当事人提供的鉴定材料、自行调取的鉴定材料作出的鉴定意见无效。

### （九）医疗鉴定的内容

《医疗损害司法解释》第11条规定了可以作为医疗损害鉴定的专门性问题，包括医疗机构诊疗行为有无过错、因果关系、原因力大小、患者知情同意权、医疗产品缺陷、伤残等级、三期等内容。在此，“专门性问题”是指众所周知的事实、自然规律及定理、根据日常生活经验法则推定的事实以外的，运用一般调查、侦查方法难以解决的科学技术方面的问题。

其中，对于患者知情同意权，条文规定可以对“医疗机构是否尽到了说明义务、取得患者或者患者近亲属书面同意的义务”进行鉴定，《医疗损害司法解释》第5条对该情况的举证进行了规定，即医疗机构提交患者或者患者近亲属书面同意证据的，人民法院可以认定医疗机构尽到说明义务，但患者有相反证据足以反驳的除外。也就是说，除非患者有充足的证据证明医方未尽到说明义务，否则医方提供的知情同意书等书面同意证据可以证明其已尽到说明义务。

对于患者损伤残疾程度的鉴定，适用 2017 年 1 月 1 日起实施的由最高人民法院、最高人民检察院、公安部、国家安全部、司法部联合发布的《人体损伤致残程度分级》，文件中具体规定了人体损伤致残程度分级的原则、方法、内容和等级划分，参考了国家文件、法医学技术标准与地方评残标准，在司法鉴定中需要进行参考比照。

此外，关于护理期，《最高人民法院关于审理人身损害赔偿案件适用法律若干问题的解释》（以下简称《人身损害解释》）第 21 条第 3 款规定“护理期限应计算至受害人恢复生活自理能力时止。受害人因残疾不能恢复生活自理能力的，可以根据其年龄、健康状况等因素确定合理的护理期限，但最长不超过二十年。”对于营养期，《人身损害解释》规定“根据受害人伤残情况参照医疗机构的意见确定”。

### （十）因果关系、原因力大小及医疗过错行为参与度

医疗损害鉴定之因果关系，是过错医疗行为与患者损害后果之间内在的引起与被引起的关联性。医疗损害鉴定之因果关系鉴定，是指为了准确判断医疗侵权构成要件中的因果关系，而启动司法鉴定予以评价过错医疗行为与患者发生的损害后果之间是否存在内在的联系，具有相关专门知识的自然人依据法律规定和科学规律，针对委托人提出的鉴定目的，判断二者之间是否存在因果关系以及因果关联程度的过程①。相对于医疗过错鉴定，医疗损害因果关系的鉴定应该在其后，在明确存在医疗过错的前提下，进一步明确存在过错的医疗行为与损害后果之间是否存在事实上的因果关系。医疗损害鉴定之因果关系往往表现为多因一果。在医疗行为之后患者身上发生的损害后果，往往不是单一的致害因素造成的，而是多种因素造成的，多因一果是医疗损害因果关系的重要特点。正是由于存在多种致害因素，从而使得医疗侵权案件的因果关系难以判断，尤其在多种原因都参与造成损害后果的情况下，更是难以分割各个致害因素在损害后果发生上各自所占的比例。司法鉴定正是试图从专业的角度来划分这种比例。这便是原因力大小，即在确定医方诊疗行为与患方损害后果之间具备因果关系后，其对患者造成损害所占的比例。

医疗过错行为参与度，是指在同时存在医疗过错行为、患者疾病因素等众多致害因素的医疗纠纷事件中，判断医疗过错行为在患者发生的损害后果上的参与程

---

① 刘鑫：《医疗损害鉴定之因果关系研究》，载《证据科学》2013 年第 21 期。

度。只有同时存在几个可能引发患者损害后果发生的原因时，才需要判断参与度。医疗过错行为参与度的确定，是对过错医疗行为与损害结果之间因果关系的定量划分，是因果关系的进一步具体化、直观化，便于司法人员理解和适用，从而判断医疗机构是否应当承担侵权责任以及承担多大的侵权责任。

## 三、意义

### （一）确立鉴定人为本位的鉴定制度符合法律性、科学性

本次《医疗损害司法解释》最大的突破在于确立了鉴定人为本位的鉴定制度，既符合鉴定人的法律特点及性质，又可以解决司法实践中存在的一些尴尬问题。首先，如上文所述，在证据的大分类中，鉴定意见属于人证的范畴，是鉴定人逻辑思维的体现以及分析、研究的智能成果，因此，鉴定人只能是自然人，一个不具有思维能力的机构是不能够作出鉴定意见的。此外，在英美法系国家中，几乎不存在鉴定机构这一组织机构，其采用专家证人制度，将鉴定人作为一种特殊资格的“证人”，更说明了鉴定人只能是自然人这一法律特点。其次，《民事诉讼法》第76条规定“当事人申请鉴定的，由双方当事人协商确定具备资格的鉴定人；协商不成的，由人民法院指定。”第78条对鉴定人出庭质证做了规定，要求法官能够通过对鉴定意见的质证而判断鉴定人的思维过程、鉴定依据和鉴定逻辑从而决定采信与否。由此可以看出，我国民事诉讼法早已规定鉴定人制度，且将鉴定人出庭质证作为判断其思维过程的关键。因此，《医疗损害司法解释》确立鉴定人为本位的鉴定制度符合法律性、科学性。

### （二）《医疗损害司法解释》对医疗损害鉴定模式的统一有着积极的促进作用

我国目前存在医疗损害鉴定二元化模式，即医学会组织的医疗损害技术鉴定（有的地方医学会仍称之为医疗事故技术鉴定）和社会法医鉴定机构开展的医疗纠纷鉴定。《条例》确定了医学会鉴定医疗事故的地位，而《侵权责任法》出台后，医疗纠纷民事赔偿中没有了医疗事故的概念，医疗损害责任鉴定由谁承担在实践中存在争议。《医疗损害司法解释》虽未对如何解决医疗损害鉴定二元化这一问题予以回答，但是其确立的鉴定人制度在一定程度上表明了我国医疗损害鉴定模式的发展变化，建立统一的医疗损害鉴定模式势在必行。随着司法改革的不断推进，医疗

纠纷案件只增不少，两种鉴定模式的各有利弊，医学界、法学界对统一鉴定模式的呼声越来越高。以确立鉴定人制度为契机，为有效利用司法资源，公平解决医疗纠纷，降低鉴定难度，不能简单地将两种鉴定模式合并或取消其中一种，而是应建立一种统一的鉴定模式，实行鉴定人实施个人负责制度，明确鉴定人有独立进行鉴定的义务，对鉴定结论承担个人责任。统一规定鉴定模式的名称、规范鉴定主体、完善鉴定内容、建立统一的专家库、鉴定标准和程序等①。

## 第二节　实务操作及要求

### 一、实操要求

#### （一）医疗损害鉴定是否能够启动的审查

在当事人申请医疗损害鉴定之后，人民法院应当对申请的理由和事项进行审查和评估，以确定是否启动鉴定程序。虽然《医疗损害司法解释》中并未对此过程进行具体规定，但是在司法鉴定实践处理中审查程序必不可少。医疗损害鉴定申请的审查和评估，主要解决以下问题：

1. 提出鉴定申请的主体是否是适格主体，即鉴定申请的主体是否是法律所规定的当事人，如果是当事人的代理人，是否在代理权限内提出鉴定申请。

2. 鉴定事项是法律问题还是专门性问题。如果是法律问题，则没有鉴定之必要；如果不是法律问题，但是案件处理人依据经验法则即可以判断，也没有启动鉴定之必要。唯有属于专门性，且是案件处理人依据经验法则难以作出判断的，才有启动鉴定之必要。

3. 申请鉴定事项是否与本案事实认定具有关联性。证据的关联性是证据的重要属性，鉴定意见也应当具有关联性，只有与案件争议事实有关联的证据，才可能被案件处理方采纳，才可能成为定案的依据。

---

① 郑雪倩、高树宽、曹艳林、王北京、邓利强：《建立统一医疗损害技术鉴定制度的思考》，载《中国医院》2015 年第 19 期。

4. 是否可以通过现有科学技术予以解决。医疗损害技术鉴定仍然是一项科学活动，因而必须要遵循科学规律，运用相关临床学科的科学理论和知识来解决案件中的专门性问题。对于这个要点的审查，有时是作为学科外行的第三方纠纷处理人难以胜任的，因此可以通过向有关鉴定机构咨询来解决。

5. 是否具有鉴定条件。鉴定的开展必须要具备相关的鉴定条件，在缺乏鉴定材料或者鉴定材料不齐全、不真实、有瑕疵的情况下，鉴定人是难以完成鉴定任务的，当然也难以准确做出鉴定意见。

6. 是否有鉴定机构或者鉴定专家可以承担该鉴定任务。

7. 审查其他问题。与鉴定相关的其他问题也要一并审查，比如鉴定费的支出；之前是否做过鉴定，如果做过鉴定，鉴定意见的内容如何等。

### （二）鉴定人遴选的步骤

鉴定人遴选涉及 2 个环节，一是争议医疗纠纷事件涉及的医学专业的确定，二是确定医疗损害技术鉴定专家人数，三是具体负责医疗纠纷争议事件医学问题鉴定的专家。这三个环节的先后顺序不能颠倒，必须先确定争议所涉及的医学专业及鉴定专家人数，再从该专业领域遴选鉴定专家。同时三者又是密切相关不可分离的。因为确定争议事件的专业和人数之后，相应数量的鉴定专家必须从该临床专业中产生。

1. 确定临床专业

确定临床学科，笔者建议采用“提示 - 建议 - 审查确定 - 反馈”四步走的步骤。提示——就是向双方当事人发出确定临床学科征集函，发动医患双方提出纠纷涉及临床学科的建议；建议——双方当事人向鉴定机构发出书面的临床学科建议函，由双方当事人提出临床学科建议；审查确定——由医疗损害鉴定机构管理人员审核当事人的申请，综合案卷材料、病历资料、文献资料，综合判断临床学科；反馈——医疗损害鉴定机构及时将鉴定机构确定的临床学科反馈给双方当事人，听取双方的反馈意见。

2. 确定鉴定专家人数

法医进行医疗损害技术鉴定，依据的是《司法鉴定程序通则》。《司法鉴定程序通则》第 19 条规定，司法鉴定机构对同一鉴定事项，应当指定或者选择 2 名司法鉴定人共同进行鉴定；对疑难、复杂或者特殊的鉴定事项，可以指定或者选择多名司法鉴定人进行鉴定。因此，法医进行医疗损害鉴定的鉴定人一般是 2 人，疑难、复杂、特殊案件，可以有多名鉴定人。

《医疗事故技术鉴定暂行办法》第 17 条规定，医学会应当根据医疗事故争议所涉及的学科专业，确定专家鉴定组的构成和人数。专家鉴定组组成人数应为 3 人以上单数。医疗事故争议涉及多学科专业的，其中主要学科专业的专家不得少于专家鉴定组成员的 1/2。因此，在医学会组织的医疗损害鉴定中要求鉴定专家人数至少 3 人，且为单数，同时对纠纷涉及的主要临床专业的鉴定专家人数规定不得少于 1/2。

由此可见，两种鉴定模式中鉴定人的人数是不同的。法医鉴定采用承办人制，一般为 2 人；医学会鉴定采用集体鉴定制，鉴定专家人数为 3 人及 3 人以上单数。

3. 具体案件中鉴定专家的遴选步骤

如上文中所述，法医主导的医疗损害责任鉴定没有规范的鉴定专家遴选程序，仅在《司法鉴定程序通则》第 18 条规定，司法鉴定机构受理鉴定委托后，应当指定本机构中具有该鉴定事项执业资格的司法鉴定人进行鉴定。委托人有特殊要求的，经双方协商一致，也可以从本机构中选择符合条件的司法鉴定人进行鉴定。

卫生部发布的《医疗事故技术鉴定暂行办法》中有鉴定专家遴选的程序要求，以下介绍和讨论的是医学会的鉴定专家遴选程序。

首先，向双方当事人公布鉴定专家名录，告知有权申请回避及申请回避的方式、期限和要求，通知抽签遴选鉴定专家的时间。

其次，落实双方回避的权利及回避申请。医学会鉴定专家的回避采取的是事前回避的方式，是应当采取事前回避还是事后回避，相关讨论见“医疗损害技术鉴定专家的回避制度”部分。

再次，由医患双方抽取相等数量的鉴定专家，最后 1 名专家由双方商定抽取，商定不成的，由委托人或者鉴定机构代抽。

最后，鉴定专家的公示和通知。目前医学会只向双方当事人公布鉴定专家的编号，不公布姓名及相关信息。虽然这种方式有侵犯当事人知情权之嫌，也不利于医患双方当事人进一步调查鉴定专家是否有应当回避的因素。但是，权衡医患双方的身份、地位和实力，公布鉴定专家的姓名和相关信息，只会对医方更有利，而不利于患方①。

---

① 付延涛：《论医疗损害技术鉴定程序的构建》，载《中国法医学会法医临床专业委员会 · 法医临床学专业理论与实践——中国法医学会 · 全国第十八届法医临床学学术研讨会论文集》，中国法医学会法医临床专业委员会编，2015 年 2 月。

### （三）鉴定人遴选方法

在医学会组织开展的医疗损害技术鉴定工作中，对鉴定人的遴选更为考虑公正性因素。医学会的鉴定一般采取抽签的方式决定鉴定专家。目前以抽签决定机会的方式比较流行，甚至在法院确定鉴定机构时，一般都采用抽签的方式。抽签决定鉴定专家，避免外界人为因素的干预。鉴定人的产生是随机的，在当前我国普遍存在信任危机的情况下，这不失为一种好的遴选方法。不过采用抽签遴选鉴定人的方法要求备选专家达到一定数量，如果专家数量没有满足，抽签是没有意义的。

《条例》第 24 条第 2 款规定：参加医疗事故技术鉴定的相关专业的专家，由医患双方在医学会主持下从专家库中随机抽取。在特殊情况下，医学会根据医疗事故技术鉴定工作的需要，可以组织医患双方在其他医学会建立的专家库中随机抽取相关专业的专家参加鉴定或者函件咨询。但是，如果一方当事人拒绝出席鉴定抽签程序，应该怎么处理呢？应当根据不同的鉴定委托方式做出不同的处理。如果是医患双方共同委托鉴定的，其中一方当事人拒绝参加鉴定专家抽签程序，应当视为该鉴定委托一方不配合鉴定，做撤销鉴定委托处理，因此，医学会鉴定办公室应当终止鉴定；如果是当事人一方因客观原因无法到场参加鉴定专家的抽取，医学会应当暂时中止鉴定程序，并通知当事人。如果是卫生行政部门或者人民法院委托进行鉴定的，对于当事人一方不参加鉴定专家抽取程序的，是继续抽取鉴定专家（由卫生行政部门或者人民法院的工作人员代为抽取）还是终止鉴定，由实施委托的卫生行政部门或者人民法院决定。

### （四）对鉴定材料的质证

《医疗损害司法解释》第 10 条第 2 款对鉴定材料质证进行规定，即“在委托鉴定前，人民法院应当组织当事人对鉴定材料进行质证”，但是在法条中并没有规定当事人对鉴定材料的真实性不能达成一致意见时法院的做法。北京市高级人民法院在医疗损害责任纠纷案件的审理过程中，总结经验并撰写了《北京市高级人民法院关于审理医疗损害赔偿纠纷案件若干问题的意见（试行）》（以下称《意见》），其中关于对病历真实性、完整性认定的条文，可以为本司法解释在医疗损害鉴定案件中当事人对鉴定材料的真实性无法达成一致时的做法提供参考。

条文中有如下规定：

1. 当事人对病历资料及其他进行医疗损害鉴定所需的材料的真实性、完整性有异议的，应当由人民法院先行组织双方当事人举证、质证。人民法院应根据举证、质证的具体情况进行审查。

经审查，病历资料存在瑕疵的，人民法院应通过咨询专家、委托文件检验、病历评估或由鉴定专家作初步判断来认定瑕疵病历是否对鉴定有实质性影响。如果没有实质性影响，则仍可继续进行鉴定，但瑕疵病历部分不能作为鉴定依据；如果有实质性影响，造成鉴定无法客观进行的，则应终止鉴定。

2. 一方当事人对对方保存或控制的病历的真实性、完整性有异议的，应当明确提出异议内容，并说明理由。

当事人提出合理质疑的，由保存或控制病历的另一方当事人进行解释证明。

由此看来，北京高院在审判实际中对病历及其他鉴定材料的异议采取组织当事人举证、质证并根据实际情况审查的步骤；对于瑕疵病历，由相关专家进行判断是否对鉴定有实际影响，无实际影响则可照常鉴定，反之终止鉴定。但需要注意的是，瑕疵病历部分不能作为鉴定依据。此外，对于合理质疑，另一方当事人有对异议病历解释说明的义务。因此，在医疗损害鉴定案件中，人民法院可以参照北京高院的做法，当当事人对鉴定材料真实性无法达成一致意见时进行举证、质证并审查等程序。

## 二、注意事项

### （一）鉴定委托的特殊情况

1. 当事人双方自行委托。一般情况下，在医疗纠纷争议案件由卫生行政部门、仲裁机构、司法机关处理的时候，依据相关诉讼法的规定，当事人无权直接启动鉴定程序，而是由案件处理单位启动，因而法律赋予当事人享有申请鉴定的权利。在特殊情况下，当事人才可以自行启动鉴定程序。在医学会受理医疗损害技术鉴定时，可以接受医患双方共同委托，

2. 当事人单方自行委托。当事人在收集诉讼证据的过程中，也可以自行委托司法鉴定机构进行医疗损害技术鉴定，不过，当事人自行委托启动的医疗损害技术鉴定得到的鉴定意见，仅具有相对的法律效力。根据《民事证据规定》第 28 条规定，一方当事人自行委托有关部门作出的鉴定意见，另一方当事人有证据足以反驳并申请重新鉴定的，人民法院应予准许。也就是说，当事人自行委托获得的鉴定意见，只有在对方当事人认可的情况下具有法律效力。

3. 卫生行政部门启动医疗事故技术鉴定是否属于委托。关于医疗事故技术鉴定的委托，《条例》第20条规定：卫生行政部门接到医疗机构关于重大医疗过失行为的报告或者医疗事故争议当事人要求处理医疗事故争议的申请后，对需要进行医疗事故技术鉴定的，应当交由负责医疗事故技术鉴定工作的医学会组织鉴定。《医疗事故技术鉴定暂行办法》第10条规定：县级以上地方人民政府卫生行政部门接到医疗机构关于重大医疗过失行为的报告或者医疗事故争议当事人要求处理医疗事故争议的申请后，对需要进行医疗事故技术鉴定的，应当书面移交负责首次医疗事故技术鉴定工作的医学会组织鉴定。这里关于卫生行政部门启动医疗事故技术鉴定的程序都表述为"交由"、"移交"而不是"委托"，因而在实践中产生了争议。有人认为，卫生行政部门无权启动医疗事故技术鉴定。笔者认为，这种观点是错误的。除非医疗事故技术鉴定办公室是其所在地卫生行政部门的内部职能部门，在需要进行医疗事故技术鉴定时，医疗事故处理部门将案件"交由"、"移交"另一个职能部门配合完成，因此，不存在"委托"鉴定的问题。但事实上，医学会与卫生行政部门属于不同的法人单位，两者之间没有行政隶属关系，也没有管理与被管理关系，医学会系在民政部门登记注册的社团法人单位。立法中将鉴定启动表述为"交由"、"移交"只是体现我国行政部门以自我为中心、自高自大的长官意识罢了。

4. 关于县级卫生行政部门委托患者死亡等案件医疗事故鉴定意见的法律效力。关于患者死亡或者二级以上医疗事故的医疗纠纷案件的处理权限，相关法律赋予了设区的市级卫生行政部门处理，县级卫生行政部门无权处理这类纠纷。

### （二）鉴定收费方式及标准

《医疗损害司法解释》第8条对医疗损害鉴定的申请与委托做了规定，提出当事人申请或法院依职权两种启动、委托方式，这便涉及到鉴定费用垫付问题，具体问题及建议将在下文中展开，此处就鉴定收费方式及标准简单阐述。

国家对于鉴定收费有相应的标准，例如《司法鉴定收费管理办法》（发改价格〔2009〕2264号）及《司法鉴定收费项目和收费标准基准价（试行）》，而且国家对鉴定收费实行政府指导价或政府定价管理。但是，有的地方司法行政管理机关在收费方面做了变通规定。比如，北京市发展和改革委员会、北京市司法局在转发《国家发展改革委、司法部关于印发〈司法鉴定收费管理办法〉的通知》文件中第4条规定：疑难、复杂及有重大社会影响的司法鉴定服务或3次以上（含第3次）

的司法鉴定服务（含经其他鉴定机构已鉴定过的案件），由司法鉴定机构与委托人协商确定收费标准。疑难、复杂及有重大社会影响的司法鉴定服务的认定标准由本市司法行政部门制定。由此看来，鉴定收费标准随意性较大，鉴定机构可自由掌握的空间也较多，但是乱收费现象很容易存在。

对于司法鉴定收费，笔者认为当事人是可以采取协议的方式商定收费标准和收费方式，但是需要说明的是，在鉴定时由当事人一方缴纳鉴定费用，仅仅是垫付，法官在案件裁判时一般都会将这笔费用判令败诉的一方承担。这里便出现了问题。因为收费标准是案件一方当事人与鉴定机构协议确定的，所收费用一般都比国家标准高，但最终在案件裁判时却由案件另一方当事人承担，这样做的结果不合法也不合理。因此，败诉一方当事人只承担依照《司法鉴定收费管理办法》规定的标准所应支付的费用，超出部分由参与协议收费一方当事人自行承担。

### （三）鉴定材料的补充

鉴定前的准备工作中，很重要的一项是通过阅卷了解鉴定资料存在什么问题，还需要补充什么资料。《医疗损害司法解释》第 10 条规定“提交的鉴定材料不符合要求的，人民法院应当通知当事人更换或者补充相应材料。”对于病历来说，如果没有查阅患者的病历，可能有些鉴定资料无法察觉，但是在查看鉴定资料后，鉴定所需的其他有关材料可能就会呈现出来。比如，患者感染丙型肝炎的问题，查阅患者起诉被告医院的病历，发现患者在本次就医前曾经在其他医院就医过，甚至输过血、做过手术，那就有必要调取其他医院输血、手术病历。再比如，在查看患者的病历时，发现病历中提到患者曾经做过某项检查，而该项检查与鉴定关系密切，但是现在鉴定资料中没有这份检查的结果或者原始资料。

需要说明的是，鉴定人发现送检资料不充分需要补充时，只能通知委托人补充，不可直接通知案件当事人补充，更不可以自行调取鉴定资料。除非得到法官的授权，且即使法官授权调取，仍然应当提醒法官征得双方当事人的书面同意或者许可。法官授权鉴定人调取鉴定资料的，最好由法官出具书面的加盖公章的授权书，如果是电话口头授权，鉴定人应当做好工作记录。对于补充材料的费用承担问题，《医疗损害司法解释》中并没有具体规定，还需要在实践中不断摸索和思考。

## 第三节　存在问题与对策

在医疗损害案件中，鉴于医疗行为具有高度专业性，且医疗技术水平日新月异，绝大多数审判人员无法准确判断医疗行为是否存在过错，以及医疗行为与的损害后果之间是否存在因果关系，因此具有专业知识的临床专家和法医学专家做出的医疗鉴定意见是决定判决结果的关键性证据材料。《医疗损害司法解释》（以下简称“解释”）就鉴定问题进行了详细的阐述，其中确定了以鉴定人而不是鉴定机构为本位的医疗损害司法鉴定制度，符合专业精神、法律精神，同时明确了鉴定启动方式、鉴定人选择以及鉴定事项等关键问题，对司法实践有着重要的指导意义，但在实践过程中还需要不断探索，才能改变目前的鉴定习惯，使制度得以落实。

### 一、条文中的问题

#### （一）在解释中未对“专门性问题”给予全面定义

解释第8条阐述了医疗损害鉴定申请与委托的问题，指出当事人依法申请对医疗损害责任纠纷中的专门性问题进行鉴定的，人民法院应予准许。

当事人未申请鉴定，人民法院对前款规定的专门性问题认为需要鉴定的，应当依职权委托鉴定。

本法条应当是依据《民事诉讼法》第76条内容制定，《民事诉讼法》第76条规定，当事人可以就查明事实的专门性问题向人民法院申请鉴定。当事人申请鉴定的，由双方当事人协商确定具备资格的鉴定人；协商不成的，由人民法院指定。当事人未申请鉴定，人民法院对专门性问题认为需要鉴定的，应当委托具备资格的鉴定人进行鉴定。

按照《民事诉讼法》中所谓案件中的专门性问题，是泛指司法鉴定的对象和范围。“专门性问题”的含义是指众所周知的事实、自然规律及定理、根据日常生活经验法则推定的事实以外的运用一般调查、侦查方法难以解决的科学技术方面的问题。这些问题的具体范围或具体对象，在司法鉴定条例或部门鉴定细则中都有具体限定。只有列入鉴定对象的专门性问题，其鉴定结论才具备证据材料资格；没有规定的或者被明确排除的专门性问题不能作为司法鉴定对象，其鉴定结论不具备证据材料资格。

但究竟何谓医疗损害责任纠纷中的专门性问题呢？在本司法解释第11条中虽然有列举，但并未详尽。在医疗损害鉴定中除了本司法解释列明的项目，还可能包括封存病例的启封和真实性认定问题；病历书写中笔迹鉴定的问题等，均属于医疗损害责任纠纷中的专门性问题，亦需通过鉴定判断其真实性和合法性。

（二）鉴定费用承担问题在解释中未明确说明。

解释第8条阐明了鉴定启动方式：可以依当事人申请启动鉴定或者法院依职权委托鉴定。

此条解释在制度设计上强化了法院的主动性，避免缺乏鉴定意见导致错误裁判，更多地体现了公平性。但关于鉴定费用承担问题并未释明。依当事人委托，自然按照相关法律规定，申请方先行垫付鉴定费用。但法院依职权委托鉴定的情况鉴定费用由谁承担，有待进一步明确。

（三）关于鉴定人资质和遴选问题

从解释第9条第3款规定“鉴定人应当从具备相应鉴定能力，符合鉴定要求的专家中确定”可以看出，法院委托的鉴定主体应当是作为自然人的鉴定专家，而不是目前的鉴定机构，也就是今后接受法院委托、书写鉴定意见、对鉴定意见负责的应当是作为自然人的鉴定专家。但目前有资质进行司法鉴定的主体并非鉴定人而仍为鉴定机构。目前的鉴定机构由两类组成，一是设立于地级市以上医学会的医疗损害鉴定办公室，二是经司法部认可的社会司法鉴定机构①。因此，当前虽明确了鉴定人负责制，在司法实践中，当事双方仍然只能选择司法鉴定机构而无法直接选择鉴定人。

（四）关于鉴定人的资质、组成等缺少具体规定

解释第11条明确规定：委托鉴定书，应当有明确的鉴定事项和鉴定要求。鉴定人应当按照委托鉴定的事项和要求进行鉴定。鉴定要求包括鉴定人的资质、鉴定

① 李平龙、肖鹏：《我国医疗损害鉴定制度研究述评（2002－2012）》，载《证据科学》2013年第21期。

人的组成、鉴定程序、鉴定意见、鉴定期限等。

鉴定事项在解释中已经列明，但关于鉴定人的资质与鉴定人的组成在司法解释中并未明确规定。

司法鉴定人是实施司法鉴定活动的主体，是带着其作为自然人所客观存在的主观性及实施鉴定行为的客观性，对案件中的专门问题进行的一种认识活动①。在《司法鉴定人管理办法》中，其定义是：指取得司法鉴定人职业资格证书和执业证书，在司法鉴定机构中执业，运用专门知识或技能对诉讼、仲裁等活动中涉及的专门性技术问题进行科学鉴别和判定的专业技术人员。

解释中的鉴定人如果是指《司法鉴定人管理办法》中的鉴定人，那么临床专家是否可以作为鉴定人的身份参加医疗损害责任纠纷鉴定，如果不能，具有鉴定资质的鉴定人是否有能力对临床医疗行为是否存在过错等问题作出正确的判断。

## 二、实施中的问题

### （一）患方既不申请鉴定亦不同意承担鉴定费用

《侵权责任法》规定了3种责任构成和承担方式：（1）过错责任——行为人因过错侵害他人民事权益，应当承担侵权责任；（2）过错推定责任——根据法律规定推定行为人有过错，行为人不能证明自己没有过错的，应当承担侵权责任；（3）无过错责任（严格责任）——行为人损害他人民事权益，不论行为人有无过错，法律规定应当承担侵权责任的，依照其规定承担②。其中第一种“过错责任原则”应由原告承担主要的举证责任。因此侵权责任法实施后，患方应当首先证明其与医疗机构之间存在医疗关系并发生医疗损害后果，同时对医疗行为与损害结果之间存在因果关系，应当承担相应的举证责任，即由患方申请医疗损害责任鉴定并先行垫付费用。

但现在按照解释的规定，当事人未申请鉴定，人民法院对前款规定的专门性问题认为需要鉴定的，应当依职权委托鉴定。有可能造成患方故意不申请鉴定，而是

---

① 段双霞：《我国医疗损害技术鉴定制度之研究》，南华大学2013。

② 《侵权责任法》第6条：“行为人因过错侵害他人民事权益，应当承担侵权责任。根据法律规定推定行为人有过错，行为人不能证明自己没有过错的，应当承担侵权责任。”第7条：“行为人损害他人民事权益，不论行为人有无过错，法律规定应当承担侵权责任的，依照其规定。”

交由法院依职权委托，但解释中未明确依职权委托鉴定后，鉴定费用由谁承担，患方提出未申请鉴定，因此拒绝承担鉴定费用的情况。

### （二）医患双方无法直接选择鉴定人，只能选择鉴定机构

解释第 9 条指出当事人申请医疗损害鉴定的，由双方当事人协商确定鉴定人。当事人就鉴定人无法达成一致意见，人民法院提出确定鉴定人的方法，当事人同意的，按照该方法确定；当事人不同意的，由人民法院指定。

鉴定人应当从具备应鉴定能力、符合鉴定要求的专家中确定。也就是说法院委托的鉴定主体应当是作为自然人的鉴定专家。

但就目前医疗损害鉴定现状而言，操作难度很大。目前，我国司法系统尚未建立以自然人为主体的鉴定人名册，法院认可的有资质的医疗损害鉴定主体，均为鉴定机构。因此医患双方无法委托具备相应鉴定能力的专家进行鉴定。依旧只能沿袭目前医患双方共同挑选鉴定机构的现状。甚至挑选鉴定机构后亦无法选择该鉴定机构的某位鉴定人进行鉴定。

同时医疗行为的风险性和复杂性决定了医疗损害责任鉴定的复杂性，很难有一位鉴定人有能力对全部治疗过程进行全面判断，在诊疗过程中可能涉及多个学科、多个过程，因此医患双方当事人亦没有能力确定参与鉴定的专家。

### （三）瑕疵病历是否可以当作证据进行鉴定未能释明，可能导致瑕疵病历无法作为证据进行鉴定，导致案件无法正常审理.

解释第 10 条规定，在委托鉴定前，人民法院应当组织当事人对鉴定材料进行质证。对病历资料真实性的质证，是医疗损害赔偿纠纷案法庭调查阶段最重要的环节之一。只有经过双方当事人质证并经法庭认证的病历资料，才能作为司法鉴定的依据。

病历是医疗损害赔偿纠纷案件中最原始的证据，也是直接影响鉴定结论的重要证据。但由于病历只能由医方制作、记录，除门诊病历外患方并不能方便及时地了解病历内容，也不能保管住院病历原件，因此患方并不信任医方提供的病历是真实完整的。更有不少的患方在进行鉴定时直接质疑病历中存在医生涂改或造假现象①。

---

① 韩莎莎：《医疗病历法律问题研究》，西南政法大学 2012。

《北京市高级人民法院关于审理医疗损害赔偿纠纷案件若干问题的指导意见（试行）》的通知中第13条明确指出：经审查，病历资料存在瑕疵的，人民法院应通过咨询专家、委托文件检验、病历评估或由鉴定专家作初步判断来认定瑕疵病历是否对鉴定有实质性影响。如果没有实质性影响，则仍可继续进行鉴定，但瑕疵病历部分不能作为鉴定依据；如果有实质性影响，造成鉴定无法客观进行的，则应终止鉴定。

法院在主持鉴定材料质证时，如果病历中确实存在书写错误或者签名不规范等情况，此本病历资料是否仍可作为鉴定资料使用，在解释中并未明确规定。可能导致患方不同意将瑕疵病历作为证据使用，而无法委托鉴定，医疗机构因此承担不利后果。

### （四）医疗产品鉴定目前缺少权威鉴定机构，医疗机构因无法提供过于复杂的鉴定材料导致举证不能。

解释第11条详细列明了委托鉴定内容其中包括医疗产品是否有缺陷、该缺陷与损害后果之间是否存在因果关系以及原因力的大小。

《侵权责任法》第59条中提到的药品、消毒药剂、医疗器械，可以统称为医疗产品。因医疗产品的缺陷，或者输入不合格的血液引发的医疗诉讼，由于涉及到医疗产品是否存在质量缺陷、血液是否合格的问题，经常需要施以科学的检测手段才能进行审查。因此，法院仅依据双方当事人提供的证据，往往无法直接对此类问题予以认定。由于目前司法鉴定机构承担的鉴定事项不包括上述争议，这时法院就需要寻找委托具有相应资格的机构进行检测。但在委托鉴定过程中，经常会因为不符合鉴定机构提出的要求导致鉴定无法正常进行。

鉴定机构通常提出医疗产品检测的条件包括以下几方面：

1. 医疗产品需要具有合法来源

法院在有关案件委托检测时，经常被检测单位问及检测对象是否有合法来源。如果无法提供检测对象的来源，检测单位一般不予受理。究其原因，医疗产品生产、经营的合法性并不在检测单位的审查范围之内。如果医疗产品违反《产品质量法》以及《医疗器械监督管理条例》的规定生产、销售的，产品质量无法进行衡量。而且，如果遇到以国家标准、行业标准检测此类产品，但未发现质量存在问题时，将与其生产、经营违法的事实相悖，从而可能引发受害者与检测单位的争端，也与医疗产品的监督管理单位的工作职责不符。

2. 进行检测时需要提供具有检测条件的实物

在委托检测时，委托方必须向检测机构提供具有检测条件的实物，而不能仅提供影像学资料、说明书等间接证据。如果检测对象已经灭失，将无法进行检测①。除此之外，以下几种常见的情形也将导致无法进行检测：

（1）医疗产品尚在患者体内

就现有的检测水平而言，如果医疗产品尚在患者体内无法取出的，检测单位将无法通过技术手段对该产品的质量进行检测。此类情况主要包括已在患者体内安装但暂时无法取出的人工关节、人造器官、心脏起搏器、心脏支架等。

（2）现有的医疗产品不具备检测条件

在一些因药品质量引发的诉讼当中，医患双方就争议药物进行了现场封存。但由于检测单位对药物成分、质量进行检测时，需要对检测对象提取样本进行化验，有时需要提取多份，而封存药物往往因时间较长造成药液挥发等因素无法达到检测需要的数量，造成没有条件进行药品检测。

3. 医疗产品检测需要有可参照的生产标准

医疗产品检测单位开展检测工作时，需要以检测对象的生产标准作为衡量产品质量的依据。按照《中华人民共和国标准化法》以及国家质量技术监督局《标准档案管理办法》的规定，生产标准分为国际标准、国家标准、行业标准、地方标准以及企业标准。企业生产的产品没有国家标准和行业标准的，应当制定企业标准，作为组织生产的依据。企业的产品标准须报当地政府标准化行政主管部门和有关行政主管部门备案。已有国家标准或者行业标准的，国家鼓励企业制定严于国家标准或者行业标准的企业标准，在企业内部适用②。因此，在进行医疗产品检测时，委托方需要提供可供检测单位作为依据的产品生产标准。如果该产品没有生产标准，

---

① 卓小勤：《涉及产品质量责任的医疗纠纷案的法理分析》，载《法律与医学杂志》2000 年第 1 期。

② 《中华人民共和国标准化法》第 6 条：“对需要在全国范围内统一的技术要求，应当制定国家标准。国家标准由国务院标准化行政主管部门制定。对没有国家标准而又需要在全国某个行业范围内统一的技术要求，可以制定行业标准。行业标准由国务院有关行政主管部门制定，并报国务院标准化行政主管部门备案，在公布国家标准之后，该项行业标准即行废止。对没有国家标准和行业标准而又需要在省、自治区、直辖市范围内统一的工业产品的安全、卫生要求，可以制定地方标准。地方标准由省、自治区、直辖市标准化行政主管部门制定，并报国务院标准化行政主管部门和国务院有关行政主管部门备案，在公布国家标准或者行业标准之后，该项地方标准即行废止。

企业生产的产品没有国家标准和行业标准的，应当制定企业标准，作为组织生产的依据。企业的产品标准须报当地政府标准化行政主管部门和有关行政主管部门备案。已有国家标准或者行业标准的，国家鼓励企业制定严于国家标准或者行业标准的企业标准，在企业内部适用。”

或者医患双方就生产标准存在争议的，检测单位将无法开展工作。

基于上述原因，在进行检测之前，医疗机构需要提供大量的证据，包括医疗产品的生产许可证、进货渠道证明、医疗产品的生产标准证明等，但经常因为无法满足产品检测机构的检测标准而导致医疗机构承担举证不能的不利后果。

## 三、对策与建议

由于医学本身的专业性，诊疗行为有无过错及其与患者损害后果有无因果关系、原因力的大小等往往需要通过鉴定程序来解决。没有医疗损害鉴定，多数医疗损害责任纠纷案件的处理会非常困难，因此医疗损害鉴定对于医疗损害责任纠纷案件的处理的重要性不言而喻。

但实践中存在鉴定程序不规范、鉴定意见公信力不足、鉴定人出庭难等问题，很大程度上影响了案件的公正处理。正因为如此，《医疗损害司法解释》依据民事诉讼法有关鉴定程序的规定，基于促进鉴定程序的规范化、科学化，提高鉴定意见的公信力，对医疗损害鉴定意见的采信、鉴定人出庭等问题作了规定①。针对《医疗损害司法解释》颁布后可能出现的问题，建议医疗机构在诉讼实践中依据《医疗损害司法解释》内容，合理判断可能面临的问题，并采取有效措施，维护医患双方合法权益。

### （一）明确专业性问题包含内容，强调医疗机构在专门性问题中尽到合理的注意义务

《医疗损害司法解释》中明确列明的专门性问题包括实施诊疗行为有无过错；诊疗行为与损害后果之间是否存在因果关系以及原因力大小；医疗机构是否尽到了说明义务、取得患者或者患者近亲属书面同意的义务；医疗产品是否有缺陷、该缺陷与损害后果之间是否存在因果关系以及原因力的大小；患者损伤残疾程度；患者的护理期、休息期、营养期以及其他专门性问题。

在这里，专门性问题是指当事人申请医疗损害鉴定所委托的专门事项和要求。医疗机构在诊疗过程中应对上述专门性问题尽到合理的注意义务。

---

① 人民法院新闻传媒总社：《解读：最高法关于审理医疗损害责任纠纷案件适用法律若干问题的解释》，http：//mp. weixin. qq. com/s/hBCxvRSGpI7gxexIZucEpw。

1.《医疗损害司法解释》中明确告知与说明义务属于鉴定范畴，医疗机构在诊疗活动中要注意充分尊重患者的知情权、同意权并及时履行签字手续

《侵权责任法》第 55 条第 1 款规定：“医务人员在诊疗活动中应当向患者说明病情和医疗措施。需要实施手术、特殊检查、特殊治疗的，医务人员应当及时向患者说明医疗风险、替代医疗方案等情况，并取得其书面同意；不宜向患者说明的，医务人员应当向患者的近亲属说明，并取得其书面同意。”第 2 款规定：“医务人员未尽到前款义务，造成患者损害的，医疗机构应当承担赔偿责任。”

《侵权责任法》颁布并实施之后，因侵犯患者知情权、同意权引发的医疗纠纷不断增加，医疗机构经常因为告知不充分承担不利后果，为了规范医疗机构的告知义务，同时维护患方的合法权益，《医疗损害司法解释》第 5 条第 2 款对告知义务进行了进一步说明：医疗机构提交患者或者患者近亲属书面同意证据的，人民法院可以认定医疗机构尽到说明义务，但患者有相反证据足以反驳的除外。

在医疗损害责任鉴定过程中，医疗机构必须提交患者或者患者近亲属的书面同意意见，方能证明尽到了合理的告知义务，因此，医疗机构在今后的医疗活动中，要更加规范告知过程并及时履行签字手续，避免因告知不充分承担赔偿责任。

2. 尸检

患者就医后发生死亡的，明确患者死亡原因是判断医疗机构诊疗行为是否存在过错的关键问题。患者就医后死亡当时医疗机构不能确定死因或者医患双方对死因有争议的，医疗机构未提示、要求进行尸检，致使无法认定医疗机构的诊疗行为是否存在过错或诊疗行为与损害后果之间是否存在因果关系的，医疗机构须承担相应的不利诉讼后果。医疗机构提示、要求尸检，因患者一方原因未进行尸检，致使无法认定医疗机构的诊疗行为是否存在过错或诊疗行为与损害后果之间是否存在因果关系的，患者一方须承担相应的不利诉讼后果。

因此，医务人员在诊疗活动中遇到患者发生了预料之外的死亡的情况，一线的医务人员应当在最快的时间内向上级医务人员和医疗机构管理人员报告，同时注意安抚死亡患者家属，使得死亡患者家属在亲人死亡后第一时间能够得到医疗机构的慰藉①。同时，现场医务人员应当向患者家属解释患者死亡原因，并找到恰当的时

① 吴世杰：《法医病理鉴定参与医疗纠纷尸检的重要性及常见问题防范》，载《临床医药文献电子杂志》2016 年第 3 期。

机以恰当的方式向患者家属告知尸体解剖的重要性并签署相关医疗文书，患者家属不同意尸检的，也应让家属在尸检告知书上签字确认，证明医疗机构履行了告知义务。

3. 及时封存病历，做好证据保全

在进行医疗损害鉴定过程中，病历是最重要的证据，医疗机构应及时与患方共同按照法律规定封存病历资料，确保病历的真实有效，避免在司法鉴定过程中因为病历真实性的争议导致鉴定无法正常进行，从而使医疗机构承担不利后果。

关于病历的保全实际上就是指病历的封存，《医疗机构病历管理规定》的要求，依法需要封存病历时，应当在医疗机构或者其委托代理人、患者或者其代理人在场的情况下，对病历共同进行确认，签封病历复制件。医疗机构申请封存病历时，医疗机构应当告知患者或者其代理人共同实施病历封存；但患者或者其代理人拒绝或者放弃实施病历封存的，医疗机构可以在公证机构公证的情况下，对病历进行确认，由公证机构签封病历复制件。医疗机构负责封存病历复制件的保管。封存后病历的原件可以继续记录和使用。

按照《病历书写基本规范》和《中医病历书写基本规范》要求，病历尚未完成，需要封存病历时，可以对已完成病历先行封存，当医师按照规定完成病历后，再对新完成部分进行封存。开启封存病历应当在签封各方在场的情况下实施。

发生医疗纠纷后，医疗机构应当按照上述要求，及时封存病历，保全证据，避免封存病历不规范引发争议，同时应当制作封存记录，避免日后双方对封存病历发生争议时，缺乏认定的根据。

### （二）合理选择鉴定人，坚持同行鉴定，维护医患双方合法权益

《医疗损害司法解释》依据民事诉讼法的有关规定，明确了鉴定人的确定，应当从具备相应的鉴定能力、符合鉴定要求的专家中选择的基本要求。当然这并不影响当事人先选择鉴定机构，再确定鉴定专家的实践做法。人民法院应当根据案件具体情况对鉴定专家做必要审查，确保鉴定专家具备相应鉴定能力。涉及临床医学方面专门性问题的鉴定，应当具备临床医学鉴定方面的资质要求；涉及法医学方面专门性问题的，应当具备法医学方面的资质要求。

对于《医疗损害司法解释》中鉴定人的概念，大家理解有所不同。《全国人民代表大会常务委员会关于司法鉴定管理问题的决定》中的鉴定人是指经过登记注册，可以成为从事司法鉴定业务的人员。而根据司法解释第 9 条第 3 款，“鉴定人

应当从具备相应鉴定能力、符合鉴定要求的专家中确定”，能够从事医疗损害鉴定的人员应当是具备专家身份的人员。至于该专家是否还需要具备《决定》中所指的鉴定人资质，可能会有歧义。

但由于医疗活动的专业性强，具备司法鉴定人资质的法医对于临床诊疗过程不能充分了解，因此如果鉴定人仅指登记注册，可以成为从事司法鉴定业务的人员，就不能保证鉴定过程客观公正。因此医疗机构在委托鉴定申请时，应明确对鉴定人提出要求，尤其应当坚持同行评价，以保证鉴定的客观公正。

在医疗损害鉴定中，坚持同行评价不仅是保证鉴定意见科学性、专业性的基础，也是能够真正实现鉴定主体自然人负责制的必要条件。无论大陆法系，还是英美法系，在专业技术问题的判断方面，都采取同行评价①。同行评价是鉴定意见这种特殊证据形式的生命力之所在。在实践中法医鉴定为了弥补临床医学问题上的局限性，通常会聘请临床医学专家来参与鉴定。然而这名临床专家却并不在鉴定书上署名，甚至连如何挑选这名临床医学专家都没有程序上的保障，这显然违反了鉴定主体权责统一的要求。因此，将鉴定模式回归到同行评价是将法医鉴定人“背后”的临床医学专家引导到前台，并真正落实权责统一。

### （三）法院委托鉴定，鉴定费用不应由医疗机构垫付

《医疗损害司法解释》第 9 条第 2 款规定，当事人未申请鉴定，人民法院对前款规定的专门性问题认为需要鉴定的，应当依职权委托鉴定。但并未明确费用承担问题。在以往法院审理案件的过程中，为了避免矛盾激化，同时保证案件能够及时审理，往往会在医疗机构不申请鉴定的情况下要求医疗机构先行垫付鉴定费用，这种要求并没有相应的法律依据。而且在司法实践中发现，医疗机构垫付鉴定费用后，即使鉴定结论认定医疗机构没有任何过错和不足，法院也很难让患方承担鉴定费用，这对医疗机构而言也显失公平。

《北京市高级人民法院关于审理医疗损害赔偿纠纷案件若干问题的指导意见》中曾明确指出，当事人一方申请进行医疗损害鉴定的，鉴定费由该当事人预交；人民法院依职权委托医疗损害鉴定的，鉴定费由双方当事人预交。

---

①　刘涓、王朝曦、宋文质：《美国处理医疗损伤责任纠纷的法律程序》，《中国医院》2006 年 11 期；高野陶、吕略钧、陈进清著：《中美医疗纠纷法律法规及专业规范比较研究》，南京大学出版社 2003 年版，第 95 ~ 106 页。

医疗机构在医疗损害纠纷案件审理过程中应坚持原则，鉴定费用不该由医疗机构承担的，医疗机构应说明情况，维护医疗机构的合法权益。

### （四）加强病历管理，提高病历书写质量，避免低级错误引发医疗机构承担不必要的责任

病历是医疗损害责任鉴定的重要依据，根据我国《病历书写基本规范》的规定和要求，病历书写应当客观、真实、准确、及时、完整、规范，且应当使用中文，仅通用的外文缩写和无正式中文译名的症状、体征、疾病名称等可以使用外文①。同时，病历书写应规范使用医学术语，文字工整，字迹清晰，表述准确，语句通顺，标点正确。患者的门（急）诊病历记录分为初诊病历记录和复诊病历记录，初诊病历记录书写内容应当包括就诊时间、科别、主诉、现病史、既往史，阳性体征、必要的阴性体征和辅助检查结果，诊断及治疗意见和医师签名等②。

在司法实践中，因为病历书写欠规范问题，导致医疗纠纷产生、加重医院责任的案例层出不穷。很多时候医务人员因为书写中的低级错误引发病历真实性争议，甚至医疗机构承担败诉后果。因此为了提高医疗质量，也为了减少纠纷，规范病历书写问题应引起医院管理者的高度重视。

### （五）做好医疗产品管理相关工作，避免医疗产品检定时医疗机构程序瑕疵而非质量瑕疵承担不利后果

从目前法院审理医疗产品、血液引发的医疗纠纷案件的状况上看，能够顺利委托检测，并依据检测结论做出判决的案件屈指可数。我们就此种现状的成因进行分析，并尽量寻找相应的对策。

1. 检测机构难以确定

由于检测机构不像司法鉴定机构一样，由省级审判机关或者行业主管机关定期

---

① 《病历书写基本规范》第 3 条：病历书写应当客观、真实、准确、及时、完整、规范。

第 5 条：病历书写应当使用中文，通用的外文缩写和无正式中文译名的症状、体征、疾病名称等可以使用外文。

② 《病历书写基本规范》第 13 条：门（急）诊病历记录分为初诊病历记录和复诊病历记录。

初诊病历记录书写内容应当包括就诊时间、科别、主诉、现病史、既往史，阳性体征、必要的阴性体征和辅助检查结果，诊断及治疗意见和医师签名等。

复诊病历记录书写内容应当包括就诊时间、科别、主诉、病史、必要的体格检查和辅助检查结果、诊断、治疗处理意见和医师签名等。

发布公示，公布单位各项信息，包括受理范围等重要信息，导致确定适格检测机构的工作往往对于审判人员以及原被告双方而言尤如大海捞针一般无所适从。法院目前审理中对于确定检测机构的问题，审判人员应当向双方当事人示明，由负有举证责任的一方在合理的时间内提供可进行相关检测的机构的情况，另外一方也可以就此问题给法院提供信息。如果在合理时间内，负有举证责任的一方无法提供有效的检测机构的信息，或者其提供的检测机构不予受理委托检测，导致无法认定医疗产品是否存在质量问题的，则审判人员有理由认定其承担举证不能的不利后果。因此医疗机构应熟悉掌握有医疗产品鉴定资质的机构，同时做好相应的沟通工作，确保鉴定能够顺利委托。

目前，能够进行医疗产品鉴定的部分机构如下：

| 名称 | 主要检测范围 | 地址 | 联系电话 |
|---|---|---|---|
| 国家食品药品监督管理局天津医疗器械质量监督检验中心 | 外科植入物和矫形器械 | 天津市南开区红旗南路237号 | 022－23365845 |
| 国家食品药品监督管理局上海医疗器械质量监督检验中心 | 植入式心脏起搏器及其配件 | 上海市民和路154号 | 021－56635850 |
| 国家食品药品监督管理局北京医疗器械质量监督检验中心 | 一次性医疗产品、口腔材料、非吸收性缝合线、成品敷布、插管及接头 | 北京市朝阳区北三环中路2号 | 010－62013862 |
| 国家食品药品监督管理局北京大学口腔医学院口腔医疗器械检验中心 | 义齿、牙科手术用品等医用口腔产品 | 北京海淀区中关村南大街22号 | 010－62179977－2267 |
| 中国食品药品检定研究院 | 药品、生物制品 | 北京市东城区天坛西里2号 | 010－67095114 |
| 国家康复辅具质量监督检验中心 | 假肢、矫形器、轮椅车等康复辅具 | 北京市大兴区亦庄经济技术开发区荣华中路1号 | 010－58122726 |

2. 检测机构对受理案件范围存在一定的随意性

医疗产品检测机构的主要工作范围在于对医疗器械产品监督抽验检验、注册检验、认证检验、科技成果检验、相关国家标准的技术审核或修订等等。审判机关委托检验往往并不是其工作的重点。因为医疗产品检测机构毕竟不是司法鉴定机构，其先天即对争议、诉讼等问题缺乏适应性。因此，这些机构往往对于法院委托进行的检验工作比较茫然，态度上也不甚积极，不愿意涉身于双方当事人的争议中，对受理案件的标准要求的也比较严格，能不管的就不管。在审判实践当中，经常有法院按照检验机构的受案范围委托检测，仍被检测机关以各种理由推诿①。

鉴于检测工作对法院审理医疗产品损害纠纷的重要性，笔者建议审判机关与医疗产品质量监督管理部门非常有必要进行协调，对于有资质承接检测工作的机构，可以定期公布其基本信息，特别是受案范围等，给审判人员以参考。同时，也可以在定期审核医疗产品检测机构资质时，要求其明确受案范围，并制订相关的委托检测细则，以改善目前委托渠道不畅通的现状。

医疗机构应当注意医疗产品进货和使用当中所有手续的保留，应当提醒医疗机构的采购部门保留相关手续的时限，避免发生医疗纠纷后，因为医疗机构无法提供检测机构要求提供的材料，导致鉴定无法正常进行，从而承担赔偿责任。

3. 由第三方进行血液检测尚属空白

根据《血站管理办法》的规定，具有血液检测实验室资格的实验室基本设立在省级血液中心内部，由其负责对献血者的血液是否合格进行唯一的审查。在该办法出台后的一段时期内，因血液不合格引发的医疗诉讼，基本都发生于医患之间，血液中心充其量作为一方当事人的证人，由其向当事人或者法院提供血液是否合格的证据。但是最近几年，在因血液不合格引发的诉讼中，作为血液的提供者，血液中心则越来越多的成为案件的当事人，被患者诉请承担供血者的民事责任。在对患者输入血液是否合格这一问题上，血液中心往往将其对献血者进行体检及实验室对血液进行化验的材料作为证明其按照规定采血及血液合格的证据。但是按照证据规则，这些证据在血液中心为案件被诉对象时，往往被视为当事人单方制作的证据，就如同医疗机构保管的病历一般，是否有足够的证明力，应当需要具有权威的第三方加以认定。但就目前对血液的检测条件，恐怕其他任何机构都无法超过血液中心，因此也无法对血液中心提供的标本以及出具的证据进行审核。作为卫生行政机关，由于并非检测部门，也很难接受法院委托，对上述问题进行检测或者调查，做出明确的认定。这就导致血液中心的证据成为了唯一的证据，在法院对证据进行形式审查未发现问题，且对方无相反证据的情况下，法院只能认定血液中心提供证据的效力。这就如同血液中心即是当事人，又是鉴定人。

---

① 杨立新：《论医疗产品损害责任》，载《政法论丛》2009 年第 2 期。

血液中心提供的血液检测数据、报告等专业性非常强，一般审判人员很难对此进行审查。因此笔者建议，卫生行政部门在条件允许的情况下，应当在诸如疾病预防控制中心等省级科研单位设立血液检测实验室，负责对血液标本以及血液中心提供的采血资料进行审核，以认定血液中心提供给医疗机构的血液是否合格。

### （六）原因力大小应合理掌握

原因力是指在导致受害人同一损害后果的数个原因中，各原因对于该损害后果的发生或扩大所发挥的作用力。医疗损害赔偿案件鉴定中，原因力大小是指医疗过失行为在人身损害全部应赔偿额中所应承担的责任比例①。

确定原因力规则“损伤参与度”（即指医疗过错参与度）的客观标准相当复杂，原因力规则中的重要问题就是患者自身疾病与最终损害结果之间的关系。患者均是因病就诊，疾病的自然发展、医疗过失行为与患者最终不良结果之间的因果关系的区分尤为困难。《医疗损害司法解释》第12条规定：鉴定意见可以按照导致患者损害的全部原因、主要原因、同等原因、次要原因、轻微原因或者与患者损害无因果关系，表述诊疗行为或者医疗产品等造成患者损害的原因力大小，《医疗损害司法解释》中恰当地将多种原因造成的不良后果中医疗机构应当承担的责任分为六个层次，但此六种层次中具体承担比例还需要法官进一步裁定。

一般情况下全部原因系指医疗机构应承担100%的完全责任，同等原因系指50%的责任，以上标准基本没有争议。但主要原因一般会认定为60%—90%之间；次要原因一般会认定为20%—40%之间；轻微原因一般会认定为10%—30%之间；这需要法官按照案情具体情况作出适合的判决。按照以往法官的判案习惯，很多法官会按照原因力最高限判决，对医疗机构可能会存在有失公允的情况②。

医疗机构在案件审理过程中，医疗机构应充分与法官及患方做好沟通，尤其是在医疗损害鉴定结论做出后，为了能够让法官掌握合适的参与度，医疗机构应及时采用申请法医出庭质证、邀请专家辅助证人出庭说明情况等方法，以协助法官做出合理判断。

---

① 刘鑫：《医疗损害鉴定之因果关系研究》，载《证据科学》2013年第21期。

② 刘鑫、梁俊超：《论我国医疗损害技术鉴定制度构建》，载《证据科学》2011年第19期。

# 第四节　案例分析

## 案例5－1　医疗机构提供医疗产品手续完善，不承担赔偿责任

### 一、案例介绍

2006年3月，迟某因间歇性跛行加重入住某医院。当月某医院在全麻下为迟某进行腰椎管减压，椎弓根钉内固定，Cage融合术。2006年5月迟某出院。2009年初迟某出现双侧大腿外侧酸痛难缓解的症状。2009年2月X线检查示椎弓根钉断裂，Cage向后外侧移位。2009年3月再次收住上述医院，进行腰椎内固定螺钉取出、Cage取出，腰4骶1椎弓根再固定、后外侧植骨融合术。双方对第一次手术断裂的螺钉进行了封存。此后迟某以某医院应当对其内固定物断裂承担责任为由，将某医院起诉至法院，要求某医院赔偿各项损失共计20余万元。

诉讼中，法院委托国家有色金属质量监督检验中心对封存螺钉进行质量鉴定，检验结果为："经检验，该产品化学成分、显微组织符合标准要求。"某医院给原告安装的螺钉系进口产品，其提供了经过国家医疗器械监督管理局对进口医疗器械的注册手续，以及天津医疗器械质量监督检验中心的检验报告，结论为产品符合进口原料器械产品注册标准要求。本病例经医学会鉴定，分析意见为：术后近一月患者复查时的X光片显示，内固定物位置良好，椎弓根钉未发生断裂。在术后长期时间内患者间歇跛行完全缓解，说明第一次手术是成功的。术后2年余，患者出现久站或行走后双侧大腿外侧酸痛等症状，复查X光片显示"腰5双侧椎弓根钉断裂、Cage向后侧移位"。对此，医方选择再次手术治疗有适应症。鉴定结论为本病例不属于医疗事故。

### 二、审判结果

法院经审理认为：经委托专业部门对封存的断裂内固定物进行鉴定，符合质量标准；该医疗器械经过医疗器械注册并经检验合格，并且手术前某医院对于内固定物断裂的风险向迟某进行了告知，因此在本病例中，某医院没有过错和责任。迟某不能举出进一步的证据且某医院在诊疗手术过程中也没有其他可归责之处，故判决驳回了迟某的诉讼请求。判决后原告不服提出上诉，二审维持了原判。

### 三、评析

医疗产品损害赔偿纠纷案件，对医疗产品是否存在缺陷需要委托检测的，人民法院应委托具有相应资格的机构进行医疗产品质量检测。本案中，某医院根据患者迟某的病情，为其安装了进口原料的内固定物，但在其后发生内固定物在体内断裂的损害后果。

内固定物在体内断裂的原因比较复杂。其中既有可能是内固定物本身设计、质量存在缺陷，也有可能在安装时存在不当造成内固定物受压过强，亦可能为患者自身原因及其他医疗意外因素造成。其中最后一种原因，既有可能归咎于患者在安装内固定物后自身活动不当造成断裂，也有可能系内固定物与患者的特殊体质不相匹配，但囿于当时的技术条件无法发现的缺陷。如果属于最后一种原因，则医疗机构不应当承担赔偿责任。

本案中某医院提供了内固定物的国家医疗器械的注册手续，并有医疗产品检测单位的检验报告，证实医疗产品的设计不存在缺陷，抽检产品的质量亦合格。一言以概之，即内固定物在生产、市场流通环节是合法的。针对断裂的内固定物这一特定对象，法院委托了专业部门对进行鉴定，证实其符合质量标准。根据某医院提供的病历以及医疗事故技术鉴定结论，亦证实某医院无论在风险告知还是在医疗技术方面均不存在过错。因此，法院根据以上情况，推定内固定物断裂并非由于某医院的过错导致，从而驳回了原告的诉讼请求，是正确的。

## 案例 5－2　医方篡改关键病历，应推定其存在过错

医方篡改关键病历，应推定其存在过错；且因此导致鉴定不能，致使无法查清因果关系的责任在医方，医方应承担全责。

### 一、案例介绍

患者到被告医院待产，产检正常。病历记载因胎儿窘迫，医方征得产妇同意后给予急诊剖宫产术，分娩一活女婴，但出生时重度窒息、新生儿缺血缺氧性脑病，存活率极低。后家人放弃治疗，患儿不久后死亡。诉讼中，患方指出医方病历中 2013－7－7 的《胎心监测报告单》的具体时间由××2：00 涂改为××5：00，涂改痕迹明显，肉眼可见，最终导致无法进行医疗过错鉴定。

裁判要旨：病历是医疗过错鉴定的主要依据，医疗机构对病历进行涂改使其丧失真实性，导致鉴定机构无法进行客观的专业判断，应当承担相应的法律责任。法

院认为被涂改的《胎心监测报告单》的具体时间是××2：00还是××5：00至关重要，直接关系到产妇有无剖宫产的手术指征。但由于上述病历被涂改而无法判断真实的报告时间，导致无法认定诊疗行为有无过错或与损害后果之间是否存在因果关系，责任完全在于医方。

## 二、审判结果

（2014）珠中法民一终字第930号一审判词摘要及要点归纳：

要点1. 在患方已申请了医疗过错鉴定，而由于医方篡改病历致使鉴定不能的，视为患方已尽到了举证责任

相关判词：两原告为了完成其举证责任，已向法院申请了医疗过错鉴定。但因病历中2013－7－7的《胎心监测报告单》的具体时间由××2：00涂改为××5：00，涂改痕迹明显，肉眼可见……本案中，被告直接涂改病历资料，没有按照规范修改病历，显然已经违反了《病历书写基本规范》的规定。原审法院认为，病历是医疗过错鉴定的主要依据，医疗机构对病历进行涂改使其丧失真实性，导致鉴定机构无法进行客观的专业判断，应当承当相应的法律责任。

要点2. 被篡改的病历必须是较为关键的部分，该被篡改的诊疗措施的实施与否直接关系到本案预后的，医方应承担鉴定不能的全部后果

相关判词：再查，胎心监测检查，是利用超声波原理对胎儿在宫内的情况进行监测，是正确评估胎儿宫内的状况的主要检测手段，以推测胎儿在宫内有无缺氧。可见，胎心监测而有效监测胎儿安危的检查手段。结合案件事实，产妇在当天凌晨3点因疼痛难忍已强烈要求手术终止妊娠，被告也做了相应的术前准备，而在凌晨5点时已经出现××胎儿窘迫，可见，被涂改的《胎心监测报告单》的具体时间是××2：00还是××5：00显得至关重要，这直接关系到阳某有无手术指征。但由于上述病历被涂改而无法判断真实的报告时间，导致无法认定诊疗行为有无过错或与损害后果之间是否存在因果关系，责任完全在于被告。

要点3. 推定过错情形下，医方应举证证明其存在减轻责任情形

二审判词摘要：被告未能举证证明两原告存在自身过错，能够减轻医院责任，故应当对此承担举证不能的不利后果，对珠海市妇幼保健院该节上诉理由本院不予采纳。

## 三、评析

司法实务中，并非一旦出现医方伪造、篡改病历或其他病历不够真实的行为，就一律会推定医方存在诊疗过错，也非一律判决医方承担全部责任。本案医方被判

全责，是因为被篡改的病历至关重要，直接关系到其后剖宫产术指征之有无，即是否需要手术。本案医方还存在其他违法诊疗规范的行为，显示其对母婴安全不够重视。结合鉴定机构不予接受鉴定委托的责任在医方，法院最终判令其承担全部赔偿责任，是完全符合法律规定的。

# 第6章　侵害患者知情同意权责任纠纷

侵害患者的知情同意权之诉是《侵权责任法》出台以来出现的一种新型诉讼，但是这类诉讼的侵权责任构成要件如何把握，什么情况下可以认定医方没有尽到告知与说明义务，什么情况下可以认定患者因知情同意权受到侵害而出现了损害结果。《医疗损害司法解释》对这些问题是如何规定的，如何领会和理解其中的内容，在司法实践中应当如何操作。本章将针对这些问题展开论述。

### 《医疗损害司法解释》中涉及患者知情同意权责任纠纷法条

第17条　医务人员违反侵权责任法第五十五条第一款规定义务，但未造成患者人身损害，患者请求医疗机构承担损害赔偿责任的，不予支持。

第18条　因抢救生命垂危的患者等紧急情况且不能取得患者意见时，下列情形可以认定为侵权责任法第五十六条规定的不能取得患者近亲属意见：

（一）近亲属不明的；

（二）不能及时联系到近亲属的；

（三）近亲属拒绝发表意见的；

（四）近亲属达不成一致意见的；

（五）法律、法规规定的其他情形。

前款情形，医务人员经医疗机构负责人或者授权的负责人批准立即实施相应医疗措施，患者因此请求医疗机构承担赔偿责任的，不予支持；医疗机构及其医务人员怠于实施相应医疗措施造成损害，患者请求医疗机构承担赔偿责任的，应予支持。

# 第一节　条文理解

## 一、条文含义

### （一）知情同意的概念

患者知情同意权（informed consent），是指在诊疗活动中，具有独立判断与意思表示能力的患者，在非强制状态下，在医方充分告知的情况下，能够理解各种风险和后果，在此基础上对医方制定的诊疗计划自行决定取舍的一种权利①。知情同意，顾名思义包括知情与同意两个方面。知情是同意的前提，同意是知情的延续与目的。既然有同意，相应的就有拒绝。在不同的备案方案中同意或拒绝，也就意味着选择。在充分知情的基础上做出自我选择和决策，以保护其人身权和财产权。知情同意的内涵是患者的身体权和自主决定权。因此，知情同意权也被称为“知情选择权”、“自主决定权”。

与患者知情同意权相对应的是医务人员告知说明义务。医务人员告知说明义务，是指医生在对患者进行手术等医疗行为时，首先应当向患者提出医疗处置方案，并就有关风险和其他可以考虑的措施等作出详细的说明，并以此为基础取得患者的同意②。关于医务人员告知说明义务的分类，有二分类说、三分类说及四分类说等不同的观点。其中二分类说是通说观点。一类是“行使自己决定权的说明义务”，既具有使患者的同意发生法律效力，使医疗侵袭行为正当化，并确定侵袭性医疗行为的范围和程度的功能，也具有使患者承受医疗行为本身所具有的风险的功能。因此，此类告知说明义务包括了医疗行为的各个细节③，其履行必须在该医疗行为实施之前。另一类是“结果回避义务的说明义务”，是指医师在诊疗行为过程中，在当时的医疗水平已预见到，或者应该预见到不良结果发生的危险性时，为了

---

① 赖红梅著：《医疗损害法律问题研究》，法律出版社 2014 年版，第 17 页。

② 余明永主编：《医疗损害责任纠纷》，法律出版社 2015 年版，第 160 页。

③ 王胜明主编：《〈中华人民共和国侵权责任法〉条文解释与立法背景》，人民法院出版社 2010 年版，第 214 ~217 页。

回避这一不良结果发生，医师指示患者应该采取怎样的治疗态度以及采取怎样的行动配合治疗的义务，包括康复指导义务、转院转科说明义务、报告医疗经过结果义务等①。

### （二）知情同意的来源

在法律上看，患者知情同意权源于其自我决定权；从实务上看，患者知情同意权源于医疗的特殊性。一方面，医疗是把“双刃剑”。在服务患者、造福患者的同时，也对患者的生命、健康具有不同程度的侵害性。因此，医疗行为的正当合法，是基于作为生命健康权主体的患者同意，即为了患者的相对获益，而容许医疗行为的相对侵害；另一方面，医疗具有风险性。医学发展至今仍有大量未知的领域尚未掌握、无从获知，因此，当今的医学仅是探索至今的经验总结，具有其有限性和时代性，并在未来可能随着发展而变化。同时，医学还要面对具有很强特异性的人体，疾病表现和治疗效果均具有不定性，构成无法完全避免的风险。由此而论，若患者未被告知却承担风险，以及患者被告知后医疗机构承担风险，任何一方完全承担风险均是不公平的②。是故，知情同意的根本之处在于“阻却违法”、“风险共担”。

知情同意的诞生，经历了“单纯同意”到“说明同意”两个阶段。

1. “单纯同意”阶段

医生在治疗开始之前必须取得患者的同意是一个古老的法律原则。18 世纪英国的斯莱特诉贝克（Slater v. Baker）案，某外科医生为了确认患者的忍耐度和协调性，在隐瞒患者的情况下强行给患者施行了无麻醉手术。对此，英国的法院判决认为：在给患者实施医疗行为之前，医生应当得到患者的同意，如果未经患者同意而接触了患者的身体，就是对患者实施暴力（assault and battery），属于违法行为。

在20 世纪初期的西方，医务人员在“父权式”医患关系中处于绝对的权威。在美国，患者针对医生在治疗中要求“一切听任我的决定”权威性态度提起诉讼的案例不断增多。而当时衡量医务人员是否违法的标准仅为是否取得了患者的同意。但如果医生作出误诊或错误预期，则患者所表示的同意应当无效，医生应当为自己实施了未经同意的治疗行为承担责任。就此推论，如果医生作出欺诈性说明或者不真实说明，

---

① 夏芸著：《医疗事故赔偿法——来自日本法的启示》，法律出版社 2007 年版，第 359 ~ 367 页。

② 陈现杰主编：《中华人民共和国侵权责任法条文精义与案例解析》，中国法制出版社 2010 年版，第 194 ~ 195 页。

患者的同意也应当无效。这种见解，后来被认为是“说明同意”产生的基础①。

2. “说明同意”阶段

“知情同意”的概念来源于 1945 年第二次世界大战之后的纽伦堡审判。审判后通过《纽伦堡法典》规定，人类受试者的自愿同意是绝对必要的，应该使他能够行使自由选择的权利，而没有任何暴力、欺骗、欺诈、强迫、哄骗以及其他隐蔽形式的强制或强迫等因素的干涉；应该使他对所涉及的问题有充分的知识和理解，以便能够作出明智的决定②。由此，知情同意逐渐成为医患关系中受人注意的原则之一。

1957 年，美国发生了“萨尔高事件”（Salgo v. Leland Stanford Jr. University Board of Trustees），医生在患者行胸部动脉造影后，造成患者两下肢瘫痪。而医院没有提供任何情况说明，患者及家属对该检查可能的风险并不知情。虽然上述并发症发生率极低，但当时的医学对此已有认识③。美国加州上诉法院法官在该事件的判决中论述道，“医生对于所提案的治疗方法，必须向患者提供一定的真实信息，因为这是患者做出合理决断的基础。如果医生没有提供这样的信息，就是违反对患者应尽的义务，就要承担责任。医生不可为了使患者作出同意而在说明中故意隐藏医疗行为或手术中存在的已知风险。”④ 这是知情同意权概念的首次应用，使知情同意（informed consent）成为法律上的概念⑤。该判决被认为是由“单纯同意”到“说明同意”原则的转折点。

1960 年，“娜坦荪事件”（Natanson v. Kline）判决认为，除了治疗风险之外，医生还应将疾病的性质、治疗措施、治疗成功率以及其他可选择的替代疗法进行说明。但若说明有可能影响治疗或基于治疗上的各种理由，可以认为是医生说明义务中的免责事由。医生不可以以任何方式强迫患者接受自己的判断⑥。

1964 年，世界医师联盟总会要求医师，应将病情与医疗方法对没有专门知识且怀有不安的患者具体地加以说明。对患者而言，医生的说明实现了患者的权利。对医生而言，先向患者说明并取得知情同意，再施行医疗处置，将会取得较好的效果，不仅进行了科普，还有助于治疗的配合。伴随着医疗技术的发展，对于同一种

---

① 夏芸著:《医疗事故赔偿法——来自日本法的启示》，法律出版社 2007 年版，第 327～329 页。
② 张宝珠、刘鑫主编:《医疗告知与维权指南》，人民军医出版社 2004 年版，第 292～293 页。
③ 梁慧星主编:《民商法论丛》，法律出版社 2007 年版，第 152 页。
④ 夏芸著:《医疗事故赔偿法——来自日本法的启示》，法律出版社 2007 年版，第 329～330 页。
⑤ 王泽鉴著:《侵权行为法（第 1 册）》，中国政法大学出版社 2001 年版，第 246 页。
⑥ 夏芸著:《医疗事故赔偿法——来自日本法的启示》，法律出版社 2007 年版，第 330～333 页。

疾病，可能会有多种治疗方法，而最终的选择应由患者进行①。美国亚历山大·卡帕诺（Alexander Capano）教授也曾说：说明义务的好处包括（1）保护个人自主权；（2）维护患者之尊严；（3）避免患者被欺诈、胁迫；（4）鼓励医生慎重决策；（5）促使患者作出合理决定②。

这也体现出医患关系从主动被动模式（父权式医患关系），到指导合作模式，最终进入共同参与模式的改变③。

### （三）知情同意相关法律法规

关于患者知情同意权与医师告知说明义务，我国有多部法律、法规及部门规章对此作出规定。

1.《医疗机构管理条例》

第33条：医疗机构施行手术、特殊检查或者特殊治疗时，必须征得患者同意，并应当取得其家属或者关系人同意并签字；无法取得患者意见时，应当取得家属或者关系人同意并签字；无法取得患者意见又无家属或者关系人在场，或者遇到其他特殊情况时，经治医师应当提出医疗处置方案，在取得医疗机构负责人或者被授权负责人员的批准后实施。

2.《医疗机构管理条例实施细则》

第61条：医疗机构在诊疗活动中，应当对患者实行保护性医疗措施，并取得患者家属和有关人员的配合。

第62条：医疗机构应当尊重患者对自己的病情、诊断、治疗的知情权利。在实施手术、特殊检查、特殊治疗时，应当向患者作必要的解释。因实施保护性医疗措施不宜向患者说明情况的，应当将有关情况通知患者家属。

第88条：特殊检查、特殊治疗：是指具有下列情形之一的诊断、治疗活动：

（1）有一定危险性，可能产生不良后果的检查和治疗；

（2）由于患者体质特殊或者病情危笃，可能对患者产生不良后果和危险的检查和治疗；

（3）临床试验性检查和治疗；

---

① 李凌燕：《科学技术的进步与人权——目前日本法学理论界关于人权研究的课题综述》，《外国法译评》1993年第4期。

② 黄丁全著：《医事法》，中国政法大学出版社2003年版，第244~245页。

③ 单国军著：《医疗损害》，中国法制出版社2010年版，第243~245页。

（4）收费可能对患者造成较大经济负担的检查和治疗。

3.《执业医师法》

第 26 条：医师应当如实向患者或者其家属介绍病情，但应注意避免对患者产生不利后果。

医师进行实验性临床医疗，应当经医院批准并征得患者本人或者其家属同意。

4.《医疗事故处理条例》

第 11 条：在医疗活动中，医疗机构及其医务人员应当将患者的病情、医疗措施、医疗风险等如实告知患者，及时解答其咨询；但是，应当避免对患者产生不利后果。

5.《病历书写基本规范》

第 10 条：对需取得患者书面同意方可进行的医疗活动，应当由患者本人签署知情同意书。患者不具备完全民事行为能力时，应当由其法定代理人签字；患者因病无法签字时，应当由其授权的人员签字；为抢救患者，在法定代理人或被授权人无法及时签字的情况下，可由医疗机构负责人或者授权的负责人签字。

因实施保护性医疗措施不宜向患者说明情况的，应当将有关情况告知患者近亲属，由患者近亲属签署知情同意书，并及时记录。患者无近亲属的或者患者近亲属无法签署同意书的，由患者的法定代理人或者关系人签署同意书。

6.《侵权责任法》

第 55 条：医务人员在诊疗活动中应当向患者说明病情和医疗措施。需要实施手术、特殊检查、特殊治疗的，医务人员应当及时向患者说明医疗风险、替代医疗方案等情况，并取得其书面同意；不宜向患者说明的，应当向患者的近亲属说明，并取得其书面同意。

医务人员未尽到前款义务，造成患者损害的，医疗机构应当承担赔偿责任。

第 56 条：因抢救生命垂危的患者等紧急情况，不能取得患者或者其近亲属意见的，经医疗机构负责人或者授权的负责人批准，可以立即实施相应的医疗措施。

第 60 条：患者有损害，因下列情形之一的，医疗机构不承担赔偿责任：

（1）患者或者其近亲属不配合医疗机构进行符合诊疗规范的诊疗；

（2）医务人员在抢救生命垂危的患者等紧急情况下已经尽到合理诊疗义务；

（3）限于当时的医疗水平难以诊疗。

前款第一项情形中，医疗机构及其医务人员也有过错的，应当承担相应的赔偿责任。

7.《医疗损害司法解释》

第 17 条：医务人员违反侵权责任法第 55 条第 1 款规定义务，但未造成患者人身损害，患者请求医疗机构承担损害赔偿责任的，不予支持。

第 18 条：因抢救生命垂危的患者等紧急情况且不能取得患者意见时，下列情形可以认定为侵权责任法第 56 条规定的不能取得患者近亲属意见：

（1）近亲属不明的；

（2）不能及时联系到近亲属的；

（3）近亲属拒绝发表意见的；

（4）近亲属达不成一致意见的；

（5）法律、法规规定的其他情形。

前款情形，医务人员经医疗机构负责人或者授权的负责人批准立即实施相应医疗措施，患者因此请求医疗机构承担赔偿责任的，不予支持；医疗机构及其医务人员怠于实施相应医疗措施造成损害，患者请求医疗机构承担赔偿责任的，应予支持。

### （四）知情同意的具体含义

1. 知情同意的主体与代替

（1）知情同意的义务主体

对于知情同意的义务主体，一般认为是提供诊疗行为的医生。但随着医学的发展，在现代医疗实践中，医疗过程的参与者逐渐增加，由一名医生到多名医生，发展到医护技多种类医疗卫生专业技术人员的共同参与。因此，医方作为知情同意的义务主体，需要履行告知说明义务的人员不仅包括医生，还包括护理人员、药剂人员、医技人员等医务人员对相关事项的告知，甚至包括医疗机构管理服务人员对患方提供医疗机构资质、出诊信息、就诊流程与须知等的告知①。因此，当前知情同意的义务主体应包含各级各类医务人员。

（2）知情同意的权利主体

对于知情同意的权利主体，多年来从相关法律法规的变化上看，其主体的倾向性也在发生变化。由 1994 年《医疗机构管理条例》中的患者、其家属或者关系人并重，到 1999 年《执业医师法》中的患者或者其家属并列任选，发展到 2002 年《医疗事故处理条例》（以下简称《条例》）、2010 年《侵权责任法》中突出患者的

① 单国军著：《医疗损害》，中国法制出版社 2010 年版，第 250 ~ 251 页。

主体资格。这样的发展变化充分体现了患者对于自身生命健康权、身体权的充分主体地位，避免他人干涉自身真实意思表示，同时也是体现患者主动参与医疗决策的发展方向。知情同意权是人格权的内容，只有患者本人才是知情同意权的主体，其他权利人即使可以代为行使该权利，也不能因此而成为权利主体。

（3）知情同意权利主体的代替

第一，法定代理人的代替

当患者不具备同意的能力或无法取得患者意见时，医疗机构及其医务人员应当取得患者法定代理人的同意。这便是知情同意权利主体法定代理人的代替。

对于代替者的身份，随着法律法规的发展，其用词由家属或者关系人、法定代理人或者关系人，发展到目前的近亲属。民法中规定的近亲属，包括配偶、父母、子女、兄弟姐妹、祖父母、外祖父母、孙子女、外孙子女。而《民法总则》规定，监护人的选择范围包含了近亲属和“其他愿意担任监护人的个人或者组织”，可见“监护人”的范围大于“近亲属”。而对于“关系人”，在最高人民法院、最高人民检察院《关于办理受贿刑事案件适用法律若干问题的意见》中，对“特定关系人”定义为指与国家工作人员有近亲属、情妇（夫）以及其他共同利益关系的人。民法和行政法上也有“利害关系人”之说，以有共同利益关系的人作为衡量关系的相关性。可见，关系人也可以成为法定代理人，法定代理人的范围要广于近亲属。因此，综合来看，使用“法定代理人”较为全面，更为合适①。法定代理人的代理权是根据亲权和监护权而产生的。

患者不具备同意的能力，即为无民事行为能力人和不具备同意能力的限制民事行为能力人，主要包括不满八周岁的未成年人、不能辨认自己行为的八周岁以上的未成年人、不能辨认自己行为的成年人。无民事行为能力人、限制民事行为能力人的监护人是他的法定代理人②。监护人可以将监护职责部分或者全部委托给他人；无法取得患者意见，则主要包括疾病状态下意识障碍的患者不能取得意见，以及心理脆弱患者不宜取得意见等。其近亲属是其法定代理人。

第二，委托代理人的代替

患者委托代理人代为行使知情同意权，是指具有完全民事行为能力的患者通过

---

① 赖红梅著：《医疗损害法律问题研究》，法律出版社 2014 年版，第 21～23 页。

② 奚晓明主编：《〈中华人民共和国侵权责任法〉条文理解与适用》，人民法院出版社 2010 年版，第 398 页。

口头或书面授权的方式，将自己享有的知情同意权授权给他人行使。被授权人可以是包括患者近亲属在内的具有完全民事行为能力的所有人。

授权的形式一般为书面形式，但正如法律承认口头合同一样，在紧急情况下亦可采取口头形式①。

第三，医疗机构的代替

医疗机构代为行使患者的知情同意权，是指在不能取得患者或者其近亲属意见的特定情况下，为抢救患者的需要，医疗机构的负责人或者授权的负责人批准实施相应医疗措施的过程。

2. 知情同意的条件与限制

（1）知情同意的条件

1979 年，美国乔治城大学（Georgetown University）的伦理学者 Tom L. Beauchamp 及 James F. Childress 出版《生物医学伦理原则》（The Principles of Biomedical Ethics），提出尊重自主（respect for autonomy）、行善（beneficence）、不伤害（no maleficence）和正义（justice）四原则②。其中，尊重患者的自主决定权排在了伦理原则的首位，可见知情同意在生物医学实践中的重要性。

对患方而言，履行同意所需的条件有以下三点：

第一，具有同意的能力

同意的能力，主要包括信息的表达能力、理解能力以及对于选择的逻辑性思考能力和推理能力③，还包括形成与维持一套道德观念的能力，即能够理解医疗行为的程序，能够权衡其利弊得失，能够对面对的选择作出评价，能理解所采取医疗行为的可能风险与后果，能够根据知识和运用这些能力作出有效决定④。在法律上，是指患者具有同意的民事行为能力，有能力理解医务人员所说明的内容。一般来说，具有完全民事行为能力的人则被认为是有同意的能力。限制民事行为能力的人根据其是否能够理解医务人员所说明的内容来判定其是否具有同意的能力。能够充分理解自身病情、医疗措施、医疗风险的八周岁以上未成年人与不能完全辨认自身

---

① 陈志华著：《医疗损害责任深度释解与实务指南》，法律出版社 2010 年版，第 165 ~ 171 页。

② 黄丁全著：《医疗法律与生命伦理》，法律出版社 2014 年版，第 777 ~ 780 页。

③ 王胜明主编：《〈中华人民共和国侵权责任法〉条文解释与立法背景》，人民法院出版社 2010 年版，第 217 页。

④ 黄丁全著：《医疗法律与生命伦理》，法律出版社 2014 年版，第 783 ~ 786 页。

行为的精神病人，可视为具有同意的能力[①]。而无民事行为能力的人则不具备同意的能力。

第二，充分理解知情同意的内容

医生与患方之间，专业知识层次差距较大。如果医生使用其专业术语向患方进行告知，患方很难能够理解明白。甚至有些医务人员在履行说明义务时流于形式，简单告知或仅让其阅读知情同意书所列内容，而不进行详细说明。在没有理解明白的前提下，谈同意或不同意则并非真实的意思表示。对患者的告知，应尽可能将专业术语转化为通俗易懂的语言。如遇某些讲外语、地方话的患者，医患双方直接交流有困难，应当设法通过翻译、文字书写等方法，让医患双方准确了解彼此表达的意愿，避免发生误解[②]。因此，患方充分理解知情同意的内容是知情同意有效的必要条件。这就要求医务人员应真实全面地履行说明义务，并将充分的信息内容，运用适宜的方式、方法传达信息使患方充分理解，甚至可通过反向提问的方式来确认患方是否充分理解。如请患方自己叙述自身病情、医疗措施、医疗风险以及替代医疗方案等内容，而由医生来判断患者是否理解，这样更有利于患者对医疗措施做出客观合理的预期和判断。混乱迅速的传达、不充分的思考时间，或者缩减患者提问的机会，都会影响患者对信息的理解而做出不当的选择。

第三，自愿地作出同意

自愿同意是指患者在自由意志下的任意同意，亦即患者在做出同意的决定时，不受其他人不正当的影响或强迫，不受经济及其他利益的影响，根据自己的独立判断进行自由选择并对之负责。患者的同意必须是事前、自主、显明的同意，不可为非自愿性的同意[③]。因此患者意思自治做出意思表示时，医生要判断是否真正出于自愿。有时患者出于费用、家庭、精神压力等因素做出的决定并不是其真实的意思表示。但医生应尽力发现判断并设法解决其顾虑或寻求帮助。相关经济、家庭、心理问题，还可寻求社会工作者、民政、心理医生帮助解决。最终目的就是要让患者尽量完全出于自身疾病的理解而进行决定。

---

① 王岳主编：《医事法》，对外经济贸易大学出版社2010年版，第97～99页。

② 《履行知情同意原则的指导意见》（23家医院与10家大学教学单位联合制定），《医学与哲学（人文社会医学版）》2008年第10期。

③ 黄丁全著：《医疗法律与生命伦理》，法律出版社2014年版，第782～783页。

（2）知情同意的限制

患者的知情同意权与其他权利一样，并不是没有限制的。对患者知情同意权的过度保护，可能会导致患者权利的滥用，最终可能会损害患者自己的利益、公众利益及其他第三人的合法利益。患者的知情同意权与医务人员的裁量权之间是相互制约的关系，对患者知情同意权过度的保护，就会导致医务人员裁量权的缺位。因此，正确设定患者知情同意权的限制边界，有助于解决医务人员治病救人的后顾之忧，也能够更好地保护患者的利益。

知情同意的限制主要有以下几个方面：

第一，患者的拒绝或放弃

患者对知情同意权的拒绝或放弃，包括对知情权的拒绝或放弃，以及对同意权的拒绝或放弃。当然，如果患者对知情权拒绝或放弃，则失去了同意权有效行使的前提，可视为同时对同意权的拒绝或放弃。因此，当医务人员履行告知说明义务时患者因故拒绝或放弃接收信息，亦或知情后因故拒绝或放弃，或故意怠于做出决定，均应视为患者对知情同意权的拒绝或放弃，医务人员对此无需承担任何法律责任①。

第二，基于公共利益的强制治疗行为

为了使公共利益以及他人利益免受正在发生的侵害或危险，医疗机构依据法律法规授权，可以对正在发生特殊疾病的患者在必要情况下强制行使诊疗措施，而患者无权拒绝。这种状态下的医患关系为强制医疗关系。其范畴包括：无禁忌症的受种者第一类疫苗的免疫接种、传染病患者的治疗与疫情防控措施、已经发生伤害自身或他人的行为或者有伤害危险的严重精神障碍患者强制住院治疗、酗酒而失智闹事者强制治疗、不配合社区戒毒或社区戒毒无效的吸毒成瘾人员强制隔离戒毒治疗等②。

第三，患者的自主决定会伤害自己

患者行使自主决定权伤害自己的最典型情形即为自杀。个体在复杂的心理因素下，故意或自愿采取各种手段结束自己的生命。而医务人员对自杀者所采取的救治，无疑是违背了个体本人的意愿。因此，法律上将对自杀未遂而不愿就诊者所采

---

① 奚晓明主编：《〈中华人民共和国侵权责任法〉条文理解与适用》，人民法院出版社2010年版，第401页。

② 王岳主编：《医事法》，对外经济贸易大学出版社2010年版，第26页。

取救治的医患关系，视为无因管理关系[①]。医务人员出于救死扶伤的医德，在无约定义务或法定义务的情况下，为避免其生命健康利益受到损害，自愿为其提供医疗服务行为。此种情形中，应限制自杀者的知情同意，医务人员的救治行为不违反法律，不承担法律责任。

相对于自杀，安乐死面临的法律伦理问题则较为复杂。安乐死，是指第三人为减轻病人的痛苦而采取加速病人死亡的行为，也被称为“仁慈的谋杀”（mercy killing）[②]。因其违反了医学治病救人、“不伤害”的伦理准则，故世界不同国家和地区对其采取的态度不一。荷兰、比利时、瑞士、日本与我国香港特别行政区等国家或地区，已经试图在可控的范围开放积极安乐死的可能性，并提供制度性的援助。但大多数国家并未赞同安乐死，对其知情同意采取限制。我国台湾地区医师辅助病人进行安乐死，将承担“加工自杀罪”的刑事责任[③]。我国目前在法律上不认可安乐死，医务人员协助患者自杀的行为属于犯罪行为。

但尊严死与安乐死不同。尊严死，是指患有当今医学水平难以医治疾病的患者，在疾病所致的极端痛苦的精神与肉体折磨下，自我做出终结医疗、结束自己生命的决定[④]。由于其并无积极采取安乐死的措施，因此也被称为“消极安乐死”。在此问题上，积极救治对于患者而言也许并非避免伤害，而是延长痛苦，因此对于此类患者伤害的界定较为模糊。而以减缓痛苦为目的，不采取人工复苏术（Do Not Resuscitate，DNR），仅为患者施予缓解性、支持性的“安宁缓和医疗照护”（也称“维生医疗”、“临终关怀”），维护了患者的尊严，减轻了患者的痛苦，也不违反助人死亡的伦理禁忌，因此在医学实践中成为可能，广泛为人接受，不属于知情同意的限制。

第四，患者的自主决定会伤害他人

患者行使自主决定权伤害他人的最典型情形为人工终止妊娠。孕妇因各种原因选择终止妊娠，同时因胎儿尚未具备独立生存能力，则终止妊娠意味着终结胎儿的生命。因此关于孕妇是否有权自主决定胎儿的生死，是否应限制其知情同意，学界存在争议。在美国，2003 年通过了《禁止怀孕后期堕胎法》（Partial - birth abortion Ban Act），将孕期分为三期：妊娠初期，允许主治医师以医学的判断处置；妊娠中

---

① 王岳：《论医疗机构在无因管理法律关系中的注意义务》，《中国医院管理》2007 年第 3 期。

② 曾淑瑜著：《医疗伦理与法律 15 讲》，元照出版公司 2016 年版，第 192 ~ 195 页。

③ 曾淑瑜著：《医疗伦理与法律 15 讲》，元照出版公司 2016 年版，第 189 ~ 203 页。

④ 陈志华著：《医疗损害责任深度释解与实务指南》，法律出版社 2010 年版，第 162 ~ 163 页。

期，只有以维持母体健康的合理依据才可进行处置；妊娠后期，除维持母体生命或健康必须处置外，一律禁止处置。在我国，人工终止妊娠分为妊娠12周前进行的早期人工流产，和妊娠12至24周进行的中期引产。人工终止妊娠适用于母体患有某些严重疾病或妊娠合并症，不适宜继续妊娠者以及避孕失败[①]或非自愿怀孕者等。但针对性别选择等原因导致的非医学需要人工终止妊娠，则应限制其知情同意，医务人员不得擅自依其自主决定为之。

第五，医务人员履行告知说明义务的自由裁量行为

医务人员在医疗过程中履行告知说明义务时，在向患者告知的内容、对象、时机和方式上享有一定的选择权，如患者已知的信息、危险性明显轻微不会对患者造成损害的信息（例如注射处会短期留有针眼）、患者表示无需告知的信息等。

3. 知情同意的形式与范围

同意的形式有默示和明示两种。明示的同意又包括口头的和书面的两种。在通常情况下，默示的、口头的、书面的同意均被视为具有相同的法律效力[②]。与之相应，依据要求由低到高，知情同意的形式可分为公示知情同意、口头知情同意和书面知情同意[③]。

而不同的知情同意形式也分别针对不同的诊疗活动范围。根据诊疗活动危险性的不同，可以将诊疗活动分为一般诊疗活动和特殊诊疗活动。

（1）公示知情同意

患者选择来院就诊，则必然要面临诊疗活动所造成的侵害，并遵守医疗机构的管理要求与注意事项，因此，医疗机构则有义务将常规须知内容公示，以便让患者及家属知情并默示同意。

常见的应用形式包括门诊须知、急诊须知、住院须知、探视须知等。

针对的知情同意范围包括医院管理制度、诊疗注意事项、权利义务、隐私保护、维权渠道、病历复印流程等。

（2）口头知情同意

一般诊疗活动，通常指对患者不存在可能性伤害或不具有严重伤害的医疗行为。针对一般诊疗活动，医务人员在实施具体诊疗行为时，不宜也无法事事征求患

---

① 王岳主编：《医事法》，对外经济贸易大学出版社2010年版，第275页。

② 赖红梅著：《医疗损害法律问题研究》，法律出版社2014年版，第24～25页。

③ 孙东东主编：《医疗告知手册》，中国法制出版社2014年版，第9～10页。

者意见，因此不需要向患者详尽说明，仅进行口头简要说明即可。这并不代表不需要患者的同意，而是允许患者提出疑问①，采取患者不反对即视为患者口头同意的调整方法②。如果患者明确表示不同意相关医疗措施，医疗机构及其医务人员则应尊重患者的自主决定权。患者通过享有“反对权”来实现其在一般诊疗活动中知情同意权的行使。

常见的应用形式包括一般诊疗活动前所进行的口头知情同意。例如，在护士为患者采血时，会口头告知患者抽血过程中会有疼痛，需患者配合保持上臂不活动，采血后需要患者在采血处按压三至五分钟，无活动出血后再放松，同时采血侧上臂应避免剧烈活动、负重、感染等，以避免局部出血等。

针对的知情同意范围包括常规用药、注射、采血、检查等一般诊疗活动。

（3）书面知情同意

依据相关法律法规，医疗机构及其医务人员在为患者实施手术、特殊检查、特殊治疗时要取得患者书面同意。此类诊疗行为可统称为特殊诊疗活动。由于特殊诊疗活动在治疗患者的同时，可能对于患者产生较大的伤害，医疗的风险性较强，患者所需负担的医疗费用较高，因此要求医疗机构及其医务人员应向患者进行全面及时的告知。同时，针对此类告知，患者应当给予书面同意。这种书面形式的要求主要是为了固定证据，避免发生纠纷，以及一旦发生纠纷后便于查明事实和解决纠纷③。在我国台湾地区，部分医疗机构为了更利于患者的理解，医疗机构及其医务人员还将特殊诊疗活动的告知拍成了视频短片，形象直观地让患方进行观看④，让视频与医务人员讲解相结合，充分体现了“以患者为中心”的医院管理服务理念。

常见的应用形式包括特殊诊疗活动前所进行的书面知情同意，以及患者拒绝或放弃治疗的书面知情同意等。例如，当医生根据病情需要，应对患者实行必要的X线检查时，经充分告知检查必要性以及不做检查的风险，患者知情理解但仍然拒绝进行该检查，则应在病历中书面记录其拒绝的意见。

针对的知情同意范围包括但不仅限于手术同意书、麻醉同意书、输血治疗知情

---

① 王竹：《解释论视野下的侵害患者知情同意权侵权责任》，《法学》2011年第11期。

② 单国军著：《医疗损害》，中国法制出版社2010年版，第245~246页。

③ 陈现杰主编：《中华人民共和国侵权责任法条文精义与案例解析》，中国法制出版社2010年版，第195~196页。

④ 慈济医疗志业：《健康OK棒——特殊检查及手术知情同意专区》，http://ok.tzuchi.com.tw/ok-ban/01_event_01/index.html，最后访问时间：2018年1月2日。

同意书、特殊检查、特殊治疗同意书、病危（重）通知书、临床试验性检查治疗同意书、自费项目协议书、拒绝或放弃治疗告知书、自动出院（转院）告知书、劝阻住院病人外出告知书，以及其他有可能不良后果的诊疗同意书和医务人员认为有必要签署的其他同意书。患者因病无法签字时，应当由其法定代理人或委托代理人签字。

当然，根据实际需要，一般诊疗活动可以选择较高要求的知情同意形式，但特殊诊疗活动不可选择较低的知情同意形式。例如，为了促使患者充分掌握住院须知，以便遵守医院规章制度，可以要求患者在住院须知上书面签字确认。与之相反，如果需要为患者使用自费高值医用耗材，口头获得患者的同意是不足的，应取得患者的书面签字同意。

医务人员在告知说明时应注意的原则有：第一，通俗原则，即医务人员的告知说明应通俗易懂，便于患者理解；第二，忠实原则，即医务人员应本着诚实信用的原则，向患者如实告知说明，不应有所隐瞒、侧重。同时处理好知情同意与保密之间的关系①；第三，充分原则，即医务人员应当提供充分全面的信息，避免遗漏重要内容，以便患者充分知情进行自主决定；第四，适当原则，即医务人员的告知说明应适当，必要时可采用保护性医疗措施；第五，及时原则，即医务人员的告知说明应及时进行，避免延误患者的自主决定而对患者造成不利影响②。

4. 知情同意的内容与标准

（1）知情同意的内容

根据相关法律法规，医务人员原则上应对以下五方面内容承担告知说明义务：

第一，关于医疗机构的基本情况，包括医院性质、等级、类别、专业特长，医务人员出诊时间、职称、专业等③；

第二，关于患者现在病情的信息，包括疾病诊断、疾病性质、当前病情以及疾病预后等；

第三，医生计划采取的诊疗措施以及预期诊疗结果、医疗费用、医疗风险等，包括诊疗措施的性质、具体实施方法、治疗前后的注意事项、预期治疗效果、预估的医疗费用、并发症的种类及发生率、医务人员避免风险所采取的措施、医院的设备、医务人员的资质④与既往手术情况等；

---

① 《履行知情同意原则的指导意见》（23家医院与10家大学教学单位联合制定），《医学与哲学（人文社会医学版）》2008年第10期。

② 单国军著：《医疗损害》，中国法制出版社2010年版，第250页。

③ 温勇、雷鸿著：《医疗损害赔偿焦点·难点·指引》，中国法制出版社2008年版，第140~141页。

④ 孟强著：《医疗损害责任：争点与案例》，法律出版社2010年版，第60~62页。

第四，可替代的医疗方案，包括替代医疗方案的种类、性质和具体实施方法、预期诊疗效果以及与计划诊疗措施的比较、预估医疗费用以及与计划诊疗措施的比较、替代医疗方案伴随的风险以及与计划诊疗措施的比较等；

第五，患者拒绝接受计划诊疗措施情况下的预后等。

需要注意的是，法律在要求医务人员说明替代医疗方案以及让患者自己作出最终选择时，并不否定医师的裁量权，尤其不可由患者自行制定替代医疗方案。当医师面对某一疾病或某种症候群时，首先必须根据当时的医疗水平以及患者的具体病情，筛选出可行的医疗方案以供选择，并进一步选择疗效和安全性更具优势的方案作为首选计划医疗措施，将其他方案作为替代医疗方案。这种筛选的过程便是医师的裁量权[①]。患者可以向医务人员提出疑问并获得解释，但仅能够在医师所提供的医疗方案范围之内进行选择。患者没有医疗权，不可超出范围制定医疗方案并要求医务人员执行。

（2）知情同意的判定标准

关于知情同意内容的判定标准，法律上尚无明确规定。学界一般将知情同意内容的标准和要求，从学说上分为“合理医师说”、“合理患者说”、“具体患者说”、“具体患者与合理医师两重标准说”等四种学说。

第一，“合理医师说”，是指根据当时的医疗水平，以同样客观状况下的一般临床医师所作说明的程度和范围作为知情同意内容的判定标准。由于医学的专业性，患者在知情同意能力方面较医务人员存在一定障碍，因此医生应根据当时的医疗水平和客观状况，选择告知的内容、程度，同时还要考虑告知给患者带来的不利影响等。

第二，“合理患者说”，是指以同样客观状况下的一般患者自主决定时，在客观上大致视为重要的信息（必须以医师应能够认识该信息为前提）作为知情同意内容的判定标准。医务人员的告知说明义务因患者的知情同意权产生，因此只要是患者视为自主决定所必要的信息，医务人员就应进行说明。

第三，“具体患者说”，是指以该患者本人进行自主决定时，主观上视为重要的信息（必须以医师应能够认识该信息为前提）作为知情同意内容的判定标准。因为诊疗活动针对的是具体患者，而患者之间存在个体差异，所采取的医疗措施与面对的风险性也有不同，故只要是该患者视为自主决定所必要的信息，医务人员就应进行说明。

---

① 夏芸著：《医疗事故赔偿法——来自日本法的启示》，法律出版社 2007 年版，第 373 ~ 374 页。

第四，“具体患者与合理医师两重标准说”，虽然认同以该患者本人进行自主决定时，主观上视为重要的信息（必须以医师应能够认识该信息为前提）作为知情同意内容的判定标准，但同时强调，只有医师能够预见该患者主观上将某种信息视为重要时，才应对此承担告知说明义务。关于预见，则以同样客观状况下的一般临床医师能够预见或应该预见该患者的这一心理状态为标准①。

根据我国国情，“合理医师说”在医师的告知内容标准上难以统一衡量，且不利于保护患者知情同意权；“合理患者说”不考虑患者的个体差异，不利于其自主决定权的实现；“具体患者说”不考虑医师的裁量权，对疾病治疗不利，也容易造成医师过重负担②；“两重标准说”则结合了“具体患者说”和“合理医师说”的优点，既考虑了患者的知情同意权与个体差异，又避免了医师的过重负担，而是选择了合理医师对患者信息了解需求的判断作为标准，来判断具体知情同意的内容，即医务人员应承担告知说明义务的范围和程度③。近年来，“两重标准说”得到学界广泛支持，逐步成为现在的通说。

5. 违反知情同意的构成与承担

（1）违反知情同意的医疗损害责任构成

侵害患者知情同意的医疗损害责任构成要件为：医方存在未尽合理告知说明义务的过错行为、患者有损害后果以及医方过错行为与患者损害后果之间存在因果关系。

第一，过错行为，即医方未履行充分的告知说明义务。主要的过错行为类型包括：未告知、告知不充分、告知错误、告知延迟、告知后未获同意而实施医疗行为④、告知不适当⑤等。

第二，损害后果，即患者所受到的人身损害事实，可以是直接的，也可以是间接的。对于损害事实，我国有“人身损害说”和“知情同意权损害说”。前者以王利明教授为代表，认为损害包括人身损害，主要包括生命权、健康权、身体权损害，以及随之产生的财产损害和精神损害等。后者以杨立新教授为代表，认为损害

---

① 夏芸著：《医疗事故赔偿法——来自日本法的启示》，法律出版社 2007 年版，第 376 ~ 380 页。
② 柳经伟、李茂年著：《医患关系法论》，中信出版社 2002 年版，第 46 ~ 48 页。
③ 余明永主编：《医疗损害责任纠纷》，法律出版社 2015 年版，第 162 ~ 163 页。
④ 杨立新著：《医疗损害责任法》，法律出版社 2012 年版，第 248 ~ 249 页。
⑤ 单国军著：《医疗损害》，中国法制出版社 2010 年版，第 251 页。

的不是人身权益，而是知情同意权、自主决定权等民事权益[①]，导致丧失治疗最佳时机、最佳治疗方案及其他可预见利益[②]。在实际法律实践中，“人身损害说”的应用更加广泛。

第三，因果关系，即患者的损害后果是由于医方未履行充分的告知说明义务所造成的。在因果关系的判定上，既不要求达到充分条件，也不要求满足必要条件，而是要求具备“相当性”。是否符合相当性之要求，实质上是“一个可能性的判断过程”。这种“可能性”可以表现为增加了损害发生的概率，也可以表现为减少了损害得以避免的机会。如果把医疗活动中患者发生损害作为一种风险的话，若医方没有过错，这种损害属于合理风险；若医方之过错可以增加损害发生的概率或者减少损害得以避免的机会，该过错为损害发生添加了不合理之元素，即可认定该过错医疗行为与损害后果之间存在相当因果关系[③]。

根据《侵权责任法》“谁主张，谁举证”的规则，在违反知情同意的举证责任上，应由患方承担证明医疗机构构成侵害患者知情同意的医疗损害责任。医方提出不承担责任或免责抗辩的，由医方就抗辩事由或免责事由承担举证责任。在推定过错责任认定方面，医疗机构也要对医疗行为与损害结果之间不存在因果关系及不存在医疗过错承担举证责任。此次《医疗损害司法解释》第5条，针对侵害患者知情同意权纠纷举证责任进行了明确，既进一步明确了“谁主张，谁举证”的规则，又针对审判实践中对书面同意的认定争议，明确“医疗机构提交患者或者患者近亲属书面同意证据的，人民法院可以认定医疗机构尽到说明义务，但患者有相反证据足以反驳的除外”的应用原则。

（2）违反知情同意的医疗损害责任承担

医方违反知情同意应承担的法律责任，在学界有不同的处理方法。以日本为例，主要有四种处理方法。

第一，“同意无效论”。因侵袭性医疗行为具有违法性，而患者的知情同意是违法性的阻却事由。为获患者的知情同意，医方则产生告知说明义务。而如果医方告知说明不充分，则患者的同意无效，失去阻却违法的事由，导致医疗行为违法，从而医方应对违法行为造成的所有损害后果承担赔偿责任。

---

① 赖红梅著：《医疗损害法律问题研究》，法律出版社2014年版，第27页。

② 杨立新著：《医疗损害责任法》，法律出版社2012年版，第250～251页。

③ 官健：《医疗损害责任纠纷的审判理念、思路与模式》，载奚晓明主编：《民事审判指导与参考》（总第58期），人民法院出版社2014年版，第6页。

第二，“注意义务违反论”。医方的告知说明义务是其注意义务的一部分。侵权责任的构成需要三要件。因此，医方在告知说明不充分，违反了合理的注意义务时，是否需要对患者的损害结果承担赔偿责任，则需要判定告知说明不充分与损害结果之间是否存在因果关系。如二者之间存在因果关系，则医方应对患者的损害结果承担赔偿责任。

第三，“精神损害抚慰金说”。患者知情同意权的损害是一种精神损害。只要医方未充分履行告知说明义务，则使患者丧失了一定的自主决定机会，即使没有人身损害结果，也能够向医方要求精神损害抚慰金赔偿。

第四，“全损害赔偿说”。对侵害知情同意权法律责任的认定，应综合进行分析。如果医方进行了充分说明，患者是否会做出与实际已经做出的决定不同的其他决定；如果能够认定患者会做出其他决定，则该决定会产生怎样的结果；将其他决定估计产生的结果与实际决定的结果相比较，如果其他决定产生的利益大于现实结果的利益，或其他决定可能的损害小于现实结果的损害，则二者之间的利益或损害差异应按照医疗损害责任赔偿处理。如果二者之间并无差异，或患者不会有其他决定，则仅应以患者自主决定机会被剥夺为由进行精神损害赔偿[①]。

“全损害赔偿说”是日本的通说观点，对我国有积极的借鉴价值。在我国的法律实践中，部分案例审判意见也采纳了该观点，并判决医方仅承担精神损害赔偿，通常是象征性的赔偿[②]，有时判决也会另外返还告知说明不足涉及诊疗活动的部分医疗费[③]。《侵权责任法》第55条第2款规定，医务人员未尽到前款义务造成患者损害的，医疗机构应当承担赔偿责任。但该条款中并未明确患者损害的类型，是否包含精神损害。在实际审判应用中，不同法官的理解与适用也存在不同。但应当注意的是，损害赔偿应以填补损害为原则，没有损害则无需赔偿。根据《侵权责任法》与《最高人民法院关于确定民事侵权精神损害赔偿责任若干问题的解释》，自然人因人格权利遭受非法侵害，向人民法院起诉请求赔偿精神损害的，人民法院应当依法予以受理。因此，“全损害赔偿说”中，如果其他决定的结果与实际决定的结果之间利益或损害没有差异的情况下，仍给予患者精神损害赔偿是不妥的。自主

---

① 夏芸著：《医疗事故赔偿法——来自日本法的启示》，法律出版社2007年版，第478～498页。

② 中国应用法学研究所编：《侵权责任法疑难问题案例解读》，法律出版社2011年版，第200～204页。

③ 陈志华著：《医疗损害责任深度释解与实务指南》，法律出版社2010年版，第176～178页。

选择机会的剥夺并非可请求精神损害赔偿的人格权，医方不需承担赔偿责任[①]。且我国当前对告知说明义务的具体范围和程度规定不详，如果支持患者此诉请，则易导致滥讼、缠讼的不利社会影响，浪费司法资源[②]。此次《医疗损害司法解释》第17 条明确规定，“医务人员违反侵权责任法第 55 条第一款规定义务，但未造成患者人身损害，患者请求医疗机构承担损害赔偿责任的，不予支持”，则是通过司法解释进一步明确了“无损害，无赔偿”的侵权赔偿原则，并指导未来的法律实践。也就是说，以医方没有告知替代医疗方案为例，医方虽违反了告知说明义务，但如果手术实际结果与患者可选择手术的可能效果相比，二者之间并不存在差异，甚至实际结果更优，则可认为患者并未遭受损害，医方不必承担赔偿责任[③]。

6. 知情同意的例外与免责

知情同意的限制，目的是防止其滥用损害自己、第三方和公众的利益。而与知情同意的限制相区别，知情同意的例外是指保障权利目的相同，但与常规知情同意措施不同的例外情形。违反知情同意的免责事由，则是指针对医务人员违反知情同意行为，但免于承担法律责任的事由。

（1）知情同意的例外

保护性医疗，是指医务人员若将真实病情直接向患者本人说明，以患者的知识程度和心理态度，可能导致患者产生绝望的心理负担及抗拒治疗等不利后果时，可以不向患者本人说明，转而向患者的近亲属说明的一项措施，也叫慎重告知说。与之相对应的，则是坚持应让患者获悉疾病真相，才能让其有余地思考和选择后续的生活方式，也叫积极告知说[④]。

保护性医疗的行使者是医务人员。这种判断对于医务人员来说是相对主观的。目前临床实践中，其实大部分的决定并非来源于医务人员，而是来自患者近亲属的主观判断。如果说，医务人员作为第三方尚且能够尽量客观地对患者的心理状况进行判断。但若由患者近亲属来进行判断，其中则掺杂着大量的亲情因素，是出于对患者的担忧，而无法从客观上对患者的接受能力进行分析。因此这种保护性医疗措施，实际上应属于近亲属代理行使知情同意权的一种，是心理脆弱患者的代理权行使。

---

① 余明永主编：《医疗损害责任纠纷（第 2 版）》，法律出版社 2015 年版，第 164 ~ 165 页。

② 温勇、雷鸿著：《医疗损害赔偿焦点 · 难点 · 指引》，中国法制出版社 2008 年版，第 149 ~ 150 页。

③ 官健、刘治家、李娜：《医院违反告知、说明义务损害赔偿问题研究》，载黄松有主编：《民事审判指导与参考》（总第 30 期），法律出版社 2007 年版。

④ 孟强著：《医疗损害责任：争点与案例》，法律出版社 2010 年版，第 66 ~ 68 页。

心理脆弱患者的代理需要两个基本要件，即主观上患者无认知障碍，而客观上患者需要近亲属代理行使知情同意权[①]。但如果患者未曾做过需要近亲属代理的表示，医务人员也未曾对患者的心理脆弱进行过客观评估，或者医务人员即使认为患者具备心理接受能力，但仍顺从近亲属意见，忽视患者的知情权而直接由近亲属代理行使，则构成了违反知情同意的医疗损害责任。

患者对疾病的不知情，通常会造成两方面的后果。一方面，是对疾病不能进行较好的认知，无法客观行使同意权、选择权与拒绝权。这其中既包括对现行诊疗行为缺乏依从性，还包括对后续诊疗行为的非客观选择，从而错过适宜的治疗方法或治疗时机；另一方面，是对生命不能正确的认知，尤其是对于患有不治之症的患者，人为剥夺了其对余生合理规划选择的机会。有时患者家属与医务人员的保护性医疗措施，实际上对患者而言并不是真正的保护。所谓的“善意的谎言”也并未均对患者形成善果。

因此，随着社会的发展，相对于单纯追求生命的长度，人们逐渐更加关注生命的质量。长远来看，逐步改变目前的“选择性告知模式”，采用“完全告知模式”，充分告知患者真实病情，保障患者知情同意权利，是未来的发展方向。

（2）违反知情同意的免责事由

《侵权责任法》第56条对紧急情况下违反知情同意的免责事由进行了规定。因抢救生命垂危的患者等紧急情况，不能取得患者或者其近亲属意见的，经医疗机构负责人或者授权的负责人批准，可以立即实施相应的医疗措施。

《执业医师法》《医疗机构管理条例》均对医务人员的紧急救治行为进行了规定。从医疗机构的角度，可将其理解为紧急救治义务；而从患者的角度，则可将其理解为紧急救治权，即公民在患病生命垂危时，有得到紧急救治的权利[②]。但医疗机构的“紧急救治权”不能对抗患者及其近亲属的知情同意权，仅是对其的补充，只有在不能取得其意见时，才能默示同意，经批准先行紧急救治[③]。紧急救治的目的是对人的生命健康权的保障，但医疗行为具有一定的侵害性和风险性。衡量紧急救治的获益与医疗行为的侵害与风险，法律首先保障生命健康权，并容忍可能的侵害

---

① 奚晓明著：《〈中华人民共和国侵权责任法〉条文理解与适用》，人民法院出版社2010年版，第398页。

② 奚晓明著：《〈中华人民共和国侵权责任法〉条文理解与适用》，人民法院出版社2010年版，第402~403页。

③ 单国军著：《医疗损害》，中国法制出版社2010年版，第253页。

与风险。根据《侵权责任法》第60条，在基本符合紧急医疗规范、已经尽到合理注意义务的情况下，即使紧急救治造成了轻微的不良后果，也不需承担法律责任。

## 二、关键词

### （一）“特殊检查、特殊治疗”

根据《医疗机构管理条例实施细则》第88条，特殊检查、特殊治疗，是指具有下列情形之一的诊断、治疗活动：

1. 有一定危险性，可能产生不良后果的检查和治疗；

2. 由于患者体质特殊或者病情危笃，可能对患者产生不良后果和危险的检查和治疗；

3. 临床试验性检查和治疗；

4. 收费可能对患者造成较大经济负担的检查和治疗。

该定义是通过对诊疗活动性质进行的判定。在临床实践中，存在不同医务人员理解不一致的情况。依据其定义，通常包括各种有创诊断、治疗性操作（如胸腔穿刺、腹腔穿刺、PICC置管等）、心肺复苏术、电除颤、气管插管、有创呼吸机、符合要求的超说明书用药（含超适应症用药、超剂量用药、改变用药途径等）、因患者体质特殊可能产生不良后果的诊疗（如说明书显示所患疾病慎用的药品、孕妇行CT检查等）、试验性医疗技术或试验性用药、高值耗材、高值医疗器械、医保目录外需自费的诊疗项目与医保内需部分自费的诊疗项目等。

### （二）“及时”

《侵权责任法》第55条规定，需要实施手术、特殊检查、特殊治疗的，医务人员应当及时向患者说明医疗风险、替代医疗方案等情况，并取得其书面同意。此处的“及时”是对告知说明时限的规定，应理解为采取相应的特殊诊疗活动之前，以及该诊疗活动实施过程中的因客观情况临时改变措施之前[①]。及时性，也是特殊说明义务与一般说明义务之间的区别[②]。

---

① 陈伟、刘鑫主编：《医院投诉管理工作指南》，人民军医出版社2013年版，第58页。

② 尹志强主编：《医疗损害责任例解与法律适用》，人民出版社2010年版，第178~179页。

### （三）"医疗风险"

医疗风险，通常是指患者实施医疗行为所面对的，包含并发症、医疗意外在内的广义上的不良后果。

并发症，是指患者原发疾病因自然转归或采取某种诊疗手段而引发的另一种疾病或症状。并发症根据其可预见性和可预防性，分为可预见且可预防的并发症、可预见不可预防的并发症和不可预见的并发症。

医疗意外，是指在医疗过程中，由于患者病情异常或体质特殊性，而发生难以预见或难以预防的不良后果的医疗事件①。可预见不可预防的并发症和不可预见的并发症，均属于医疗意外的范畴。

三者之间的所属关系见6－1。

**表6－1　医疗风险、并发症和医疗意外三者之间的所属关系图。**

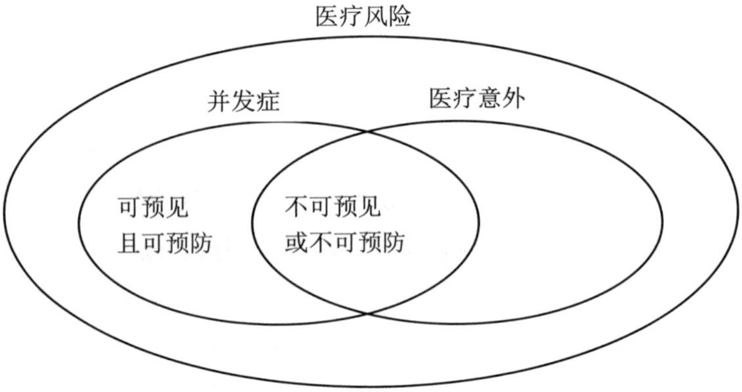


### （四）"不宜"向患者说明

在保护性医疗中，需要医务人员主观判断某些信息不宜向患者本人告知说明。该行为意味着出于"保护"的"善意"，而对患者知情同意权的剥夺，因此，需要对判断标准进行严格的把握，以避免保护性医疗的滥用导致患者知情同意权被侵害。

在听到有关自己病情的不利消息时，几乎所有的患者都会感到不安。但一般情况下，多数患者能够逐步克服不安情绪而积极配合治疗。只有少数患者会因不安、

① 陈伟、刘鑫主编：《医院投诉管理工作指南》，人民军医出版社2013年版，第55～56页。

悲观、自暴自弃等不良身心状态而影响治疗。但即使患者拒绝治疗，也属于自主决定的一种，不能对患者的拒绝意见一概否定。因为医务人员告知说明的目的就是为了保障患者的自主决定，而不单指配合治疗。患者拒绝治疗，也不一定是出于不安心理的恐惧，也可能是考虑后续医疗行为的副作用或风险性。

因此，所谓的“不宜”是指，“防止说明给患者造成严重危害”的必要性大于“患者行使自主决定权”的重要性①。只有在这种情况下，“说明给患者带来严重负面影响”才能成为省略或减轻告知说明义务的理由。“不宜向患者说明”才能够具备相当的合理性。

### （五）“紧急情况”

《侵权责任法》第 56 条与第 60 条均提到了“紧急情况”的概念。

“紧急情况”具有两个构成要件：一是“时间上的紧迫性”，它是指医师的诊疗时间非常短暂，在技术上不可能做出十分全面的考虑及安排；二是“事项上的紧急性”，或“生命的重大危险性”，它是指采取何种治疗措施直接关系到患者的生死存亡，需要医师做出紧急性的决断。符合“重大紧迫”两要件，则“紧急情况”成立。紧急情况不限于抢救生命垂危的情况，还应包括患者不能行使自主决定权，如果不采取紧急救治行为，患者的健康利益将严重受损的情况②。

也有专家提出使用“不利因素比较”来认定“紧急情况”。当医生的不作为给患者的生命健康造成的不利因素，大于医师的紧急作为给患者带来的某些不利因素，并且医师的紧急作为与当时状态下患者的自主决定大致不会发生冲突时，则认定存在“紧急情况”③。

### （六）“意见”

《侵权责任法》第 56 条提到“不能取得患者或者其近亲属意见”。其中的“意见”在内涵上等同于自主决定权。因此，所谓“意见”，则包含了自主决定的同意、拒绝或选择。

2008 年 12 月，《侵权责任法》草案二审时，当时该条款规定为“难以取得患

---

① 夏芸著:《医疗事故赔偿法——来自日本法的启示》，法律出版社 2007 年版，第 414～417 页。

② 奚晓明著:《〈中华人民共和国侵权责任法〉条文理解与适用》，人民法院出版社 2010 年版，第 404 页。

③ 夏芸著:《医疗事故赔偿法——来自日本法的启示》，法律出版社 2007 年版，第 395～398 页。

者或者其近亲属同意的”。意味着在紧急情况下必须同意救治，如果不同意，则医疗机构及其医务人员可直接予以救治。这显然与患者自主决定权不符，且过于扩大了医务人员的“紧急救治权”，存在较大分歧，还涉及到法定代理权、监护权等基本民事法律制度[①]，并不适于实际情况。

（七）“不能取得”

《侵权责任法》第56条提到“不能取得患者或者其近亲属意见”。其中“不能取得”的理解，在实践中存在较大争议。此次《医疗损害司法解释》第18条规定，“不能取得患者近亲属意见”包括了以下情形：

1. 近亲属不明的；

2. 不能及时联系到近亲属的；

3. 近亲属拒绝发表意见的；

4. 近亲属达不成一致意见的；

5. 法律、法规规定的其他情形。

从上述条款可以分析得出，所谓“不能取得”，主要包括了途径的不能取得和意见的不能取得两种情形。

在《最高人民法院关于审理医疗损害责任纠纷案件适用法律若干问题的解释》（征求意见稿）中，曾将“不能取得患者近亲属意见”列举为：

1. 近亲属不明或者无联系方式的；

2. 有联系方式但联系不到近亲属的；

3. 近亲属拒绝发表意见的；

4. 近亲属的意见不一致且形不成多数意见的；

5. 近亲属的意见明显不利于患者利益的；

6. 法律、法规规定的其他情形。

对比正式发布稿与征求意见稿，便会发现最主要的变化在于删去了存在争议的“多数意见”和“明显不利于患者利益”的表述，仅保留了已取得一致共识的条款内容。

---

① 陈现杰主编：《中华人民共和国侵权责任法条文精义与案例解析》，中国法制出版社2010年版，第198～199页。

### （八）“医疗机构负责人或者授权的负责人”

关于“医疗机构负责人或者授权的负责人”，在理解上存在歧义。在《医疗机构执业许可证》上，通常会有两个负责人，分别是“法定代表人”和“主要负责人”。

“法定代表人”，依据《民法总则》第 61 条规定，是指依照法律或者法人章程的规定，代表法人从事民事活动的负责人。通常情况下，由医疗机构的董事长、理事长、出资人、党委书记或院长等担任法定代表人。

“主要负责人”，根据《医疗机构管理条例》第 18 条规定，是医疗机构执业登记的主要事项之一。通常情况下，是主要负责医疗机构整体经营业务管理的人。“主要负责人”可以由“法定代表人”兼任，也可以由“法定代表人”指定他人担任，如执行院长、总执行长或总经理等。

而“医疗机构负责人或者授权的负责人”则通常包括了“法定代表人”和“主要责任人”，以及其授权的负责人，通常包括副院长、医务处、行政总值班、医院办公室工作人员等。授权则可包括制度授权、书面授权和口头授权等，其中以制度授权最为科学合理，其他授权形式则应做好相关记录并作为证据留存。

### （九）“批准”

在紧急情况下无法取得患方意见的，《侵权责任法》第 56 条提到，“经医疗机构负责人或者授权的负责人批准，可以立即实施相应的医疗措施”。此处的“批准”，其定义是上级对下级的意见、建议或请求表示同意。这包含两层含义：1. 获得批准，方可执行；2. 未经批准，不得执行。也就是说，“批准”是医务人员“立即实施相应的医疗措施”的前提条件。如果未经“批准”，则无从启动医疗措施，更无法实现“立即实施”的时限要求。这样的条件，是由于紧急救治涉及患者重大的生命健康利益，因此应严谨、慎重，通过设定该“批准”的程序，以充分保障患者的利益①。

但在医疗实践中，并不能将“批准”完全照此理解，否则实际将影响医疗机构及其医务人员的紧急救治义务的及时行使。该紧急救治义务是法定义务，并不以未经批准而免除。《执业医师法》第 24 条明确规定，对急危患者，医师应当采取紧急

---

① 奚晓明著：《〈中华人民共和国侵权责任法〉条文理解与适用》，人民法院出版社 2010 年版，第 405 页。

措施进行诊治；不得拒绝急救处置。因此，实践中的医疗机构负责人或被授权的负责人是不可不批准的。如果经治医师向其报告医疗处置方案而该医院负责人不批准经治医师的紧急救治，进而致使病人得不到积极医治救治而死亡，则该负责人存在重大过错。实践中还有可能存在不能取得负责人意见的情况，如联系不到负责人、负责人拒绝发表意见、负责人意见不一致等，若造成延误或拒绝紧急救治造成患者损害的，同样应承担赔偿责任。

因此，在实际工作中，此处的“批准”应理解为通报或备案。其目的是让医疗机构负责人或者授权的负责人知情，而不是决定。并且该通报或备案应与紧急救治同步进行，甚至在与负责人联系不畅时，可以先紧急救治而后通报备案，而不是先请示而后紧急救治。

另外，“批准”有口头批准和书面批准两种形式。其中以书面批准更为科学合理，更便于做好相关记录并作为证据留存。即使当时采用口头批准的，也应按照《病历书写基本规范》的抢救记录规则（因抢救急危患者，未能及时书写病历的，有关医务人员应当在抢救结束后6小时内据实补记，并加以注明），补记书面批准并签字。

### （十）“怠于”

《医疗损害司法解释》第18条规定，“医疗机构及其医务人员怠于实施相应医疗措施造成损害，患者请求医疗机构承担赔偿责任的，应予支持。”该条款是对医疗机构及其医务人员怠于履行紧急救治义务的法律责任的规定。与之相对的是《侵权责任法》第56条对紧急救治义务的规定，应“立即实施相应的医疗措施”。

此处的“怠于”与“立即”相对应，在实践中包含不履行、不及时履行和不规范履行三种表现形式。行为上表现为不执行紧急救治、不及时救治和不规范紧急救治，分别对应的是紧急救治的“义务上的法定性”、“时间上的紧迫性”和“事项上的紧急性”。紧急救治是法定义务要求必须执行，时间紧迫要求及时，关乎生命要求规范。

## 三、意义

在医事法律体系中，患者知情同意权多年来的发展与变化，是法学发展的必然趋势，也是医学发展的客观要求。尊重患者知情同意权是医患关系中临床、心理、法律和伦理的基础，是体现“以患者为中心”、尊重患者权利的重要措施，是医学专业性与伦理性的平衡与协调①，是共同参与式医患关系巩固与发展的前提，是医患双方共同促进医疗安全与患者安全的保证，也是医患双方共同承担医疗风险的承诺②，对医疗纠纷的预防具有十分重要的作用。

## 第二节　实务操作及要求

### 一、实操要求

#### （一）告知对象选择与实操

1. 医疗机构及其医务人员应当充分尊重患方知情同意权。一般情况下医务人员应向患者及患者近亲属（授权委托人）履行告知义务，并由患者、患者近亲属或其授权委托人在知情同意书上签字予以确认。

患者近亲属或其授权委托人仅作为患者知情同意的补充，在患者突发病情变化不具备知情同意能力时履行代理权，而在患者本人履行知情同意权时，不作为必要条件。

近亲属众多的患者，可要求他们确定一名家属履行知情同意权，并出具委托授权书。

2. 患者本人为完全民事行为能力人并能够对自己病情做出理性判断时，应当尊重患者本人意见。在患者本人与患者近亲属（授权委托人）意见不一致时，应当向患者近亲属（授权委托人）说明情况并尊重患者本人对疾病治疗的自主决定权。

3. 患者本人不具备知情同意能力的前提下，患者近亲属与授权委托人意见不一致时，应当尊重授权委托人的意见，并由患者授权委托人在知情同意书上签字予以确认。

4. 当患者病情危及生命且本人意见明显不利于自身诊疗的，医务人员应将其

---

① Christoph Rehmann - Sutter：《知情同意的意义（上）——生物库伦理学该如何理解参与者观点》，《医学与哲学（人文社会医学版）》2011 年第 10 期。

② 聂学：《知情同意权的意义与〈侵权责任法〉的相关规定》，《中国社区医师》2010 年第 11 期。

理解为患者对自身病情及医疗措施的不充分知情而采取积极的救治措施，同时向患者近亲属（授权委托人）进行知情同意告知并履行签字手续。

5. 当患者病情危及生命且不能取得患者意见的情况下，医务人员依据现有医疗水平，对患者积极抢救，具有良好预后效果，但患者近亲属或授权委托人的处置意见明显不利于患者诊疗的，医务人员治疗处置权优先于法律赋予患者近亲属（授权委托人）的代理权。

6. 在知情同意告知过程中，不能取得患方书面一致意见的情况下，应先采取有利于患者诊疗的措施，并同时留取知情同意告知过程的录音录像证据资料；必要时进行公证、律师见证或报警处理，也可向人民法院申请裁决。完善告知程序，留取相关证据。

### （二）告知形式选择与实操

对于特殊诊疗活动的告知，应采用知情同意书的形式。

对于一般诊疗活动的告知，应采用口头或书面告知的形式。

对于医院管理制度、注意事项的告知，应采用公示或书面告知的形式。

对于患者比较重要的病情或其他诊疗事项的告知，无专门知情同意书的，应采用病历记载并签字的形式①。

### （三）告知内容选择与实操

1. 诊断过程的告知。

（1）检查的说明。

进行一般体格检查时，告知患者应当履行的配合方式、方法；进行费用较高的特殊检查时，告知患者相比廉价检查的优劣或此检查的必要性；临床试验性检查、有创性检查和由于患者体质特殊或病情危笃可能产生不良后果和危险的检查，如实进行必要的解释说明。

（2）诊断结果的说明

医师诊察患者后，对于患者疾病的轻重缓急、临床预后、检查检验结果及其临床意义等，都应向患者进行必要的说明。

① 陈现杰主编：《中华人民共和国侵权责任法条文精义与案例解析》，中国法制出版社 2010 年版，第 197 页。

2. 治疗过程的告知

医务人员在向患者告知病情及诊断后，应将计划医疗行为的性质、理由、内容、治疗的预后、不治疗的后果、医疗方式、难易程度、对患者侵袭范围和风险程度以及替代医疗方案加以说明，使患者充分了解该医疗行为，以便决定是否同意接受该项医疗的实施。

3. 疗养康复的告知

患者病情好转或痊愈后，应向其说明术后仍可能出现的并发症和后遗症，以及预防、补救的方法。并告知患者在疗养康复阶段的注意事项以及药品用法、康复措施、随诊时间、观测指标等①。

4. 转诊转院的告知

首诊医院病床、设备和技术条件所限，需要转院而病情又允许转院的急危重患者，由于患者本身疾病以及转运途中的颠簸和不可预见之因素，均是具有一定危险性的，可能会对患者产生不良后果。因此，医务人员为患者实施转诊，必须向患者及其家属充分告知转诊的必要性与风险性，以取得患者及其家属的书面同意。在病情稳定以前不许转院。如估计途中可能加重病情或死亡者，应留院处置，待病情稳定或危险过后，再行转院。

## 二、注意事项

### （一）手术同意书不具有免责效力

签署手术同意书的目的是获得患者的知情同意，阻却侵害性医疗行为的违法性，共同分担医疗行为的风险。手术同意书具有合同或协议的某些特点，因此有时也被称为“手术协议书”。然而，许多医疗机构的手术同意书中会有“如出现以上并发症之风险，由患者自行承担”、“医院概不负责”或“医院不承担任何责任”、“患者已对上述内容表示理解”等表述形式②，试图通过患者对医疗风险的知情同意来减免其责任。这种想法是不正确的，与告知说明义务的本意相违背③。

---

① 余明永主编：《医疗损害责任纠纷（第 2 版）》，法律出版社 2015 年版，第 158 ~ 159 页。

② 王岳：《临床“知情同意”现状之法律反思》，《中国医院院长》2016 年第 18 期。

③ 单国军著：《医疗损害》，中国法制出版社 2010 年版，第 260 页。

首先，《合同法》第52条规定，合同中有关造成对方人身伤害的免责条款无效。而更有甚者，个别医疗机构将《手术同意书》改为了《手术志愿书》，在患者签字栏，几乎都以“要求”二字开头，“要求切除双侧卵巢”、“要求输血小板”等[①]，试图通过患者“志愿”、“主动要求”来试图免责。但医疗机构及其医务人员的法律责任并不会因这样的文字表述而减小。

根据《侵权责任法》第60条规定，患者有损害，限于当时的医疗水平难以诊疗，医疗机构不承担赔偿责任；《条例》第33条规定，在医疗活动中由于患者病情异常或者患者体质特殊而发生医疗意外的，以及在现有医学科学技术条件下发生无法预料或者不能防范的不良后果的，不属于医疗事故，医疗机构不承担赔偿责任。由此可见，法律上仅对发生医疗意外而免除医疗机构责任，而并非所有并发症。

在当时的医疗水平下，可预见且可预防的并发症，却未能预见并告知说明或未能采取预防措施并避免其发生，则可认为医务人员在诊疗活动中未尽到与当时的医疗水平相应的诊疗义务，造成患者损害的，医疗机构应当承担赔偿责任。因此，在手术同意书中，即使医务人员告知说明了相关手术并发症，患者知情理解并书面签字，但由于未尽到合理的注意义务，未采取或未规范采取预防措施，导致并发症发生的，医疗机构应为其过失造成医疗损害而承担赔偿责任。

因此，知情同意书仅为医务人员是否依法履行告知说明义务的证明，不具有免责效力。而且，医务人员是否充分恰当地履行了告知说明义务，还要审查知情同意书记载的内容及其他相关证据[②]。

有时医务人员将知情同意的重心放在患者的“同意”上，导致“签个字吧”已经成为临床上的口头语[③]，却忽略患者的“知情”，并未真正详细地进行告知说明。这也造成在诸多医疗纠纷中，虽然有患者书面签字，但一旦出现并发症时，患者才意识到当时医务人员仅让其签字，而自己对签字内容毫不知情。与之相反，也有患者在发生并发症时，明知医务人员已进行充分的告知说明并有自己签字，却坚称医务人员未告知说明，也会导致医疗纠纷。为了避免类似情况的发生，有的医疗机构在告知说明过程中采用录音录像、公证或律师见证等方式，可以达到证明医务人员已履行告知说明义务的目的。但从法律的角度看，即使未进行公证或见证程

---

① 王岳:《从法律与人文寻求救赎》,《中国医院院长》2012年第1期。

② 奚晓明:《〈中华人民共和国侵权责任法〉条文理解与适用》, 人民法院出版社2010年版, 第396～397页。

③ 王岳:《知情同意重在“知情”》,《中国医院院长》2011年第18期。

序，也依然可以实现该目的，且还要面对大量的时间成本、精力成本和经济成本[①]。因此，该做法是好的创新尝试，但若想全面普及，目前仍存在一定困难。其更大的意义在于通过某种“仪式感”提高医患双方对手术等特殊诊疗活动的慎重程度。

《医疗损害司法解释》第5条规定，“实施手术、特殊检查、特殊治疗的，医疗机构应当承担说明义务并取得患者或者患者近亲属书面同意，但属于侵权责任法第56条规定情形的除外。医疗机构提交患者或者患者近亲属书面同意证据的，人民法院可以认定医疗机构尽到说明义务，但患者有相反证据足以反驳的除外。”该条款针对手术同意书签字的效力，明确了侵害患者知情同意权的纠纷举证规则，同时也从侧面要求患者签字决定的慎重以及签字前对自身知情的确认。

### （二）宗教信仰、民族习惯等对知情同意的影响

在医疗实践中，医疗机构及其医务人员有义务对患者的宗教信仰与民族习惯等进行充分的尊重。《宪法》第36条明确规定，“中华人民共和国公民有宗教信仰自由。任何国家机关、社会团体和个人不得强制公民信仰宗教或者不信仰宗教，不得歧视信仰宗教的公民和不信仰宗教的公民。”2010年版《医院工作制度与人员岗位职责》中《医院依法维护病人权利的制度》规定，“享受平等医疗权，凡病人不分性别、国籍、民族、信仰、社会地位和病情轻重，都有权受到礼貌周到、耐心细致、合理连贯的诊治服务。”

但有些宗教信仰与民族习惯与必要的医疗行为存在一定程度的矛盾。例如，耶和华见证人的教义中明确规定“禁戒血，包括不食用血或没放血的肉，不献血也不接受异体全血输血”；基督教科学派主张对世界采取乐观、开朗和积极的态度，以此保证获得健康、财富和成功，拒绝接受诊疗行为；在埃博拉病毒肆虐的非洲，当地的风俗是去世的人在下葬前，需要由亲人彻底清洗尸体，并且要把尸体内残留的尿液和排泄物吸出来，家族成员甚至全村的人都要抚摸亲吻死者遗体，这种亲人与死者尸体发生直接接触的习俗也可能会促进埃博拉病毒的传播。

针对这些宗教信仰与民族习惯，在首先尊重的同时，为了患者的生命健康权，医务人员应进行医学健康知识的宣传教育，对与必要医疗行为矛盾的进行劝导，但最终的决定权仍属于患者本人。在患者本人具有完全民事行为能力时，医师的紧急治疗权不可逾越患者的知情同意。医疗机构及其医务人员应该在了解并尊重患者的

---

① 陈志华著：《医疗损害责任深度释解与实务指南》，法律出版社2010年版，第179～180页。

价值观和宗教信仰的基础上提供医疗服务，并尊重患者的知情同意和自主决定。这不仅是生命权与知情同意权的权衡，更是生命与信仰的权衡。医疗机构及其医务人员应该意识到，对于有虔诚信仰的人，其价值观、宗教信仰的意义是高于生命的意义的。为了遵守教义和信仰，人们甘愿放弃自身的健康，甚至是生命。这有别于一般患者在紧急情况下，因不能取得患者或者其近亲属意见，医务人员按照患者利益最大的原则，应履行紧急救治义务的情形①。因为，在法律所保护的利益之中，有时生命要让位于信仰。

### （三）同一侵袭性诊疗活动多次进行需多次知情同意

患者在整个医疗过程中，可能会存在多次进行同一侵袭性诊疗活动的情形，有些医务人员认为对于多次相同的诊疗活动进行一次知情同意即可，可以认为患者同意接受多次相同的治疗，这样的理解是不正确的。原因在于：

1. 患者的病情是变化发展的

随着医疗过程的进行，患者的病情随疾病转归与医疗干预而发生变化，好转或恶化。而病情的变化，也是患者本人进行知情同意与自主决定的基础。疾病痛苦较轻时，患者可能不愿进行风险性较高的诊疗活动；而当病情恶化、危及生命时，患者往往甘愿承担更大的医疗风险。因此，不能够将病情较轻时患者对治疗的拒绝，直接适用于危及生命的紧急情况而不再向患者告知说明以取得其新的决定。反之亦然。

病情的变化不仅影响意见决定，也影响决定主体。当患者失去意识时，医务人员的告知说明对象是其法定代理人。而当患者经治疗好转恢复意识时，医务人员的告知说明对象是患者本人，有义务再次进行告知说明。

2. 诊疗活动的适用性是不同的

患者的病情不仅是患者知情同意的基础，也是诊疗活动制定的基础。诊疗活动针对的是当时的病情。随着病情变化，之前诊疗活动的适用性也将随之改变。即使诊疗行为不变，其所使用的设备、器械、耗材、药品等情况也可能发生变化。甚至随着时间，医学的发展也可能会带来新的诊疗方案。医务人员应根据其变化，不断调整适宜的诊疗方案并向患者进行告知说明。

---

① 王岳主编：《医事法》，对外经济贸易大学出版社 2010 年版，第 74～76 页。

3. 可能的医疗风险是不同的

医疗风险与患者病情及诊疗活动息息相关。因此，随着病情的变化与诊疗方案的调整，其面临的可能医疗风险也存在不同。医务人员应针对当前面临的医疗风险，再次向患者告知。

4. 可替代的医疗方案是不同的

医疗措施与替代医疗方案之间的选择，体现了医务人员根据患者病情与诊疗活动的特点进行的专业裁量。而随着病情的变化，裁量的基础也随之改变，可能替代医疗方案将成为计划医疗措施，也可能会有更适宜的新的诊疗方案被选为计划或纳入替代医疗方案。这些信息影响着患者的知情同意，应由医务人员向患者进行再次告知说明以便其自行决定。

因此，在每一次进行诊疗活动之前，均应履行告知说明义务并取得患者的知情同意。无论是相同或不同的诊疗活动，均应取得患者知情同意以及再次书面签字。

### （四）医疗行为进行过程中临时变更的应再次知情同意

在已取得患者知情同意，正在进行的医疗行为中，由于病情突然变化或医疗意外等原因，有时需要临时变更诊疗方案。常见的情况包括腹腔镜手术中转开腹、剖腹探查术中转病灶切除、局部切除中转扩大根治术、局部麻醉改全身麻醉等。

由于临时变更诊疗方案，所面临的病情、医疗风险、替代医疗方案等均发生了变化，决定事项往往重要且紧急，但时常由于此时术中的患者并无意识，而其代理人需要立即代为决定，则压力更为巨大。因此，就更加要求医务人员履行告知说明，以便其在短时间内做出理性的决定。

有的医疗机构会提供患者授权医师的方法，术前授权手术医师可以在术中的突发情况中，选择最利于患者利益的方式进行处置。这种方法尤其适用于无代理人陪同手术的情形。

术前告知说明手术医师并获得患者同意，术中临时变更手术医师的，同样应向患方进行告知①。因为不同的医师，职称、资质、经验、专长均有不同，随之带来的医疗风险也存在差异。

---

① 胡凤滨主编：《医疗损害赔偿纠纷裁判规则与适用标准》，法律出版社2016年版，第178～179页，第183～184页。

# 第三节　存在问题与建议

## 一、条文中的问题

### （一）“不能取得患者意见”的具体含义尚未明确

此次的《医疗损害司法解释》第 18 条明确了紧急情况下不能取得患者近亲属意见的具体含义，并列举了可以认定为“不能取得患者近亲属意见”的五种情形，但对“不能取得患者意见”的具体含义及情形，相关法律法规及司法解释则仍未明确。毋庸置疑，“患者不具备知情同意能力”，属于“不能取得患者意见”的情形之一。

但在医疗实践中，还存在其他多种情形导致医务人员的困惑。包括但不限于以下情形：

1. 患者拒绝发表意见或无法及时发表意见的

患者面对紧急救治，虽经医务人员充分告知说明，但拒绝发表意见或迟迟未能发表意见的，出于紧急救治“时间上的紧迫性”和“事项上的紧急性”，无法继续等候患者发表意见的。

2. 患者意见先后不一致且不固定的

患者面对紧急救治犹豫不决，先后书面表达同意与拒绝，或在不同的医疗方案之间先后做出不同选择，迟迟无法做出最终固定的决定的。

3. 患者同时表达两种不同意见的

患者同时表达两种不同意见，两种意见之间存在较大不同或相互矛盾，使医务人员无法执行的。

2015 年 5 月 8 日，湖南省某医院一名患者在签署手术同意书后进入手术室准备进行手术。但一名麻醉师在手术室却捡到病人口袋里掉落的遗书。遗书中称如果手术意外导致死亡，医院最低赔偿 30 万元，否则遗体不移出医院大门[①]。一边

① 聂辉：《患者手术前留遗书索赔 30 万》，http：//news. cntv. cn/2015/05/11/ARTI1431286568430673. shtml，最后访问时间：2018 年 1 月 6 日。

是同意承担医疗意外，另一边则是无法接受医疗意外，同时表达两种相互矛盾的意见的。

4. 患者曾表达意见但后不具备知情同意能力的

患者具备知情同意能力时曾表达过自身对治疗的意见。该意见的表达有本人的记录或签字，或有医务人员在病历中的书面记录，或有第三人的证明。但患者出现病情变化等紧急情况，不具备知情同意能力的。

5. 患者意见超出医务人员提供的诊疗方案范围的

在紧急情况下，医务人员根据患者病情提供医疗措施及替代医疗方案，但患者所提出的决定超出了以上诊疗方案范围的。

6. 患者意见明显不利于自身利益的

患者在紧急情况下，虽经医务人员反复的充分告知说明，但其决定明显不利于自身利益的。

2010 年 12 月 3 日，一名临产孕妇被转送至广州某医院抢救。医生检查后认为，如不尽快手术，将造成一尸两命的严重后果。但产妇坚决要自己生产。经医院相关负责人解释，产妇的丈夫同意手术，但产妇本人仍拒绝签字。为抢救产妇，医院在征得其家人同意，并由医院相关负责人签字同意，强行为产妇进行剖宫产，挽救了产妇生命。但婴儿出生数小时后不幸夭折①。

笔者认为，以上第 1、2、3 种情形中，患者无法及时做出明确固定的意见时，出于紧急情况下对生命权的保护，医务人员应视为“不能取得患者意见”，而在患者所考虑的诊疗方案范围之内，征求其近亲属意见并要求近亲属与患者进行说明，争取及时获得患者及近亲属的最终一致意见。当同时不能取得近亲属意见的，则由医务人员在患者所考虑的诊疗方案范围之内，选择最有利于患者生命权保护的诊疗方案与患者进行说明，争取获得最终一致意见。如患者仍未做出明确固定的意见时，则可优先在患者所考虑的诊疗方案范围之内，经医疗机构负责人或授权的负责人批准，实施最有利于患者生命权保护的诊疗方案；第 4 种情形中，在患者不具备知情同意能力时，应以最能代表本人的意见进行决定，而能够被证明的患者曾经的本人意见，相比其近亲属的意见更能代表本人当前的意愿，因此，应以其曾表达的意见作为患者当前的意见。但当患者曾表达的意见明显不利于自身利益的，视同第

① 任珊珊：《生命有危险孕妇不听劝 广州医院强行剖宫救命》，http：//news. hexun. com/2010 - 12 - 04/125980798. html，最后访问时间：2018 年 1 月 6 日。

6 种情形处理；第 5 种情形中，根据患者提出的超出范围的诊疗方案，医务人员应评估其合理性，合理的则应采纳并实施，不合理的则应向患者再次告知说明。患者坚持不合理决定的，则视同第 6 种情形处理；在第 6 种情形中，虽经医务人员反复告知说明，患者仍做出明显不利于自身利益的决定时，其利益取决于医务人员依据现有医疗水平，紧急救治的预期效果。预期效果较好，则具有较大利益；预期效果难料，则并无明显利益。因此，对患者积极抢救具有良好预后效果的，应视为其“对医务人员告知说明的不理解”导致“不能取得患者意见”，而采取积极的救治措施，对患者知情同意权进行限制①，同时向患者近亲属进行知情同意告知并履行签字手续。而对患者积极抢救预期效果难料的，则不能认定患者做出明显不利于自身利益的决定，故无法进行紧急救治。如癌症晚期患者选择放弃治疗，则属于此种类型。

### （二）代理人的意见明显不利于患者利益的情形未明确处置意见

在此次《医疗损害司法解释》征求意见稿第 20 条“紧急救治的情形与责任”中，“近亲属的意见明显不利于患者利益的”，医疗机构可以立即实施相应的医疗措施。但该文件正式发布时，该条款却删除了。分析其原因，应主要在于难以明确判断患者的利益。

在紧急救治情形中，近亲属是以监护人的身份成为法定代理人的。代理决策一般遵循三个原则：1. 事先指令或遗嘱；2. 替代判断；3. 最佳利益。如这三者发生冲突，1 优先于 2，1 和 2 又优先于 3②。《民法总则》第 34 条规定，“监护人的职责是代理被监护人实施民事法律行为，保护被监护人的人身权利、财产权利以及其他合法权益等”，以及第 36 条规定“监护人有下列情形之一的，人民法院根据有关个人或者组织的申请，撤销其监护人资格，安排必要的临时监护措施，并按照最有利于被监护人的原则依法指定监护人：1. 实施严重损害被监护人身心健康行为的；2. 怠于履行监护职责，或者无法履行监护职责并且拒绝将监护职责部分或者全部委托给他人，导致被监护人处于危困状态的；3. 实施严重侵害被监护人合法权益的其他行为的。”由此可见，法律对于监护人的监护权并非毫无限制。当医务人员依据现

---

① 谢青松、汤建华：《患者同意权与生命健康权冲突的法律研究》，《医学与哲学（人文社会医学版）》2009 年第 3 期。

② Tom L. Beauchamp、James F Childress：Principles of Biomedical Ethics（fourth edition），Oxford University Press. 1994.

有医疗水平，对患者积极抢救具有良好预后效果，但近亲属仍表示拒绝的，则构成了严重损害被监护人身心健康、侵害被监护人合法权益，未履行监护人职责，人民法院根据有关个人或者组织的申请，可撤销其监护人资格。

笔者认为，与前文类似，紧急情况下实施积极救治给患者带来的利益取决于医务人员依据现有医疗水平，紧急救治的预期效果。预期效果较好，则具有较大利益；预期效果难料，则并无明显利益。因此，当患者病情危及生命且不能取得患者意见的紧急情况下，对患者积极抢救具有良好预后效果的，但患者代理人（含近亲属、监护人、委托代理人等）的处置意见明显不利于患者利益的，医务人员紧急治疗权优先于法律赋予患者代理人（含近亲属、监护人、委托代理人等）的代理权。而对患者积极抢救预期效果难料的，则不能认定代理人做出明显不利于患者利益的决定，故无法进行紧急救治。如针对癌症晚期患者的终末期状态，近亲属选择放弃治疗的，则属于此种类型。

### （三）不同顺位近亲属意见不一致的情形未明确处置意见

在工作实践中，紧急情况下不能取得患者意见的，近亲属之间达不成一致意见的，存在两种情况：一种情况为不同监护人顺位之间的近亲属意见不一致，例如患者的配偶与父母之间；另一种是相同监护人顺位的近亲属之间意见不一致，例如未成年患者的父亲与母亲之间。

此次《医疗损害司法解释》第18条仅规定了“近亲属达不成一致意见的”可视为“不能取得患者近亲属意见”，但未明确监护人顺位的问题。

笔者认为，不同监护人顺位之间的近亲属意见不一致的，医疗机构及其医务人员应依据《民法总则》第27、28条的规定，采纳监护人优先顺位的近亲属意见。而监护人优先顺位的近亲属之间意见不一致的，则视为“不能取得患者近亲属意见”，经医疗机构负责人或者授权的负责人批准，可以立即实施相应的医疗措施。

### （四）保护性医疗的紧急情况情形未明确处置意见

在保护性医疗中，不宜向患者说明的，应当向患者的近亲属说明。在危及患者生命的紧急情况下，则应首先取得患者或近亲属的意见。但在保护性医疗的紧急情况下，应采纳患者还是近亲属的意见，法律法规及司法解释并未予以明确。

笔者认为，保护性医疗的目的是避免患有恶性疾病的患者出现不利于治疗的不良情绪，但在危及患者生命的紧急情况下，疾病已达终末期，面对随时可能到来的死亡，应当更加尊重患者的知情同意权，充分向患者本人进行告知说明并取得其意见，使其自主决定终末期的医疗方式，保留仅剩的合理规划安排自己生命末期的机会。

在我国台湾，根据《安宁缓和医疗条例》第 8 条，“医师应将病情、安宁缓和医疗之治疗方针及维生医疗抉择告知末期病人或其家属。但病人有明确意思表示欲知病情及各种医疗选项时，应予告知。”这项法规条款所倡导的“不欺骗患者”原则值得我国大陆借鉴。

## 二、实施中的问题

### （一）未明确替代医疗方案的告知程度

2010 年《侵权责任法》首次要求医务人员应告知患方替代医疗方案，但在实际工作中，医务人员对于替代医疗方案的告知程度存在困惑。

替代医疗方案的选择是与医师裁量权相关的。医师根据当时的医疗水平以及患者的具体病情，筛选出可行的医疗方案以供选择。而医师的注意义务受到当时、当地的医疗水平，以及医院等级、医师职称等诸多因素制约，不可能穷尽当时所有的医疗方案，例如偏远落后地区的基层医生可能无法获知该疾病在经济发达城市的顶级医院有无更适宜的医疗方案。但如果不能穷尽当时的医疗方案，又在某种程度上损害了患者的知情同意选择权。这便构成了矛盾。

笔者认为，替代医疗方案的告知程度取决于医师的注意义务，固然越高的注意义务越有利于患者权益的保护，但在衡量注意义务履行是否存在过失时，在依据法律、行政法规、规章以及其他有关诊疗规范进行认定的同时，仍需综合考虑患者病情的紧急程度、患者个体差异、当时当地的医疗水平、医疗机构与医务人员资质等因素。

### （二）未明确紧急情况下医疗机构的救治限度

《医疗损害司法解释》第 18 条规定，医疗机构及其医务人员不得怠于实施相应医疗措施，否则造成患者损害，医疗机构应承担赔偿责任。但在实际工作中，对于紧急情况下医疗机构的救治限度并无明确规定。

随着医学的发展，同一种疾病在紧急情况下，也包含多种急诊急救措施。以急性心肌梗死为例，由易到难就包括使用急救扩冠药物、溶栓治疗、冠脉支架介入手术、冠脉搭桥术等多种急救方法。基于以上条款“不得怠于实施相应医疗措施”的要求，医疗机构应采取何种难度的医疗措施才能不被认定为“怠于”，法律法规并无细化的规定。

笔者认为，“怠于”的含义包括不履行、不及时履行和不规范履行，因此要求应及时规范的履行紧急救治义务。对于救治的限度，则根据《侵权责任法》第60条规定，医务人员在抢救生命垂危的患者等紧急情况下已经尽到合理诊疗义务，即使患者有损害，医疗机构不承担赔偿责任。此处的“合理诊疗义务”同样是指合理的注意义务，并以此作为救治限度判定的标准。

### （三）未明确“知情不签字”的处置意见

《侵权责任法》明确了医务人员在进行手术、特殊检查、特殊治疗之前应取得患者的书面签字。《医疗损害司法解释》第5条也强化了对患者签字法律效力的认可。这就促使患者在同意书上的签字将会更加谨慎，而在医务人员充分告知说明后，患方知情但不签字的现象可能会有所增加，针对此情况的处置方法，法律法规未予明确。

笔者认为，在知情同意告知过程中，不能取得患方书面意见的情况下，如病情允许，可再向其解释，劝其签字；如病情危及生命，则属于患方拒绝发表意见，应视为“不能取得患者或者其近亲属意见”进行紧急救治，并同时留取知情同意告知过程的录音录像证据资料；必要时进行公证、律师见证或报警处理，完善告知程序，留取相关证据，必要时可向人民法院申请裁决。

### （四）未明确“商议后再定”的处置意见

在实际工作中，有时会存在当医务人员充分告知说明后，患方表示“商议后再定”的情况。“商议后再定”不同于肯定或否定的确定“意见”，而是有待明确的意见，且多会拒绝签字，这就让医务人员左右为难。

笔者认为，“商议后再定”的处置要分为两种前提。

一种前提，当患者病情并未危及生命时，当患者或家属对医师提出的诊疗方案提出不同意见，而医师经慎重分析并确认自身诊治方案是科学合理的，便应就患方不同意见的原因，用通俗和患者能理解的语言再次进行针对性解释说明，并陈述利害关系，尽量说服他们（或劝告家属配合）同意医方的意见。必要时，可请上级医师协助共同进行沟通告知。如患方最终表态拒绝，则应书面记录告知内容并要求患方签字拒绝。如患方暂时“不表态”的，则应告知其无论最终商议结果如何，都必须告知医师，同时在病历中进行记录并要求患方签字“商议后再定”，同时注明告知的时间（精确到分钟）。医师根据患者病情，如未得到商议的结果，则应电话联系患方明确意见并录音，同时在病历中记录。如患方拒绝或“不表态”，且拒绝签字的，则应留取知情同意告知过程的录音录像证据资料，同时在病历中记录。必要时，可请第三方对谈话过程进行见证。

另一种情形，当患者病情危及生命时，应视为“不能取得患者或者其近亲属意见”进行紧急救治，并同时留取知情同意告知过程的录音录像证据资料；必要时进行公证、律师见证或报警处理，完善告知程序，留取相关证据，必要时可向人民法院申请裁决。

## 三、对策与建议

（1）在法律法规层面，进一步完善紧急情况下“不能取得患者或者其近亲属意见”的认定情形。将“患者拒绝发表意见的；患者无法及时发表意见的；患者意见不明确的”认定为“不能取得患者意见”。将“患者或者其近亲属意见明显不利于患者良好预后效果的”认定为“不能取得患者或者其近亲属意见”。

（2）在法律执行层面，建立紧急情况下第三方的裁量制度。首选人民法院的快速受理与裁决机制。当患者近亲属意见明显不利于患者救治预期效果，则构成了严重损害被监护人身心健康、侵害被监护人合法权益，未履行监护人职责。此种情形下，医务人员紧急治疗权优先于法律赋予患者代理人（含近亲属、监护人、委托代理人等）的代理权，经医疗机构负责人或授权的负责人批准，应立即实施紧急救治。同时，医疗机构应向人民法院提出申请。人民法院根据有关个人或者组织的申请，可撤销其监护人资格，并安排必要的临时监护措施，并按照最有利于被监护人的原则依法指定监护人。由于紧急情况下时间的紧迫性，这便要求人民法院建立特殊情况下的快速受理与裁决机制。

也有专家提出，鉴于当前人民法院实际运作上存在困难，专业性和时效性均不能满足要求，故提出由卫生行政部门进行行政裁决。由卫生行政部门组织医学专家、法学专家、医学伦理学专家组成立的委员会，专门接受医院关于患者同意权与生命健康权冲突争议的处理。卫生行政部门在接到医院或患者的请求以后，视情况紧急程度，组织专家对患者情况进行调查讨论后，从患者的利益出发做出最为合理的决定①。该决定一经做出，在法律上就视为患者自己的决定。

也有专家提出建立除医方、患方之外的第三方裁量制度。第三方建议由理性的、成年的、无任何利益关系人组成，比如社工、志愿者。在面临患者无选择能力而又紧急的情形时，由他们基于正常人的理性判断进行投票，代替患者进行医疗决策②。

（3）在医疗实践层面，建立患者知情同意预授权机制，也称“诊前知情同意权转让制度”③。对于所有意识清楚、具有完全民事行为能力的患者，在入院时就应签署一份关于知情同意的预授权书，明确自己对医生告知义务的具体要求，包括需要告知或不需要告知、告知的对象是自己还是家属或朋友、是否接受保护性医疗、紧急情况下由谁代理知情同意、是否接受生命末期的复苏疗法等，作为病案的一个组成部分。若患者同意接受保护性医疗措施，则应签署授权委托书指定一名近亲属代理行使知情同意权。医务人员以此作为是否对患者采用知情同意与保护性医疗措施的依据。同时在病程记录中，应予以记录患者签字同意接受保护性医疗措施以及其授权委托的情况。通过法律手段在一定程度上减少知情同意权和医师特殊干预权发生的冲突。

---

① 谢青松、汤建华：《患者同意权与生命健康权冲突的法律研究》，《医学与哲学（人文社会医学版）》2009 年第 3 期。

② 庄晓平：《也谈医疗的知情同意与个人自由和责任——与苏力教授商榷》，《自然辩证法通讯》2012 年第 1 期。

③ 张慧姝、图娅：《关于医患权利冲突的法学思考——肖志军案中引出的医方特殊干预权和患方知情同意权之冲突辨析》，《中国医学伦理学》2010 年第 2 期。

# 第四节 案例分析

## 案例6－1 侵害患者知情同意权之诉讼案例

### 一、案例介绍

综合多方资料①·②·③显示，2007年11月20日，22岁的李某因“受凉后出现咳嗽、咳黄痰伴咯血10天，呼吸困难1周，端坐呼吸3天”，至北京某诊所就诊，接诊医务人员发现病人病情严重，立即劝其到大医院就诊。

11月21日16时左右，肖某陪已有9个多月身孕的“妻子”李某到北京某医院就诊。入院查体：T37℃，脉搏140次/分，呼吸40次/分，血压119/59mmHg。一般情况差，强迫坐位，口唇紫绀，呼吸急促。心音弱，双肺弥漫湿啰音，水肿++。产科检查：宫底高度剑突下二横指，腹围未查，羊水未破膜，宫缩无，胎位不清，胎心126次/分。初步诊断：急性心功能衰竭，重症肺炎，孕足月，妊娠期高血压。上级医师查房认为患者病情危重，抗心衰、抗感染治疗的同时应立即剖宫产结束分娩，以减轻孕妇循环负担，并立即向患者及家属交代患者目前病情危重，随时可能危及母子生命，应立即剖宫产终止妊娠，并联系麻醉科做好病房急诊剖宫产准备。“李某表示‘一切听他（肖某）的’”，16时30分，患者强迫体位，呼吸困难，咳粉红色泡沫痰，脉搏135次/分，呼吸44次/分，血压130/50mmHg，血氧饱和度68%，麻醉科主任、ICU主任到场参加抢救，加压给氧，同时再次向患者及家属肖某交代病情。患者谵妄状态，不能应答。但家属肖某拒绝在手术同意书上签字，坚称他们是来看感冒的，不是来生孩子的，还有一个月才会生孩子。医务人员当面告知其不做手术将危及母子生命，患者家属肖某签字“拒绝剖腹产手术生孩子，后果自负”。17时，胎心未闻及。17时40分，再次向肖某交代病情要求签手术同意书，肖某仍拒绝。患者意识丧失，心率降为0次/分，血压测不出，立即进行心肺复苏。18时30分，超声未见胎心搏动，考虑胎死宫内。胸片显示患者急性

---

① 赖红梅著：《医疗损害法律问题研究》，法律出版社2014年版，第30～32页。

② 陈志华著：《医疗损害责任深度释解与实务指南》，法律出版社2010年版，第180～184页。

③ 中国应用法学研究所编：《侵权责任法疑难问题案例解读》，法律出版社2011年版，第204～205页。

肺水肿，考虑急性呼吸窘迫综合征。主任医师反复向家属交代病情，劝其签署手术同意书，挽救产妇生命，肖某仍拒绝。19 点 30 分，宣告患者临床死亡。从始至终，经过三个多小时的抢救，因李某处于意识不清状态，而胎儿的父亲肖某始终拒绝医院给李某做剖腹手术，最终不仅导致胎儿死于腹中，而且也使李某失去了可能抢救的时机，终因呼吸、循环衰竭，心跳停止，抢救无效死亡。

该院妇产科副主任赵某某说，“如果第一时间手术，大概有 60% -70% 的可能可以救活母子二人”，而当胎死宫内后，如果能及时手术，“大人还能保住”。在三个小时的抢救过程中，医院一面请 110 紧急调查李某某的户籍，试图联系上其他家人；一面上报北京市卫生系统各级领导，得到的指示为：如果家属不签字，不得进行手术；此外，医院甚至还申请为肖某进行精神鉴定。

孕妇李某的父母李某某等二人起诉称，其女儿李某某因感冒、畏寒、咳嗽等病症，在肖某陪同下到北京某医院呼吸内科门诊就诊。院方在没有采取任何诊断手段和急救措施情况下，将李某某转到妇产科住院，并对她进行剖宫产手术前准备工作，后因肖某拒绝在手术同意书上签字，手术未能进行。而北京某医院没有对李某某采取有效的救助措施，最终造成“一尸两命”的惨剧，北京某医院具有不可推卸的责任。故要求北京某医院赔偿其各项损失共计 1334805 元。

北京某医院答辩称，李某某于 2007 年 11 月 21 日下午在肖某的陪同下到该院呼吸内科门诊就诊。经过检查发现，李某某病情危重，医院妇产科、ICU、麻醉科联合对她进行了积极抢救，并请所在区危重症孕产妇抢救小组组长等专家会诊。其间，因考虑挽救母儿生命，建议进行剖宫产手术，但因自称是李某某丈夫的肖某拒绝而未能进行。北京某医院认为对李某某的诊断、治疗、抢救已充分尽到了法定义务，无任何过错，李某某的死亡与医院的医疗行为没有因果关系。

经原告申请，北京市明正司法鉴定中心鉴定意见为：患者妊娠晚期患双侧弥漫性支气管炎合并小叶性肺炎，继发重度肺水肿、急性呼吸窘迫综合症，最终出现呼吸循环衰竭死亡；法医学推定胎儿胎龄在 36 周左右；患者体内未检出毒鼠强毒物成分。

经被告申请，法院委托北京市朝阳区医学会对被告医院对患者的诊疗过程是否存在过错、与患者死亡是否存在因果关系、是否构成医疗事故等事项进行鉴定。2008 年 12 月 2 日，朝阳区医学会医疗事故技术鉴定工作办公室回复本院，因北京市卫生局 2007 年 11 月 25 日组织实际孕产妇死亡专家评审并作出了几点意见，故该会不再对此病例进行医疗事故技术鉴定。

2009 年 1 月 16 日，经随机确定，法院委托中天司法鉴定中心对北京某医院的诊疗行为是否存在过错，该过错与李某某的死亡后果之间是否存在因果关系及过错参与度进行鉴定。2009 年 5 月 27 日，中天司法鉴定中心作出鉴定意见书，认为“患者李某的死亡主要与其病情危重、病情进展迅速、综合情况复杂有关。同时，医患双方在临床决策上存在较大差异、患方依从性等因素也对临床诊疗过程及最终结果产生一定影响。但医方的诊疗过程中存在一定不足，如动脉血气分析不够及时、气管插管机械通气相对较晚等。医方对患者李某的诊疗过程存在的不足与患者的死亡无明确因果关系。”

对此鉴定结论，法院在案件审理中曾向鉴定中心再次致函询问，鉴定中心书面回函进一步明确，李某病情危重而且复杂，属于死亡率极高的病例，这些因素是患者最终死亡的主要因素。医院虽然在医疗行为中存在不足，对抢救患者有一定不利影响，但对患者最终死亡无因果关系。

关于肖某的身份认定问题，法院认为，患者神志清醒时，并未对陪同其就医的肖某的关系人身份表示异议，故被告医院无法、也没有能力对肖某作为患者近亲属的身份进行核实。

## 二、审判结果

法院经审理认定，北京某医院的医疗行为与李某的死亡后果之间没有因果关系，不构成侵权，不应当承担赔偿责任。最终，法院一审判决驳回了李某父母的诉讼请求。但北京某医院表示愿意给予李某家属经济帮助，考虑到本案的实际情况，法院判定北京某医院支付李某父母 10 万元的经济补偿。一审判决后，李某的父母向二审法院提起上诉，二审法院经审理维持原判。

## 三、评析

在本案例中，医务人员依据其专业知识明确知道李某及其胎儿的疾病已危及生命，急需采取手术治疗。若及时手术，则有较大概率救活母子二人。但若不及时手术，则危及母子二人生命。而根据法律法规，对患者采取手术，必须要取得患者同意。无法取得患者意见的，应取得其近亲属同意。即使在危及生命等紧急情况下，也应征求患者或者其近亲属意见。无法取得患者或者其近亲属意见的，经医疗机构负责人或授权的负责人批准，医务人员才可以立即实施相应的救治行为。而其家属肖某从始至终并未正确认识李某的疾病，未能理解医务人员的告知说明，因此坚持做出拒绝手术治疗的书面决定。

此案当时在全国引起广泛关注和讨论。争议的焦点在于：被告医院是否尽到了法定的告知义务？作为掌握着专业医学知识的医疗机构及其医务人员，在患者危及生命的紧急情况下，明知患者家属并未真正理解的情况下拒绝手术，在面临知情同意权和生命健康权发生矛盾时，应如何抉择？患方的知情同意权和医生的紧急医疗处置权发生矛盾时，应如何抉择？

首先，知情同意在法律上有效的前提是患者所作出的同意（或不同意）的意思表示是真实的①。而真实意思表示的前提条件在于，医务人员已经充分履行告知说明义务，患方具有同意的能力且充分理解告知说明的内容，并自愿地作出同意。本案中，医务人员针对患者的病情、医疗措施、医疗风险等进行反复告知说明，应认定为充分履行了法定的告知说明义务。但实际上，患者家属对医务人员的告知说明却未能理解，导致其作出明显不利于患者利益的决定。这属于动机错误导致的意思表示错误，并非真实的意思表示。动机错误是表意人对某些情形怀有不正确的设想或理解，而这些情形对于他决定发出这一意义上的表示有着重要意义②。

其次，根据《侵权责任法》第56条规定：因抢救生命垂危的患者等紧急情况，不能取得患者或者其近亲属意见的，经医疗机构负责人或者授权的负责人批准，可以立即实施相应的医疗措施。可见在患方的知情同意权和医务人员的紧急救治权发生矛盾时，紧急救治权不能超越知情同意权，而仅能作为其补充。在本案中，患者李某当时意识丧失，多科会诊后认为病情危重，必须立即行剖宫产术。可见，患者当时的情况应属于紧急情况。而近亲属肖某明确表示拒绝手术，从字面上理解，这不属于"不能取得患者或者其近亲属意见"，因此当时的医务人员就无法采取紧急医疗措施。

最后，《侵权责任法》第60条规定，医务人员已经尽到法定告知说明义务的，患者或者其近亲属不配合医疗机构进行符合诊疗规范的诊疗，患者有损害，医疗机构不承担赔偿责任。医生具有对急危患者采取紧急救治的义务。在紧急情况下，医疗机构及其医务人员对患者进行准确诊断后，履行了说明告知义务，患者或者其近亲属出于故意或者过失依然不配合进行规范诊疗，造成患者损害的，医疗机构及其医务人员不承担赔偿责任。

由此可见，法院最终的判决合法。但医务人员面对此类案件，只能眼睁睁看着本能救活的生命就此逝去而无可奈何，无法得到法律对紧急救治行为的保障吗？这

---

① 张俊浩著：《民法学原理》，中国政法大学出版社1997年版，第209页。

② ［德］卡尔·拉伦茨：《德国民法通论（下）》，王晓晔、邵建东译，法律出版社2003年版，第504～524页。

也是部分学者认为医院的做法“合法不合理”之处[①]，甚至有人其称为“平庸的恶”[②]。法律与伦理应互为基础，互相促进，相辅相成，形成合力，而法制化倾向过浓，伦理建设不足，则不利于医患关系的和谐[③]。

紧急救治权的背后是生命健康权。紧急救治权与知情同意权之间的权衡，本质上是生命健康权与知情同意权之间的权衡。有专家认为，没有法律规定生命权对于所有人都至高无上，权利之间没有序位，不同的人对于不同的权利有不同的选择[④]；也有专家认为，生命健康权是知情同意权的基础与前提，在权利序位上更高[⑤]；还有专家认为，医疗行为有社会救助的性质，无论有无知情同意，均有义务进行生命救治[⑥]。但笔者认为，无论是何种权利，都不应滥用，任何权利均必须在一定的限制框架内实施。因此，过分看重知情同意的自由或者坚信“生命高于一切”均容易将问题绝对化而导致偏颇。

苏力教授认为[⑦]，“紧急情况”不是一个不要法律的状态，也不是一张随便填写数额的“空白支票”。尽管允许背离常规的法律要求，它仍然是由法律界定的状态；它不仅不允许毫无限制地中止或剥夺他人的基本权利和自由，而且不允许诉诸这一条款的人把法律拿在手中自我任意解释。司法判断的标准不是某个抽象定义，无论是否法学界的通说，总是要具体考虑紧急措施造成损失之大小、所保护收益之大小、危机的实在性和急迫程度、有无可替代的应急措施及其成本如何等各类因素。在经验层面，特别是涉及专业问题时，司法往往会尊重专业或职业标准，有时甚至会尊重地方性职业标准。

王岳教授认为[⑧]，一般情况下患者有权拒绝治疗，但这种拒绝必须在患者有理智决定、法律允许、医生讲明利害之后，符合社会公序良俗的情况下，始可使用。

---

① 中国应用法学研究所编：《侵权责任法疑难问题案例解读》，法律出版社 2011 年版，第 208 页。

② 冯蕾：《生命之重谁能承担?》，《中国医院院长》2008 年第 Z1 期。

③ 王钰涛、张金钟：《建设和谐医患关系的法与伦理相关性研究》，《中国医学伦理学》2010 年第 1 期。

④ 万欣：《论患者知情同意权与医院紧急医疗职责的冲突》，http：//6d. dxy. cn/article/146781，最后访问时间：2018 年 1 月 5 日。

⑤ 张丹、高留战：《完善医院法规 让生命高于一切——由肖志军案的沉思》，《中外医疗》2008 年第 35 期。

⑥ 孙建波：《医疗救治中亲属签字的法律效力分析》，《医学与法学》2010 年第 2 期。

⑦ 苏力：《医疗的知情同意与个人自由和责任——从肖志军拒签事件切入》，《中国法学》2008 年第 2 期。

⑧ 王岳：《从肖志军案看我国医疗违法阻却理由的立法完善》，《医学与哲学（人文社会医学版）》2008 年第 2 期。

但1. 拒绝治疗将给患者带来严重后果或不可挽救的损失；2. 或这种决定是无行为能力人或限制行为能力人所作出；3. 或患者的精神情绪处于极不稳定状态下作出；4. 或是在药物对思维、认识能力产生影响作用下所作出；5. 或有明确立法规定的情形等特殊场合，经治医师应该行使特殊干涉权。

综上，就案例而言，笔者认为，对于急危患者李某，医务人员出于医生专业知识的判断，已经向其近亲属肖某履行了说明告知义务。肖某作为患者的监护人，具有保护被监护人的身体健康等方面的职责。如果先后两次的手术机会能够及时把握，则有较大可能保全母子二人生命或至少保全孕妇的生命。但肖某签字拒绝手术的决定，未履行保护被监护人人身权利的职责，做出了明显不利于患者利益的决定，此时应当撤销并变更其监护关系。因此，当患者病情危及生命且不能取得患者意见的紧急情况下，对患者积极抢救具有良好预后效果的，但患者近亲属的处置意见明显不利于患者利益的，应视为“不能取得患者或者其近亲属的意见”，医务人员紧急治疗权优先于法律赋予患者近亲属的代理权。同时，医疗机构应向人民法院提出申请。人民法院根据有关个人或者组织的申请，可撤销其监护人资格，并安排必要的临时监护措施，并按照最有利于被监护人的原则依法指定监护人。除了人民法院，医疗机构也可以向卫生行政部门、公安部门或其他第三方寻求裁量性决定。

# 第7章　医疗产品责任纠纷

本章主要讨论因为药品、消毒药剂、医疗器械存在缺陷或输入不合格血液造成患者人身损害所产生的侵权责任，统称为医疗产品责任。与本章相关的条文主要有《侵权责任法》第59条及《医疗损害司法解释》第21条、22条、23条及第25条第2款。《医疗损害司法解释》是如何规定的，如何领会和理解其中的内容，在司法实践中应当如何操作，本章将针对这些问题展开论述。

**《侵权责任法》涉及医疗产品责任纠纷的法律规定**

第59条　因药品、消毒药剂、医疗器械的缺陷，或者输入不合格的血液造成患者损害的，患者可以向生产者或者血液提供机构请求赔偿，也可以向医疗机构请求赔偿。患者向医疗机构请求赔偿的，医疗机构赔偿后，有权向负有责任的生产者或者血液提供机构追偿。

**《医疗损害司法解释》涉及医疗产品责任纠纷的规定**

第21条　因医疗产品的缺陷或者输入不合格血液受到损害，患者请求医疗机构，缺陷医疗产品的生产者、销售者或者血液提供机构承担赔偿责任的，应予支持。

医疗机构承担赔偿责任后，向缺陷医疗产品的生产者、销售者或者血液提供机构追偿的，应予支持。

因医疗机构的过错使医疗产品存在缺陷或者血液不合格，医疗产品的生产者、销售者或者血液提供机构承担赔偿责任后，向医疗机构追偿的，应予支持。

第22条　缺陷医疗产品与医疗机构的过错诊疗行为共同造成患者同一损害，患者请求医疗机构与医疗产品的生产者或者销售者承担连带责任的，应予支持。

医疗机构或者医疗产品的生产者、销售者承担赔偿责任后，向其他责任主体追偿的，应当根据诊疗行为与缺陷医疗产品造成患者损害的原因力大小确定相应的数额。

输入不合格血液与医疗机构的过错诊疗行为共同造成患者同一损害的，参照适用前两款规定。

第23条 医疗产品的生产者、销售者明知医疗产品存在缺陷仍然生产、销售，造成患者死亡或者健康严重损害，被侵权人请求生产者、销售者赔偿损失及二倍以下惩罚性赔偿的，人民法院应予支持。

第25条 本解释所称的“医疗产品”包括药品、消毒药剂、医疗器械等。

## 第一节 条文理解

### 一、条文含义

《医疗损害司法解释》第21条是对缺陷医疗产品及不合格血液损害责任的承担及追偿的规定。按照该条规定，根据医疗机构是否具有过错，又分为两种情形：一是患者在医疗机构内使用的药品、消毒药剂及医疗器械等医疗产品存在缺陷或输入的血液不合格，而医疗机构对此并无过错；二是医疗机构存在过错，且该过错导致医疗产品存在缺陷或者血液不合格，如医疗机构使用的药品、消毒药剂或医疗器械在购进时是合格的，但医疗机构储存条件或保管方式存在问题，或在医院内运输时对医疗产品造成了破坏，导致医疗产品存在缺陷或血液不合格，并最终导致患者使用医疗产品或输入血液后出现损害后果。

按照第21条的规定，医疗机构与缺陷医疗产品的生产者、销售者或者血液提供机构对患者造成的损害承担不真正连带责任。这一规定明确了遭受损害的患者既可以向缺陷医疗产品的生产者、销售者或者不合格血液的提供机构请求赔偿，也可以向医疗机构请求赔偿。在法律上规定允许患者向医疗机构索赔是基于以下几方面考虑：一是医疗机构在为患者提供医疗服务过程中往往都伴随着使用药品、消毒药剂、医疗器械及血液的情况，而这种使用本质上是一种销售医疗产品或提供血液的行为，医疗机构作为销售者应当承担产品责任；二是从患者的角度考虑，医疗机构是直接为患者提供医疗产品或血液的机构，患者向医疗机构主张权利相对比较简便可行，而患者一般很难直接了解到医疗产品的生产者、销售者或血液提供机构的详细信息，且很多医疗产品的生产者、销售者或血液提供机构可能距离患者较远，要求医疗机构首先对患者进行赔偿更有利于对患者权利的保障；三是必须考虑到有的医疗产品的生产者或血液提供机构可能并不具有足够的赔偿能力。在法律上赋予患者向缺陷医疗产品的生产者、销售者或者血液提供机构及医疗机构追究责任的选择权的同时，也赋予医疗机构与医疗产品生产者、销售者或者血液提供机构之间相互的追偿权，即医疗机构没有过错的，可以在承担责任后向有责任的医疗产品生产者、销售者或血液提供者追偿；而医疗机构有过错的，已先行承担责任的医疗产品生产者、销售者或血液提供机构也可以向医疗机构追偿。由此可见，医疗产品的连带责任与一般的连带责任不同，这种损害责任最终是由真正的责任者承担终局的责任，即在有责任的一方承担责任后，可以向终局责任者进行全部的追偿。①

《医疗损害司法解释》第 22 条是对缺陷医疗产品或不合格血液损害责任与医疗损害责任的混合损害责任承担的规定。按照该条解释的规定，如果缺陷医疗产品或不合格血液与医疗机构对患者的过错诊疗行为共同导致患者发生同一损害后果，那么患者可以要求医疗机构与缺陷医疗产品的生产者、销售者或不合格血液的提供者承担连带责任。但需要注意的是，这种连带责任仍是不真正的连带责任，即医疗机构与缺陷医疗产品的生产者、销售者或不合格血液的提供机构在承担赔偿责任后，可以根据各自行为造成患者损害的原因力大小来确定各自的责任，并可以据此向其他责任主体追偿。医疗产品责任的确定需要依据《侵权责任法》第 59 条及《医疗损害司法解释》第 21 条的有关规定，适用无过错责任原则，或称严格责任原则；而医疗机构的诊疗行为导致患者损害后果的责任的承担需依据《侵权责任法》第 54 条、55 条、56 条、57 条、58 条及《医疗损害司法解释》第 16 条、第 19 条及第 20 条的有关规定，适用过错责任原则。

《医疗损害司法解释》第 23 条是对医疗产品损害的惩罚性赔偿的规定。按照最高人民法院研究室负责人就《医疗损害司法解释》答记者问的说明，《侵权责任法》在产品责任一章中确立了惩罚性赔偿制度②，其目的在于通过制裁故意将缺陷产品投放市场并且已经造成了使用人严重人身损害的行为，督促生产者、经营者规范其行为，以充分保护产品使用人的合法权益。医疗产品事关广大人民群众生命健康，从某种意义上讲，缺陷医疗产品的危害较普通产品的危害更为严重。在医疗产

---

① 艾尔肯、李丽丽：《论医疗产品责任——兼评〈侵权责任法〉第五十九条》，《医学与法学》2011 年第 4 期。

② 《侵权责任法》第 47 条规定：明知产品存在缺陷仍然生产、销售，造成他人死亡或者健康严重损害的，被侵权人有权请求相应的惩罚性赔偿。

品责任纠纷中适用惩罚性赔偿，对于规范医疗领域存在的医疗产品市场不规范、制售假冒伪劣医疗产品屡禁不止等问题具有重要意义。由于侵权责任法第 47 条并没有规定相应的惩罚性赔偿的标准，经过慎重考虑，《医疗损害司法解释》参照《消费者权益保护法》第 55 条第 2 款的规定，明确规定了医疗产品的生产者明知医疗产品存在缺陷仍然生产或者医疗产品的销售者明知医疗产品存在缺陷仍然销售的，造成患者死亡或者健康严重损害，患者请求生产者或者销售者赔偿损失及所受损失二倍以下的惩罚性赔偿的，人民法院应予支持。这对于威慑或者阻遏明知医疗产品存在缺陷仍然生产、销售的行为，维护广大人民群众的生命健康利益，具有重要而积极的作用。①

## 二、关键词

### （一）医疗产品

医疗产品并非是一个固定的名词，根据《医疗损害司法解释》第 25 条第 2 款的规定，医疗产品包括药品、消毒药剂、医疗器械等。该条解释与《侵权责任法》第 59 条的规定保持一致，体现了司法解释尊重法律、恪守规则的精神。至于“产品”，在《产品责任法》中规定为经过加工、制作，用于销售的产品。按照这一定义，其强调了产品的两方面属性：一是非天然获得的，即必须是经过加工、制作而形成或产生；二是其流通性，即经过加工制作的物品等必须是用于销售，方可称之为产品。按照这一定义，《侵权责任法》第 59 条中规定的药品、消毒药剂、医疗器械等均须按照国家相关法律法规或标准进行加工制作，且其需要经由生产者、销售者而进入医疗机构，并最终使用在患者身上，故属于产品无疑。另外，《侵权责任法》第 59 条在规定缺陷医疗产品之外，还明确规定了不合格血液的相关责任，由此可见血液在法律规定的原意中并非产品，只是在该法律条文中规定了与医疗产品适用一样的法律责任而已。

---

① 见《最高人民法院研究室负责人就〈最高人民法院关于审理医疗损害责任纠纷案件适用法律若干问题的解释〉答记者问》，http：//www. court. gov. cn/zixun – xiangqing – 73502. html，最后访问时间：2017 年 12 月 29 日。

### （二）药品

药品是指用于预防、治疗、诊断人的疾病，有目的地调节人的生理机能并规定有适应症或者功能主治、用法和用量的物质，包括中药材、中药饮片、中成药、化学原料药及其制剂、抗生素、生化药品、放射性药品、血清、疫苗、血液制品和诊断药品等。[①] 需要注意的是，该定义明确规定了药品的作用是“用于预防、治疗、诊断人的疾病，有目的地调节人的生理机能”，且必须“规定有适应症或者功能主治、用法和用量”。《药品管理法》对药品生产企业的管理、经营企业的管理、医疗机构的药剂管理、药品管理、药品包装、药品价格和广告管理等都有明确的规定，且明确规定禁止生产销售假药、劣药。另外，血清、血液制品虽然是由血液经过一定的过程加工而来，但根据法律的明确规定也属于药品。

### （三）消毒药剂

按照现有法律法规及相关规范性文件的规定，“消毒药剂”并非是一个专用或固定的名词。广义的消毒应当包括消毒（狭义的）和灭菌。消毒（狭义的）指用化学、物理、生物的方法杀灭或者消除环境中的病原微生物。与之关系密切的概念是灭菌，是指杀灭或者消除传播媒介上的一切微生物，包括致病微生物和非致病微生物，也包括细菌芽胞和真菌孢子。[②] 而根据原卫生部的相关规定，消毒产品包括消毒剂、消毒器械（含生物指示物、化学指示物和灭菌物品包装物）、卫生用品和一次性使用医疗用品。[③] 其中规定了消毒剂。而《侵权责任法》第 59 条规定的消毒药剂应当是指医院中用于进行杀灭存在于空气、器械等的病原微生物消毒，使其达到无菌化要求的制剂，如巴氏消毒液、酒精等。消毒药剂的质量直接影响到治疗的疗效，尤其是外科手术中，如果消毒不彻底和消毒药剂质量不合格，将直接影响到手术创口的愈合，甚至造成严重的并发症。虽然自然界中有可以用于消毒的物质，但是根据我国法律规定，消毒药剂必须经过一定的生产程序，并上市流通，我国的消毒药剂都属于产品。[④]

---

① 见《中华人民共和国药品管理法》第 100 条的规定。

② 见《医院感染管理办法》第 36 条。

③ 见《消毒管理办法》第 45 条。

④ 刘鑫、张宝珠、陈特著：《侵权责任法“医疗损害责任”条文深度解读与案例剖析》，人民军医出版社 2010 年版，第 128 页。

### （四）医疗器械

医疗器械是指直接或者间接用于人体的仪器、设备、器具、体外诊断试剂及校准物、材料以及其他类似或者相关的物品，包括所需要的计算机软件；其效用主要通过物理等方式获得，不是通过药理学、免疫学或者代谢的方式获得，或者虽然有这些方式参与但是只起辅助作用；其目的是：（一）疾病的诊断、预防、监护、治疗或者缓解；（二）损伤的诊断、监护、治疗、缓解或者功能补偿；（三）生理结构或者生理过程的检验、替代、调节或者支持；（四）生命的支持或者维持；（五）妊娠控制；（六）通过对来自人体的样本进行检查，为医疗或者诊断目的提供信息。[①]按照相关法规要求，国家对医疗器械按照风险程度实行分类管理，国务院食品药品监督管理部门负责制定医疗器械的分类规则和分类目录，并根据医疗器械生产、经营、使用情况，及时对医疗器械的风险变化进行分析、评价，对分类目录进行调整。医疗器械产品应当符合医疗器械强制性国家标准；尚无强制性国家标准的，应当符合医疗器械强制性行业标准。另外，法规对医疗器械产品注册与备案、生产、经营与使用、相关不良事件的处理与召回、监督检查等方面都有明确的要求，其目的就是要保证医疗器械的安全、有效，保障人体健康和生命安全。另外，医疗器械相较于药品、消毒药剂、血液，其作用机制主要通过物理方式获得，这使得其更容易与一般产品相互混淆。因此，必须对医疗器械的范围进行明确的界定。一般来说，医疗器械应是国家食品药品监督管理总局相关文件颁布的医疗器械分类目录中的，并非诊疗过程中的任何医疗用品。只有属于医疗器械分类目录中的医疗用品，才能由《侵权责任法》第59条规制。[②]

### （五）血液

血液是指全血、血液成分和特殊血液成分。[③] 根据《药品管理法》的规定，血清、血液制品属于药品。其中血液制品特指各种人血浆蛋白制品。[④] 一般来说，血液包括直接从人身体上采集的含有红细胞、白细胞、淋巴细胞及液体成分等自然存

---

① 见《医疗器械监督管理条例》第76条。

② 马子建、刘燕：《论〈侵权责任法〉规定的医疗产品损害责任》，《辽宁医学院学报（社会科学版）》2015年第8期。

③ 见《血站管理办法》第65条。

④ 见《血液制品管理条例》第45条。

在的供人体输入氧和营养物质，排出二氧化碳和废物的物质，也包括从全血中提取的血液成分和特殊血液成分，但是不包括血液制品。血液是否属于产品是有较多争议的。有学者认为，血液作为人体的组成部分，当其与人体分离之后，就成为特殊的物，且血液的所有权属于血液提供机构，将其出卖于医院，医院又将其出卖给患者，完全具有产品的特征，应当视为产品①。也有学者并不认同这种观点，其中的原因在于，血站通过对血液的加工、制作并将其采集封装的血液提供给医院，并不是为了销售，亦非营利，而医疗机构在治疗中将血液用于患者也不是“卖”，不具有销售的功能，因而血液不是产品②。

（六）缺陷

根据《产品质量法》第46条的规定，缺陷，是指产品存在危及人身、他人财产安全的不合理的危险；产品有保障人体健康和人身、财产安全的国家标准、行业标准的，是指不符合该标准。

## 三、意义

《医疗损害司法解释》第21条、22条及23条是对《侵权责任法》第59条的细化和完善。《医疗损害司法解释》的内容既严格坚持合法性解释原则，按照崇尚法治、尊重法律、恪守规则的精神，紧紧围绕《侵权责任法》第59条的规定，对于法律规定较为原则的规则予以细化，以更有效地指导审判实践；又在一定程度上突破第59条的规定，结合《侵权责任法》中产品责任的规定并参照《产品责任法》《消费者权益保护法》的相关规定，从而针对在司法实践中亟待解决的问题给出明确的意见，从而解决实践中法律适用不一致的问题。

《侵权责任法》第59条的规定较为原则和笼统，而与此相关的诸多在实践中出现的问题，如医疗产品的销售者的责任承担、医疗产品责任与医疗损害责任的混合责任、医疗产品责任的惩罚性赔偿等问题，均在本次解释中予以明确，且相关规定是在参考相关法律规定，总结吸收了各地审判实践经验，并经过长时间多环节审慎研究讨论而来，其规定对于解决实践中的问题更有针对性和实用性。

---

① 杨立新：《论医疗产品损害责任》，《政法论坛》2009年第2期。

② 刘鑫、张宝珠、陈特著：《侵权责任法“医疗损害责任”条文深度解读与案例剖析》，人民军医出版社2010年版，第128页。

# 第二节　实务操作及要求

## 一、实操要求

### （一）医疗产品侵权责任的构成

1. 医疗产品存在缺陷

根据产品质量法的规定，缺陷指指产品存在危及人身、他人财产安全的不合理的危险；产品有保障人体健康和人身、财产安全的国家标准、行业标准的，是指不符合该标准。由此分析，医疗产品存在缺陷是指满足以下几点：（1）医疗产品存在危及人身、他人财产安全的危险。一般来说，医疗产品是要直接或间接作用于患者，如药品一般是通过内服、外用、注射等方式进入人体或作用于体表，而医疗器械或植入体内或置于体表，而存在缺陷即是存在可能危及人身安全的风险，可能会对使用者造成一定的损害后果。（2）该风险是不合理的。医疗产品往往都是有一定风险的，以药品为例，“是药三分毒”即是对药品风险性的通俗说法。如果这一风险是可以预见的且在一定的限度范围内，即可以认定是合理的，那么就不能认定为存在缺陷。如何判断风险的合理性，需要一个客观的标准，即通过一般人具有的注意水平来判断。（3）医疗产品不符合相应的国家标准或行业标准。医疗产品作为与人身健康密切相关的产品，在其生产制造过程中都有严格的国家标准或行业标准，如果医疗产品不符合国家标准或行业标准，即可以认定为存在缺陷。

2. 患者受到损害

在《侵权责任法》第59条及《医疗损害司法解释》的相关条文中，对患者受到的损害的具体类型并未明确。一般来说，《侵权责任法》中的损害包括人身损害、财产损害和精神损害。产品责任中，产品所造成的损害包括人身损害和财产损害。医疗产品作为特殊的产品，其特殊之处正在于产品本身存在的缺陷会直接造成患者人身健康的损害，这也是为什么在《侵权责任法》医疗损害责任一章中对医疗产品做进一步的规定。医疗损害责任一章整体的立法思想就是弥补医疗相关行为对患者所造成的人身损害。虽然医疗产品的缺陷会同时造成患者的财产损失，但是因为医疗产品和医疗活动的特殊性，财产损害并不属于医疗产品责任中的损害后果。也就是说，只有医疗产品的缺陷造成了患者人身损害时，才能构成医疗产品责任。单独的财产损失并不属于医疗产品损害后果的范围。人身损害包括侵犯患者生命权、健康权和身体权所造成的损害后果。侵犯生命权的损害后果表现为患者死亡。侵犯健康权表现为患者某一器官和机体功能受到侵害，影响了机体的正常生理功能。这是法律实践中最常见的情况，表现为系统功能紊乱或者功能受限。侵犯身体权则是破坏了身体完整性。① 具体来说，患者受到损害可以是患者原有病情加重，也可能是出现了新的病情。

3. 医疗产品的缺陷与患者受到损害之间存在因果关系

构成医疗产品损害责任的，需具备医疗产品的缺陷与患者受到损害之间具有引起与被引起的因果关系。这一因果关系的判断，应当依据相当因果关系规则。不符合相当因果关系要求的，不构成侵权责任。这种引起与被引起的因果关系，要求医疗产品的缺陷与患者的人身损害后果之间有一定的客观的关联性，既可以是直接原因，也可以是重要诱因，但是必须具有一定的因果联系。

### （二）不合格血液侵权责任的构成

1. 输入不合格的血液

输入不合格的血液是指在医疗机构临床诊疗活动中，将血站供应的血液输入患者的身体，且该血液为不合格血液。其要素是：（1）在医疗机构；（2）血液输入人体；（3）血液不合格。血液不合格包括三种情形：一是采集的血液本身不符合医学用血的标准，不能为患者起到输血、供血所应当达到的治疗和救护效果。二是采集的血液本身是有害的，携带某种有害病菌，不仅不能达到医学用血的标准，而且输血后将有害病菌带给患者，使患者受到严重损害。三是血液提供机构所采集的血液本身是符合医疗用血要求的，即提供血液的自然人所提供的血液本身是健康的，但是在血液采集机构事后的加工、保管、运输、分装、储存等环节中，使采集的血液受到污染，变成不合格的血液。按照要求，血液已经输入患者人体。患者在医疗机构就医，在诊疗过程中，根据病情，经医疗机构确定并进行，将血液提供机构提供的血液输入患者的身体中。②

① 刘鑫、张宝珠、陈特著：《侵权责任法“医疗损害责任”条文深度解读与案例剖析》，人民军医出版社 2010 年版，第 128 页。

② 杨立新：《医疗产品损害责任三论》，《河北法学》2012 年第 6 期。

必须注意的是，在法律规定中采用了“不合格”血液的说法，那么何为“不合格”呢？根据《中华人民共和国献血法》《血站管理办法》《中国输血技术操作规程》《血站质量管理规范》《血站实验室质量规范》《医疗机构临床用血管理办法》等法律法规及技术规范和标准的规定，血站、医疗机构等涉及血液采集、检测、制备、运输、储存、使用等环节的部门必须严格遵守相关的技术规范和标准，从而确保血液的合格。一般来说，只要血站、医疗机构按照相应的技术规范和标准进行操作，且血液符合相关的检验检测标准，即可认定为“合格”。而如果因为现行技术水平的局限性而存在“窗口期”的问题等，只要这些血液符合相关的检验检测标准，就可以认定为“合格”。

2. 患者受到损害

患者受到损害这一要件，是《侵权责任法》第59条规定的构成医疗产品损害责任的必要要件。导致患者损害的机制，根据血液不合格的情形的不同而有不同。血液不符合医学用血的标准，因而不能起到应当达到的治疗和救护效果，因而延误治疗造成损害；带有有害病菌的血液输入患者身体，使患者感染病毒致病；被污染的血液输入患者身体，造成患者的身体损害。这些损害都是人身损害，侵害了健康权或者生命权，造成健康受损或者死亡后果。也包括患者本人受到的精神痛苦，以及死者近亲属的精神损害。①

3. 输入不合格的血液与患者受到损害之间存在因果关系

这一要件是指输入不合格的血液与患者受到损害之间具有引起与被引起的因果关系。这一因果关系的判断，仍应当依据相当因果关系规则，在此不予赘述。

### （三）相关责任主体的责任承担与追偿

在缺陷医疗产品或不合格血液导致患者损害的情况下，相关责任主体的责任承担可依据以下情形确定：

1. 医疗产品存在缺陷或血液不合格，而医疗机构不存在过错

这种情形是指医疗产品存在缺陷或血液提供机构为医疗机构提供的血液不合格，而医疗机构对这种缺陷或不合格并无过错。在此情况下，按照《医疗损害司法解释》第21条的规定，中间责任承担者包括医疗机构，缺陷医疗产品的生产者、销售者或者血液提供机构，即患者可以向医疗机构，缺陷医疗产品的生产者、销售

---

① 杨立新：《医疗产品损害责任三论》，《河北法学》2012年第6期。

者或者血液提供机构中的一方或几方提出承担赔偿责任的要求，而被要求承担赔偿责任者必须首先向患者承担相应的赔偿责任。医疗机构承担赔偿责任后，有权向缺陷医疗产品的生产者、销售者或者不合格血液的提供机构追偿。追偿范围应包括医疗机构先期已向患者赔偿的金额、先期已支出合理费用以及医疗机构本次为追偿而支出的合理费用。

2. 因医疗机构的过错使医疗产品存在缺陷或者血液不合格

这种情形一般是指医疗机构购进医疗产品时医疗产品并无缺陷，或医疗机构自血液提供机构获得血液时血液是合格的，而由于医疗机构在医疗产品或血液储存、保管、转运、使用等环节存在过错，从而导致医疗产品存在缺陷或者血液不合格，并进而对患者造成了损害。在此情况下，患者仍可向医疗机构，缺陷医疗产品的生产者、销售者或者血液提供机构中的一方或几方提出承担赔偿责任的要求，而被要求承担赔偿责任者必须首先向患者承担相应的赔偿责任。如果医疗产品的生产者、销售者或者血液提供机构已向患者先行承担了相应的赔偿责任，就有权向医疗机构进行追偿，追偿的范围应包括先期已向患者赔偿的金额、先期已支出的合理费用以及本次为追偿而支出的合理费用。

3. 医疗产品本身存在缺陷或血液不合格，而医疗机构亦存在过错

如果有证据能够证明医疗产品本身存在缺陷或血液不合格，而医疗机构亦存在过错，如医疗机构进一步加剧了医疗产品的缺陷或导致血液不合格的程度加重的，为了公平起见，理论上应由医疗机构与缺陷医疗产品的生产者、销售者或者不合格血液的提供机构按照各自的过错造成患者损害的原因力大小来确定相应的金额。医疗机构，缺陷医疗产品的生产者、销售者或者血液提供机构中的一方或几方均负有向受损患者先行赔偿的义务，已先行向患者承担全部赔偿责任的，有权根据各方的过错造成患者损害的原因力大小来向其他一方或几方追偿相应的部分。

### （四）混合损害责任的构成及责任承担

1. 医疗产品存在缺陷或输入不合格的血液与医疗机构的过错诊疗行为共同作用

根据《医疗损害司法解释》第 22 条的规定，混合损害责任的构成要求医疗产品存在缺陷或输入不合格的血液与医疗机构的过错诊疗行为共同对患者产生作用。必须注意的是，医疗产品存在缺陷或输入不合格的血液的责任确定应根据无过错责任原则来判断，而医疗机构过错诊疗行为的判断须依据《侵权责任法》第 54 条、

55 条、56 条、57 条、58 条及《医疗损害司法解释》第 16 条、第 19 条及第 20 条的有关规定，适用过错责任原则来判断。原则上，要求医疗机构或医务人员承担医疗损害责任的，需要同时满足医疗机构或医务人员有违法行为、患者有损害后果、医疗机构或医务人员存在过错、违法行为与患者损害后果之间有因果关系四个要件。另外，如何理解“共同”，应坚持客观合理的标准，即医疗产品存在缺陷或输入不合格的血液与医疗机构的过错诊疗行为在造成患者损害后果中起到协同、相互促进等作用。从时间上来说，既可以是同时产生作用，也可以是先后对患者产生作用。

2. 患者受到同一损害

这一要件要求医疗产品存在缺陷或输入不合格的血液对患者造成的损害与医疗机构的过错诊疗行为对患者造成的损害是同一损害。如果医疗产品或不合格血液对患者造成的损害与医疗机构的过错诊疗行为对患者造成的损害不是同一损害，如分别造成了不同器官的损害或造成了患者生命权、健康权或身体权等不同权利的受损，那么就不能适用本条解释的规定，而应该由医疗机构，缺陷医疗产品的生产者、销售者或者血液提供机构根据各自侵权行为的损害后果而承担各自的责任。

3. 患者受到同一损害与医疗产品存在缺陷或输入不合格的血液及医疗机构的过错诊疗行为之间均存在因果关系

因果关系是原因与损害后果之间的引起与被引起的关系，如果多种原因中的任何一种或多种与患者的损害后果不存在因果关系，则也不能适用解释的本条规定。实践中，这种因果关系的判断一般均需要通过专业人员的鉴定来确定。

4. 混合损害责任的承担及追偿

根据《医疗损害司法解释》第 22 条的规定，在构成混合损害责任时，医疗机构，缺陷医疗产品的生产者、销售者或者血液提供机构应对患者承担连带责任，患者有权向其中一方或几方提出赔偿要求，被要求者有义务先行向患者承担全部的赔偿责任，而后可以根据各自行为造成患者同一损害的原因力大小来确定相应的数额，并对其他一方或几方进行追偿。其中提及的各方行为造成患者损害的原因力大小等属于非常专业的问题，一般也需要通过申请专业人员进行鉴定来明确。

### （五）缺陷医疗产品惩罚性赔偿责任的构成与承担

1. 医疗产品的生产者、销售者明知医疗产品存在缺陷仍然生产、销售

《侵权责任法》第 59 条中并未提及惩罚性赔偿，而在《侵权责任法》产品责

任部分及《消费者权益保护法》中有类似的要求。[①] 本次解释对惩罚性赔偿予以明确并详细规定相应的赔偿额度，对进一步威慑或者阻遏明知医疗产品存在缺陷仍然生产、销售的行为，维护广大人民群众的生命健康利益，具有重要而积极的作用。明知的要求，是主观过错中故意的要求，明知医疗产品存在缺陷而继续生产、销售，就是对后果持放任态度，即间接故意。仍然生产、销售，是明知当中或者明知之后所为，当然也包括在生产销售之后通过已经发生损害之后的明知。由于我国把医疗机构定性为销售者，因此由缺陷医疗产品引起的损害，医疗机构、缺陷医疗产品的生产者、销售者在明知的情况下都是惩罚性赔偿责任主体。[②]

2. 造成患者死亡或者健康严重损害

一般来说，民事侵权赔偿的原则是“填平原则”，即要求侵权人对被侵权人因为被侵权而受到的损失进行赔偿，因此规定惩罚性赔偿的目的主要在于对侵权人的惩罚而非对被侵权人的补偿。鉴于此考虑，参考《侵权责任法》第 47 条及《消费者权益保护法》的有关要求，《医疗损害司法解释》第 23 条要求必须是造成患者死亡或健康严重损害的情况下方可适用惩罚性赔偿。如果患者因缺陷医疗产品侵权遭受了损害，但并未达到死亡或健康严重损害的程度，则并无适用惩罚性赔偿的必要及余地。

3. 前两者之间存在因果关系

这一要件要求医疗产品的生产者、销售者明知医疗产品存在缺陷仍然生产、销售的行为与患者死亡或者健康严重损害的后果之间存在引起与被引起的因果关系。换言之，医疗产品的生产者、销售者明知医疗产品存在缺陷仍然生产、销售的行为与患者死亡或者健康严重损害的后果之间必然存在一定程度的关联性，可以是直接原因，也可以是主要诱因。但如果二者之间不存在因果关系，则无法适用《医疗损害司法解释》第 23 条的规定。

4. 缺陷医疗产品惩罚性赔偿责任的承担

满足前述构成要件的，被侵权人有权要求缺陷医疗产品的生产者、销售者承担的责任有两方面：一是要求赔偿损失，二是要求赔偿二倍以下的惩罚性赔偿。前者

---

① 《侵权责任法》第 47 条规定：明知产品存在缺陷仍然生产、销售，造成他人死亡或者健康严重损害的，被侵权人有权请求相应的惩罚性赔偿。《消费者权益保护法》第 55 条第 2 款规定：经营者明知商品或者服务存在缺陷，仍然向消费者提供，造成消费者或者其他受害人死亡或者健康严重损害的，受害人有权要求经营者依照本法第四十九条、第五十一条等法律规定赔偿损失，并有权要求所受损失二倍以下的惩罚性赔偿。

② 黄毅：《试论缺陷医疗器械损害责任》，《法制与社会》2015 年第 3 期。

的目的主要是对被侵权人进行补偿，后者的目的主要是对缺陷医疗产品的生产者、销售者进行惩罚，从而确保对缺陷医疗产品的生产者、销售者形成震慑，避免再犯。另外，在医疗产品领域中适用惩罚性赔偿，不应以普遍的标准来确定惩罚性赔偿的数额，而应当综合考虑生产者、销售者主观恶性的大小与其所造成的社会危害的程度、对患方造成的实际损害及有合理证据支持的间接损害以及生产者、销售者事后的态度等因素。如果生产者、销售者主动承担责任并及时做出补偿措施，不仅可以有效降低患方损害，还能够对患方心理起到安抚作用，因此可以作为减轻甚至是免除其支付惩罚性赔偿金的条件。医疗产品责任惩罚性赔偿实际支付的有效执行，医疗产品的生产者、销售者的经济状况及支付能力，也应成为确定惩罚性赔偿金额大小的因素之一。还需注意的是，符合上述条件且只有被侵权方提出适用惩罚性赔偿请求时，法院才可适用缺陷医疗产品惩罚性赔偿制度，即法院不得主动提出并作出相关的判决。①

## 二、注意事项

### （一）举证责任的分配

根据《医疗损害司法解释》第 7 条的规定，患者依据《侵权责任法》第 59 条规定请求赔偿的，应当提交使用医疗产品或者输入血液、受到损害的证据、使用医疗产品或者输入血液与损害之间具有因果关系等三方面的证据。但在实践中，要求患者直接提交使用医疗产品或者输入血液与损害之间具有因果关系的证据比较困难，因此，《医疗损害司法解释》中规定患者无法提交使用医疗产品或者输入血液与损害之间具有因果关系的证据，依法申请鉴定的，人民法院应予准许。根据《医疗损害司法解释》第 11 条第 2 款中第（四）项的规定，医疗产品是否有缺陷、该缺陷与损害后果之间是否存在因果关系以及原因力的大小作为专门性问题可以作为申请医疗损害鉴定的事项。同时，《医疗损害司法解释》第 7 条第 3 款又对抗辩事由进行规定，即医疗机构，医疗产品的生产者、销售者或者血液提供机构主张不承担责任的，应当对医疗产品不存在缺陷或者血液合格等抗辩事由承担举证证明责

① 艾尔肯、李丽丽：《论医疗产品责任——兼评〈侵权责任法〉第五十九条》，《医学与法学》2011 年第 4 期。

任。法律及司法解释中对举证责任的分配，考虑到患者专业知识欠缺、获取证据不易等方面的因素，既符合无过错责任即严格责任的要求，又充分考虑到患者维权的困难，从而能够实现充分保障患者权益的目的。

### （二）诉讼及当事人的追加

根据《医疗损害司法解释》第3条的规定，患者因缺陷医疗产品受到损害，起诉部分或者全部医疗产品的生产者、销售者和医疗机构的，人民法院应予受理。患者仅起诉医疗产品的生产者、销售者、医疗机构中部分主体，当事人依法申请追加其他主体为共同被告或者第三人的，人民法院应予准许。必要时，人民法院可以依法追加相关当事人参加诉讼。患者因输入不合格的血液受到损害提起侵权诉讼的，参照适用前述规定。解释如此规定，一方面考虑到方便患者的维权，即尊重患者根据自身便利选择确定起诉对象的权利，另一方面又考虑到诉讼的效率及经济性，如果当事人申请或人民法院认为有必要的，人民法院可以依申请或依职权追加其他主体参加诉讼，从而实现在一次诉讼中查明事实，厘清各方权责的目的，减少当事人的诉累。

## 第三节　存在问题与建议

### 一、条文中的问题

从字面上看，《侵权责任法》第59条并未明确规定缺陷医疗产品的销售者的责任，在法律适用上不能完全解决法律适用问题。既然医疗产品损害责任也是产品责任，也应当适用《侵权责任法》第五章中有关产品责任的相关规定，故没有明确规定销售者的责任是不完善的。在医疗产品损害中，销售者的责任更为复杂，因为药品、消毒药剂及医疗器械等医疗产品，与一般的产品相比其销售渠道更为复杂，多数医疗产品需要几经转手才能到达医疗机构手中，并使用于患者。①《医疗损害司法解释》第21条明确规定了缺陷医疗产品销售者的责任，有利于该法律条文在实践中的适用。

---

① 杨立新：《医疗产品损害责任三论》，《河北法学》2012年第6期。

《侵权责任法》第 59 条规定的是医疗机构作为中间责任人时的责任分担规则，没有规定医疗机构承担最终责任的规则，这也是不完善的。例如，一是医疗产品缺陷是由医疗机构及医务人员的过错形成的，这就需要医疗机构承担最终责任；二是医疗产品虽然有一定的缺陷，但使用中医疗机构及医务人员由于过错造成患者损害，这需要医疗机构与缺陷产品的生产者或者销售者承担连带责任。对这些问题不规定法律适用规则，仍然无法应对全部的医疗产品损害责任的责任分担问题。另外，该条并未明确规定医疗机构自己作为医疗产品的生产者的责任。[①] 以医疗机构的制剂为例，按照《药品管理法》的规定，医疗机构经所在地省级卫生行政部门审核同意并取得《医疗机构制剂许可证》后，可以配置本单位临床需要而市场上没有供应的品种；配制的制剂必须按照规定进行质量检验；合格的，凭医师处方在本医疗机构使用。在这种情况下，医疗机构事实上是作为制剂生产者，不应适用《侵权责任法》第 59 条的规定，而应适用《侵权责任法》第 41 条的规定，医疗机构应作为缺陷医疗产品的生产者对受损害的患者承担最终责任。

## 二、实施中可能的问题

### （一）免责事由[②]

产品责任使用无过错责任原则，产品的生产者和销售者不得援引《侵权责任法》第 29 条关于不可抗力的一般规定进行免责抗辩，只有在法定情形下才可以进行免责抗辩。侵权责任法中并没有规定产品责任的免责事由，应当适用《产品责任法》中的相关规定。《产品责任法》第 41 条规定“生产者能够证明有下列情形之一的，不承担赔偿责任：（1）未将产品投入流通的；（2）产品投入流通时，引起损害的缺陷尚不存在的；（3）将产品投入流通时的科学技术水平尚不能发现缺陷的存在的。”另外，《医疗损害司法解释》第 7 条第 3 款规定，医疗机构，医疗产品的生产者、销售者或者血液提供机构主张不承担责任的，应当对医疗产品不存在缺陷或者血液合格等抗辩事由承担举证证明责任。因此，在下列情形下医疗机构、医疗产品的生产者、销售者或血液提供机构不承担相应的损害赔偿责任。

---

① 杨立新：《医疗产品损害责任三论》，《河北法学》2012 年第 6 期。

② 刘鑫、张宝珠、陈特著：《侵权责任法“医疗损害责任”条文深度解读与案例剖析》，人民军医出版社 2010 年版，第 128 页。

1. 医疗产品未投入流通的

投入流通的含义，包括任何形式的出售、出租、租赁以及抵押、出质、典当等。处于生产阶段或者已经生产完毕但没有出厂而是在仓储中，不认为已经投入流通。未投入流通的具有缺陷的药品、消毒药剂、医疗器械，发生了损害，医疗机构不承担赔偿责任。

2. 医疗产品投入流通时，引起损害的缺陷尚不存在的

如果造成损害的产品缺陷在投入流通时不存在，并且也不是由医疗机构在使用过程中造成的，而是由于患者自己、第三人原因或者其他原因造成的，医疗机构、医疗产品的生产者、销售者或血液提供机构不承担相应的损害赔偿责任。

3. 医疗产品投入流通时的科学技术水平尚不能发现缺陷的存在

判定是否知道或者应当知道产品投入流通时存在产品缺陷，是以产品投入流通当时社会所具有的科学技术水平为依据。只要投入流通当时的科学技术水平不能发现缺陷的存在，即使以目前的科学技术水平可以判断出产品具有缺陷，也不能因此要求医疗产品的生产者和医疗机构承担责任。但须注意的是，医疗产品的生产者和医疗机构仍负有跟踪观察缺陷义务，如果医疗产品的生产者或医疗机构没有履行相应的义务，仍应对损害承担责任。

4. 其他免责事由

（1）患者自身原因造成。如果患者使用医疗产品的方法不当，没有按照产品说明中的使用方法使用，或者明知可能造成损害后果，依然错误使用的，所造成的损害后果由患者自己承担责任。但是需要注意的是，医疗产品责任属于无过错责任，患者较低程度的过失并不能构成产品生产者和销售者的免责事由，一般认为，只有患者重大过失或者故意造成的损害，医疗机构才可以免责。

（2）第三者原因造成。因产品生产者、销售者和使用者以外的第三人的过错造成损害的，产品的生产者和销售者不承担相应的损害赔偿责任。在这里，患者所受到的损害不是由于产品的缺陷造成，产品是否存在缺陷与患者受到的损害没有因果关系，医疗机构对此不承担责任。这一免责事由需要与产品责任中的第三人责任区别开。《侵权责任法》第44条规定“因运输者、仓储者等第三人的过错使产品存在缺陷，造成他人损害的，产品的生产者、销售者赔偿后，有权向第三人追偿。”根据这一规定，如果产品的缺陷是由运输者、仓储者、原材料或零部件的提供者等其他与产品的生产销售有密切联系的第三人造成，那么产品的生产者仍应承担对产品缺陷所致损害的赔偿责任，只不过在承担了赔偿责任之后，可以向造成损害的第三

人追偿。这种替代责任与第三者原因造成损害的免责事由的不同点在于，患者的损害仍是由于产品的缺陷造成，产品缺陷与患者损害之间存在因果关系，只不过生产者或者销售者与产品的损害不存在直接因果关系。因此，由于运输者、仓储者等第三人过错使产品存在缺陷的，产品的生产者和销售者不能据此免责。

（3）血液合格。根据《侵权责任法》及《医疗损害司法解释》第 7 条第 3 款的规定，医疗机构、血液提供机构在输入不合格血液导致患者损害时须承担责任，若能够举证证明血液合格的，就无需承担赔偿责任。若想证明血液合格，需要血站、医疗机构提交血液自采集、加工、保管、运输、分装、储存、使用等环节的相关证明文件，证明各环节均严格按照国家相关法律法规及技术规范执行，且血液按照现行有效的检验标准检测合格。

### （二）诉讼时效的规定

1. 药品、消毒药剂、医疗器械的缺陷造成患者损害的诉讼时效

《民法通则》第 135 条规定向人民法院请求保护民事权利的诉讼时效期间为二年，法律另有规定的除外。第 136 条规定出售质量不合格的商品未声明的，诉讼时效为 1 年。《民法总则》第 188 条规定向人民法院请求保护民事权利的诉讼时效期间为 3 年。法律另有规定的，依照其规定。而《产品质量法》第 45 条规定，“因产品存在缺陷造成损害要求赔偿的诉讼时效期间为 2 年。”按照特别法优先于普通法，新法优先于旧法的法律原则，本书倾向认为，对于药品、消毒药剂、医疗器械的缺陷造成患者损害的诉讼时效应为 2 年。因为在《立法法》中关于“特别法优于一般法”“新法优于旧法”的两个法律冲突解决的原则中，特别法优于一般法放在前面，新法优于旧法放在后面，且最高人民法院在相关审判指导文件中也有类似的意思表达。[①] 同时，按照《产品质量法》第 45 条第 2 款规定，因产品存在缺陷造成损害要求赔偿的请求权，在造成损害的缺陷产品交付最初消费者满 10 年丧失；但是，

---

① 根据最高人民法院 2005 年 5 月 18 日发布的《关于审理行政案件适用法律规范问题的座谈会纪要》规定，出现这种情况，按如下方式解决：“新的一般规定允许旧的特别规定继续适用的，适用旧的特别规定；新的一般规定废止旧的特别规定的，适用新的一般规定。不能确定新的一般规定是否允许旧的规定继续适用的，人民法院应当中止行政案件的审理，属于法律的，逐级上报最高人民法院送请全国人民代表大会常务委员会裁决；属于行政法规的，逐级上报最高人民法院送请国务院裁决；属于地方性法规的，由高级人民法院送请制定机关裁决。”

尚未超过明示的安全使用期的除外。[①] 更为重要的是，《民法总则》第 188 条规定最后还有规定“法律另有规定的，依照其规定。”

2. 输入不合格的血液造成患者损害的诉讼时效

血液不属于产品，更不属于商品，因此不能适用《产品质量法》及《民法通则》第 136 条的规定，而应当适用《民法总则》第 188 条关于诉讼时效的一般性规定：向人民法院请求保护民事权利的诉讼时效期间为三年。法律另有规定的，依照其规定。

3. 诉讼时效起算的法律适用

根据《民法总则》第 188 条的规定，诉讼时效期间自权利人知道或者应当知道权利受到损害以及义务人之日起计算。法律另有规定的，依照其规定。但是自权利受到损害之日起超过二十年的，人民法院不予保护；有特殊情况的，人民法院可以根据权利人的申请决定延长。在医疗产品损害责任纠纷处理实践中，经常发生的情况是患者并不知道自己的权利受到侵害或不知道何时受到侵害，比如有的医疗器械在植入患者体内时是正常使用的，可能在植入体内数年后才发生故障引起患者的损害，因此导致诉讼时效起算点确定的复杂性。个人认为，可以参照《民法通则意见》第 168 条的规定，即人身损害赔偿的诉讼时效期间，伤害明显的，从受伤害之日起算；伤害当时未曾发现，后经检查确诊并能证明是由侵害引起的，从伤势确诊之日起算。如此执行较符合医疗产品侵权责任处理的现状，也能更好地保护患者的合法权益。

4. 有关诉讼时效中止、中断的规定

根据《民法总则》第 194 条、第 195 条、第 197 条的规定，诉讼时效可因法定的情形而中止或中断，且诉讼时效的期间、计算方法以及中止、中断的事由等由法律规定，当事人约定无效。当事人对诉讼时效利益的预先放弃无效。需要注意的是，医疗损害责任纠纷中往往有其特殊性，因此在考虑诉讼时效的计算、中止或中断时要结合案件的实际情况具体考虑，且应充分尊重法官在合理范围内的自由裁量权，从而能够更好地保护患者的权益，也避免医疗机构或医疗产品的生产者、销售者或血液提供机构可能存在的侥幸心理。

① 奚晓明主编：《〈中华人民共和国侵权责任法〉条文理解与适用》，人民法院出版社 2010 年版，第 419 页。

## 三、对策与建议

《侵权责任法》第 59 条及《医疗损害司法解释》的相关规定对医疗机构提出了较高的要求，因此医疗机构在医疗管理及医疗纠纷处理实践中需要注意以下方面：

### （一）医疗机构负有确保医疗产品及血液质量及合理使用的责任

根据《医疗损害司法解释》的相关规定，如因医疗机构的过错导致医疗产品存在缺陷或血液不合格的，医疗机构须根据自身的过错承担相应的责任，甚至是终局性的赔偿责任。因此，对医疗机构而言，需要在医疗机构的各环节负起确保医疗产品及血液质量合格及合理使用的责任，具体有以下几点：

在医疗产品及血液进入医疗机构的环节严格把关，确保购入的医疗产品及预订入库的血液有严格的手续，必须选择具有相应资质的医疗产品供应商或血液提供机构，必须符合国家有关药品、消毒药剂、医疗器械、血液的相关法律法规及质量标准，并要求供应商或血液提供机构提供相应的资质及质量证明文件等。

在医疗产品及血液的储存、保管环节做好工作，避免因储存保管不当而导致医疗产品缺陷或血液不合格。医疗产品属于特殊的产品，多数医疗产品均对储存条件有严格的要求，如有的药品需要避光保存，有的药品需要冷藏，而放射性药品则有更为严格的保存要求等。因此医疗机构的药剂科、器材科等相关部门必须配备专门人员，严格按照医疗产品说明书等要求妥善储存保管医疗产品。而血液的储存更需要医疗机构的血库或输血科切实按照《医疗机构临床用血管理办法》等要求严格执行，如该办法第 18 条要求医疗机构的储血设施应当保证运行有效，全血、红细胞的储藏温度应当控制在 2－6℃，血小板的储藏温度应当控制在 20－24℃。储血保管人员应当做好血液储藏温度的 24 小时监测记录。储血环境应当符合卫生标准和要求。

在医疗产品及血液的使用环节严格按照适应症，合理使用医疗产品及血液。医疗产品不同于一般的产品，往往与患者的诊疗行为及诊疗过程密切相关，且使用不当可能对患者造成严重的损害后果，甚至导致患者死亡或健康严重受损，因此在医疗产品的使用环节要遵循严格的规范和标准。如药品在临床工作中的使用，原则上要严格按照药典、药品说明书及诊疗规范的要求执行，在无明确的循证医学依据、未经医疗机构药事管理与药物治疗学委员会或学组批准备案、未经患者或近亲属书面充分知情同意的情况下一般不得超适应症用药，否则一旦发生损害后果医疗机构就要承担相应的责任。而血液作为有限的宝贵资源，其使用也要严格按照有关规定执行，如《医疗机构临床用血管理办法》第19条要求医务人员应当认真执行临床输血技术规范，严格掌握临床输血适应证，根据患者病情和实验室检测指标，对输血指证进行综合评估，制订输血治疗方案。第28条规定：医疗机构应当建立临床用血医学文书管理制度，确保临床用血信息客观真实、完整、可追溯。医师应当将患者输血适应证的评估、输血过程和输血后疗效评价情况记入病历；临床输血治疗知情同意书、输血记录单等随病历保存。

### （二）医疗产品及血液的封存

根据《医疗事故处理条例》（以下简称《条例》）第17条规定，疑似输液、输血、注射、药物等引起不良后果的，医患双方应当共同对现场实物进行封存和启封，封存的现场实物由医疗机构保管；需要检验的，应当由双方共同指定的、依法具有检验资格的检验机构进行检验；双方无法共同指定时，由卫生行政部门指定。疑似输血引起不良后果，需要对血液进行封存保留的，医疗机构应当通知提供该血液的采供血机构派员到场。

根据该条规定，医疗机构在处理疑似输液、输血、注射及药物等行为引起不良后果的事件时，应当及时告知患方对实物进行封存，而且该告知以书面的形式进行为好。医疗机构与患方共同封存相关实物的，有以下几点注意事项：一是要核实好患方的身份，最好能征得患者本人或死亡患者法定继承人、法定或授权代理人的同意后方可封存。二是要制作书面的封存笔录，在笔录中载明封存的时间、地点、封存实物内容的详细描述、医患双方确认无误的声明、医患双方签名、注明日期等，还可以约定进行检验的部门、时间等内容；封存笔录最好一式两份，医患双方各持一份；书面的封存笔录能够较好地确认封存状态，避免今后引发争执。三是封存实物由医疗机构保管，并要确保适当的保存条件，如对保存条件有特殊要求的药品、血液等，必须按照相关的要求进行保管，避免因保管不当导致封存实物无法进行检验。四是疑似输血引起不良后果的，在封存血液时医疗机构要通知提供该血液的采供血机构派员到场，并在封存笔录中记载相关过程。五是对封存实物的启封必须有参与封存的各方共同在场方可进行，且制作书面的启封记录，由参与启封的各方对过程予以确认。

# 第四节　案例分析

## 案例7－1　医疗损害责任及产品责任纠纷案①

### 一、案例介绍

2007年7月，原告吴某某因头晕头痛、恶心呕吐于某医院急诊就诊，住急诊留观室治疗，后转入神经内科继续治疗。9月21日，原告入该院康复科，予以营养神经等治疗，9月27日，某医院开始为原告使用名为“某捷”的药物，该药物至同年10月22日停止使用。10月7日，原告诉昨日出现右手麻木伴力弱，今日渐出现右侧上、下肢力弱等。10月8日，原告出现呼吸困难等症状，转入监护病房继续治疗。后请神经内科、康复科相关科室会诊，以营养神经、肢体功能锻炼等支持治疗为主，11月23日行头MRI检查，不完全除外格林巴利综合征，于11月23日开始应用丙球治疗。后持续治疗至2008年8月，经中药及康复治疗后右侧肢体肌力有所恢复。

2008年，原告将某医院诉至法院，要求赔偿医疗费、残疾赔偿金等费用合计98万余元。2014年，原告又以产品责任纠纷起诉某医院、某制药公司，要求两被告承担医疗费、残疾赔偿金等各项费用合计400余万元。

在原告起诉某医院的案件中，经原告申请，法院委托司法鉴定机构进行鉴定，鉴定结论认为医院在对格林巴利综合征的诊断方面不够及时，存在较为明显的延误，理论上存在对被患者病情转归的不利影响。综合考虑格林巴利综合征自身特点及患者自身病情等因素，认定某医院的诊疗行为的不足与患者不良后果的参与度为B级。针对原告提出的使用“某捷”导致格林巴利综合征的质疑，鉴定人答复对于“某捷”使用合理性评价最有力的证据是“某捷”说明书和国家药典，其次是权威报告和行业认知。原告方所述文献在一定程度上能够说明“某捷”使用与格林巴利综合征之间的关系，但是尚不足以据此认定某医院使用“某捷”存在过错。法院据此判决某医院赔偿患者除医疗费之外的残疾赔偿金等合计8万余元。

---

① 见北京市西城区人民法院（2008）西民初字第8541号及（2014）西民初字第04224号民事判决书、北京市第二中级人民法院（2015）二中民申字第00268号民事裁定书。

在原告起诉某医院及某制药公司产品责任纠纷案件中，原告认为某医院为其使用的“某捷”说明书中未警示使用后可能导致格林巴利综合征，属于缺陷产品。被告某医院认为本案属于一事不再理，且已过诉讼时效，另外医院使用的药品为正规渠道购进的某制药公司生产的合格产品，不存在缺陷，用药符合适应征，用法用量也无不当。被告某制药公司认为本案属于一事不再理，且已过诉讼时效，另外我公司符合国家规定，具有生产资质，所生产的“某捷”经药监局批准备案，经检验合格，不存在缺陷，且无证据表明是由“某捷”导致格林巴利综合征。

## 二、审判结果

一审法院经审理认为，本案与2008年案件为不同案由，不适用一事不再理，亦未超过诉讼时效。某制药公司生产的“某捷”药品系经药监部门批准后生产使用，该药品所附说明书中注明了药品的通用名称、成分、规格、适用症、不良反应、批准文号等内容，产品标识符合相关法律规定。原告虽称该药品存在警示缺陷，未警示使用后有可能导致格林巴利综合征，因其未能提交充分证据证明此种风险的合理存在，仅凭现有材料尚不能作出该产品存在质量问题的认定。另外，根据《药品说明书和标签管理规定》，药品说明书由国家食品药品监督管理局予以核准，其本身的制订和修改过程都有严格的规定程序，未经相应程序，不应直接否认其证明效力。且综合司法鉴定意见及相关资料，尚不能证明原告所患格林巴利综合征与使用“某捷”存在必然的因果关系。故判决驳回原告的诉讼请求。

一审判决后，原告申请再审，提出涉案的“某捷”产品存在警示缺陷和跟踪缺陷，且某医院未履行跟踪义务，且应由两被告举证证明不存在因果关系。上级法院经审理后认为原告未能举证证明产品存在缺陷，且无法证明因果关系的存在，故裁定驳回再审申请。

## 三、评析

本案例中原告提出的两次诉讼分别涉及医疗损害责任纠纷和医疗产品责任纠纷。根据治疗经过及法院审理过程不难看出，在医疗损害责任纠纷中，法院适用过错责任原则，要求由患者一方提供接受诊疗行为、有损害后果、医疗行为有过错及存在因果关系的证据，而患者一方是通过申请司法鉴定的方式由司法鉴定人来确定医疗行为是否存在过错及是否存在因果关系。

在医疗产品责任纠纷案件中，患者主张医疗机构在诊疗过程中使用的药品存在缺陷，但法院在综合考虑患者提交的文献资料及在前序诉讼中司法鉴定意见后，认为并无证据证明药品存在缺陷，因此也就不能按照《侵权责任法》第59条的规定要求药品的生产者承担侵权责任。假设在该案件中患者能够举证证明该药品存在缺陷，那么就构成了医疗机构的诊疗行为及药品的缺陷导致患者同一损害后果的混合侵权责任，在这种情况下患者以医疗机构及药品的生产者为共同被告时，可要求医疗机构及药品的生产者对患者的损害后果承担连带责任；在其中一方向患者承担赔偿责任后，可要求法院根据医疗机构及药品生产者在导致患者损害后果中的原因力大小来确定各自的责任，并向其他责任主体进行追偿。

## 案例7－2 深圳市妇儿医院严重医院感染事件①

### 一、案例介绍

1998年4月至5月，深圳市妇儿医院发生严重的医院感染暴发事件。根据卫生部1999年1月的通报，该院1998年4月3日至5月27日，共计手术292例，至8月20日止，发生感染166例，切口感染率为56.85%。事件发生后，深圳市妇儿医院未及时向上级卫生行政部门报告，在自行控制措施未果、感染人数多达30余人的情况下，才于5月25日报告深圳市卫生局。深圳市卫生局指示停止手术，查找原因。经深圳市卫生局、广东省卫生厅组织国内外有关专家的积极治疗，目前大部分病人伤口闭合，对其余病人的治疗和对全部手术病人的追踪观察仍在继续进行中。深圳市卫生局对有关责任人进行了严肃处理，院长被免去职务，直接责任人主管药师何某被开除公职，其他有关人员由医院进行处理。

根据卫生部的通报，此次感染是以龟型分枝杆菌为主的混合感染，感染原因是浸泡刀片和剪刀的戊二醛因配制错误未达到灭菌效果。该院长期以来，在医院感染管理和控制方面存在的严重缺陷，是这次感染人数多、后果严重的医院感染暴发事件发生的根本原因。经调查，戊二醛用于手术器械灭菌浓度应为2%，浸泡4小时，而该院制剂员将新购进未标明有效浓度的戊二醛（浓度为1%）当作20%的稀释200倍供有关科室使用，致使浸泡手术器械的戊二醛浓度仅为0.005%，且长达半年之久未能发现。此外，深圳市惠泽公司生产的强化戊二醛的使用说明书存在不标有效浓度、消毒与灭菌概念不清等问题，也是导致深圳市妇儿医院制剂员错配消毒剂引发严重医院感染暴发事件的重要因素。

---

① 见国家卫生计生委网站：《关于深圳市妇儿医院发生严重医院感染事件的通报》，http://www.nhfpc.gov.cn/mohyzs/s3593/200804/18627.shtml，最后访问时间：2017年12月31日。

2000年4月，患者李某某诉深圳市妇儿医院、惠泽公司案件在深圳市福田区法院开庭。原告李某某是因宫外孕于1998年4月22日到深圳市妇儿医院治疗的。其诉状称："我的临床治疗长达9个多月，先后经扩创手术3次，清创无数次，负压引流4次，封闭治疗2次，做整体病灶切除手术1次。治疗过程充满试验性。由于长期大剂量交叉服用抗生素类药物，使我的自身免疫能力全面下降，并导致多种毒副反应，身心造成严重伤害，并留下不可估量的健康隐患。"李某某索赔治疗费等各项费用合计353万元。深圳市妇儿医院称：不存在拿患者做试验的问题，医院是按照医疗程序进行的。而且，仅仅是局部感染，对患者肌体损害轻微，原告所述免疫功能下降、引发各种毒副反应无事实及法律依据。另外，惠泽公司应承担主要责任。医院在法庭上出示证据并指出，该公司产品标识存在严重缺陷，未标明主要成分的浓度，并且在产品说明中使用了在国内禁止公开使用的繁体字，对感染事件发生有误导作用，存在明显的过错。第二被告惠泽公司称：我公司产品使用方法说明中清楚地写着"医疗器械浸泡消毒使用原液"，任何一个能识字的人只要注意都不会出现使用错误。当时，申报产品说明未标明戊二醛的浓度，是由于我国未颁布有关消毒剂的国家标准和行业标准，而有关消毒剂管理的法规、规章均未要求消毒剂产品说明书要注明消毒成分的浓度。①

## 二、评析

本案例是近年来被卫生行政部门作为消毒剂使用不当导致严重院感事件通报的典型案件，事件持续时间长，损害后果严重，影响非常恶劣。通过卫生部的通报及相关案例可知，在该案件中有过错的为两方主体：一是深圳妇儿医院，院感防控措施执行不到位，相关工作人员严重不负责任，违反消毒及院感管理相关规范，导致浸泡手术器械的戊二醛因配制错误未达到灭菌效果。二是消毒药剂生产者惠泽公司，其生产的产品存在使用说明书不标有效浓度、消毒与灭菌概念不清等问题，也是导致制剂员错配消毒剂引发严重医院感染暴发事件的重要因素。

根据《侵权责任法》59条及《医疗损害司法解释》的有关规定，本案中消毒药剂明显属于有"缺陷"，且由此对诸多患者造成了严重的损害后果，因此其生产者和医疗机构须按照法律规定承担相应的赔偿责任。具体到李某某案件中，患者李某某已同时起诉了惠泽公司和深圳妇儿医院，那么法院应在案件审理中直接认定二

---

① 李桂茹：《深圳妇儿医院感染事件又起波澜》，原载于《中国青年报》2000年4月26日。人民网：http：//www. people. com. cn/GB/channel1/13/20000426/49847. html，最后访问时间：2017年12月31日。

者的责任大小，并要求二者对患者的损害承担连带责任。若由惠泽公司或深圳妇儿医院首先承担全部责任的，则可以依据各自过错行为导致患者损害后果的原因力大小而向其他一方追偿相应的部分。

## 案例7-3　冯某某诉成都市某医院产品责任纠纷案[①]

### 一、案例介绍

2007年9月11日，原告冯某某到被告成都市某医院住院治疗，入院诊断为右胫腓骨骨折术后。入院后被告予去除外固定器材，跟骨持续牵引。原告于9月24日在被告对其实施石膏托外固定后自行要求出院。2008年1月1日，原告再次到被告处入院治疗，被诊断为右胫骨陈旧性粉碎性骨折伴不连。被告于1月3日对原告施行了右胫骨陈旧性骨折切开复位金属接骨板内固定+植骨术。经治疗后原告于2月1日出院，出院时X片示骨折对位对线较好。出院医嘱及建议：门诊治疗、随访，休息3月；出院后1月、2月、半年、1年分别来院复查X片；1年后骨折愈合后再次手术取金属接骨板。在当次手术中，被告为原告植入苏州市某公司生产的型号为YSQ16（胫骨近端外侧）的金属接骨板，规格为右9孔。原告出院后于2008年3月6日，7月10日、28日，11月11日做X片检查。其中，前两次检查意见为右胫骨断端对位对线尚可，右胫腓骨断端处金属接骨板未见断裂，螺钉未见松动、脱落。而后两次的检查意见为右胫骨金属接骨板中下1/3处可见断裂，右腓骨金属接骨板未见异常。2009年3月14日，原告到四川大学某医院行DR检查，发现右胫骨中上段及腓骨中段骨折线清晰，对位可，远折端向前成角，右胫骨内固定金属接骨板下份断裂。此外原告还到简阳市某医院门诊治疗。原告在三家医院共支付检查及治疗费522.20元。原告因金属接骨板断裂产生的医疗费为462.20元（金属接骨板断裂后所产生）。

原告诉称，原告现已不能再次手术而只能截肢，经鉴定为七级伤残。造成这种后果的原因是被告使用的金属接骨板存在缺陷。因此，诉请判令被告赔偿原告残疾赔偿金、误工费、护理费等各项费用共计188 883.6元。

被告辩称，被告并无过错，不应对原告的损害后果承担侵权责任。被告为原告使用的金属接骨板是合格产品，具备相应的合法手续，无质量问题，在植入前也对

---

① 胡凤滨著：《医疗损害赔偿纠纷裁判规则与适用标准》，法律出版社2015年版，第357~359页。

原告进行了详尽的告知。金属接骨板作为一种骨科内固定器械，出现断裂的原因有多种，除了钢板自身确实可能存在的质量缺陷以外，通常还包括患者伤情过重、骨折在长时间内不能愈合导致钢板应力疲劳、患者不当地过早负重等，均可导致钢板断裂。原告未举证证明被告为原告所安装的金属接骨板存在质量问题，希望能对金属接骨板进行质量鉴定。况且，原告年龄偏大，损伤时间较长，这些都是造成原告现在这种后果的原因，请求驳回原告的诉讼主张。

## 二、审判结果

法院经审理认为，本案作为产品质量损害赔偿纠纷，属于特殊类型的侵权纠纷。双方当事人争议的焦点在于：(1) 被告为原告植入的金属接骨板是否存在缺陷；(2) 产品缺陷与原告的损害之间是否有因果关系。

关于第一个争议焦点，根据《产品质量法》第46条的规定，判断产品是否存在缺陷，一是看产品是否存在危及人身、他人财产安全的不合理的危险；二是看产品是否符合有关保障人体健康和人身、财产安全的国家标准、行业标准。就本案而言，金属接骨板的设计用途是用于支持骨接合。在金属接骨板的正常使用期限内，使用者期望金属接骨板不发生断裂的情形，是对产品安全性的合理期待。被告在为原告植入金属接骨板后，该金属接骨板在正常使用期限内却出现了断裂，虽然金属接骨板断裂的原因有多种，但被告并未举证证明断裂的原因是因原告自身使用不当所造成，因而应当认定金属接骨板存在不合理的危险。被告虽然提供了生产者的相关产品质量认证文件，但认证文件属于企业产品质量体系的认证，并不能证明具体产品的质量符合相关标准。被告虽提出对金属接骨板进行质量鉴定，但因不具备鉴定条件，并且即使产品符合相关质量标准，也并不必然得出无缺陷的结论。因此，本院认定被告为原告植入的金属接骨板存在缺陷。

关于第二个争议焦点，由于医疗使用的产品技术含量高，在受害人证明因果关系时应当适用因果关系推定理论，即受害人只要证明使用了某产品后发生某种损害，且这种缺陷产品有造成损害的可能，即可推定因果关系成立。原告骨折虽与被告无关，但原告在被告处第二次住院时，被告为原告植入了金属接骨板，原告证明了使用金属接骨板后发生了损害并致伤残七级，可以推定因果关系成立。被告未能提供证据推翻该推定，因此，本院认定金属接骨板的缺陷与原告的伤残之间存在因果关系。

在产品质量诉讼中，因产品存在缺陷造成他人人身、财产损害的，受害人可以向产品的生产者要求赔偿，也可以向产品的销售者要求赔偿。产品销售者在无过错的情况下，仍有义务替代生产者先行承担赔偿责任。被告在对原告实施手术过程中，使用他人生产的医疗器械的行为，属于销售行为，被告医院作为销售者有义务替代生产者先行承担赔偿责任。因此，成都市某法院依据《中华人民共和国产品质量法》及《中华人民共和国民事诉讼法》相关规定，作出如下判决：1. 被告在本判决生效后 3 日内赔偿原告产品责任赔偿款（含医疗费、残疾赔偿金、误工费、被扶养人生活费、鉴定费）62287.60 元。2. 被告在本判决生效后 3 日内给付原告精神损害抚慰金 3000 元。3. 驳回原告的其他诉讼请求。

### 三、评析

本案属于典型的因植入体内的医疗器械存在缺陷导致患者损害的案件。根据相关规定，医疗产品责任为无过错责任，即严格责任，在患者提出医疗产品损害责任时，仅需证明使用医疗产品、受到损害及两者具有因果关系，而无需提交证据证明相关方的过错。根据本案法院在判决书中的分析，金属接骨板的设计用途是用于支持骨接合，在金属接骨板的正常使用期限内，使用者期望金属接骨板不发生断裂的情形，是对产品安全性的合理期待。被告在为原告植入金属接骨板后，该金属接骨板在正常使用期限内却出现了断裂，因而应当认定金属接骨板存在不合理的危险。被告虽然提供了生产者的相关产品质量认证文件，但认证文件属于企业产品质量体系的认证，并不能证明具体产品的质量符合相关标准。

另外，根据相关规定，在承担医疗产品责任时，医疗机构与医疗产品的生产者、销售者应承担连带责任，患者有权选择对医疗机构与医疗产品的生产者、销售者中的一方或多方提起诉讼，被诉者有义务向患者承担相应的赔偿责任。在被诉者向患者先行承担赔偿责任后，可以根据案件的实际情况向真正有责任者进行追偿。在本案中，医院不能因其购进的医疗器械质量合格而拒绝向患者承担赔偿责任，但可以在向患者承担责任后向医疗器械的生产者或销售者提出追偿。

## 案例 7－4　与血站医疗损害责任纠纷案[①]

### 一、案例介绍

2011 年 6 月 25 日，原告高某某因受伤在被告某某人民医院住院治疗，被告医院先后为原告输血两次。每次输血前院方按诊疗常规对原告血液检测结果均显示

① 见黑龙江省双城市人民法院（2012）双商初字第 1288 号民事判决书。

“丙肝病毒抗体”为阴性，但出院三十二天后，原告出现恶心、呕吐等症状。原告到被告医院和哈尔滨某医院进行了血液检验，其结果均显示原告的“丙肝病毒抗体”为阳性。原告多次与被告医院就医疗损害赔偿事宜协商未果，故提起诉讼，要求被告医院和被告某某血站给付各项费用合计297830.00元，并承担案件受理费。原告提交了住院病历复印件、用血互助金凭证、检验报告单等证据。

被告医院辩称，对原告在我院治疗及输血没有异议，一、被告医院对原告所实施医疗行为无任何过错及过失，二、原告所患丙型肝炎与被告医院的医疗行为无因果关系，因此医院不承担赔偿责任，请求驳回原告的诉讼请求。被告医院提交了病历原件及医疗事故技术鉴定书，证明无医疗过失行为，不构成医疗事故。

被告血站辩称，一、原告感染丙肝病毒有多种途径，无法排除原告是通过输血以外的其他途径获得HCV感染机会。二、血站的血液是经过黑龙江省血液中心集中检测的，血液质量没有问题。三血站在为临床提供血液过程中无过失和差错行为，所以不承担赔偿责任。故请求驳回原告的诉讼请求。血站提交了黑龙江省血液中心检测报告两份，证实血站提供的血液是合格的。后在诉讼中原告撤回了对被告血站的起诉。

## 二、审判结果

法院经审理认为，《侵权责任法》第59条规定：因输入不合格的血液造成患者损害的，承担责任构成要件之一就是输入的血液不合格。血液不合格包括三种情形：一是采集的血液本身不符合医学用血标准，不能为患者起到输血、供血所应当达到的治疗和救护效果。二是采集的血液本身是有害的，携带某种有害病菌，不仅不能达到医学用血的标准，而且输血后将有害病菌带给输血者，使患者受到严重损害。三是血液提供机构所采集的血液本身是符合医疗用血要求的，即提供血液的自然人所提供的血液本身是健康的，但是在血液采集机构后续的加工、保管、运输、分装、储存和医疗机构交叉配型等环节中，使采集的血液受到污染，变成不合格的血液。

本案中，原告先后两次输入两袋血液，其中一袋标签应为0451511001889的实际标记却是8893，在提供给医院之前的检测中号码就出现纰漏，对这两个不同标记的血液是否是同一袋血液，被告血站在庭审时不能提供实物做出合理的解释。在医院输血环节，对这两个不同标记的血液是否是同一袋血液，也未能严格核查。且医院也无法排除其在做交叉配型环节中使采集的血液受到污染，变成不合格的血液的可能。庭审中，被告血站既不能提供完整检测资料，又无法找到献血者。被告医院无法提供和满足对原告输入的两袋血液鉴定需要的样本及相关核对资料，仅以有“输血审批表、输血记录单”证明输血过程没有问题。综上，应认定原告输入的血液为不合格产品。

针对被告医院辩称的不构成医疗事故，法院认为是否构成医疗事故与是否存在因果关系是两个不同的概念，医疗事故是指医疗机构及其医务人员在医疗活动中，违反医疗卫生管理法律、行政法规、部门规章和诊疗护理规范、常规，过失造成患者人身损害的事故。因果关系，是指作为侵权行为要件的因果关系，只须具备某一事实，依据社会共同经验，即足以导致损害事实或结果的发生。

综上，法院认为，原告因病在被告医院住院期间，输入不合格血液感染丙肝病毒，给原告造成巨大的经济损失和精神创伤，被告医院无法定免责事由，依法应承担赔偿责任。依照《侵权责任法》第 22 条、第 59 条及司法解释相关规定，判决被告某某人民医院赔偿原告经济和精神损失合计人民币 27 万余元。

**三、评析**

本案属于因输入不合格血液导致患者损害的案件。与医疗产品损害责任要求的“缺陷”不同，《侵权责任法》规定的血液损害责任要求的要件是“不合格”。本案判决书中法官参照学者的论述已对“不合格”的具体情形有详细的说明，在此不予赘述。

针对本案中提及的医疗事故技术鉴定，《条例》第 33 条规定，有下列情形之一的，不属于医疗事故：（四）无过错输血感染造成不良后果的。如本文判决书中所分析的，医疗事故技术鉴定主要是从医疗技术鉴定的角度为卫生行政部门对医疗机构及医务人员的行政处理提供依据，在目前《条例》仍有效的情况下，过错输血感染造成不良后果的不构成医疗事故。但不构成医疗事故不代表不需要承担民事责任，在患者因为输入不合格血液导致损害时，医疗机构及血液提供者有义务承担相应的民事赔偿责任。

另外，国家颁布有法律、规章及诸多的规范性文件或技术规范，从而确保血液的合格。这种合格既要求血液成分等质量符合法定标准，也包括血液的包装、外观等符合法定要求。这些要求对血站、医疗机构等从事血液采集、检测、储存、运输、保管等相关工作的单位提出了非常高的要求，需要在工作中严格遵守。相关的规范及条文主要有：

1.《中华人民共和国献血法》

第 10 条　血站采集血液必须严格遵守有关规程和制度，采血必须由具有采血资格的医务人员进行，一次性采血器材用后必须销毁，确保献血者的身体健康。

血站应当根据国务院卫生行政部门规定的标准，保证血液质量。

血站对采集的血液必须进行检测；未经检测或检测不合格的血液，不得向医疗机构提供。

2.《血站管理办法》

第34条 血液的包装、储存、运输应当符合《血站质量管理规范》的要求。血液包装袋上应当标明：（一）血站的名称及其许可证号；（二）献血编号或者条形码；（三）血型；（四）血液品种；（五）采血日期及时间或者制备日期及时间；（六）有效日期及时间；（七）储存条件。

第35条 血站应当保证发出的血液质量符合国家有关标准，其品种、规格、数量、活性、血型无差错；未经检测或者检测不合格的血液，不得向医疗机构提供。

3.《血站质量管理规范》

10.1 必须建立和实施血液标识的管理程序，确保所有血液可以追溯到相应的献血者及其献血过程、所使用的关键物料批号以及所有制备和检验的完整记录。

10.2 标签的底色应为白色，与血袋牢固粘贴，能防水、耐磨损，背面粘合胶不能影响血液的质量。标签信息建议采用实体黑色字体，通过打印或印刷产生。

10.3 血液标签中的内容应符合《血站管理办法》《全血及成分血液质量要求》中的相关规定，至少包含献血编号、品种标识、血型标识和有效期标识四部分。血液标签上不应标有献血者姓名。所有标签的样本都应存档。

10.4 血液的标识应采用条形码技术，确保每一袋血液具有唯一性标识以及可追溯性。条形码技术应能够对不同种类、不同过程状态的血液及血型进行标识。应保证每一次献血具有唯一的条形码标识，并可追溯到献血者。

10.5 献血条码的编码程序应保证献血码的唯一性，同一献血码至少在50年不得重复。

11.2 记录体系必须完整，应包括从献血者筛选、登记到血液采集、检测、制备、储存、发放和运输的整个过程，保证其可追溯性。

11.3 记录档案保存期限应符合国家相关规定，献血、检测和供血的原始记录应至少保存十年。

13.9 应采用唯一的条形码标识献血记录、血袋（含原袋和转移袋）、标本管。应对贴标签过程进行严格控制，确保同一献血者的血袋、标本管、献血记录一一对应，贴签无误。

4.《医疗机构临床用血管理办法》

第15条　医疗机构应当对血液预订、接收、入库、储存、出库及库存预警等进行管理，保证血液储存、运送符合国家有关标准和要求。

第16条　医疗机构接收血站发送的血液后，应当对血袋标签进行核对。符合国家有关标准和要求的血液入库，做好登记；并按不同品种、血型和采血日期（或有效期），分别有序存放于专用储藏设施内。

血袋标签核对的主要内容是：（一）血站的名称；（二）献血编号或者条形码、血型；（三）血液品种；（四）采血日期及时间或者制备日期及时间；（五）有效期及时间；（六）储存条件。

禁止将血袋标签不合格的血液入库。

第17条　医疗机构应当在血液发放和输血时进行核对，并指定医务人员负责血液的收领、发放工作。

# 第 8 章　赔偿项目及赔偿数额计算

医疗损害赔偿的项目及计算标准经历了《民法通则》《医疗事故处理条例》《最高人民法院关于确定民事侵权精神损害赔偿责任若干问题的解释》（以下简称：《精神损害赔偿解释》）、《最高人民法院关于审理人身损害赔偿案件适用法律若干问题的解释》（以下简称：《人身损害赔偿解释》）、《侵权责任法》以及《医疗损害司法解释》等相关规范性文件的调整。2017 年 12 月 14 日实施的《医疗损害司法解释》对赔偿项目的调整并不大，但对残疾赔偿金、死亡赔偿金的计算标准有了新的突破。同时，该解释还规定了产品责任的惩罚性赔偿，即医疗产品的生产者、销售者明知医疗产品存在缺陷仍然生产、销售，造成患者死亡或者健康严重损害的，可以主张生产者、销售者赔偿损失及二倍以下的惩罚性赔偿。虽然该侵权的赔偿主体并非医疗机构，但其赔偿项目及相应计算标准与本章所介绍的内容基本一致，遇有此类案件，可相应提高赔偿系数。《侵权责任法》的出台也将之前的二元化赔偿进行了统一。但是，最高人民法院仍然沿用《人身损害赔偿解释》，不会再对《侵权责任法》的赔偿标准和计算方法做新的司法解释。[①] 因此，本文以《人身损害赔偿解释》规定的项目和计算方法为脉络，辅以典型案例，主要介绍医疗损害赔偿的实务处理和相关问题。

**《医疗损害司法解释》中涉及损害赔偿项目及计算的规定**

第 23 条　医疗产品的生产者、销售者明知医疗产品存在缺陷仍然生产、销售，造成患者死亡或者健康严重损害，被侵权人请求生产者、销售者赔偿损失及二倍以下惩罚性赔偿的，人民法院应予支持。

第 24 条　被侵权人同时起诉两个以上医疗机构承担赔偿责任，人民法院经审理，受诉法院所在地的医疗机构依法不承担赔偿责任，其他医疗机构承担赔偿责任的，残疾赔偿金、死亡赔偿金的计算，按下列情形分别处理：

---

① 刘鑫，孙东东，陈特著：《医疗损害赔偿诉讼实务》，中国法制出版社 2012 年版，第 2 页。

（一）一个医疗机构承担责任的，按照该医疗机构所在地的赔偿标准执行；

（二）两个以上医疗机构均承担责任的，可以按照其中赔偿标准较高的医疗机构所在地标准执行。

## 第一节 人身损害赔偿的项目及赔偿数额计算

《侵权责任法》及《人身损害赔偿解释》对人身损害赔偿项目的规定分为三个层次：致伤、致残、致死。三个层次的伤害，规定了不同的赔偿范围：实际损失的赔偿、残疾相关赔偿、死亡相关赔偿。

### 一、致伤损害赔偿

《人身损害赔偿解释》第1条规定："因生命、健康、身体遭受侵害，赔偿权利人起诉请求赔偿义务人赔偿财产损失和精神损害的，人民法院应予受理。"第17条第1款规定："受害人遭受人身损害，因就医治疗支出的各项费用以及因误工减少的收入，包括医疗费、误工费、护理费、交通费、住宿费、住院伙食补助费、必要的营养费，赔偿义务人应当予以赔偿。"

（一）医疗费

各国立法与司法判例对医疗费的赔偿采取的基本原则是受害人有权请求赔偿义务人承担因侵权行为造成的一切损害，使受害人恢复到损害未曾发生的状态。[①] 对医疗费赔偿的确定标准和计算方法，我国《人身损害赔偿解释》第19条规定："医疗费根据医疗机构出具的医药费、住院费等收款凭证，结合病历和诊断证明等相关证据确定。赔偿义务人对治疗的必要性和合理性有异议的，应当承担相应的举证责任。医疗费的赔偿数额，按照一审法庭辩论终结前实际发生的数额确定。器官功能恢复训练所必要的康复费、适当的整容费以及其他后续治疗费，赔偿权利人可以待实际发生后另行起诉。但根据医疗证明或者鉴定结论确定必然发生的费用，可以与已经发生的医疗费一并予以赔偿。"

---

① 艾尔肯：《论医疗损害赔偿的具体项目及其计算标准》，《法学杂志》2008年第3期。

1. 含义

医疗费是指患者遭受人身伤害后为治疗损伤和康复功能而接受医学上的检查、治疗及康复训练等所必须支出的费用。医疗费不仅包括过去的医疗费用，如治疗费、医药费，也包括将来的医疗费用如康复费、整容费以及其他后续治疗费等。具体来讲，医疗费包括六个方面。（1）挂号费。此项费用包括医院门诊挂号、专家挂号费和法医验伤门诊挂号。（2）药品及医疗用品费。指治疗伤情及因损害所引起的疾病所必须的西药费、中药费和医疗用品费用。最高院《关于贯彻执行〈民法通则〉若干问题的意见（试行）》第144条规定："医药治疗费的赔偿，一般应以所在地治疗医院的诊断证明和医药费、住院费的单据为凭。应经医务部门批准而未获批准擅自另找医院治疗的费用，一般不予赔偿；擅自购买与损害无关的药品或者治疗其他疾病的，其费用则不予赔偿。"（3）治疗费。包括打针、换药、针灸、理疗、手术、化学疗法、激光疗法、骨折固定、骨牵引、矫形、消除疤痕、整容等一系列与治疗有关的费用。（4）检查费。（5）住院费。以医院单据为凭。（6）其他医疗费用，比如必要的康复费用。①

2. 实务操作及要求

从《人身损害赔偿解释》第19条的规定中可知，医疗费是否存在以及其具体数额的认定依赖于医疗机构出具的收款凭证，并结合相关病历资料及诊断证明进行确定。首先，根据我国《民事诉讼法》及相关规范性文件确定的举证责任，医疗费作为患方主张的诉讼请求之一依照"谁主张、谁举证"原则，由患方承担举证责任。同时，患方提供的医疗费相关证据应符合我国《民事诉讼法》确定的证据三性，具体包括：形式合法性、客观真实性及与案件的关联性。形式合法性包含三层含义：第一、证据属于《民事诉讼法》规定的证据法定形式；第二、证据本身形式要件合法；第三、证据来源合法。客观真实性指证据本身客观、真实，不存在伪造、篡改等虚假情况，其内容可以客观、真实反映待证事实。与案件的关联性即指证据与待证事实之间存在客观联系。

实务中，医疗费的主张与抗辩也应围绕上述原则进行。首先，形式真实性上，患方应提供正规医疗机构依法出具的符合法定形式的医疗费用相关收款凭证，如票据应具有正规医疗机构名称、票据盖有相关财务印章，印章刻制医疗机构与收款凭证所属医疗机构名称统一。客观真实性上，患方提供收款凭证的同时应提供相应病

① 陈伟、刘鑫著：《医院投诉管理工作指南》，人民军医出版社2013年版，第167页。

历、处方、检查检验报告单或诊断证明等，以证明其就诊事实。关联性要求收款凭证需显示患者信息，同时有病历、诊断证明等相应资料证明诊疗行为的必要性以及与治疗患者所遭受损害之间的关联性，患者原发疾病治疗所产生的费用与其所遭受的损害无关，即不存在关联性。

人身损害赔偿遵循“损失补偿原则”，以赔偿患者实际损失为原则，并不以获利为目的。因此，患者提供的收款凭证应为票据原件，以免其通过基本医疗保险报销后再向医院主张，重复获赔。若主张报销后的金额，应提供报销后相关证据资料，如医保结算单或新型农村合作医疗报销分割单等。另外，《最高人民法院关于贯彻执行〈中华人民共和国民法通则〉若干问题的意见（试行）》（以下简称：《最高法〈民通〉意见》）第 144 条规定：“医药治疗费的赔偿，一般应以所在地治疗医院的诊断证明和医药费、住院费的单据为凭。应经医务部门批准而未获批准擅自另找医院治疗的费用，一般不予赔偿；擅自购买与损害无关的药品或者治疗其他疾病的，其费用则不予赔偿。”患者自行扩大损失而增加的费用不属于法定赔偿内容，赔付该款项属于患者另一种意义上的获益，医院可以拒绝赔付。在患方提交了相关医疗费收费凭证后，医方对其真实性、合法性或费用发生的必要性及合理性有异议的，应承担举证责任。目前，部分鉴定机构可就医疗费用产生的合理性等进行评价并出具意见。

3. 存在的争议问题

医疗费用经保险报销后可否免除医院的赔偿义务？该争议的来源是因为患方主张医疗费用的全部赔偿，而院方往往主张只赔偿实际损失部分，已经获得补偿的部分不应得到重复赔偿。这种说法的理论基础来自保险损失补偿原则，该原则是指在补偿性的保险合同中，当保险事故发生造成保险标的或被保险人损失时，保险人给予被保险人的赔偿数额，不能超过被保险人所遭受的积极损失。但是，损失补偿原则只适用于财产保险类，不能适用于人身保险类，因为人的生命不能估价。正因如此，《保险法》第 68 条规定：“人身保险的被保险人因第三者的行为而发生死亡、伤残或者疾病等保险事故的，保险人向被保险人或者受益人给付保险金后，不得享有向第三者追偿的权利，但被保险人或者受益人仍有权向第三者请求赔偿。”①

一方面，受损害患者的利益应予保护，另一方面，医学的发展与进步也需要推动与支持。如果，因为生命无价赔偿了患者全部的医疗费而使得赔偿额大幅度增高，则会造成医院以及医生的压力，在其他病例的诊治上则会过于谨慎而不利于医

---

① 陈志华著：《医疗损害责任深度释解与实务指南》，法律出版社 2010 年版，第 320 页。

疗技术的发展。考虑到基本医疗保险的社会福利性，很多地方的法院会在审判时支持原告对于商业保险报销部分再次赔偿的主张而对于基本医疗保险已经补偿的部分不再重复赔偿。

4. 案例分析

### 案例8－1　证据对医疗费赔偿的影响

某患者因左手麻木于2007年被诊断为颈7－胸1脊髓血管畸形，并经外院手术治疗后无改善。2013年因“左手麻木6年加重2年伴双下肢无力”到A院治疗，门诊以“颈髓血管网状细胞瘤”收入院治疗。入院后，经完善术前检查并专家讨论后制定手术方案。经患者及家属同意，2013年5月15日为患者进行手术治疗，术后患者双下肢肌力下降，肌张力高，转康复医院康复治疗。

2016年，患者以诊疗行为过错给其造成损害后果为由将A院起诉至某法院，经鉴定，医方存在一定过错，过错与患者损害后果之间存在一定因果关系。据此，患方主张医疗费赔偿，主要包括：1. 患者在A院门诊及住院治疗期间全部医疗费用；2. 患者因下肢截瘫在康复医院住院期间全部医疗费用；3. 患者出院后因泌尿系感染再入院期间全部医疗费用；4. 药房购买巴氯芬片费用若干。患方提供证据主要包括三次住院病历复印件各一份、门诊病历原件若干、门诊收费票据复印件若干、三次住院费用发票复印件各一份、三次住院费用经新农合报销后的分割单原件各一份。在确认各证据的真实性、合法性后，院方认为：患者主张的第1项费用中，门诊费用无票据原件，不排除已经保险部分报销的可能，不同意全部赔偿，且术前相应检查、化验等属于为明确诊断所必须的，并非医院诊疗行为过错给患者增加的损失，不同意赔偿；第3项费用的发生是患者自身泌尿系感染引起，并非医院诊疗行为过错导致的双下肢截瘫发生的费用，与本案没有关联性，不同意赔偿；第4项费用中的“巴氯芬片”是治疗患者自身疾病“颈髓血管网状细胞瘤”所需，在A院就诊前就一直服用，同样不属于诊疗行为过错增加的医疗费用，不同意赔偿；另外，住院医疗费用已经新农合报销，同意按责任比例赔偿其报销后的医疗费用。

经审理，法院认为：术前检查、因泌尿系感染以及原告外购巴氯芬片，属于治疗其自身原发疾病，与被告医疗过错无关，该部分费用不予支持。经法院释明，被告不申请进行医疗费合理性鉴定，故本院酌定以原告在A院及康复医院治疗的费用扣除农村合作医疗保险已经报销部分后乘以70%作为基数，由被告按照责任比例予以赔偿。

## 案例8-2　过错对医疗费赔偿的影响

某患者因“间断右中上腹疼痛伴呕吐两月余”于2013年4月29日到A医院就诊，被诊断为卵巢癌并腹腔转移可能性大，并下达病危通知书。后患者转至当地基层B医院进行对症治疗，B医院诊治一段时间后又转去C医院进行外科开腹探查，并查明患者实际为腹膜结核。经结核治疗，患者康复出院。2013年10月，患者以A医院误诊将其诉至法院，请求赔偿。A医院辩称：患者入院后，针对其症状进行了相应辅助检查、化验及对症治疗。患者入院前及入院后多次肿瘤相关抗原CA125均升高，入院后MRI检查右侧附件区混杂异常信号，外院PET/CT检查回报双侧附件区囊实性肿物局部代谢活性不均匀增高，腹膜广泛增厚并代谢活性增高，考虑卵巢癌伴腹膜转移可能性大。同时，患者入院后，医方先后予结核菌素纯蛋白衍化物皮试、血清结核抗体检查，结果均为阴性，三次痰抗酸杆菌检查均未找到抗酸杆菌，阴道后穹隆穿刺液检查散在淋巴细胞，上述检查结果均未提示患者感染结核菌。根据患者家属要求，要活着回家土葬，不能在医院去世，而患者当时电解质紊乱、无法进食，身体情况无法接受外科开腹探查，一旦进行外科治疗难以满足患者及其家属要求，故患者转至当地B医院，并待体征相对稳定后开腹探查做出正确诊断。故A医院认为诊疗行为没有过错，不同意赔偿。

经鉴定，鉴定中心出具鉴定意见认为：(1) A医院未根据PET建议行开腹探查取病灶活检即排除结核诊断依据不足；(2) 医方为患者进行的对症治疗不属于误治，但均非抗结核治疗手段，故对患者结核病的病情控制及根治无实际效果；(3) 由于医方未能及时明确诊断进行针对治疗，未能控制患者结核病进一步发展，客观上延误了对被鉴定人的治疗；(4) 医方对患者后续治疗等缺乏沟通，未尽必要告知义务，综上，建议承担轻微赔偿责任。据此，患者主张医疗费全部赔偿。

经审理，法院认为：首先，患者自PET作出之日起至其在C医院手术确诊结核病之前的一段时间内所行治疗，对结核病没有实际效果，故其为此支付的医疗费等属于不必要支出。其次确诊及对症治疗的延误可能会导致患者结核病某种程度的发展，由此造成治疗难度的加大和支出费用的增加。考虑到鉴定意见确定的责任程度、结核病的慢性病特点、延误期间的治疗情况等因素，应当认为因A医院过错所致延误对患者结核病的发展影响轻微，由此造成的治疗难度加大和支出费用增加有限，仅占患者为治疗结核病支出费用的一小部分。因此，A医院过错承担的责任应为，赔偿患者在结核病延误诊治期间因进行无效治疗支出的全部费用和为治疗结核病支出费用的一小部分。在C医院2013年6月8日经手术确认为结核病后对症治疗，自该日起支出的费用属其治疗自身疾病所必需，A医院仅应赔偿因其过错所致增加部分。但自6月2日入C医院至6月7日期间支出的费用必然包含为6月8日手术前期准备的费用，可能还包含部分进行无效治疗支出的费用。A医院对前者应部分赔偿，对后者应全部赔偿，但因二者之间的数额无法严格区分，本院综合考虑鉴定意见认定的A医院责任程度及患者实际支出等情况，酌情确定在A医院治疗中PET结果出具第二天后发生的费用以及B医院的全部费用按100%进行赔偿，在C医院的费用按20%赔偿。

### （二）误工费

《人身损害赔偿解释》第20条规定："误工费根据受害人的误工时间和收入状况确定。误工时间根据受害人接受治疗的医疗机构出具的证明确定。受害人因伤致残持续误工的，误工时间可以计算至定残日前一天。受害人有固定收入的，误工费按照实际减少的收入计算。受害人无固定收入的，按照其最近三年的平均收入计算；受害人不能举证证明其最近三年的平均收入状况的，可以参照受诉法院所在地相同或者相近行业上一年度职工的平均工资计算。"

1. 含义

误工费是指赔偿义务人应当向赔偿权利人支付的患者从遭受伤害到恢复治愈或者定残这一期间内，因无法从事正常的工作或者劳动而失去或减少的工作、劳动收入的赔偿费用。[①] 根据《人身损害赔偿解释》的规定，误工费的计算分为三种情况。第一，患者有固定收入的，按照实际减少的收入计算；第二，患者没有固定收入的，按照其最近三年的平均收入计算；第三，患者不能举证证明最近三年的平均收入，参照受诉法院所在地相同或者相近行业上一年度职工的平均工资计算。

2. 实务操作及要求

实务操作中，首先是根据证据确定是否有误工的存在，若存在，则要确定误工费的计算标准，最后确定误工期。

误工的存在与否主要考虑患者的年龄、身体状态及遭受损害前的工作状态等。若患者退休无返聘或另谋职业的，则其工作收入并未因遭受损害而减少，即不存在误工损失。若患者因自身疾病在遭受损害前已无工作能力，并没有从事劳动生产工

① 张新宝著：《侵权责任法原理》，中国人民法学出版社2005年版，第504页。

作，没有收入，则遭受损害亦没有对其工作收入产生影响，也不存在误工损失。第三，患者遭受损害前没有工作，即没有误工的情形出现，也不存在误工损失。

误工损失存在的举证责任在患方，所以，确定误工费的计算标准主要依赖于其所提供的证据。若患方主张其有固定收入，应提供与劳动单位签订的劳动合同、工资条、误工证明等。若其通过银行发放工资，可提供银行流水，通过现金发放工资的可提供工资领取记录等，达到纳税标准的应提供完税凭证等进行佐证。若其主张没有固定收入，应通过最近三年的工资发放银行流水或者完税凭证等证明其误工费标准。若难以提供证据证明误工损失的则应举证证明其工作性质或内容，依照法律规定的确定方法及官方公布的统计数据进行认定。

误工期既包括患者住院接受治疗的时间，也包括患者出院后休养至康复的时间，若患者难以康复需要评残的，误工期应计算至定残前一日。住院治疗的时间较为明确，可通过病历进行确定。出院后的误工期计算，一般依靠医疗机构出具的休假证明等进行确定。误工期不明确的，可通过鉴定予以确定。

需要注意的是：误工费是针对受害人本人误工损失的赔偿，即患者本人误工的赔偿，而不包括其他家属等的误工赔偿。

3. 存在争议的问题

实务中存在争议的问题主要是具备劳动能力但暂时无业者的误工费确定，如家庭主妇等。有观点认为，在遭受损害前没有工作即不存在误工损失，不应该对其进行赔偿。另一种观点认为那些没有收入但在家从事劳动的人，其为家庭提供的服务也是具有经济价值的，在其遭受侵害而无法正常从事家务劳动的时候，家庭的生活费用必然会受到影响，因此，对于家庭主妇也应给予误工费的赔偿。笔者同意第二种观点，具体数额的确定可以依据与该家庭主妇所从事的家务劳动的工作量相同的保姆的收入加以确定。①

4. 案例分析

## 案例 8－3　误工费审查实例

某患者为单位职工，于 2013 年因“发作性胸闷、气短”门诊以“冠状动脉粥样硬化性心脏病”入 A 院行“冠状动脉搭桥术”。2014 年，治疗数月后，患者门诊复查发现桥血管远端闭塞且其自述症状较搭桥术前没有好转，遂将医院起诉至法

---

① 张新宝著：《人身损害赔偿案件的法律适用》，中国法制出版社 2004 年版，第 329 页。

院。同时，医院为患者再次进行支架手术。

经鉴定，不除外医院诊疗行为与患者损害后果之间存在因果关系，同时，误工期评定为210日。患者据此主张误工损失，并提供病历证明其于2013年9月8日至同年9月26日在被告医院处住院18天，2014年2月24日至同年8月11日在被告医院处住院184天，2014年10月8日至同年10月11日在B医院住院治疗3天，请求医院赔偿其误工损失38个月15天，共计272811.00元，并提交2013年至2016年工资银行流水明细及劳动协议一份，证明其工资收入情况。同时，原告称除本职工作之外另兼职司机，每月收入2200元。依据原告银行工资流水记载，原告2013年至2016年期间工资收入未有减少，经法院释明，原告坚持要求按照2015年北京市职工月平均工资计算误工费。院方对其存在误工损失不认可，不同意进行赔偿。

经审理，法院认为：原告主张的误工费，依据原告提交银行流水显示，原告工资收入未有相应减少。原告提供的劳务协议、依据原告的单位性质及原告的身体状态，本院对原告提交的劳务协议真实性不予认可。因误工费应为原告的实际误工损失，原告提供的相应证据不能证明原告存在实际误工损失，故对原告主张误工费的诉讼请求，本院不予支持。

### （三）护理费

《人身损害赔偿解释》第21条规定："护理费根据护理人员的收入状况和护理人数、护理期限确定。护理人员有收入的，参照误工费的规定计算；护理人员没有收入或者雇佣护工的，参照当地护工从事同等级别护理的劳务报酬标准计算。护理人员原则上为一人，但医疗机构或者鉴定机构有明确意见的，可以参照确定护理人员人数。护理期限应计算至受害人恢复生活自理能力时止。受害人因残疾不能恢复生活自理能力的，可以根据其年龄、健康状况等因素确定合理的护理期限，但最长不超过二十年。受害人定残后的护理，应当根据其护理依赖程度并结合配制残疾辅助器具的情况确定护理级别。"

1. 含义

护理费是指患者在因医疗损害接受治疗或恢复期间确需他人护理而发生的费用。患者在遭受损害前无需他人护理或者在一定程度上需要护理，在遭受损害后，因生活一定程度的不能自理，需要专人护理或者在原有护理基础上加重护理程度，而增加护理费用。医疗损害与护理费用的增加具有因果关系，应予赔偿。

2. 实务操作及要求

实务操作中护理费的赔偿应注意以下几个方面：（1）是否需要护理以及护理依赖程度；（2）护理人数；（3）护理期限的确定；（4）护理费的计算标准。

由于病情程度和残疾程度的状况不同，人体受伤后患者本人的生活能否自理、是否需要他人帮助，在医学上通过护理依赖予以判断。所谓护理依赖是指躯体伤残或精神障碍者在治疗终结后，仍需他人帮助、护理才能维系正常日常生活。根据躯体伤残或精神障碍者需要他人护理所付出工作量的大小，分为完全护理依赖、大部分护理依赖和部分护理依赖。[①] 患者是否需要护理、需要何种依赖程度的护理，损害因素对造成护理依赖后果所起作用的大小比例均需由专门鉴定机构予以评定，对于定残后的护理依赖程度，还应考虑其配置的残疾辅助器具具体情况确定。同时，若患者在遭受损害前由于其自身因素已经需要护理，新发损害对其护理依赖程度新增的原因力大小也需鉴定机构予以明确。

《人身损害赔偿解释》第 21 条规定："护理人员原则上为一人，但医疗机构或者鉴定机构有明确意见的，可以参照确定护理人员人数。"关于陪护人数的确定，涉及患者的病情、治疗方法、患者的生活习惯和生活环境等多方面的内容，确定陪护人数不属于医师的工作职责范围，现实中目前很少有医疗机构为患方提供护理人数的证明文件。正确的做法应当是由专门的评估机构来评估。不过我国目前尚没有这样的专业评估机构，而多由法医鉴定机构来操作，亦可由法院根据患者病情自行确定。对于法医鉴定机构的评估结论，应当注意审查其评估人员的专业经历和评估资质，法医鉴定人员无权做出这样的评估结论。[②]

依据护理期间的不同，可以将护理期分为三个部分：其一，患者在住院治疗损害后果期间的护理；其二：患者出院直至生活可以自理的恢复期间的护理；其三，患者因遭受损害致残而需要的永久性护理。住院期间的护理一般应考虑所在医院的护理条件及患者的身体、疾病情况。若医院护士提供护理，且患者自身条件允许，不需要护理，则在此期间内没有护理费的发生，无需进行赔偿。若住院期间需要护理，应有医疗机构开具的陪住医嘱予以证明。患者出院直至恢复到可以自理的护理期应由专门鉴定机构出具的鉴定意见予以确定。若患者致残需要永久护理，则有两

---

① 中华人民共和国公安部：《人身损害护理依赖程度评定（GB/T 31147－2014）》，2015 年 1 月 1 日实施。

② 陈伟、刘鑫著：《医院投诉管理工作指南》，人民军医出版社 2013 年版，第 171 页。

种确定方法：第一，一次性给付：《人身损害赔偿解释》第 21 条第 3 款规定："受害人因残疾不能恢复生活自理能力的，可以根据其年龄、健康状况等因素确定合理的护理期限，但最长不超过二十年。"同时，第 32 条规定："超过确定的护理期限、辅助器具费给付年限或者残疾赔偿金给付年限，赔偿权利人向人民法院起诉请求继续给付护理费、辅助器具费或者残疾赔偿金的，人民法院应予受理。赔偿权利人确需继续护理、配制辅助器具，或者没有劳动能力和生活来源的，人民法院应当判令赔偿义务人继续给付相关费用五至十年。"这就意味着，在一定条件下法院经过综合评定可以确定一个护理期，该期限最长不超过 20 年，护理期限确定后，医院应一次性给付护理费，确定的期限到期后，符合法定条件可再主张 5－10 年的护理期。第二，分期给付：《人身损害赔偿解释》第 34 条规定："人民法院应当在法律文书中明确定期金的给付时间、方式以及每期给付标准。执行期间有关统计数据发生变化的，给付金额应当适时进行相应调整。定期金按照赔偿权利人的实际生存年限给付，不受本解释有关赔偿期限的限制。"

护理费计算标准因其护理人员的不同而有所不同。可分为三类，第一，若护理人员为雇佣护工的，则依据护理费的实际支出进行赔偿，应有相关发票予以证明；第二，若护理人员为非雇佣护工且无收入者，参照当地护工从事同等级别护理的劳务报酬标准计算；第三，若护理人员为非雇佣护工且有收入者，护理费的赔偿则依据前述误工费赔偿的确定方法进行计算。

另外，在患方主张护理费赔偿问题时还应考虑其所需要护理的原因是否与损害行为具有关联性。如患者因医疗损害产生了原则上不需要护理的损害后果，需要住院治疗，但患者存在精神类疾病在家即需要护理。那么，该患者的护理费是其自身疾病需要而发生的，并非损害行为导致，二者没有关联性，即不需要赔偿。

### （四）交通费

《人身损害赔偿解释》第 22 条规定："交通费根据受害人及其必要的陪护人员因就医或者转院治疗实际发生的费用计算。交通费应当以正式票据为凭；有关凭据应当与就医地点、时间、人数、次数相符合。"

1. 含义

交通费主要是指患者及其必要的陪护人员因医疗损害而就医或者转院发生的必要交通费用。交通费的评定以使用一般交通工具为标准，患者自行提高出行标准而发生的高额费用，超出部分一般不予赔偿。

2. 实务操作及要求

交通费的认定在实务中要注意几个关键点：第一，交通费的发生主体是患者本人和必要的陪护人员。所谓“必要”即指患者受医疗损害影响难以自行就医而需要他人同行协助、照顾所发生的必要交通费。必要护理人员的数量一般参考护理费赔偿标准中护理人数确定，同时应综合考虑患者年龄、身体状况、受损害的程度和部位等。第二，交通费的发生原因是就医或者转院，家属看望病人发生的交通费以及患者或其代理人等因解决纠纷发生的交通费不属于赔偿范围。为证明其出行事由，交通费票据所记录的日期应与就诊时间相吻合，这就需要患者提供病历或相应就诊资料予以证明。第三，交通费的举证责任在患方，为证明其交通费的实际损失，应有相应票据原件予以证明。需要实名制购票的交通工具，如火车、飞机，其购票人姓名应为患者本人，购票人非患者本人的，应证明或解释其是否与患者存在护理关系，是否属于必要陪护人员。第四，交通费票据与其待证事实之间应具有一般合理性，如患方提供单人 2000 元北京地铁充值票以证明一个月内就诊所发生的交通费损失则明显不合理。北京地铁单程最高收费 9 元，行程至少需要 2 小时，以医院门诊工作 8 小时计算，最多一天发生 36 元地铁费，以每月 30 天天天就诊计算最多不超 1200 元，而 2000 元的交通费明显不具有合理性。再比如，打车费用明显超过就诊路程一般计价的，以及出租车发票连号或者均为同一辆车的，如果患方不能给予合理解释，则均不属于赔偿范围。

3. 案例分析

## 案例 8－4 交通费审查实例

某法院判决书摘录：关于交通费，原告共提交单据 162 张，其述去济南就诊和处理医疗事故共三次。结合其提供的山东齐鲁医院和山东省立医院门诊病历分析，两病历记载的就诊时间分别为“2004 年 9 月 13 日”和“2004 年 9 月 14 日”，据此可以推知原告该两病历是同次到济南就诊所得，亦即去济南治疗疾患一次。原告所述到济南处理医疗事故鉴定所支付的车票款，不应列入交通费计算。原告述，到北京治疗疾患二次，花费交通费 538 元，但从其提供的去北京发生的交通费单据看，有长途单据四张，同样格式的两张车票均连号，亦即来往各两张车票分别连号。依据原告所述在北京花交通费 538 元、在北京发生的医疗费单据综合分析，原告述，去北京治疗疾患二次不属实，实为一次，交通费应按一次计算。原告述，到上海治疗疾患一次，花交通费 2353 元，但其提供的由济南到上海和由上海到济南的长途硬座火车票各三张，共计票价1350元，与原告所述相距较大，差额部分无法证实与本案有关，本院不予采信。两原告述，到东营就诊、鉴定、参加诉讼共六趟，花费交通费1250元，结合原告提供的病历、医疗费单据分析，原告到东营就诊两次，交通费可按原告提供的部分东营市出租汽车定额客票计算；参加鉴定、诉讼所发生的车票款不应列入交通费计算。原告提供的计程车发票较多，与其就诊地点等情况不符，部分票据的证明力较弱，本院不予采信。另原告提供的济南市出租车专用定额发票缺少时间记载，与就诊时间无法结合分析，且其中有49张面额为拾元的发票连号，证明力较低，本院不予采信。①

### （五）住院伙食补助费

《人身损害赔偿解释》第23条第1款规定：“住院伙食补助费可以参照当地国家机关一般工作人员的出差伙食补助标准予以确定。”

1. 含义

住院伙食补助费是指患者遭受人身损害后，在住院治疗期间支出的伙食费用超过平时在家的伙食费用，而由加害人就其合理的超出部分予以赔偿的费用。②

2. 实务操作及要求

该项费用的计算较为简单和明确，关键是查询当地国家机关一般工作人员的出差伙食补助标准这一数据。该数据可以从各地中级或高级法院在每年初对外公布交通事故或人身伤害的赔偿标准中查询。另外，在计算该项赔偿时还应注意以下几个问题。第一，该项赔偿费用是对患者住院膳食的补助，如果患者不能进食、不宜进食或者处于昏迷状态时，该费用不能赔偿。第二，一般情况下，该项赔偿是指患者的膳食补助费用，而非陪护患者人员的膳食补助费用，后者膳食费用可以通过护理费或陪护费得到补偿。第三，该项赔偿是患者在住院期间的膳食补助费用，而不包括其在院外发生的膳食费用。第四，如果患者确有必要到外地治疗，因客观原因不能住院，患者本人及其陪护人员实际发生的住宿费和伙食费，其合理部分应予赔偿。③ 第五，该项赔偿的意义在于患者因医疗损害就医而增加额外的住院伙食费用，其治疗原发疾病或在遭受医疗损害后因自身原因需继续住院治疗的，该期间的住院

① 陈伟、刘鑫著：《医院投诉管理工作指南》，人民军医出版社2013年版，第173页。

② 杨立新著：《人身损害赔偿司法解释释义》，人民出版社2004年版，第293页。

③ 陈伟、刘鑫著：《医院投诉管理工作指南》，人民军医出版社2013年版，第175页。

伙食补助费不属于赔偿范围。

### （六）住宿费

《人身损害赔偿解释》第 23 条第 2 款规定："受害人确有必要到外地治疗，因客观原因不能住院，受害人本人及其陪护人员实际发生的住宿费和伙食费，其合理部分应予赔偿。"

1. 含义

住宿费是指患者因遭受医疗损害到外地就医期间因客观原因不能住院而发生的住宿费用。

2. 实务操作及要求

实务中应注意几个问题：第一，患者住宿费的发生与医疗损害行为之间的关联性和必要性。《人身损害赔偿解释》明确规定要确有必要到外地治疗，何为"确有必要"应综合考虑患者所患疾病与其所在地的医疗水平等因素。第二，住宿费的发生原因是就医，也就是说，除就医以外的原因，如解决纠纷等发生的住宿费不在赔偿范围。第三，因客观原因无法住院，如医疗机构床位已满或者接受门诊康复等非住院诊疗行为的。若患者已经住院，则其住院费用已在医疗费项目下的床位费中计算，不应重复赔偿。第四，住宿费的发生主体是患者本人及其陪护人员，并非患者就医随行人员的住宿费均有赔偿，具体是否需要陪护以及陪护人数等应依照护理费赔偿相关标准确定。第五。住宿费赔偿的具体数额应由患方提交的住宿费发票进行证明，且其住宿费数额应在合理范围内，具体"合理"的确定应综合考虑当地物价和消费水平。患者自行提高住宿标准，明显高于合理费用的属于扩大损失，超出部分不应赔偿。

3. 案例分析

## 案例 8－5　住宿费审查实例

某患者原籍黑龙江省，于 2007 年因胸部疼痛、两便失禁、双髋外侧褥疮等以"脊髓肿瘤"到北京市 A 院住院治疗。手术治疗顺利，但在为患者化疗时，因院方对其血尿等病请重视不够、检查不到位，导致患者肾功能衰竭，在没有肾源且患者条件不支持肾移植的情况下需定期透析。患者脊髓肿瘤相关症状稳定后持续在北京 B 医院透析十年，在此期间，其父母均由黑龙江省搬至北京与患者共同居住，并在北京从事生产活动。

2016 年，患者起诉索赔后续治疗费的同时主张住宿费赔偿。患者诉其因治疗诊疗行为过错所致的损害后果在北京就医，并发生每月 2500 元的租房费，为合理的必要开支，应由被告承担。同时，患者提供租房合同等用以证明其住宿费损失。院方认为，患者“脊髓肿瘤”相关病情已得到有效控制，为治疗患者肾功能衰竭所需的肾透析行为为常规诊疗行为，并非疑难复杂重症的处理，黑龙江省同级别医院足以治疗，患者没有证据证明其在北京治疗的必要性，租房的费用属于其自行扩大损失，不应由医院承担赔偿责任。另外，患者每周做透析三次，其余时间患者本人及家属在北京生活、工作，所租房屋更多用来生活居住，并非仅因就医租住，故不同意赔偿。

经审理，法院认为：关于住宿费，因原告住院期间不存在住宿问题，出院后原告日常进行的透析并不必须在北京进行，因此，原告要求被告赔偿住宿费，依据不足，本院不予支持。

### （七）营养费

《人身损害赔偿解释》第 24 条规定：“营养费根据受害人伤残情况参照医疗机构的意见确定。”

1. 含义

营养费是指受害人在遭受损害后，为辅助治疗或使身体尽快康复而购买日常饮食之外的营养品所支出的费用。合理营养是促进康复的物质基础。受害人的营养状况，直接影响着康复的进度和程度。营养费的支出是在治疗过程中的一项必要支出，属于加害人应予赔偿的范围。①

2. 实务操作及要求

营养费的赔偿数额依赖于患者的伤残情况和医疗机构的意见，需要注意几个问题：第一，患者是否需要营养。该问题一般应由医生进行判断，如在医嘱中有“加强营养”的记录等，而该证据的举证责任在患方，应由患方提供相关病历资料进行证明。第二，患者需要营养的期限是多久，对于需要加强营养的患者，该期限一般由鉴定机构根据标准出具鉴定意见明确营养期。第三，营养费的计算，首先应该判断患者是因其自身因素本身即需要营养还是因受到损害后需要补充营养。营养费赔偿的具体标准应考虑当地物价和消费水平等。

---

① 张新宝著：《人身损害赔偿案件的法律适用》，中国法制出版社 2004 年版，第 329 页。

## 二、致残损害赔偿

医疗损害导致患者致残的，除上述医疗损害致人一般伤害所应赔偿的项目外，还应赔偿其因残疾一定程度丧失劳动能力而减损的收入以及为尽可能恢复生活能力而需配置的残疾辅助器具费等。《侵权责任法》第 16 条规定：“……造成残疾的，还应当赔偿残疾生活辅助具费和残疾赔偿金。”虽然该条文只规定了残疾生活辅助器具费和残疾赔偿金两项，但《最高人民法院关于适用〈中华人民共和国侵权责任法〉若干问题的通知》第 4 条规定：“人民法院适用侵权责任法审理民事纠纷案件，如受害人有被扶养人的，应当依据《最高人民法院关于审理人身损害赔偿案件适用法律若干问题的解释》第 28 条的规定，将被扶养人生活费计入残疾赔偿金或死亡赔偿金。”因此，实务中，致人残疾的损害赔偿项目一般仍以《人身损害赔偿解释》第 17 条第 2 款的规定处理。

《人身损害赔偿解释》第 17 条第 2 款规定：“受害人因伤致残的，其因增加生活上需要所支出的必要费用以及因丧失劳动能力导致的收入损失，包括残疾赔偿金、残疾辅助器具费、被扶养人生活费，以及因康复护理、继续治疗实际发生的必要的康复费、护理费、后续治疗费，赔偿义务人也应当予以赔偿。”

### （一）残疾赔偿金

《人身损害赔偿解释》第 25 条规定：“残疾赔偿金根据受害人丧失劳动能力程度或者伤残等级，按照受诉法院所在地上一年度城镇居民人均可支配收入或者农村居民人均纯收入标准，自定残之日起按二十年计算。但六十周岁以上的，年龄每增加一岁减少一年；七十五周岁以上的，按五年计算。受害人因伤致残但实际收入没有减少，或者伤残等级较轻但造成职业妨害严重影响其劳动就业的，可以对残疾赔偿金作相应调整。”

1. 含义

关于残疾赔偿金的性质，理论上存在三种学说，分别是：所得丧失说、生活来源丧失说以及劳动能力丧失说。

所得丧失说，也称“收入丧失说”，是指残疾赔偿金的目的在于填补受害人因侵权行为遭受身体损害而导致的实际收入减少。因此如果受害人虽然丧失或者减少劳动能力，但是没有发生实际损害，或者受伤前后的收入之间并无差异的时候，不得请求加害人承担赔偿责任。损害赔偿额即是受害人遭受伤害前后的收入差额，因此此说也被称为“差额说”。[①] 依据《德国民法典》第843条第1款之规定，德国采取的是所得丧失说。德国民法学通说与判例也认为其采取的是所得丧失说。学者认为，《德国民法典》第843条第1款中所谓的“从业能力”并非是指受害人在遭受损害之前“已具备的抽象的一切为谋生之能力，而是以于受伤害前已具体行使，或依其情事及事物自然之经过，应认定于将来可行驶者为限。”[②]

生活来源丧失说认为，受害人劳动能力丧失与减少，必致其生活来源丧失，因而应当赔偿受害人的生活补助费，使其生活来源能够重新恢复。赔偿所救济的既不是劳动能力的丧失，也不是受害人致残前后的收入差距，而是受害人致残前后生活来源的差额。[③]

劳动能力丧失说认为，受害人的损害不应当局限于现实收入的损失，其因身体或健康遭受侵害以至于完全或部分丧失劳动能力，就是一种损害。区别于一般财务具有交换价格，虽然劳动能力一般没有具体的交换价格，但是通过劳动合同或者雇佣合同的方式，实际上劳动能力也是完全可以进行衡量。因此，实际上劳动能力就是一种资本，根据个人能力而有一定程度的收益行情，所以部分或完全丧失劳动能力本身就构成了一种损害。而受害人现有的实际劳动收入所得额，只是对劳动能力损害程度进行评价时参考的一种因素。因此，即使是没有收入的未成年人、失业人员以及家庭主妇在遭受侵害以致部分或者全部丧失劳动能力时，也有权要求加害人承担赔偿责任。[④] 原最高人民法院副院长黄松有在最高人民法院公布《人身损害赔偿解释》新闻发布会上的讲话中认为《人身损害赔偿解释》关于残疾赔偿采取“劳动能力丧失说”。[⑤]

2. 实务操作及要求

残疾赔偿金往往是医疗损害赔偿总额中较为大额的赔偿项目，因此其如何计算就显得尤为重要。实务操作中残疾赔偿金的计算应注意以下几个问题。

第一、确定患者的残疾等级进而确定赔偿系数。残疾等级的确定并非法院或一

---

① 张新宝著：《人身损害赔偿案件的法律适用》，中国法制出版社2004年版，第489页。

② 史尚宽著：《债法总论》，中国政法大学出版社2000年版，第217页。

③ 张新宝著：《人身损害赔偿案件的法律适用》，中国法制出版社2004年版，第490页。

④ 许慧菁：《对人身伤害案件中残疾赔偿金计算方式的探讨—以美国人身伤害案件中对劳动能力减损的损害赔偿为借鉴》，华东政法大学硕士学位论文，2013年4月。

⑤ 《最高人民法院司法解释小文库》编选组编：《人身损害赔偿司法解释》，人民法院出版社2006年版，第13页。

般医疗机构的确认范围，需要专业的鉴定机构依据统一标准对患者进行查体，辅以客观检查进行评定。2016 年 4 月 18 日，最高人民法院、最高人民检察院、公安部、国家安全部、司法部联合发布关于《人体损伤致残程度分级》的公告，明确该公告自 2017 年 1 月 1 日起施行。司法鉴定机构和司法鉴定人进行人体损伤致残程度鉴定统一适用《人体损伤致残程度分级》（以下简称：《分级》）。该《分级》4.4 规定："本标准将人体损伤致残程度划分为 10 个等级，从一级（人体致残率 100%）到十级（人体致残率 10%），每级致残率相差 10%。"判定因医疗损害所致残疾等级时应尤为注意患者遭受损害前已经因自身疾病存在的残疾等级，计算赔偿时应根据损害情况决定是否扣除原有残疾等级。

第二，确定患者赔偿标准。确定患者赔偿标准要考虑几项要素，其一判断患者户口本所记载的户口性质，一般情况下，若患者为城镇居民则按照受诉法院所在地上一年度城镇居民人均可支配收入计算，若患者为农村居民则按照受诉法院所在地农村居民人均纯收入计算。《人身损害赔偿解释》中所称的"上一年度"，是指一审法庭辩论终结时的上一统计年度。其二，《人身损害赔偿解释》第 30 条规定："赔偿权利人举证证明其住所地或者经常居住地城镇居民人均可支配收入或者农村居民人均纯收入高于受诉法院所在地标准的，残疾赔偿金或者死亡赔偿金可以按照其住所地或者经常居住地的相关标准计算。"其三，需要注意的是，相关标准的判定并不仅仅依赖于户口本上所显示的户口性质，还应综合考虑患者经常居住地和其主要经济来源所在地。《最高人民法院民一庭关于经常居住地在城镇的农村居民因交通事故伤亡如何计算赔偿费用的复函》((2005）民他字第25 号）明确表示："人身损害赔偿案件中，残疾赔偿金、死亡赔偿金和被扶养人生活费的计算，应当根据案件的实际情况，结合受害人住所地、经常居住地等因素，确定适用城镇居民人均可支配收入（人均消费性支出）或者农村居民人均纯收入（人均年生活消费支出）的标准。本案中，受害人唐顺亮虽然农村户口，但在城市经商、居住，其经常居住地和主要收入来源地均为城市，有关损害赔偿费用应当根据当地城镇居民的相关标准计算。"同时，2006 年 5 月 27 曰，最高人民法院民一庭印发该复函予全国各地高级法院，参照适用。经常居住地的认定需要适用相关民事诉讼法的规定。《最高人民法院关于适用〈中华人民共和国民事诉讼法〉的解释》第 4 条规定："公民的经常居住地是指公民离开住所地至起诉时已连续居住一年以上的地方，但公民住院就医的地方除外。"其四，2017 年 12 月 14 日实施的《医疗损害赔偿解释》第 24 条规定："被侵权人同时起诉两个以上医疗机构承担赔偿责任，人民法院经审理，受诉法院所在地的医疗机构依法不承担赔偿责任，其他医疗机构承担赔偿责任的，残疾赔偿金、死亡赔偿金的计算，按下列情形分别处理：（一）一个医疗机构承担责任的，按照该医疗机构所在地的赔偿标准执行；（二）两个以上医疗机构均承担责任的，可以按照其中赔偿标准较高的医疗机构所在地标准执行。”也就是说，在多个医疗机构作为被告的情形下，此次新规突破了原有“受诉法院所在地”标准的规定，以侵权人所在地标准为基础，以有利于被侵权人为原则取较高标准进行判决。这样的规定减少了患者的诉讼成本，存在多个异地侵权医疗机构时，各侵权医疗机构所在地法院均有管辖权，患者无需再为可以适用较高标准进行判决而辗转到外地诉讼，但同时，也增加了医疗机构的诉讼负担，容易引起滥诉。综上，伤残赔偿金的计算是复杂而多样的，实务操作中还需谨慎辨别。

第三，确定伤残赔偿金的赔偿年限。依照《人身损害赔偿解释》的计算方法，主要按照年龄进行计算。六十周岁以下的患者，自定残之日起按二十年计算，六十周岁以上的，年龄每增加一岁减少一年；七十五周岁以上的，按五年计算。患者医疗侵权的基础即患者自身存在不同种类的疾病，可能或多或少对其寿命存在影响，单纯依据年龄进行计算可能略显粗糙，但在实务中却也难以避免。

3. 存在争议的问题

实务中存在争议的两个问题主要是未成年人是否可以鉴定伤残等级主张残疾赔偿金以及职业类型是否影响残疾赔偿金的计算。

对于未成年人是否可以鉴定伤残主张残疾赔偿金的问题，我们认为是可以的。患者因医疗损害造成其组织、器官的缺如或者身体功能的障碍，是客观存在的生理缺陷，对其生活、学习和日后的工作都有影响。另外，即使现在不进行残疾程度鉴定，待其年满 18 岁之后仍然需要进行残疾程度鉴定，因此这是迟早要做的事情，不等于现在不评定伤残等级，日后伤残等级就消失了。再有，现在进行残疾等级鉴定之后，给予其赔偿的最高只有 20 年的赔偿额度，因此，现在赔偿的年限是 20 年，18 岁以后赔偿的年限也是 20 年，在案件的赔偿费用计算上并没有太大的差别①。因此，未成年人可以进行伤残鉴定，主张残疾赔偿金。

职业类别是否影响残疾赔偿金的赔偿系数呢？有时简单地根据患者的残疾等级计算残疾赔偿金是不公平的，因为个体之间有能力和职业的区别，且这种区别将会

---

① 陈伟、刘鑫著：《医院投诉管理工作指南》，人民军医出版社 2013 年版，第 178 页。

导致个体的社会收入出现巨大悬殊。比如，患者是个钢琴演奏家与患者是个普通工人，同样是手功能障碍，钢琴演奏家由于无法再从事钢琴弹奏相关的工作，其收入损失巨大；而普通工人的收入损失只是其日常的工资收入，通过残疾赔偿金的赔偿基本可以弥补。这种个体和职业方面的差别引起残疾赔偿金上的差距，在司法实践中应当充分考虑，以显示法律的实质公平。受害人因伤残造成职业妨害严重影响其劳动就业的，可以对残疾赔偿金作相应调整。不过，应当如何进行调整，法律没有规定，属于法官的自由裁量权的范畴。①

4. 案例分析

### 案例 8－6　残疾赔偿金计算标准审查实例

某患者原籍河南省，户口性质为农户。2013 年 4 月，因病到北京 A 医院就诊，发生医疗损害。2015 年，患方将 A 医院诉至法院，并经鉴定确定为六级伤残。患方据此主张残疾赔偿金，并称其 2012 年 8 月来京，在某公司工作，到法院审理时居住超过一年且主要经济来源在城镇，应该以北京城镇居民人均可支配收入标准计算其伤残赔偿金。患方提供与其所述供职公司劳动合同书、该公司营业执照副本、组织机构代码证、税务登记证以及北京某居委会 2015 年 5 月 10 日出具的居住证明各一份，用以证明其残疾赔偿金适用标准。居住证明主要内容为："某某某（患者本人），于 2012 年 8 月至今居住在北京市某区某镇某公社 21 号楼 101 室。"院方对其真实性不予认可，认为该证据形式真实性存疑，无主要负责人签字，且患者未办理北京暂住证。另外，根据患者提供的病历可知，居住证明所述时间内，患者曾回原籍就诊，并未在京，申请法院到其所述居住地进行核实。后法院出具协调函，由院方律师再次到患者所述居委会进行核实。居委会出具第二份证明，主要内容为："2015 年 5 月 10 日记载由我居委会出具的居住证明并非我居委会出具。2012 年 8 月至今，我社区无此人居住。"后经患方申请，法院准予该社区居委会主任到庭接受询问。其在庭审中表示，两份居住证明均由其工作人员出具，但因工作人员疏漏，证明有误。经再次核实确认，患者某某 2012 年 8 月起确实在该社区居住，期间是否间断离开，暂无法核实。

经审理，法院认为：原告要求按照北京市城镇标准计算残疾赔偿金，但根据庭审查明，原告自 2012 年 8 月来京，至损害发生时间，即 2013 年 4 月不足 1 年，不

① 陈伟、刘鑫著：《医院投诉管理工作指南》，人民军医出版社 2013 年版，第 178 页。

能确认北京为其经常居住地，该项应按照北京市农村标准计算。

### （二）残疾辅助器具费

《人身损害赔偿解释》第26条规定：“残疾辅助器具费按照普通适用器具的合理费用标准计算。伤情有特殊需要的，可以参照辅助器具配制机构的意见确定相应的合理费用标准。辅助器具的更换周期和赔偿期限参照配制机构的意见确定。”

1. 含义

残疾辅助器具费是指因伤致残的受害人为补偿其遭受创伤的肢体器官功能、辅助其实现生活自理或者从事生产劳动而购买、配制的生活自助器具所需费用。[①] 包括肢体残疾者、视力残疾者、语言听力残疾者及智力残疾者等需要的相应残疾辅助器具。

2. 实务操作及要求

实务操作中，有几点需要特别考虑的问题。第一，在确定残疾辅助器具种类时应根据患者具体残疾类别及程度进行确定，多由专业鉴定机构出具鉴定意见进行确定。第二，残疾辅助器具费的赔偿应建立在医疗损害额外增加了患者残疾辅助器具费用支出的基础上，若患者原发疾病本需要相应的残疾辅助器具，则在赔偿时应酌情考虑降低赔偿系数或予以减免。第三，通常情况下，残疾辅助器具费的标准参照国产相关产品价格进行计算，患者自行提高标准扩大的损失不属于赔偿范围。第四，残疾辅助器具的更换周期和赔偿期限参照配制机构的意见确定。实践中，辅助器具更换的周期和费用可以确定的，依据明确的更换意见计算辅助器具的费用；辅助器具更换的周期和费用难以确定或者患者的余命年数难以确定的，可以留待以后更换了辅助器具之后另行起诉。[②]

### （三）被扶养人生活费

《人身损害赔偿解释》第28条规定：“被扶养人生活费根据扶养人丧失劳动能力程度，按照受诉法院所在地上一年度城镇居民人均消费性支出和农村居民人均年

---

① 奚晓明著：《〈中华人民共和国侵权责任法〉条文理解与适用》，人民法院出版社2010年版，第134页。

② 陈伟、刘鑫著：《医院投诉管理工作指南》，人民军医出版社2013年版，第177页。

生活消费支出标准计算。被扶养人为未成年人的，计算至十八周岁；被扶养人无劳动能力又无其他生活来源的，计算二十年。但六十周岁以上的，年龄每增加一岁减少一年；七十五周岁以上的，按五年计算。被扶养人是指受害人依法应当承担扶养义务的未成年人或者丧失劳动能力又无其他生活来源的成年近亲属。被扶养人还有其他扶养人的，赔偿义务人只赔偿受害人依法应当负担的部分。被扶养人有数人的，年赔偿总额累计不超过上一年度城镇居民人均消费性支出额或者农村居民人均年生活消费支出额。"

1. 含义

被扶养人生活费是指，当加害人非法侵害受害人的生命权、身体权、健康权致使其丧失劳动能力时，由受害人扶养的第三人因此丧失生活来源而请求加害人或其他赔偿义务人予以赔偿的费用。此处所谓的"扶养"一词做广义理解，既包括夫妻之间的相互扶养，也包括父母对子女的抚养以及子女对父母的赡养。①

2. 实务操作及要求

实务操作中，被抚养人生活费的赔偿需要注意以下几个方面：第一，被扶养人的范围。关于如何确定被扶养人，目前各国有两种模式：其一，将被扶养人限定为受害人对其负有法定扶养义务的人；其二，被扶养人既包括受害人对其负有法定扶养义务的人，也包括实际扶养的人。《人身损害赔偿解释》第 28 条第 2 款将被扶养人限定在了"依法应当承担扶养义务的未成年人或者丧失劳动能力又无其他生活来源的成年近亲属。"也就是说，无论受害人在遭受损害前是否实际履行了扶养义务，都不影响那些依法享有被扶养权利的人获得被扶养人生活费。② 据此，被扶养人包括两类人，其一是未成年人。未成年人按照规定的标准计算至十八周岁。其二，是无劳动能力且无生活来源的人。该类被扶养人以年龄为标准再次被分为三类：六十周岁以下的，按二十年进行赔偿；六十周岁以上的，年龄每增加一岁减少一年；七十五周岁以上的，按五年计算。第二，被扶养人的成年近亲属需满足"无劳动能力且无生活来源"的要求，实践中的认定需依据患方提供的证据及被扶养人年龄、工作、身体及精神健康状况等进行确定。第三，被扶养人存在多个扶养人时，医疗机构仅赔偿该扶养人需要负担的部分，如患者有一子为被抚养人，其妻为完全民事行为能力人且有生活来源，则对于其子的抚养，患者及其妻负有共同义务，医疗机构

---

① 张新宝著：《人身损害赔偿案件的法律适用》，中国法制出版社 2004 年版，第 509 页。

② 张新宝著：《人身损害赔偿案件的法律适用》，中国法制出版社 2004 年版，第 511 页。

仅对其子所需抚养费的二分之一进行赔偿。第四，患者存在多个被扶养人时，《人身损害赔偿解释》规定，年赔偿总额累计不超过上一年度城镇居民人均消费性支出额或者农村居民人均年生活消费支出额。第五，被扶养人生活费的赔偿前提是医疗损害造成患者一定程度上失去劳动能力，若患者在遭受损害前因自身疾病已经无扶养能力，或者患者虽然评定了残疾等级，但其所遭受的损害并不足以导致其劳动能力的减损或者丧失，则在计算被扶养人生活费时应充分予以考虑。

3. 存在争议的问题

被扶养人生活费计算中的争议问题主要有三个。第一，扶养人与被扶养人一方是农村居民，另一方是城镇居民的，如何确定赔偿标准。实践中，有的案件以扶养人身份确定赔偿标准，有的以被扶养人身份确定。对此，当事人可以根据最有利于己方的计算标准进行主张，但根据民法中的公平原则，在确定相关费用时，既要考虑到保护受害人以及依靠其扶养的被扶养人的合法权益，也要考虑到保护其他当事人的合法权益。①

第二，如何计算被扶养人年龄。司法实践中，如何计算被扶养人年龄也是双方争议的焦点，年龄的计算直接关系到对于未成年人及六十岁以上成年被扶养人的赔偿年限。有观点主张，应以患者遭受损害时被扶养人年龄确定扶养期限；有观点认为，应以患者定残时被扶养人年龄确定扶养期限；还有观点认为，应以一审法庭辩论终结之日被扶养人年龄确定扶养期限。笔者认为，各观点均有其合理性，各方可依有利于己方利益主张，裁判者也应在不违背法律规定的前提下根据实际情况平衡各方利益。

第三，扶养义务人的扶养年限如何确定。被扶养人的赔偿年限法律已有明确规定，但并没有规定扶养义务人的可扶养年限。如果机械地按照规定计算被扶养人的赔偿年限，将这个年限加上受害人的年龄，会得出一个远远超出现实生活中仍然有抚养能力的人的年龄。这样会使法院做出的判决违背日常生活的经验法则，也对侵权人不公。② 这是留待理论界和实务界研究的课题。

### （四）后续治疗费等相关必要费用

《人身损害赔偿解释》第 17 条第 2 款规定："受害人因伤致残的，其因增加生

① 陈伟、刘鑫著：《医院投诉管理工作指南》，人民军医出版社 2013 年版，第 181 页。
② 同上注。

活上需要所支出的必要费用以及因丧失劳动能力导致的收入损失，包括残疾赔偿金、残疾辅助器具费、被扶养人生活费，以及因康复护理、继续治疗实际发生的必要的康复费、护理费、后续治疗费，赔偿义务人也应当予以赔偿。”

后续治疗费是患者为恢复健康而支出的必要的治疗费用，属于法定的赔偿项目，一般计入医疗费中主张，其相关赔偿标准也基本等同医疗费，不再赘述。此处所讨论的后续治疗费主要是指已经评定为伤残的患者所发生的后续治疗费。实务中，关于定残后患者是否可以继续主张后续治疗费存在争议。主张不再赔偿后续治疗费的观点认为，伤残评定的前提即患者疾病已经治疗终结，机能处于稳定的状态，因此，不应再有后续治疗费的发生。若进行后续治疗，则意味着其残疾评定的时机及程度等存在问题。笔者认为，残疾等级的评定与后续治疗费等的发生并不矛盾，需要根据后续治疗费的发生原因以及与诊疗行为过错之间的因果关系分情况进行讨论。

某些诊疗行为过错导致的疾病在确定残疾等级之后仍然需要药物控制或定期化疗等，该部分后续治疗费属于必要的赔偿内容。某些患者因诊疗行为过错致植物状态，需要长期导尿、使用开塞露等，其使用的消耗性材料如护理垫、尿袋等也属于必要的赔偿内容。某些诊疗行为过错所致的损害后果需要定期进行化验、检查等进行指标监控，则该部分费用也属于必要的赔偿内容。所以，后续治疗费是否赔偿需要视具体情况而定，不能一概而论。

## 三、致死损害赔偿

《人身损害赔偿解释》第 17 条第 3 款规定：“受害人死亡的，赔偿义务人除应当根据抢救治疗情况赔偿本条第一款规定的相关费用外，还应当赔偿丧葬费、被扶养人生活费、死亡补偿费以及受害人亲属办理丧葬事宜支出的交通费、住宿费和误工损失等其他合理费用。”

### （一）丧葬费

《人身损害赔偿解释》第 27 条规定：“丧葬费按照受诉法院所在地上一年度职工月平均工资标准，以六个月总额计算。”

1. 含义

丧葬费是指患者因医疗损害死亡时，其家属因安葬患者而支出的费用。

2. 实务操作及要求

丧葬费一般以两种形式主张：第一，患方提供丧葬费相关票据，以其实际支出主张赔偿。此种情况下，法院在确定相关证据效力后合理部分予以支持，超出合理范围的过高部分则不予支持。第二，患方按照《人身损害赔偿解释》规定的计算方法进行主张，法院一般会予以支持。

3. 存在争议的问题

在司法实践中，丧葬费的支付一般争议不大，原因在于这笔费用不高，所有的涉及受害人死亡的民事案件都会涉及这笔费用，且没有受害人身份、职业等方面的差别，受诉法院一般有先例可以参照执行。在医疗纠纷案件中，存在争议的主要是两个问题。第一，外地患者到上一级城市就医发生患者死亡的，死亡患者家属到就医城市起诉，受诉法院所在地的职工平均工资可能高于患者生活地的职工平均工资，这种差别无法避免。第二，死亡患者是刚出生没有超过一分钟的新生儿。对于这种刚出生即死亡的孩子的安葬，不可能像安葬成年人有那么多的花费，如何计算安葬费就成了一个非常困惑的问题。我们认为应当以当地人的习惯和实际开支来考虑赔偿。①

### （二）死亡赔偿金

《人身损害赔偿解释》第29条规定：“死亡赔偿金按照受诉法院所在地上一年度城镇居民人均可支配收入或者农村居民人均纯收入标准，按二十年计算。但六十周岁以上的，年龄每增加一岁减少一年；七十五周岁以上的，按五年计算。”第30条规定：“赔偿权利人举证证明其住所地或者经常居住地城镇居民人均可支配收入或者农村居民人均纯收入高于受诉法院所在地标准的，残疾赔偿金或者死亡赔偿金可以按照其住所地或者经常居住地的相关标准计算。”

1. 含义

死亡赔偿金的含义和性质一直众说纷纭，理论上纷争不断。根据其是对何种损害的赔偿有精神损害抚慰说与财产损害赔偿说两种。

精神损害抚慰说认为，死亡赔偿金是对死者近亲属因加害人侵权致死事实而承受精神痛苦的赔偿。财产损害赔偿说认为，死亡赔偿金是对消极损失，即受害人因遭受侵权行为致死，与其有特定人身关系的主体丧失如受害人继续生存可从其获得

---

① 陈伟、刘鑫著：《医院投诉管理工作指南》，人民军医出版社2013年版，第182页。

的利益的赔偿。[①]

其中，财产损害赔偿说中又有诸多观点，最为重要的两种是“抚养丧失说”和“继承丧失说”。“抚养丧失说”认为：被害人因侵害人的侵害行为死亡，导致被害人生前依法律义务抚养的人丧失了原本的生活来源，侵害人应当对被抚养人在法律规定的范围内进行赔偿。以此观点来看，被害人继承人的继承财产减少的损失则不属于赔偿的范围，即本观点认为死亡赔偿金赔偿的项目就只有被抚养人生活费这一项，不再对被害人的其他财产损失进行赔偿。同时被害人应当抚养的人和被害人若生命存续能够取得的预期利益或者机会丧失等则不予赔偿。[②] 在英国、美国大多数州以及欧洲大陆法国家都是承认此观点的。[③]

“继承丧失说”认为：如果被害人没有死亡，其在未来获得的收入将作为遗产由其法定继承人继承，因侵害人的侵害行为致使这种未来可以获得的财产消灭，赔偿义务人赔偿的范围是因被害人死亡而丧失的未来可得财产收益。此观点认为，死者近亲属的“继承利益”之中已经包括了被抚养人生活费，我国立法不应再单独对被抚养人生活费进行重复规定，在“继承丧失说”的观点中死亡赔偿金与被抚养人生活费之间的关系应当是相互排斥，不可并列的。美国少部分州、日本等采用此观点。[④]

2001 年 2 月 26 日颁布实施的《最高人民法院关于确定民事侵权精神损害赔偿责任若干问题的解释》（以下简称：《精神损害赔偿解释》）第 9 条规定：“精神损害抚慰金包括以下方式：（一）致人残疾的，为残疾赔偿金；（二）致人死亡的，为死亡赔偿金；（三）其他损害情形的精神抚慰金。”依照此规定，死亡赔偿金的性质被确定为精神损害抚慰金。2002 年 9 月 1 日实施的《医疗事故处理条例》（以下简称《条例》）也沿用了这一思想，规定了精神损害抚慰金而没有规定死亡赔偿金。但是，2004 年 5 月 1 日实施的《人身损害赔偿解释》却将死亡赔偿金和精神损害抚慰金区分开来，确定为两个独立的赔偿项目。原最高人民法院副院长黄松有法官解释称，死亡赔偿金是物质性质的赔偿，其赔偿的是死者未来预期可得收入，而不是对于精神损害方面的赔偿，该司法解释对死亡赔偿金采用了“继承丧失说”，

---

① 许明华：《死亡赔偿金法律问题研究》，西南政法大学硕士学位论文，2013 年 3 月。

② 曾世雄著：《损害赔偿法原理》，中国政法大学出版社 2001 年版，第 275 页。

③ 王军著：《侵权损害赔偿制度比较研究》，法律出版社 2011 年版，第 255 ~ 360 页。

④ 王利明著：《人身损害赔偿疑难问题》，中国社会科学出版社 2004 年版，第 568 页。

即将死亡赔偿金的性质确定为收入损失的赔偿，而不是精神损害抚慰金。①

2. 实务操作及要求

死亡赔偿金的实务操作要注意以下几个问题：第一，判断患者死亡与医疗损害的关联性，若医疗损害仅致患者残疾，其因自身疾病死亡，则死亡赔偿金不属于赔偿范围。第二，判断死亡赔偿金的适用标准，该标准的判断方法基本同前述伤残赔偿金的判断标准。在此基础上，《侵权责任法》第 17 条规定："因同一侵权行为造成多人死亡的，可以以相同数额确定死亡赔偿金。"也就是说，若同一医疗损害致多人死亡，患者户口性质不一的，可适用统一标准计算。第三，同伤残赔偿金部分所述，患者自身疾病可能对其寿命产生影响，尤其是年轻患者的终末期治疗，若因发生医疗损害统一按照患者年龄确定死亡赔偿金年限，显然不合理。如 19 岁患者因肺癌晚期进行姑息性治疗，可预期寿命不足两年，但姑息性治疗过程中因诊疗行为过错致患者死亡，死亡赔偿金依然按照 20 年计算则显得不尽合理。实务中，部分鉴定机构可进行生存期评估，以此作为法院裁判的参考。

3. 存在争议的问题

死亡赔偿金的问题中最具争议的莫过于所谓的"同命不同价"问题，即损害后果均为死亡，但城镇居民和农村居民的适用标准差别甚大，某案件的法院判决中对此曾有过非常精辟的分析：关于死亡赔偿金的计算标准，根据《人身损害赔偿解释》之规定，死亡赔偿金应以受诉法院所在地上一年度城镇居民人均可支配收入或农村居民人均纯收入标准，按 20 年计算。人的生命本是无价的，但在生命权受到侵害后，需要以金钱的方式进行赔偿，就必然涉及赔偿标准问题。上述司法解释的规定是考虑到城镇居民的平均消费水平和收入水平均高于农村居民，为合理地补偿受害人的损失，同时避免加重赔偿人的责任，故对城镇居民和农村居民的死亡赔偿金计算标准加以区别，其本意并非人为地以户籍因素划分生命价值的高低。②

在医疗损害案件中还有一个十分难处理的问题，即新生儿死亡的死亡赔偿金给付。是否为新生儿，取决于其出生的瞬间是否有生命。出生时有生命即可认定为新生儿，其在医疗事故中死亡的，就可以获得死亡赔偿金；出生时没有呼吸即没有生命，即应当认定为死胎，家属不能主张死亡赔偿金。在有的产科医疗纠纷中，患者

---

① 黄松有：《在最高人民法院公布〈关于审理人身损害赔偿案件适用法律若干问题的解释〉新闻发布会上的讲话》，人民法院报 2003 年 12 月 30 日。

② 陈志华著：《医疗损害责任深度释解与实务指南》，法律出版社 2010 年版，第 352 页。

出生时有微弱的呼吸，但是无论多么微弱，也应当视为有生命，即便其出生后 1 秒钟便迅速死亡。对于这种新生儿也按照正常人的死亡来赔偿，似乎总有其不合适的地方，以至于现在有的地方法院规定，这种情况按照死亡赔偿金的一半来支付。这是一种折中的办法，但违背了最高人民法院的规定。①

## 第二节　精神损害赔偿范围及计算标准

《人身损害赔偿解释》第 18 条规定："受害人或者死者近亲属遭受精神损害，赔偿权利人向人民法院请求赔偿精神损害抚慰金的，适用《最高人民法院关于确定民事侵权精神损害赔偿责任若干问题的解释》予以确定。精神损害抚慰金的请求权，不得让与或者继承。但赔偿义务人已经以书面方式承诺给予金钱赔偿，或者赔偿权利人已经向人民法院起诉的除外。"

《精神损害赔偿解释》第 1 条第 1 项规定："自然人因下列人格权利遭受非法侵害，向人民法院起诉请求赔偿精神损害的，人民法院应当依法予以受理：（一）生命权、健康权、身体权。"

### 一、主张精神损害赔偿的主体

《精神损害赔偿解释》第 7 条规定："自然人因侵权行为致死，或者自然人死亡后其人格或者遗体遭受侵害，死者的配偶、父母和子女向人民法院起诉请求赔偿精神损害的，列其配偶、父母和子女为原告；没有配偶、父母和子女的，可以由其他近亲属提起诉讼，列其他近亲属为原告。"由此可知，患者没有死亡的，主张精神损害赔偿的主体是患者本人，患者死亡的，主张权利的主体则为其近亲属。但司法实践中，人们对此存在争议，法院有时亦可能支持在患者存活情况下由其近亲属提出的精神损害赔偿请求。②

---

① 陈伟、刘鑫著：《医院投诉管理工作指南》，人民军医出版社 2013 年版，第 184 页。

② 陈志华著：《医疗损害责任深度释解与实务指南》，法律出版社 2010 年版，第 353 页。

## 二、精神损害赔偿的法定情形

《精神损害赔偿解释》第8条规定："因侵权致人精神损害，但未造成严重后果，受害人请求赔偿精神损害的，一般不予支持，人民法院可以根据情形判令侵权人停止侵害、恢复名誉、消除影响、赔礼道歉。因侵权致人精神损害，造成严重后果的，人民法院除判令侵权人承担停止侵害、恢复名誉、消除影响、赔礼道歉等民事责任外，可以根据受害人一方的请求判令其赔偿相应的精神损害抚慰金。"从该条规定中可以看出，并非侵权致人精神损害即应承担金钱赔偿责任，只有当侵权致人精神损害造成严重后果的才会判令支付精神损害抚慰金。至于何为"严重后果"，并没有相关规定予以量化，也很难量化，需要法官在个案中进行判断。针对医疗侵权案件，所侵犯的法益是患者的身体健康甚至生命安全，严重的损害后果势必会给患者及其近亲属带来一定程度的精神损害。因此，医疗侵权案件患方主张精神损害抚慰金有其正当性。

## 三、精神损害赔偿的计算标准

《精神损害赔偿解释》第10条规定："精神损害的赔偿数额根据以下因素确定：（一）侵权人的过错程度，法律另有规定的除外；（二）侵害的手段、场合、行为方式等具体情节；（三）侵权行为所造成的后果；（四）侵权人的获利情况；（五）侵权人承担责任的经济能力；（六）受诉法院所在地平均生活水平。"《条例》第49条第11项规定："按照医疗事故发生地居民年平均生活费计算。造成患者死亡的，赔偿年限最长不超过6年；造成患者残疾的，赔偿年限最长不超过3年。"实践中，《精神损害赔偿解释》规定的考虑因素过多，在实践中很少有法院严格按照该条规定计算具体数额，反倒是更多地参照《条例》的计算方法进行确定。这一审理方式使得该项赔偿数额具有了确定性。①

---

① 陈志华著：《医疗损害责任深度释解与实务指南》，法律出版社2010年版，第354页。

# 第9章　鉴定人及专家辅助人出庭

由掌握专门知识的人针对医疗损害专门性问题作出的鉴定意见，必须经过法庭质证，才能转化为定案根据。在法庭质证过程中，当事人可以申请专家辅助人出庭质证鉴定意见，专家辅助人也可以直接针对案件中的专门性问题发表意见，专家辅助人的意见经庭审质证也可以作为定案根据。在鉴定人和专家辅助人出庭质证方面，《医疗损害司法解释》是如何规定的，如何领会和理解其中的内容，在司法实践中应当如何操作。本章将针对这些问题展开论述。

**《医疗损害司法解释》中涉及鉴定人及专家辅助人出庭的法条**

第13条　鉴定意见应当经当事人质证。

当事人申请鉴定人出庭作证，经人民法院审查同意，或者人民法院认为鉴定人有必要出庭的，应当通知鉴定人出庭作证。双方当事人同意鉴定人通过书面说明、视听传输技术或者视听资料等方式作证的，可以准许。

鉴定人因健康原因、自然灾害等不可抗力或者其他正当理由不能按期出庭的，可以延期开庭；经人民法院许可，也可以通过书面说明、视听传输技术或者视听资料等方式作证。

无前款规定理由，鉴定人拒绝出庭作证，当事人对鉴定意见又不认可的，对该鉴定意见不予采信。

第14条　当事人申请通知一至二名具有医学专门知识的人出庭，对鉴定意见或者案件的其他专门性事实问题提出意见，人民法院准许的，应当通知具有医学专门知识的人出庭。

前款规定的具有医学专门知识的人提出的意见，视为当事人的陈述，经质证可以作为认定案件事实的根据。

第15条　当事人自行委托鉴定人作出的医疗损害鉴定意见，其他当事人认可的，可予采信。

当事人共同委托鉴定人作出的医疗损害鉴定意见，一方当事人不认可的，应当提出明确的异议内容和理由。经审查，有证据足以证明异议成立的，对鉴定意见不予采信；异议不成立的，应予采信。

# 第一节　条文理解

## 一、条文含义

### （一）第 13 条含义解读

鉴定意见是人民法院认定案件事实的重要依据。通知鉴定人出庭作证是人民法院通过法庭质证鉴定意见，来认证鉴定意见的司法程序。鉴定意见证明力如何，除了必须经法院审查外，还必须接受当事人的互相质证，这是一种正当的程序保障，否则，鉴定意见证明力无从产生，并不得作为裁判的基础。根据《中华人民共和国民事诉讼法》第 78 条之规定：“当事人对鉴定意见有异议或者人民法院认为鉴定人有必要出庭的，鉴定人应当出庭作证。经人民法院通知，鉴定人拒不出庭作证的，鉴定意见不得作为认定事实的根据；支付鉴定费用的当事人可以要求返还鉴定费用。”从该法条可知，鉴定人必须出庭作证，否则，其鉴定意见就没有效力，该鉴定意见书就不得作为认定事实的证据。根据《中华人民共和国刑事诉讼法》第 187 条规定：“公诉人、当事人或者辩护人、诉讼代理人对鉴定意见有异议，人民法院认为鉴定人有必要出庭的，鉴定人应当出庭作证。经人民法院通知，鉴定人拒不出庭作证的，鉴定意见不得作为定案的根据。”而且，这些规定较《全国人大常委会关于司法鉴定管理问题的决定》第 11 条规定的“在诉讼中，当事人对鉴定意见有异议的，经人民法院依法通知，鉴定人应当出庭作证”来说，应当说更进一步。由此可见，2017 年 12 月 14 日施行的《医疗损害司法解释》第 13 条规定“当事人申请鉴定人出庭作证，经人民法院审查同意，或者人民法院认为鉴定人有必要出庭的，应当通知鉴定人出庭作证。”这是对鉴定人出庭作证制度的进一步确认。同时，在形式上又适当做了一些调整，“双方当事人同意鉴定人通过书面说明、视听传输技术或者视听资料等方式作证的，可以准许。”这样做，既符合要求，同时在实际工作中又降低了时间及人员成本，提高了审批的效率。

出庭作证是鉴定人的法定义务，但在有些情况或特殊事由下，鉴定人经法庭许可可以不出庭。《医疗损害司法解释》第 13 条规定进一步明确“鉴定人因健康原因、自然灾害等不可抗力或者其他正当理由不能按期出庭的，可以延期开庭；经人民法院许可，也可以通过书面说明、视听传输技术或者视听资料等方式作证。”上述规定罗列了鉴定人不能按期出庭作证的三种情形以及补救措施：（1）因健康原因如突发疾病、病重或者行动极为不便的；（2）因自然灾害等不可抗力；（3）因其他正当理由、特殊客观原因的。这里需要强调的是鉴定人因上述原因“不能按期出庭作证的，法院可以延期开庭”，而不是“可以不出庭作证”。可见医疗损害责任纠纷案件中鉴定人出庭作证的重要性。当然，“经人民法院许可，也可以通过书面说明、视听传输技术或者视听资料等方式作证。”这里有必要探讨一下鉴定人网络视频作证方式。对于特殊情况下，如路途特别遥远，交通不便难以出庭的，特殊岗位确实无法离开的或因自然灾害等不可抗力的原因不能按期出庭的，在鉴定人与法庭之间通过鉴定人所在地人民法院的双向视听传输技术进行同步质证。鉴定人通过网络视频方式作证，虽然在作证的物理空间上与法庭具有隔离性，但通过视频和音频的连接，鉴定人如同亲临法庭，可以同步作证，并接受控辩双方的交叉询问。如此可以减少鉴定人不能按期出庭作证情形的发生。

《医疗损害司法解释》第 13 条规定进一步规定“无前款规定理由，鉴定人拒绝出庭作证，当事人对鉴定意见又不认可的，对该鉴定意见不予采信。”这是《中华人民共和国民事诉讼法》和《中华人民共和国刑事诉讼法》规定的延续，再次明确鉴定人必须出庭，否则鉴定意见不得作为定案根据。

### （二）第 14 条含义解读

专家辅助人出庭制度首次提出是在 2002 年的《最高人民法院关于民事诉讼证据的若干规定》中，其第 61 条规定：“当事人可以向人民法院申请由一至二名具有专门知识的人员出庭就案件的专门性问题进行说明。人民法院准许其申请的，有关费用由提出申请的当事人负担。审判人员和当事人可以对出庭的具有专门知识的人员进行询问。经人民法院准许，可以由当事人各自申请的具有专门知识的人员就有关案件中的问题进行对质。具有专门知识的人员可以对鉴定人进行询问。”《医疗损害司法解释》又对此制度进行了确认，其第 14 条规定：“当事人申请通知一至二名具有医学专门知识的人出庭，对鉴定意见或者案件的其他专门性事实问题提出意见，人民法院准许的，应当通知具有医学专门知识的人出庭。前款规定的具有医学专门知识的人提出的意见，视为当事人的陈述，经质证可以作为认定案件事实的根据。”此条不但进一步确定了专家辅助人出庭质证制度，同时首次将经过质证后的专家辅助人意见视为当事人陈述，赋予证据效力作为定案根据，和以往法律法规相比可以称为是一个突破性规定。

### （三）第 15 条含义解读

司法鉴定的委托与受理决定着司法鉴定的程序公正与鉴定意见的可靠性。因此，在 2007 年《司法鉴定程序通则》运行近十年之后，司法部对其进行了修订，出台了新的《司法鉴定程序通则》，并于 2016 年 5 月 1 日正式施行。其目的之一就是合理规范司法鉴定的委托与受理。从话语规范层面而言，新《通则》在立法上有所进步。然而，司法鉴定实践中的真正问题，如委托人特别是法院在鉴定材料合法性、真实性方面的责任，司法鉴定机构受理案件时的困境与违规操作，以及当事人在鉴定委托与受理过程中的不正当干预，都会因为新《通则》自身的局限而难以改变。司法鉴定的委托与受理不仅涉及司法鉴定机构及其鉴定人，而且牵涉到委托人、当事人以及司法行政机关自身。故此，《医疗损害司法解释》第 15 条规定当事人自行委托鉴定，这是非常有意义的重大突破。当然，不是一方当事人委托鉴定就具有效力，而是增加了限制条件，即“当事人自行委托鉴定人作出的医疗损害鉴定意见，其他当事人认可的，可予采信。”这是一个必要条件。医疗损害鉴定涉及到医患双方，其中一方当事人委托，往往存在委托时所提供的鉴定材料合法性、真实性以及完整性等方面的问题。如果其他当事人均认可委托程序，对所作出的鉴定意见认可，该鉴定意见就产生效力。

对于当事人共同委托鉴定人作出的医疗损害鉴定意见，一方当事人不认可的，应当提出明确的异议内容和理由。经审查，有证据足以证明异议成立的，对鉴定意见不予采信；异议不成立的，应予采信。基于当事人共同委托鉴定人作出的医疗损害鉴定意见，首先表明，各方当事人对受委托的鉴定机构业务范围及鉴定能力给予认可；其次，对委托时提供的鉴定材料合法性、真实性以及完整性等方面的情况均给予认可。第三，对委托的程序及鉴定过程给予认可；所以，最后应对鉴定机构出具的鉴定意见给予认可。如果出现一方当事人不认可的，实际上反映当事人为了自身利益考虑，对前期约定的情形产生反悔，故此，应当要求提出明确的异议内容和理由。必须是证据合法、充分，证实该鉴定意见存在缺陷、违规，才可以对鉴定意见不予采信。否则的话，异议不成立，所提供的证据是无效的，对鉴定意见应予采信。

## 二、关键词

### （一）鉴定意见质证

证据须查证属实，方能作为定案依据。对证据的审查判断是指司法人员等在诉讼过程中对证据进行分析、研究和判断，找出它们与案件事实之间的客观联系，确定其证据能力有无和证明力大小的一种特殊活动。鉴定意见质证过程属于对鉴定意见审查判断过程中的一个方面。形式上，首先，当事人对鉴定意见有异议的；其次，鉴定意见明显存在疑点的；第三，鉴定文书阐释不清或存在明显矛盾的；第四，鉴定意见与其他证据材料相反或存在严重分歧的；第五，案件有重大影响的；第六，人民法院认为鉴定人有必要出庭作证的。为保证对鉴定意见进行质证，可以在制度上从以下几方面考虑：第一，设立专家辅助人，通过聘请专家辅助人，从专业角度帮助当事人实施质证的权利。第二，明确鉴定人必须出庭作证。第三，完善鉴定意见的交叉询问机制。借鉴英美法系，尤其是美国鉴定人交叉询问的规则，参照日本的“当事人主义和职权主义的交错”的质证模式，在保持我国已有的职权主义的质证模式的优势的基础上，引进英美法系当事人主义的积极因素。第四，确定询问主体的地位以及询问顺序。法官是案件的裁判者，应处于中立的地位。只有法官在审判上恪守中立，对双方当事人一视同仁，且不存在任何偏爱和歧视，才能确保质证活动的正常开展和获得实效。因此，对鉴定人的询问，应以当事人为主，法官为辅。第五，明确当事人及其律师对鉴定人的质询规则。律师针对鉴定意见的质询，在其内容上应该考虑从形式与实质两方面共同进行。形式方面包括：鉴定人的资格、鉴定意见启动的合法性、鉴定机构的资质、鉴定活动的合乎程序性、鉴定书的各项要件等。实质方面包括：鉴定所依据的实体或材料的情况、鉴定时所采用的方法、所基于的原理、所显示出的结果等。这些都是对鉴定意见的形成具有很大影响的因素。

### （二）鉴定人出庭作证

鉴定人出庭作证是鉴定人履行鉴定活动的委托方或指派方进行的举证责任行

为，具体来讲则包括陈述鉴定意见和接受他人针对鉴定意见提出的质证两个方面，其中后者是具有挑战性的诉讼任务。鉴定人在法庭上宣读鉴定意见，阐明作出鉴定意见的依据和科学道理，接受当事人以及其他诉讼参与人、法官对鉴定意见的质询，回答当事人以及其他诉讼参与人、法官提出的与鉴定有关的问题。归纳为：第一，针对鉴定人的主体资格提出质证意见。这又表现为两个方面：一方面是针对鉴定人是否具备法定的形式要件而提出质疑或质询，包括鉴定人是否为经管理机关登记的鉴定人员；另一方面则是针对鉴定人是否具有从事所涉鉴定业务的实质能力而提出质疑或质询。对于前者比较容易解决，只要出示、提供证明本人可以从事鉴定业务的有关证件或文件就可解决，对于后者则不那么简单，提出质证的人员往往会从鉴定人的学历、所从事的专业领域以及相关经历、经验等方面提出质疑或质询。有的甚至提出一些与所涉鉴定事项相关的专业、技术问题要求鉴定人做出回答，以检测其是否具备从事所涉鉴定事项的专业素质和能力。第二，针对鉴定意见是否符合相关形式要件提出质证意见。这方面包括鉴定意见的书面格式、鉴定人的人数、鉴定人的签名或盖章等问题。第三，针对鉴定中所涉的检材及其来源提出质证意见。鉴定活动必须有供鉴定所用的检材，而检材的来源是否真实、合格、充分、合法都直接关系到鉴定意见的正确、合法、有效。第四，针对进行鉴定所采用的方法、手段提出质证意见。通俗地说，所谓鉴定就是采用科学方法、技术手段对未知的或不确定的事物的真相进行探测、分析、判断。在此过程中，方法是否科学，手段有无技术保障对鉴定意见的正确性具有重要的影响。因此，也往往是人们对鉴定意见进行质证的重要方面。第五，针对形成鉴定意见的科学原理和或理论依据提出质证意见。

### （三）延期开庭

这里的延期开庭仅包含了因鉴定人的因素导致的开庭延期，这里的鉴定人可以申请延期开庭的原因包含健康原因、自然灾害等不可抗力或者其他正当理由。《民事诉讼法》第 73 条规定：经人民法院通知，证人应当出庭作证。有下列情形之一的，经人民法院许可，可以通过书面证言、视听传输技术或者视听资料等方式作证：（一）因健康原因不能出庭的；（二）因路途遥远，交通不便不能出庭的；（三）因自然灾害等不可抗力不能出庭的；（四）其他有正当理由不能出庭的。《民事诉讼法》中虽然没有说明鉴定人可以申请延期开庭的原因，但是上述理由可以经视听传输技术等出庭作证，而本解释也规定了鉴定人因健康原因、自然灾害等不可抗力或其他正当理由可通过视听传输技术等出庭作证，因此应可以理解为《民事诉讼法》中上述的理由是与本解释规定可以延期开庭的理由相呼应的。

（四）专家辅助人

2002年《最高人民法院关于民事诉讼证据的若干规定》首次提出“有专门知识的人”,① 同年实施的《最高人民法院关于行政诉讼证据若干问题的规定》中又出现“专业人员”② 的概念，本次施行的《医疗损害司法解释》又采用“有专门知识的人”的称谓，而在学界“有专门知识的人”也被称为“专家辅助人”，虽然“专家辅助人”并非一个法定名词，却是一个学界和理论界均已广泛采取的法学术语。③ 故本文统一采用学界“专家辅助人”的称谓。

专家辅助人制度是在选择吸收英美法系专家证人制度的基础上产生的一项新制度。我国立法目前对专家辅助人并未给出明确的定义，但在《布莱克法律词典》中对专家证人（ExpertWitnesses）是这样定义的：“专家证人是指通过受教育或者专业经历而获得某方面超常知识的人，并且任何在该方面缺乏专业训练的人都不能对案件事实提出准确的意见或者做出正确的结论。”英国法在学理上对专家证人则这样定义：“作为普通法一项古老的规则，如果诉讼中有某一事项需要特殊的知识和能力，那么法庭可以通过在该方面拥有所需特长的证人获得有关证据，此类证人被称为专家证人。”国内有学者将专家辅助人定义为：“所谓专家辅助人，是指在科学、技术以及其他专业知识方面具有特殊的专门知识或经验的人员，根据当事人的聘请并经法院准许，出庭辅助当事人对诉争的案件事实所涉及的专门性问题进行说明或发表专业意见和评论的人。”④ 综上，根据《医疗损害司法解释》第14条的规

---

① 《最高人民法院关于民事诉讼证据的若干规定》第61条规定“当事人可以向人民法院申请由一至二名具有专门知识的人员出庭就案件的专门性问题进行说明。人民法院准许其申请的，有关费用由提出申请的当事人负担。审判人员和当事人可以对出庭的具有专门知识的人员进行询问。经人民法院准许，可以由当事人各自申请的具有专门知识的人员就有关案件中的问题进行对质。具有专门知识的人员可以对鉴定人进行询问。”

② 《最高人民法院关于行政诉讼证据若干问题的规定》第48条规定：“对被诉具体行政行为涉及的专门性问题，当事人可以向法庭申请由专业人员出庭进行说明，法庭也可以通知专业人员出庭说明。必要时，法庭可以组织专业人员进行对质。当事人对出庭的专业人员是否具备相应专业知识、学历、资历等专业资格等有异议的，可以进行询问。由法庭决定其是否可以作为专业人员出庭。专业人员可以对鉴定人进行询问。”

③ 郭华：《我国专家辅助人制度创新的实用主义及立法的模糊立场—基于司法实践的一种理论展开》，《中国司法鉴定》2013年第5期。

④ 黄松有著：《民事诉讼证据司法解释的理解与运用》，中国法制出版社2002年版，第296页。

定，我们可以将专家辅助人概括为：在诉讼过程中，由当事人申请、法院批准参加法庭审理，以帮助解决专业性问题的诉讼参与人。专家辅助人不同于证人，其仅是替补一方当事人对案件涉及的专门性问题进行说明，弥补当事人专业知识的欠缺与不足，起到辅助当事人进行诉讼的作用。而专家辅助人制度本质是鉴定制度的“守门人”，是一种补充性的完善制度。①

### （五）当事人陈述

诉讼中的原告、被告和第三人就他们对案件事实的感知和认识向法院所发表的陈词及叙述。依靠当事人陈述，可以反映案件事实的全部或部分面貌。《民事诉讼法》第 63 条将证据分为：当事人的陈述；书证；物证；视听资料；电子数据；证人证言；鉴定意见；勘验笔录。所以，当事人陈述作为证据类型之一，在经过质证的情况下，是可以作为定案根据的。

### （六）质证

质证指在法庭的主持下，一方当事人对另一方当事人提出的证据就其真实性、合法性、关联性以及证明力的有无、大小予以说明和质辩的活动或过程。广义质证通常指在诉讼或仲裁活动中，一方当事人及其代理人对另一方出示的证据的合法性、与本案争议事实的关联性、真实性，是否有证明力，是否可以作为本案认定案件事实的根据，进行的说明、评价、辩驳、对质、辩论以及用其他方法表明证据效力的活动及其过程。例如，可以对鉴定意见的以下方面进行质证：供鉴定的材料是否充分可靠；鉴定部门和鉴定人的资格；鉴定所采用的方法和操作程序是否科学；鉴定人在鉴定过程中是否受到外界的干扰；鉴定结论与有关证据是否一致；鉴定结论与有关证据有矛盾，或者对鉴定结论有异议，应请求鉴定人出庭接受当事人询问；鉴定人与本案当事人有无利害关系，鉴定人有无受到同犯当事人的威胁、利诱而作虚假鉴定的可能性等。

### （七）自行委托

自行委托是指医方或者患方当事人（代理人）自行委托具有相应能力的司法鉴定机构进行医疗损害鉴定。《民事证据规定》第 28 条规定，“一方当事人自行委托

---

① 常林：《强化司法鉴定“守门人”制度》，《中国司法鉴定》2010 年第 6 期。

有关部门作出的鉴定结论，另一方当事人有证据足以反驳并申请重新鉴定的，人民法院应予准许。”根据本条规定，当事人享有自行委托鉴定的权利，如果没有对方当事人足以反驳的证据，该鉴定结论具有证据效力。《民事证据规定》第72条规定，一方当事人提出的证据，另一方当事人认可的，人民法院可以认可确认其证明力。因此，一方当事人提交其自行委托而取得的鉴定结论，对方当事人表示认可的，一般应认定其证据效力。

### （八）共同委托

共同委托是指医方与患方当事人（代理人）共同委托具有相应能力的司法鉴定机构进行医疗损害鉴定。对于双方当事人共同自行委托鉴定的情形，基于当事人处分原则，对此应予准许，这在价值导向上也有利于通过诉前调解等方式化解矛盾。如果一方当事人对双方共同委托而作出的鉴定意见不认可，则应当提出明确的异议内容并予以质证；在该异议不成立的情况下，人民法院应当采信该鉴定意见。

## 三、意义

### （一）完善了鉴定人出庭制度

鉴定人出庭作证是法庭审查鉴定的重要手段，通过质询和辩论等形式，当事人和法官可以更全面地理解鉴定意见，判断鉴定意见的科学性和可靠性。鉴定意见涉及复杂的专业性问题，鉴定文书往往难以让不具备专业知识的人充分理解，鉴定人出庭对鉴定意见成立的理由和方法及科学性、可靠性、技术标准等进行系统的阐述，有利于当事人对鉴定意见的质证，有利于法庭对鉴定意见技术性依据的审查判断。同时，鉴定人出庭作证有利于鉴定人素质和廉洁意识的提高。

由于鉴定人出庭作证对于法庭通过质证解决鉴定意见争议具有重要作用。《最高人民法院、司法部关于建立司法鉴定管理与使用衔接机制的意见（司发通〔2016〕98号）》明确提出“加强保障监督，确保鉴定人履行出庭作证义务。”同时，在出庭形式上，除了到法庭接受当面质询外，“经当事人同意可以通过书面说明”、“鉴定人可以使用视听传输技术或者同步视频作证室等作证”的规定，指出了鉴定人可以申请延期出庭或者通过书面说明、视听传输技术或者视听资料等方式作证的因素包含健康原因、自然灾害等不可抗力因素或其他正当理由，此款强调的是不可抗力因素。

### （二）促进医疗鉴定制度的完善

鉴定制度的本质是鉴定人通过对自身专门知识和职业经验的运用，对案件的事实进行深入分析，对涉案的证据材料予以信息解读，形成书面的鉴定意见，将不具备此类专业知识的普通人难以理解和发现的专业性问题转化为“大众化”的知识。[①] 尤其是医疗鉴定，对于欠缺医学等知识的法官来讲，在其认定案件事实的过程中起着非常重要的作用。在医疗纠纷诉讼中，尤其是患者一方，缺乏专业知识，对医疗鉴定意见的质证能力有限。所以，在医疗鉴定意见的质证过程中，在专业知识具备方面处于弱势的患者难以和对方形成有效对抗。医疗鉴定意见质证的效果也将大打折扣，导致法官难以从质证活动中获取有效的案件信息，对鉴定意见的依赖性也会增强，使裁判的公正性和客观性受到质疑。[②] 所以，在医疗损害侵权案件中引入专家辅助人制度后，专家辅助人的专业水平不亚于鉴定人，其意见对鉴定意见而言具有对抗性，经过充分质证，从而形成对医疗鉴定意见的一种监督，使鉴定意见更加谨慎与完善。

### （三）赋予了专家辅助人意见的证据效力

医疗损害案件相对其他专业型诉讼案件，具有更高的专业性，尤其是对于医疗过错和医疗行为与损害结果之间的因果关系的界定具有复杂性。医疗损害鉴定意见是一种生成性证据，[③] 但是由于法官过于依赖鉴定意见，导致在医疗损害责任纠纷案件中缺乏能与鉴定意见相抗衡的力量。《最高人民法院关于适用〈中华人民共和国民事诉讼法〉的解释》第122条第2款规定：“具有专门知识的人在法庭上就专业问题提出的意见，视为当事人的陈述。”此条规定仅仅表明专家辅助人可以视为当事人陈述，只是明确了其外在的一种表现形式而已，但是未从根本上解决专家辅

---

① 肖承海：《论鉴定结论质证的路径依赖》，《证据科学》2009年第5期。

② 王俊民、沈亮：《诉讼辅助人意见与鉴定结论证据属性比较研究》，《中国司法鉴定研究》2006年第6期。

③ 卢建军：《司法鉴定结论使用中存在问题及解决途径——兼论我国诉讼专家辅助人制度的构建和完善》，《证据科学》2010年第5期。

助人意见的效力问题。[①] 虽然2013年1月1日生效的《民事诉讼法》将“鉴定结论”修改为“鉴定意见”，但是其作为证据类型的一种，证明力仍然高于专家辅助人意见。在实践中，由于未明确专家辅助人意见的效力，所以法官会尽量避免采用专家辅助人的意见，从而导致法官对司法鉴定意见的依赖性依然很强。此次司法解释明确规定具有医学专门知识的人提出的意见，视为当事人的陈述，经质证可以作为认定案件事实的根据，此规定对于以往法律法规来讲是个突破，表明法官对鉴定意见的信任度将会降低。

### （四）明确了委托鉴定的效力及采纳标准

审判实践中，当事人自行委托鉴定的情形不在少数，对此效力认定的问题，存有较大争议。普遍认为，当事人一方自行委托鉴定存在明显的弊端，由此作出的鉴定意见往往仅会对委托鉴定的一方当事人有利，欠缺公正性。调研中也有意见指出，自行委托鉴定对于诉前解决医疗纠纷具有一定的积极意义。因此，为保证鉴定意见的信服力，推动当事人依法启动鉴定程序，经过慎重考虑，《医疗损害司法解释》就医疗损害鉴定中单方委托鉴定的问题，适当提高了人民法院采信自行委托鉴定意见的门槛，规定了一方当事人自行委托鉴定作出的医疗损害鉴定意见，在另一方当事人认可的情况下，人民法院可以对该鉴定意见予以采信。而且《民事证据规定》第28条规定了当事人享有自行委托鉴定的权利，而且，如果没有对方当事人足以反驳的证据，该鉴定意见具有证据效力。《民事证据规定》第72条规定，一方当事人提出的证据，另一方当事人认可的，人民法院可以认可确认其证明力。

医患双方共同委托鉴定时如果其中任何一方对鉴定结论提出异议，必须有明确的理由，否则应该采信鉴定意见。这样就防止无理取闹的事情发生，如果其中有一方坚持因鉴定意见达不到自己预期想法而导致案件一次又一次的重新鉴定，这样就是对鉴定资源的极度浪费，故法院对于不能提出明确鉴定意见异议的情况应予驳回，对鉴定意见应该给予采信。对于双方当事人共同自行委托鉴定的情形，基于当事人处分原则，对此应予准许，这在价值导向上也有利于通过诉前调解等方式化解矛盾。如果一方当事人对双方共同委托而作出的鉴定意见不认可，则应当提出明确的异议内容并予以质证；在该异议不成立的情况下，人民法院应当采信该鉴定意见。

---

① 李威、张雪、孙同波、王程志：《医疗损害诉讼中专家辅助人制度探析》，载《医学与社会》2017年第30卷第7期。

# 第二节　实务操作及要求

## 一、实操要求

### （一）对鉴定意见的要求

鉴定意见应当在法庭上出示，由当事人质证，鉴定意见经法庭质证确认后，具有证据效力。医疗损害责任纠纷案件因涉及医学专业性知识，往往需要通过鉴定人出庭作证或书面说明对鉴定意见进行解释后才能理解鉴定意见，因此在当事人申请鉴定人出庭时应予支持，或者当事人不申请出庭的，人民法院认为对鉴定意见理解不充分或对鉴定程序有疑问的，应要求鉴定人出庭作证。在实际操作中应注意以下几个方面：首先，鉴定人出庭作证取决于两个条件：其一，当事人对案内已形成的鉴定意见有异议；其二，经人民法院依法通知。主要法条依据有：《民事诉讼法》第 78 条规定："当事人对鉴定意见有异议或者人民法院认为鉴定人有必要出庭的，鉴定人应当出庭作证。"《刑事诉讼法》第 187 条规定："公诉人、当事人或者辩护人、诉讼代理人对鉴定意见有异议，人民法院认为鉴定人有必要出庭的，鉴定人应当出庭作证。"全国人大常委会《关于司法鉴定管理问题的决定》第 11 条规定："在诉讼中，当事人对鉴定意见有异议的，经人民法院依法通知，鉴定人应当出庭作证。"其次，启动鉴定人出庭作证程序可以由当事人申请决定，也可以由法院依职权启动。我国民事诉讼和行政诉讼中，已经建立了由法官主持的庭前当事人证据交换制度，从而使当事人不仅在庭前有条件获知案内已有的鉴定意见，而且有机会向法官表达是否对鉴定意见有异议，这就为确定鉴定人应当出庭作证创造了条件。再者，鉴定人出庭作证的诉讼内容整体上是履行鉴定活动的委托方或指派方承担的举证责任。具体来说是：向法庭宣读鉴定意见，阐明鉴定人作出鉴定意见的依据和科学道理，接受当事人以及其他诉讼参与人、法官对鉴定意见的质询，回答当事人以及其他诉讼参与人、法官提出的与鉴定有关的问题。另外，对鉴定意见质证过程属于对鉴定意见审查判断过程中的重要方面，由两方面组成，一是对鉴定人资格等的审查程序，二是对鉴定意见的质证程序。最后，由于医疗损害赔偿责任案件的司法鉴定，专业性强，技术难度大，庭审过程中涉及的专业问题存在没有完全阐述清楚，或引用的医学资料不全面，需要进一步补充说明的情形，在法庭上征得法官同意和当事人认可，可以进一步补充说明。

### （二）庭审中对专家辅助人询问的要求

庭审的目的是全面真实地反映案件事实真相。询问是为查明全部案情服务的。因此，询问的内容要求与本案事实有关，应紧紧围绕构成案件证据事实的基本要素。根据《最高人民法院关于适用〈中华人民共和国刑事诉讼法〉的解释》第 213 条第 2 款的规定，对证人的询问要求适用于对专家辅助人的询问，但是专家辅助人和证人是有很大区别的，在询问规则上不能完全照搬证人的询问规则。向证人不得以诱导方式发问，但是对于专家辅助人是允许诱导询问的，诱导性询问是指，询问者为了获得某一回答而在所提问题中添加有暗示被询问者如何回答的内容，或者将需要被询问人作证的有争议的事实假定为已经存在的事实加以提问而进行的提问。当然，对专家辅助人的诱导性询问是由限度和范围的，如果超出了一定范围，法官会立即制止这种诱导性询问。

### （三）对当事人委托鉴定的要求

当事人自行委托时，应该审查以下几个方面：（1）受委托的鉴定机构或者鉴定人员是否具备相关的鉴定资格的；（2）受委托的鉴定机构或者鉴定人员是否具备相应的鉴定能力；（3）所开展的鉴定活动程序是否规范；（4）鉴定意见是否具有科学依据。其他当事人在认可前，也需要对鉴定意见进行审查，审查的内容包括以下几个方面：除以上三个方面之外，还需要审查鉴定书是否符合司法部司法鉴定文书规范，这其中包括：（1）委托人姓名或者名称、委托鉴定的内容；（2）委托鉴定的材料；（3）鉴定的依据及使用的科学技术手段；（4）对鉴定过程的说明；（5）明确的鉴定结论；（6）对鉴定人鉴定资格的说明；（7）鉴定人员及鉴定机构签名盖章。经过审查后，对符合规范要求的鉴定意见给予认可。

当事人共同委托的，在委托之前，双方当事人可以各自提供相应的鉴定机构名单，名单重叠的即为双方认可的鉴定机构。名单的来源可以从法院的鉴定机构名册中选择，也可以从司法行政管理机关公布的名录中选择。在确定鉴定机构之后，双方对鉴定所需要的材料进行确认，主要看鉴定材料的合法性、真实性及完整性。实践中经常会存在患方当事人对材料的真实性提出怀疑，认为医方遗漏一些事实情况。另外，患方还会认为鉴定资料不完整，影响鉴定意见。还有一些涉及患者死亡的，患者家属因风俗习惯、民族特点等未行尸体解剖查明死亡原因的，造成患者死亡原因不清，增加了鉴定难度。本着双方当事人愿意友好解决，共同委托鉴定机构，由鉴定机构的鉴定人员进行专业判断，出具鉴定意见。

由于是当事人共同委托，在委托时，对鉴定机构及鉴定人员、鉴定材料、鉴定程序及鉴定方法均给予了认可，所以，当鉴定意见出具后，一方当事人不认可的，应当提出明确的异议内容及理由。如果没有确实可信异议及理由，仅因为对己方不利，就不予采信。按照《民事证据规定》第 27 条规定，不符合要求的则对鉴定意见应该不予采信。

## 二、注意事项

### （一）鉴定程序的有效控制有助于缩短审理时间

人民法院应在开庭提前通知鉴定人出庭，告知出庭时间、地点、人数、要求等等，为使鉴定人出庭更有意义，建议至少提前 7 个工作日，给鉴定人充分准备的时间，以便在庭上针对人民法院或当事人的疑惑能逐一解答。在质证鉴定意见过程中，如当事人已申请鉴定人出庭，但是鉴定人又因一些不可抗力因素无法按期当庭的，为使案件顺利审理，人民法院应主动征询当事人的意见，通过书面说明、视听传输技术或者视听资料等方式作证，可缩短案件审理时间。

根据《最高人民法院关于民事诉讼证据的若干规定》第 27 条规定："当事人对人民法院委托的鉴定部门作出的鉴定结论有异议申请重新鉴定，提出证据证明存在下列情形之一的，人民法院应予准许。（一）鉴定机构或者鉴定人员不具备相关的鉴定资格的；（二）鉴定程序严重违法的；（三）鉴定结论明显依据不足的；（四）经过质证认定不能作为证据使用的其他情形。对有缺陷的鉴定结论，可以通过补充鉴定、重新质证或者补充质证等方法解决的，不予重新鉴定。"因此，在鉴定人出庭作证过程中，如鉴定人不能针对当事人提出的异议作出科学的解释，而当事人又有证据证明鉴定意见书有上述规定的情形之一的，人民法院可不予采信该鉴定意见，同时可准许做重新鉴定。

### （二）专家辅助人不能参加庭审旁听

2016年5月1日施行的《中华人民共和国人民法院法庭规则》第9条第2款规定："下列人员不得旁听：（一）证人、鉴定人以及准备出庭提出意见的有专门知识的人；（二）未获得人民法院批准的未成年人；（三）拒绝接受安全检查的人；（四）醉酒的人、精神病人或其他精神状态异常的人；（五）其他有可能危害法庭安全或妨害法庭秩序的人。"《最高人民法院关于适用〈中华人民共和国刑事诉讼法〉的解释》第216条第2款规定证人、鉴定人、有专门知识的人不得旁听对本案的审理。专家辅助人不同于证人，其提供的意见不得受案件审理情况的干扰，如果参与旁听，很有可能先入为主，影响意见的真实性和准确性。所以，不管是出庭前还是出庭后，完成出庭任务后，必须离开法庭，对于出庭后也不能旁听是因为一个医疗案件有可能会经历一审、二审、再审，如果在二审或者再审中仍需要专家辅助人出庭质证，那么其在一审后的旁听将会对此产生影响。

### （三）专家辅助人出庭质证应当分别进行

根据法律及司法解释规定，当事人可以聘请一至两名具有专门知识的人出庭。当涉及两名专家辅助人时应该分别进行质证，不得集体进行。专家辅助人提供意见是以自己拥有的专业知识为基础，如果两名专家同时出庭，同时接受质证，很可能会受其他专家意见的干扰，从而达不到充分利用自己专业知识进行质证和阐述的目的，也不利于法官对专家意见和鉴定意见的判断。

### （四）当事人委托鉴定时的注意事项

当事人自行委托时，在庭审质证过程中首先会被对方当事人质疑的就是鉴定机构是否与自行委托的当事人存在利益关系，鉴定意见书是否具有效力问题；其次，患方当事人委托时提供的鉴定资料是否完整、充分以及真实。除此以外，当事人一方自行委托时，鉴定机构在进行医疗损害鉴定过程中，听证会上仅有一方陈述，是否属于鉴定程序不完整，这些都值得探讨。

实务中比较多见的是双方当事人共同委托鉴定。双方当事人从鉴定机构名单中选择认可的机构，共同委托。共同委托后，双方当事人需要对鉴定材料进行确认，同时，对出现的损害后果也需要确认。有些医疗纠纷案件，出现患者死亡的，患者家属可能因风俗民族习惯等原因而未行尸体解剖查明死亡原因的，这时，需要患方当事人同意以医方的临床分析给出的死因诊断，或者同意鉴定机构根据病历资料进行死亡原因分析。

## 第三节 存在问题与建议

### 一、条文中的问题

#### （一）对第13条鉴定意见质证的分析

该解释中明确了鉴定人应当出庭的义务等，但没有提及对鉴定人权益和人身保障问题。实际工作中对鉴定人的权益保障不够，是造成鉴定人不愿意出庭的重要原因之一。鉴定人出庭作证是一种承担法律义务的行为，必然需要一定的权利作为保障。与证人一样，鉴定人也应当享有经济补偿权和安全保护权。《最高人民法院司法部关于建立司法鉴定管理与使用衔接机制的意见（司发通〔2016〕98号）》规定："人民法院要为鉴定人出庭提供席位、通道等，依法保障鉴定人出庭作证时的人身安全及其他合法权益。鉴定人在人民法院指定日期出庭发生的交通费、住宿费、生活费和误工补贴，按照国家有关规定应当由当事人承担的，由人民法院代为收取。"

#### （二）专家辅助人的范围局限

医疗损害案件的专家辅助人仅限于具有医学背景的人具有一定局限性。

司法解释中仅仅规定在医疗损害责任案件中可以申请具有医学专门知识的人出庭，但是医疗损害责任案件不仅仅涉及医学方面的知识。例如，病历方面会涉及文检。《侵权责任法》第58条规定："患者有损害，因下列情形之一的，推定医疗机构有过错：（一）违反法律、行政法规、规章以及其他有关诊疗规范的规定；（二）隐匿或者拒绝提供与纠纷有关的病历资料；（三）伪造、篡改或者销毁病历资料。"那么，如何认定伪造、篡改，对病历"真实性"的检验在一定程度上是需要进行文检的。例如，患儿刘某2000年5月4日在某保健院出生，属于早产低体重儿，出生后诊断为"早产儿、新生儿肺透明膜病；出生低体重儿"，转入新生儿科抢救，给予面罩吸氧。2000年5月22日，刘某父母要求出院。2000年9月25日刘某被诊断为“早产儿视网膜病变、晶体后纤维增生”。2000年10月27日，确诊为“双眼早产儿视网膜病变晚期”，已丧失视力。2000年11月6日施行“左眼巩膜冷冻术”，但效果欠佳。2002年12月10日向法院提起侵权之诉。诉讼中原告申请对病历笔迹的“书写时间先后”进行鉴定，2003年3月28日，西南政法大学司法鉴定中心对此作出鉴定结论：“住院病案”中的住院病案（续页）第八页落款时间为“2000－5－17”的记录是2000年5月8日之后很长一段时间书写形成。由于该鉴定结论中“之后很长一段时间”不明确，法院向鉴定部门发函要求对此作出解释，西南政法大学司法鉴定中心于2003年5月19日来函：“表明检材字迹不是2000年5月所形成”。[①] 如果对此鉴定意见申请专家辅助人出庭进行质证的话，具有医学专业知识的人只能就与其拥有的医学专业知识相关的专门问题进行质证，但若要求其在法庭上对文字检验方面的内容进行谈论的话，显然不在其专业范围之内。

### （三）对第15条当事人自行委托鉴定效力的分析

由于规定了当事人可以自行委托，会存在以下几个方面的问题，首先，一方当事人提交的鉴定材料是否完整充分。实际工作中，患方经常拿到的是客观病历资料，没有主观病历资料，给鉴定机构提交的不是完整的病历资料，不能反映患者的病情全貌。如果是医方自行委托，但患者在门诊就诊的病历资料掌握在患方手里，医方如何提交该部分病历资料。自行委托存在不能提交完整病历资料的情况，这样鉴定机构如何进行鉴定；其次，自行委托，仅有一方当事人陈述就诊或诊治经过，与现行的医疗损害鉴定的听证会制度不一致，会不会出现偏听偏信的情况。

当事人共同委托的，这种情况在实际工作中比较多见，其作用类似于医疗纠纷调解委员会的技术鉴定咨询部分内容。而且现在已经有在民政部门注册的中立调解组织，与鉴定机构签订协议，把在调解中的技术鉴定内容交给鉴定机构进行鉴定，等同于当事人共同委托。当事人共同委托鉴定人作出的鉴定意见，一方当事人不认可时，如何确保其效力。由于医疗损害鉴定经过的环节较多，涉及鉴定机构的许可范围及鉴定人的资质、鉴定材料、鉴定程序、鉴定过程所采用的标准，还有鉴定人的能力等等，容易被提出质疑，而申请重新鉴定。

条文中没有规定鉴定机构在受理自行委托的鉴定程序内容，由于自行委托多是

---

① 广东省珠海市中级人民法院民事判决书（2004）珠中法民一终字第133号。

患者一方，患方托关系拿到对医方不利的鉴定意见，与医方的具体办事人员联合，就可以把医院的国有资产据为己有。这种情况也不能完全排除。条文中没有规定鉴定机构在受理共同委托的鉴定程序内容，当出现一方当事人不认可时，什么样的异议内容和理由，才符合成立或不成立的条件，这些都不明确，所以，应当具体列明，使得实际工作中操作性更强。

条文中“经审查”，提示审查的主体为人民法院。法官在审理医疗损害责任纠纷案件时，不可避免要面对记载整个医疗过程的病历，病历中的很多专业术语，对于不具有医学专业知识背景的法官来说，很难作出准确判断，对于医疗损害责任的四个构成要件中，医疗机构和医务人员的诊疗行为及患者的损害这两个要件不难判断，难的是判断诊疗行为与损害后果之间的因果关系及医务人员的过错，对于后两个要件，一般要根据鉴定意见来予以确认。但对于医疗纠纷中因果关系的鉴定，是司法鉴定机构的医学专业人员根据医院的病历等材料，结合自身的知识及经验等作出判断，并没有统一的标准，导致不同的鉴定机构作出的鉴定意见存在差异，甚至完全相反，因此，法官对鉴定意见的审查就有很大的难度。因此，明确翔实的司法鉴定的程序规定就非常有必要。

## 二、实施中的问题

### （一）鉴定意见质证方面

其一，如果案件审理时间较长，鉴定意见中的鉴定人均已经离开出具鉴定意见书的鉴定机构，甚至鉴定机构已经不存在，该如何通知鉴定人出庭作证。在案件审理过程中经常会碰到这类问题，案件的审理过程中又必须采用鉴定意见的情况下，我们建议可通过下列方法解决：（1）征询当事人的意见，重新鉴定。（2）如果当事人不同意重新鉴定的，可以通过司法局或鉴定机构联系到鉴定人，通知鉴定人出庭作证。这里需要说明，建议采取鉴定人终身负责制，尽可能的由鉴定意见书中的鉴定人对鉴定意见作出解释，不建议直接要求鉴定机构派遣人员对该鉴定意见书作出解释；如果鉴定人因不可抗力因素均已不能再对鉴定意见作出解释，经当事人同意，可以由鉴定机构派遣相关负责人对鉴定意见作出解释。

其二，由于通知鉴定人出庭的时间较晚，鉴定人出庭日的行程已满无法出庭作证，或者出庭时间与该鉴定人其他案件的出庭时间相同，而又由于种种原因无法更改出庭时间，该如何确保鉴定人出庭。这类问题应该是鉴定人出庭时经常遇到的问题，对此编者提出如下想法：（1）尽量提前通知鉴定人出庭时间，让鉴定人有充分的准备时间，包括日程的安排。（2）如因各种原因无法提前通知鉴定人出庭时间，鉴定人出庭时间又与其他日程有所冲突的情况下，尽可能采用书面说明、视听传输技术或者视听资料等方式出庭，这种方式既可以起到鉴定人出庭的效果，又可以使得审判顺利进行，不需要延期处理，即使在时间上有所冲突，只需要延后几个小时即可。

其三，鉴定人出庭一般会向人民法院询问申请人的异议问题有哪些，以便出庭前做好准备，但有些当事人拒绝提前提供异议问题，要求在开庭时当面提问，当庭回答；因医疗损害责任纠纷案件涉及大量的医学知识，鉴定人在出具鉴定意见时会聘请临床专家协助分析医疗机构的医疗行为，因此，这种情况下很可能会出现鉴定人出庭时不能顺利作答，失去了出庭的意义。

在遇到上述的当事人时，编者认为（1）审判人员应尽可能的要求当事人提供异议申请问题；（2）在准予当事人申请鉴定人出庭时，即要求当事人提出申请原因与依据的书面材料，这样在当事人拒绝提供异议问题时，即可将该书面材料提供给鉴定人，以便审判的顺利进行。

### （二）缺乏明确的专家辅助人出庭质证规则

不论是《民事证据规定》《刑事诉讼法》《民事诉讼法》还是《医疗损害司法解释》仅仅规定了专家辅助人出庭制度，但对于如何质证、质证规则等均无提及。虽然《最高人民法院关于适用〈中华人民共和国刑事诉讼法〉的解释》第213条规定：“向证人发问应当遵循以下规则：（一）发问的内容应当与本案事实有关；（二）不得以诱导方式发问；（三）不得威胁证人；（四）不得损害证人的人格尊严。前款规定适用于对被告人、被害人、附带民事诉讼当事人、鉴定人、有专门知识的人的讯问、发问。”第214条规定：“控辩双方的讯问、发问方式不当或者内容与本案无关的，对方可以提出异议，申请审判长制止，审判长应当判明情况予以支持或者驳回；对方未提出异议的，审判长也可以根据情况予以制止。”第215条规定：“审判人员认为必要时，可以询问证人、鉴定人、有专门知识的人。”第216条规定：“向证人、鉴定人、有专门知识的人发问应当分别进行。证人、鉴定人、有专门知识的人经控辩双方发问或者审判人员询问后，审判长应当告知其退庭。证人、鉴定人、有专门知识的人不得旁听对本案的审理。”第217条规定：“公诉人、当事人及其辩护人、诉讼代理人申请法庭通知有专门知识的人出庭，就鉴定意见提出意见的，应当说明理由。法庭认为有必要的，应当通知有专门知识的人出庭。申请有专门知识的人出庭，不得超过二人。有多种类鉴定意见的，可以相应增加人数。有专门知识的人出庭，适用鉴定人出庭的有关规定。”看似是对专家辅助人出庭质证规则的规定，但是这些规定都比较含糊而且缺乏明确的程序方面的规定，对指导操作没有技术性的内容。例如，专家辅助人质证的顺序、方式等均无明确规定。

（三）专家辅助人的民事责任不明确

在医疗损害责任纠纷案件中引入专家辅助人制度对案件的公平公正处理有着重要作用，经过对鉴定意见的充分质证，对鉴定意见形成外部监督，可以减少法官对鉴定意见的依赖性。但是由于法律没有明确专家辅助人的民事责任，所以在实施中会出现一系列问题。如果专家辅助人在出庭时发表意见是免责的，尽管其具有一定专业知识，但也很容易造成专家辅助人随意发表见解，对鉴定意见随意抨击反驳，对法庭查明案件事实很不利，所以专家辅助人应恪守职责，利用自己的专业知识如实陈述。同时，在医疗损害责任纠纷中涉及患者隐私的案件很多，专家辅助人对患者隐私权的保护尤其重要。如果专家辅助人未正确履行上述义务，将承担违约或者侵权责任。

（四）专家辅助人资质审查规则不明确

《医疗损害司法解释》第 14 条仅仅指出专家辅助人为具有医学专业知识的人，那么如何界定具有医学知识的人？如何对专家辅助人的资格进行审查？不管是三大诉讼法还是司法解释均未给出明确规定。虽然《最高人民法院关于适用〈中华人民共和国刑事诉讼法〉的解释》第 182 条规定：“开庭审理前，人民法院应当进行下列工作：（一）确定审判长及合议庭组成人员；（二）开庭十日前将起诉书副本送达被告人、辩护人；（三）通知当事人、法定代理人、辩护人、诉讼代理人在开庭五日前提供证人、鉴定人名单，以及拟当庭出示的证据；申请证人、鉴定人、有专门知识的人出庭的，应当列明有关人员的姓名、性别、年龄、职业、住址、联系方式；（四）开庭三日前将开庭的时间、地点通知人民检察院；（五）开庭三日前将传唤当事人的传票和通知辩护人、诉讼代理人、法定代理人、证人、鉴定人等出庭的通知书送达；通知有关人员出庭，也可以采取电话、短信、传真、电子邮件等能够确认对方收悉的方式；（六）公开审理的案件，在开庭三日前公布案由、被告人姓名、开庭时间和地点。上述工作情况应当记录在案。”对专家辅助人一些最基本的情况进行了规定，但是未对资格审查进行具体规定。一个医学院校的在校生也具有医学专业知识，一位德高望重的医学方面的院士也具有医学专业知识，那么怎样界定具有医学专业知识？如何进行形式和实质方面的审查，此次司法解释仍未规定。

#### （五）委托鉴定方面

当事人自行委托，不能排除在委托时要求或者暗示司法鉴定机构和司法鉴定人按其意图或者特定目的提供鉴定意见，或在鉴定过程中与鉴定人沟通时，会或明或暗地表露他们对本案鉴定的看法。如果司法鉴定机构或鉴定人与当事人存在不正当关系，那么，鉴定意见就很难保证公平和独立。

当事人共同委托，对鉴定意见都不存在异议，但是鉴定意见是否正确有待审查。

如果一方当事人（代理人）对鉴定意见存在异议，并且提出了相关的证据，如何审查证据的真实性及合理性有待商榷。

### 三、对策与建议

#### （一）鉴定意见质证方面

目前并无系统的、规范的关于鉴定人出庭的文件，如鉴定人该如何配合审判人员审判、鉴定人出庭的费用等等，因此，不同地区、不同鉴定机构对鉴定人出庭的做法不一，甚至有些地区的鉴定人提出，不支付出庭费用在出庭过程中不予回答任何问题或者只回答审判人员的问题；再者，如果通知鉴定人出庭的时间过晚，如出庭前一天通知鉴定人，此时可能鉴定人行程已满无法出庭等等。

遇到上述问题，有些审判人员会直接宣布鉴定意见不能作为证据采信，重新鉴定，这样大大延长了审判时限，不利于审判的顺利进行，因此编者建议在人民法院委托时即将相关事项写在委托书中，或者委托时与鉴定机构沟通，针对可能会有鉴定人出庭的问题协商确定，为后续鉴定人出庭做好准备，这样就不会在经历了很长一段时间的鉴定时期后，再要求鉴定人出庭遇到上述问题导致延长审判时限。

### （二）完善专家辅助人的资格审查规则

《布莱克法律词典》对“专家”的定义是“经过该学科科学教育的男人（和女人），或者掌握从实践经验中获得的特别或专有知识的人。”[①] 英美法系国家采用的是专家证人制度，其对专家证人的审查采取宽松的态度，《美国联邦证据规则》第403条规定了法庭对专家证人资格进行初步审查的制度，同时当事人或其律师、对方当事人或其律师均可以对专家证人资格进行审查。其对专家资格采取“无固定资格原则”,[②] 不要求专家一定受过高等教育或者具有较高专业水平，只需要其具备常人不具备的专门知识和经验即可。大陆法系国家对专家资格采取的是“固定资格原则”，即要求专家在特定的专业学科领域内受过较高层次的教育并且具有较高专业水平。

在医疗损害责任案件中，专家辅助人对当事人起着补充和辅助作用，其弥补当事人对案件专业知识理解方面的不足，从而维护当事人的合法权益。所以，对于专家辅助人的资格审查显得尤为重要。因为我国专家辅助人出庭采用的是许可制，要求法院对专家辅助人予以审查，所以在司法实践过程中，各个法院的做法不同，对“专家”的界定也不同。笔者建议，将专家辅助人的资格审查分为庭前开示程序和庭审资格审查程序。庭前会议中确定专家辅助人出庭的一方当事人，应当对专家辅助人的资格进行开示证明，以便于对方当事人及其律师进行审查和提问。在庭审中，应当允许双方当事人对对方申请出庭的专家辅助人进行资格审查，此审查既包括形式审查也包括实质审查。[③]

### （三）构建专家辅助人出庭质证规则

专家辅助人出庭质证是整个鉴定体制得以正常运转的重要环节，只有经过辩论和探讨真理才会明晰，所以建立完善的专家辅助人出庭质证规则对于鉴定制度的革新具有重要意义。笔者建议专家辅助人出庭质证可以借鉴英美法系的诉讼审判中采取的交叉询问方式。交叉询问是指对抗式审判中控辩双方主动调查证人证言的一种方式。[④] 即可以采取主询问、反询问、再询问、补充询问四个阶段进行质证。

---

① ［美］乔恩·G. 华尔兹著：《刑事证据大全》，何家弘译，中国人民大学出版社1993年版，第344页。

② 何家弘主编：《司法鉴定导论》，法律出版社2000年版，第95页。

③ 刘鑫、王耀民：《论专家辅助人资格的审查》，《证据科学》2014年第6期。

④ 常林著：《司法鉴定专家辅助人制度研究》，中国政法大学2012年版，第269页。

主询问是直接询问，“直接询问的目的是让证人用他或者她自己的话，向陪审团提供构造完整‘案情’的叙述片段。……在审判中所提供的大多数证据将通过直接询问而实现。”① 首先，在法庭上，由司法人员对专家辅助人身份进行核对，核对身份无误后告知其在法庭中享有的诉讼权利以及应该履行的义务。其次，进入庭审阶段，在此阶段，本方律师可以通过对专家辅助人的询问，引出对己方当事人有利的专家意见，而且当事人及律师可以通过主询问的方式来对对方可能提到的观点进行反驳。反询问指的是对对方提供的专家辅助人进行反向的提问，可以对主询问阶段中对方陈述的内容进行反向询问。反询问即交叉询问，其目的主要是给予对方当事人及律师以充分自由，从而达到“理越辩越明，事越理越清”的目的。再询问是对主询问和反询问的一种补充，可以进行再直接询问，也可以进行再交叉询问。再询问是可以不断重复的，指导当事人各方都没有要问的为止。② 补充询问不同于再询问，因为再询问的主体是控辩双方，而补充询问的主体是法官，法官起到弥补不足的作用。③ 补充询问阶段法官可以总结正反双方意见的异同，并且可以总结鉴定意见和专家意见的异同，对其中有疑问的事实，直接询问专家辅助人，使其进行解释。④

### （四）明确对鉴定异议进行审查的标准

针对当事人共同委托鉴定人作出的医疗损害鉴定意见，当出现一方当事人不认可时，应当提出明确的异议内容和理由。那么什么样的异议内容和理由才是成立的，或者说如何审查鉴定意见？笔者认为，应该从以下几个方面进行：（1）程序方面：①审查司法鉴定机构的司法鉴定许可证。主要审查鉴定机构是否在省级司法行政机关鉴定机构公告名册中，审查涉案鉴定事项是否符合鉴定机构的许可鉴定业务范围、鉴定意见书是否在其许可有效期限内出具。②审查司法鉴定人的执业证。主要审查司法鉴定人是否在省级司法行政机关司法鉴定人公告名册中，审查涉案鉴定事项是否符合司法鉴定人的执业类别、鉴定意见书是否在司法行政机关的颁证有效期内。③审查司法鉴定委托的单位。司法鉴定的委托单位一般由办案机关委托，如

---

① ［美］罗纳德·J. 艾伦等著：《证据法：文本、问题和案例》，张保生、王进喜、赵滢译，高等教育出版社 2006 年版，第 115～116 页。

② 张保生主编：《证据法学》，中国政法大学出版社 2014 年版，第 368 页。

③ 樊崇义、郭华：《鉴定结论质证问题研究（下）》，《中国司法鉴定》2005 年第 3 期。

④ 王思思、狄胜利：《专家辅助人出庭质证规则研究》，《证据科学》2015 年第 2 期。

果由一方当事人委托，因鉴定过程另一方当事人未参与，其真实性、关联性存在较多障碍，另一方提出合理异议并附上证据材料，司法机关一般会重新委托鉴定。④审查鉴定材料是否经过双方当事人质证。鉴定依据材料的真实性、合法性、关联性以及当事人是否全面、完整、充分提供了鉴定材料，会直接影响到鉴定意见的准确性，如果鉴定依据材料未经质证，直接影响到鉴定意见的真实性、合法性。⑤审查司法鉴定人是否依法实行回避制度。根据《全国人民代表大会常务委员会关于司法鉴定管理问题的决定》第 9 条、司法部《司法鉴定程序通则》第 20 条的规定，司法鉴定人与案件有利害关系，可能影响鉴定的，应当予以回避。当然，此类事项在实践中难以提出有效证据证实鉴定人应当回避。⑥审查司法鉴定意见书是否有至少两名司法鉴定人署名。根据司法部《司法鉴定程序通则》第 19 条的规定，司法鉴定机构对同一鉴定事项选择至少两名司法鉴定人进行鉴定。⑦鉴定事项是否超过鉴定委托范围。主要审查鉴定意见书的结论是否在委托人委托的鉴定范围内。⑧鉴定机构现场提取鉴定材料是否合规。根据司法部《司法鉴定程序通则》第 24 条的规定，鉴定机构至现场提取鉴定材料应当有不少于二名工作人员，其中至少一名应为该鉴定事项的司法鉴定人。现场提取鉴定材料时，应当有委托人指派或者委托的人员在场见证并在提取记录上签名。如果鉴定机构没有按此依法操作，那么鉴定意见的合法性就会存在问题。⑨司法鉴定人是否出庭作证。根据《全国人民代表大会常务委员会关于司法鉴定管理问题的决定》第 11 条的规定，在诉讼中，当事人对鉴定意见有异议的，经人民法院依法通知，鉴定人应当出庭作证。当事人对鉴定意见有异议，可向法院申请要求鉴定人出庭作证。如果经人民法院通知，鉴定人不出庭作证，当事人可向省级人民政府司法行政部门要求对司法鉴定机构进行行政处罚。当然此方式不能直接否认鉴定意见的效力，但可促使鉴定人及时回应当事人的异议，甚至调整、补充鉴定意见。（2）实体方面：①审查司法鉴定意见的鉴定方法是否符合相关规定。主要审查鉴定机构是否采取了相关国家标准、行业标准和技术规范所要求的方法。②审查司法鉴定意见的鉴定标准是否合法。根据司法部《司法鉴定程序通则》第 23 条的规定，鉴定应当依序采用国家标准、行业标准和技术规范、该专业领域多数专家认可的技术方法。除此之外，鉴定意见不得以其他依据作为鉴定标准。③审查司法鉴定意见的内容是否与证据材料反映的事实相符。④审查司法鉴定意见的内容是否相互冲突。⑤审查司法鉴定意见的逻辑推理是否正确。司法鉴定人毕竟不是法律专业人员，一般均只是在各自专业领域有所建树，但部分司法鉴定意见可能会涉及到需要逻辑推理的地方，鉴定人极有可能在逻辑推理部分出现误差。

# 第四节　案例分析

## 案例 9－1　专家辅助人出庭质证的案例

### 一、案例介绍

小苗因双下肢浮肿入甲医院，后被甲医院诊断为白血病，在几次化疗后甲医院决定采用外周血干细胞移植手术为小苗治疗。小苗向某骨髓库交纳了干细胞采集费后，通过该单位捐献者。经筛选，某捐献者经 S 市血压中心 HLA 分型，十点完全相合。小苗于 2012 年 3 月 30 日入甲医院做造血干细胞移植术前的治疗及准备。2012 年 3 月 29 日，某骨髓库审批同意采集上述捐献者的造血干细胞用于患者移植，并出具采集造血干细胞计划表，该表显示捐献者为男性，血型为 B：RH＋，与小苗血型相同。同年 4 月 17 日，捐献者的造血干细胞经乙医院采集后由甲医院对患者实施了移植，术后不久小苗去世。小苗父母调查发现，捐献者的血型为 A。小苗父母认为上述血型不符的事实是造成小苗术后死亡的原因，甲医院、某骨髓库都存在过错，小苗父母要求各被告赔偿死亡赔偿金、医疗费等各项损失共计 100 余万元。

诉讼中，经小苗父母同意，法院委托了司法鉴定机构，司法鉴定机构作出第 796 号鉴定意见书，认为由于某骨髓库及甲医院移植患者造血干细胞中未尽到注意义务，且某骨髓库提供错误的供者 ABO 血型信息，并提供了供、受者间 ABO 血型不合的骨髓造血干细胞，甲医院移植患者造血干细胞时亦未常规进行 ABO 血型配对及交叉配型，不排除由于上述过错的共同作用下导致患者移植排斥反应的发生而死亡。因此，某骨髓库及甲医院的过错与患者的死亡后果存在因果关系。某骨髓库及甲医院对患者的死亡后果负主要责任，二者在内部责任划分中应当负同等责任。

在对鉴定意见进行质证的庭审中，甲医院和某骨髓库申请了三位行业内专家出庭对第 796 号鉴定意见书进行了质证。其中两位专家在庭审质证中均表示第 796 号鉴定意见书对所引用的医学教科书《内科学》《医学免疫学》断章取义，曲解了专家在上述医学教科书中的学术观点，得出了错误结论，后法院认定该鉴定意见明显依据不足，经过质证认定不能作为证据使用，于是启动了重新鉴定程序。

新的鉴定意见认为：供者血性错误并不影响患者的供者选择和移植方案，甲医院移植过程及移植后的诊疗过程符合诊疗规范，非血缘造血干细胞移植中，供受者间ABO血型是否相符不是选择合适供者的必要前提条件，最终鉴定意见认为甲医院和某骨髓库并不存在过错，行为与患者死亡不存在因果关系。该鉴定意见作出后，小苗父母并不认可，申请原鉴定单位鉴定人作为专家辅助人出庭，法院未予准许。①

## 二、审判结果

法院认为：第796号鉴定意见书的分析意见中，多次引用了医学教科书《内科学》《医学免疫学》中的学术观点，但专家辅助人对第796号鉴定意见书质证时，均明确表示ABO血型不合并非移植排斥反应发生的原因，鉴定人引用学术观点时混淆了器官移植和造血干细胞移植两种不同一直理论的区别，将进行器官移植时需要考虑的ABO血型检测适用于造血干细胞移植，得出了ABO血型不合属于造血干细胞移植禁忌的错误结论，致使鉴定意见的依据存疑，最终法院未采用第796号鉴定意见书，而采信了后一份鉴定意见书的结论，判决驳回了小苗父母的全部诉讼请求。

## 三、评析

在司法审判实践中，很多医疗损害责任案件的法官不具有医学等专业知识，而此类案件的鉴定意见相对于其他专业型诉讼案件来讲，具有更强的专业性和复杂性，从而导致法官很难否定鉴定意见，对鉴定的审查和监督出现名存实亡的现象，导致鉴定意见在医疗损害赔偿案件中发挥着“一语定乾坤”的作用。再加上对方当事人及其律师的医学等专业知识具备程度很难与鉴定意见相抗衡。所以，有人戏称医疗鉴定报告书是“准判决书”，盖上法院的印章就成了判决书。② 所以，专家辅助人制度的出现对这一现象带来了明显的改变。

本案例在对鉴定意见进行质证的庭审中，甲医院和某骨髓库申请了三位专家辅助人出庭进行质证，三位专家辅助人的医学专业细目与案件的医疗损害责任纠纷内容相匹配，其中两位专家在庭审质证中均表示第796号鉴定意见书对所引用的医学教科书《内科学》《医学免疫学》断章取义，曲解了专家在上述医学教科书中的学术观点，得出了错误结论，从而达到了对鉴定意见进行有针对性反驳的效果。可见，专家辅助人制度通过对当事人专业医疗知识的弥补提高了当事人的诉讼能力，平衡了医疗损害责任案件中当事人专业水平的巨大差距。

---

① 此案例转引自：郑吉哲：《医疗纠纷中如何用好专家辅助人》，《中国卫生人才》2017年8月。

② 王俊民、沈亮：《诉讼辅助人意见与鉴定结论证据属性比较研究》，《中国司法鉴定研究》2006年第6期。

## 案例9－2 患者单方面委托的鉴定意见无效的案例

### 一、案例介绍

被鉴定人刘某于2015年12月22日就诊于徐某个体诊所，医方给予地塞米松、利巴韦林、阿奇霉素等药物治疗，在输液过程中，患者突然出现恶心等症状，急打120救护车，2015年12月22日09时15分到达现场，18分转移走，30分到达河南省某市人民医院，初步诊断：心肺复苏术后；休克；呼吸衰竭；代谢性酸中毒；高乳酸血症；应激性高血糖；电解质紊乱。入院后给予相关检查及扩容纠酸、改善微循环、抗感染、降颅压等治疗，2016年1月22日出院。2016年1月22日再次入住某市脑科医院，营养脑神经及康复训练治疗后，2016年4月22日出院，出院诊断：缺血缺氧性脑病心肺复苏术后；癫痫。现患方认为医方存在医疗过错行为，单方委托司法鉴定机构进行医疗损害鉴定。

经鉴定机构审阅鉴定资料及对患者查体后认为：徐某个体诊所在对被鉴定人刘某的诊疗过程中存在医疗过错行为，该医疗过错行为与患者的损害后果之间存在一定的因果关系，建议医方占主要因素。

在庭审中，患方当事人出示了鉴定意见书，医方以鉴定资料不完整，鉴定程序有缺陷为由对鉴定意见不认可。法官同意重新委托鉴定机构进行鉴定。经过遴选鉴定机构、完善委托手续、封存鉴定资料等过程，再次鉴定意见为：徐某个体诊所在对被鉴定人刘某的诊疗过程中存在医疗过错行为，该医疗过错行为与患者的损害后果之间存在一定的因果关系，建议医方占次要因素。

### 二、评析

医疗纠纷案件的核心是诊疗过程中是否有医疗过错、医疗过错和患者最终结果是否有因果关系、医疗过错比例，这也是目前患者最容易疏忽的地方，当我们在医院治疗没有达到治疗效果或者发生医疗意外时，当时情绪很激动，很容易失去理智进而认为都是医方的问题，医疗是世界性的难题，医方只承担医疗过程的保障义务，但是不对结果负责任，这点一定要清楚。

司法鉴定机构的医疗过错技术鉴定是医疗诉讼案件中法院审理医疗案件的必备参考材料，一般只有进入诉讼的环节后，由法院主持然后医患双方共同选择一家司法鉴定机构进行医疗过错鉴定。司法鉴定机构如果接受单方委托，就可能出现当事人提供的鉴定资料不完整、不充分。双方争议的焦点问题成了一方当事人的单独陈述，不利于鉴定人查明事实，明辨是非。对于高技术含量的医疗损害鉴定，没有医方的陈述及相关的证据资料，这种鉴定具有极大的不确定性。

本文建议患者不要在诉讼之前单方委托司法鉴定机构进行医疗过错的鉴定，意义不大，医方还不认可，希望未来医疗诉讼领域可以完善目前医疗诉讼的一些问题，可以尝试在诉讼前由法院主持委托司法鉴定机构或第三方医疗评估的机构先进行医疗过错的评估，再决定是否要进入诉讼环节，帮助患者等各方节约成本，提高诉讼的效率和质量。

# 附 录

## 最高人民法院关于审理医疗损害责任纠纷案件适用法律若干问题的解释

（2017年3月27日由最高人民法院审判委员会第1713次会议通过　自2017年12月14日起施行　法释〔2017〕20号）

为正确审理医疗损害责任纠纷案件，依法维护当事人的合法权益，推动构建和谐医患关系，促进卫生健康事业发展，根据《中华人民共和国侵权责任法》《中华人民共和国民事诉讼法》等法律规定，结合审判实践，制定本解释。

**第一条　【适用案件范围】**患者以在诊疗活动中受到人身或者财产损害为由请求医疗机构，医疗产品的生产者、销售者或者血液提供机构承担侵权责任的案件，适用本解释。

患者以在美容医疗机构或者开设医疗美容科室的医疗机构实施的医疗美容活动中受到人身或者财产损害为由提起的侵权纠纷案件，适用本解释。

当事人提起的医疗服务合同纠纷案件，不适用本解释。

**第二条　【起诉与追加当事人】**患者因同一伤病在多个医疗机构接受诊疗受到损害，起诉部分或者全部就诊的医疗机构的，应予受理。

患者起诉部分就诊的医疗机构后，当事人依法申请追加其他就诊的医疗机构为共同被告或者第三人的，应予准许。必要时，人民法院可以依法追加相关当事人参加诉讼。

**第三条　【医疗物品损害诉讼及追加当事人】**患者因缺陷医疗产品受到损害，起诉部分或者全部医疗产品的生产者、销售者和医疗机构的，应予受理。

患者仅起诉医疗产品的生产者、销售者、医疗机构中部分主体，当事人依法申请追加其他主体为共同被告或者第三人的，应予准许。必要时，人民法院可以依法追加相关当事人参加诉讼。

患者因输入不合格的血液受到损害提起侵权诉讼的，参照适用前两款规定。

**第四条　【举证责任分配】**患者依据侵权责任法第五十四条规定主张医疗机构承担赔偿责任的，应当提交到该医疗机构就诊、受到损害的证据。

患者无法提交医疗机构及其医务人员有过错、诊疗行为与损害之间具有因果关系的证据，依法提出医疗损害鉴定申请的，人民法院应予准许。

医疗机构主张不承担责任的，应当就侵权责任法第六十条第一款规定情形等抗辩事由承担举证证明责任。

**第五条　【侵害患者知情同意权纠纷举证】**患者依据侵权责任法第五十五条规定主张医疗机构承担赔偿责任的，应当按照前条第一款规定提交证据。

实施手术、特殊检查、特殊治疗的，医疗机构应当承担说明义务并取得患者或者患者近亲属书面同意，但属于侵权责任法第五十六条规定情形的除外。医疗机构提交患者或者患者近亲属书面同意证据的，人民法院可以认定医疗机构尽到说明义务，但患者有相反证据足以反驳的除外。

**第六条　【病历提交的范围和期限】**侵权责任法第五十八条规定的病历资料包括医疗机构保管的门诊病历、住院志、体温单、医嘱单、检验报告、医学影像检查资料、特殊检查（治疗）同意书、手术同意书、手术及麻醉记录、病理资料、护理记录、医疗费用、出院记录以及国务院卫生行政主管部门规定的其他病历资料。

患者依法向人民法院申请医疗机构提交由其保管的与纠纷有关的病历资料等，医疗机构未在人民法院指定期限内提交的，人民法院可以依照侵权责任法第五十八条第二项规定推定医疗机构有过错，但是因不可抗力等客观原因无法提交的除外。

**第七条　【医疗物品责任纠纷举证责任分配】**患者依据侵权责任法第五十九条规定请求赔偿的，应当提交使用医疗产品或者输入血液、受到损害的证据。

患者无法提交使用医疗产品或者输入血液与损害之间具有因果关系的证据，依法申请鉴定的，人民法院应予准许。

医疗机构，医疗产品的生产者、销售者或者血液提供机构主张不承担责任的，应当对医疗产品不存在缺陷或者血液合格等抗辩事由承担举证证明责任。

**第八条　【医疗损害鉴定申请与委托】**当事人依法申请对医疗损害责任纠纷中的专门性问题进行鉴定的，人民法院应予准许。

当事人未申请鉴定，人民法院对前款规定的专门性问题认为需要鉴定的，应当依职权委托鉴定。

**第九条　【鉴定人资质和遴选】**当事人申请医疗损害鉴定的，由双方当事人协商确定鉴定人。

当事人就鉴定人无法达成一致意见，人民法院提出确定鉴定人的方法，当事人同意的，按照该方法确定；当事人不同意的，由人民法院指定。

鉴定人应当从具备相应鉴定能力、符合鉴定要求的专家中确定。

**第十条【提交鉴定材料范围和质证要求】**委托医疗损害鉴定的，当事人应当按照要求提交真实、完整、充分的鉴定材料。提交的鉴定材料不符合要求的，人民法院应当通知当事人更换或者补充相应材料。

在委托鉴定前，人民法院应当组织当事人对鉴定材料进行质证。

**第十一条 【医疗鉴定的内容】**委托鉴定书，应当有明确的鉴定事项和鉴定要求。鉴定人应当按照委托鉴定的事项和要求进行鉴定。

下列专门性问题可以作为申请医疗损害鉴定的事项：

（一）实施诊疗行为有无过错；

（二）诊疗行为与损害后果之间是否存在因果关系以及原因力大小；

（三）医疗机构是否尽到了说明义务、取得患者或者患者近亲属书面同意的义务；

（四）医疗产品是否有缺陷、该缺陷与损害后果之间是否存在因果关系以及原因力的大小；

（五）患者损伤残疾程度；

（六）患者的护理期、休息期、营养期；

（七）其他专门性问题。

鉴定要求包括鉴定人的资质、鉴定人的组成、鉴定程序、鉴定意见、鉴定期限等。

**第十二条 【因果关系的等级】**鉴定意见可以按照导致患者损害的全部原因、主要原因、同等原因、次要原因、轻微原因或者与患者损害无因果关系，表述诊疗行为或者医疗产品等造成患者损害的原因力大小。

**第十三条 【鉴定意见质证】**鉴定意见应当经当事人质证。

当事人申请鉴定人出庭作证，经人民法院审查同意，或者人民法院认为鉴定人有必要出庭的，应当通知鉴定人出庭作证。双方当事人同意鉴定人通过书面说明、视听传输技术或者视听资料等方式作证的，可以准许。

鉴定人因健康原因、自然灾害等不可抗力或者其他正当理由不能按期出庭的，可以延期开庭；经人民法院许可，也可以通过书面说明、视听传输技术或者视听资料等方式作证。

无前款规定理由，鉴定人拒绝出庭作证，当事人对鉴定意见又不认可的，对该鉴定意见不予采信。

**第十四条　【专家辅助人出庭质证】**当事人申请通知一至二名具有医学专门知识的人出庭，对鉴定意见或者案件的其他专门性事实问题提出意见，人民法院准许的，应当通知具有医学专门知识的人出庭。

前款规定的具有医学专门知识的人提出的意见，视为当事人的陈述，经质证可以作为认定案件事实的根据。

**第十五条【当事人自行委托鉴定的效力】**当事人自行委托鉴定人作出的医疗损害鉴定意见，其他当事人认可的，可予采信。

当事人共同委托鉴定人作出的医疗损害鉴定意见，一方当事人不认可的，应当提出明确的异议内容和理由。经审查，有证据足以证明异议成立的，对鉴定意见不予采信；异议不成立的，应予采信。

**第十六条【医疗过错认定的依据】**对医疗机构及其医务人员的过错，应当依据法律、行政法规、规章以及其他有关诊疗规范进行认定，可以综合考虑患者病情的紧急程度、患者个体差异、当地的医疗水平、医疗机构与医务人员资质等因素。

**第十七条　【未履行医疗告知义务的责任承担】**医务人员违反侵权责任法第五十五条第一款规定义务，但未造成患者人身损害，患者请求医疗机构承担损害赔偿责任的，不予支持。

**第十八条　【紧急情况下不能取得患者近亲属意见的具体含义】**因抢救生命垂危的患者等紧急情况且不能取得患者意见时，下列情形可以认定为侵权责任法第五十六条规定的不能取得患者近亲属意见：

（一）近亲属不明的；

（二）不能及时联系到近亲属的；

（三）近亲属拒绝发表意见的；

（四）近亲属达不成一致意见的；

（五）法律、法规规定的其他情形。

前款情形，医务人员经医疗机构负责人或者授权的负责人批准立即实施相应医疗措施，患者因此请求医疗机构承担赔偿责任的，不予支持；医疗机构及其医务人员怠于实施相应医疗措施造成损害，患者请求医疗机构承担赔偿责任的，应予支持。

**第十九条　【共同侵权的责任分担】**两个以上医疗机构的诊疗行为造成患者同

一损害，患者请求医疗机构承担赔偿责任的，应当区分不同情况，依照侵权责任法第八条、第十一条或者第十二条的规定，确定各医疗机构承担的赔偿责任。

（《侵权责任法》第八条　二人以上共同实施侵权行为，造成他人损害的，应当承担连带责任。

第十一条　二人以上分别实施侵权行为造成同一损害，每个人的侵权行为都足以造成全部损害的，行为人承担连带责任。

第十二条　二人以上分别实施侵权行为造成同一损害，能够确定责任大小的，各自承担相应的责任；难以确定责任大小的，平均承担赔偿责任。）

**第二十条　【会诊活动的法律责任】**医疗机构邀请本单位以外的医务人员对患者进行诊疗，因受邀医务人员的过错造成患者损害的，由邀请医疗机构承担赔偿责任。

**第二十一条　【医疗物品责任的承担与追偿】**因医疗产品的缺陷或者输入不合格血液受到损害，患者请求医疗机构，缺陷医疗产品的生产者、销售者或者血液提供机构承担赔偿责任的，应予支持。

医疗机构承担赔偿责任后，向缺陷医疗产品的生产者、销售者或者血液提供机构追偿的，应予支持。

因医疗机构的过错使医疗产品存在缺陷或者血液不合格，医疗产品的生产者、销售者或者血液提供机构承担赔偿责任后，向医疗机构追偿的，应予支持。

**第二十二条　【医疗活动与医疗物品混合损害责任】**缺陷医疗产品与医疗机构的过错诊疗行为共同造成患者同一损害，患者请求医疗机构与医疗产品的生产者或者销售者承担连带责任的，应予支持。

医疗机构或者医疗产品的生产者、销售者承担赔偿责任后，向其他责任主体追偿的，应当根据诊疗行为与缺陷医疗产品造成患者损害的原因力大小确定相应的数额。

输入不合格血液与医疗机构的过错诊疗行为共同造成患者同一损害的，参照适用前两款规定。

**第二十三条　【医疗物品损害的惩罚性赔偿】**医疗产品的生产者、销售者明知医疗产品存在缺陷仍然生产、销售，造成患者死亡或者健康严重损害，被侵权人请求生产者、销售者赔偿损失及二倍以下惩罚性赔偿的，人民法院应予支持。

**第二十四条　【赔偿基准确定原则】**被侵权人同时起诉两个以上医疗机构承担赔偿责任，人民法院经审理，受诉法院所在地的医疗机构依法不承担赔偿责任，其他医疗机构承担赔偿责任的，残疾赔偿金、死亡赔偿金的计算，按下列情形分别处理：

（一）一个医疗机构承担责任的，按照该医疗机构所在地的赔偿标准执行；

（二）两个以上医疗机构均承担责任的，可以按照其中赔偿标准较高的医疗机构所在地标准执行。

**第二十五条　【死者近亲属及其他人员的起诉】**患者死亡后，其近亲属请求医疗损害赔偿的，适用本解释；支付患者医疗费、丧葬费等合理费用的人请求赔偿该费用的，适用本解释。

本解释所称的“医疗产品”包括药品、消毒药剂、医疗器械等。

**第二十六条　【本解释的时间效力】**本院以前发布的司法解释与本解释不一致的，以本解释为准。

本解释施行后尚未终审的案件，适用本解释；本解释施行前已经终审，当事人申请再审或者按照审判监督程序决定再审的案件，不适用本解释。

# 最高人民法院研究室负责人就《最高人民法院关于审理医疗损害责任纠纷案件适用法律若干问题的解释》答记者问（全文）

**Q:《解释》起草的背景是什么?**

负责人:

医疗卫生事业与广大人民群众的生活息息相关，医患关系是构建社会主义和谐社会的重要内容。党中央高度重视医疗卫生事业，十八届五中全会明确提出推进健康中国建设的总体要求，习近平总书记在全国卫生与健康大会上阐述了建设健康中国的重大意义，党的十九大报告进一步强调实施健康中国战略，指出“人民健康是民族昌盛和国家富强的重要标志。要完善国民健康政策，为人民群众提供全方位全周期健康服务。”最高人民法院认真贯彻落实中央精神和习近平总书记重要指示，要求各级人民法院充分发挥司法职能，为我国卫生与健康事业改革发展、保障人民健康、构建和谐医患关系、加快推进健康中国建设提供有力司法服务和保障。周强院长明确要求进一步健全医疗纠纷调解和司法解决机制，促进卫生与健康事业的法治化治理，为增进人民健康提供司法保障。

近年来，全国法院受理医疗损害责任纠纷案件数量总体上较为平稳。2014 年受理 19944 件，2015 年受理 23221 件，2016 年受理 21480 件，在整个民商事案件中占比不大。但各方面普遍反映，医疗损害责任纠纷审理难度大、审理周期长、案件调撤率低，其中有关举证责任、鉴定程序、责任构成、责任承担等法律适用中的争点、难点问题多，亟需统一裁判尺度。有鉴于此，最高人民法院在深入调研基础上，起草了《解释》，于 2017 年 3 月 27 日最高人民法院审判委员会第 1713 次会议审议通过，并于 2017 年 12 月 14 日发布。《解释》的制定和发布，是最高人民法院贯彻落实党中央部署和习近平总书记重要指示精神，推动实施新时代健康中国战略，推动构建和谐医患关系，促进平安医院建设，维护广大人民群众健康福祉的有力举措。

**Q：请简要介绍一下《解释》的起草过程。**

负责人：

《解释》的起草工作开始于2011年，历时6年多，前后修改20余稿。我们始终坚持以问题为导向，充分进行调研，收集整理并认真研究了全国各地法院制定的审理医疗损害责任纠纷案件数十万字的指导意见材料，先后多次到浙江、北京、江苏、福建等地实地调研；多次召开卫生系统座谈会，充分听取卫计委有关部门、医学会、医学专家和医院代表意见；在高校召开专家学者论证会，认真听取法学、医学专家意见；召开全国部分法院调研座谈会，听取审理医疗损害案件一线办案法官意见。经过起草小组多次讨论修改后，书面征求卫计委、司法部、国务院法制办等单位、各高级法院以及最高人民法院内相关部门意见，共收到反馈意见400余条。在对各方意见认真梳理、充分研究吸收后，报送全国人大常委会法工委征求意见，最终形成送审稿提交院审判委员会审议。

为广泛汇聚民意民智，把社会各界的意见建议充分反映到司法解释中，2017年3月27日，周强院长主持最高人民法院审判委员会召开会议审议《解释》时，专门邀请了部分全国人大代表、全国政协委员和专家学者列席会议。《解释》审议通过后，我们又围绕代表委员们所提意见建议，进行了认真细致的研究，对《解释》相关内容作了有针对性完善，最终发布实施。

**Q：起草《解释》遵循的基本原则是什么？**

负责人：

《解释》的起草，主要遵循了以下原则：

一是认真贯彻中央有关政策精神，运用法治思维和法治方式推动构建和谐医患关系。《解释》的起草，认真贯彻党的十八届三中、四中、五中全会精神，反映新时代中国特色社会主义思想，按照全面依法治国、实施健康中国战略的总体部署和“一手抓严厉打击涉医违法犯罪活动、一手抓医疗纠纷预防与处理长效机制建设”的工作要求，统一医疗损害责任纠纷案件的裁判尺度，推动健全医疗损害责任纠纷案件法律适用的长效机制。

二是平衡好保护患者合法权益与保障医药卫生事业健康发展的关系。《解释》的起草，认真贯彻“把人民健康放在优先发展的战略地位”的总体要求，尊重医学自身的特点与规律，合理分配医疗风险，既要依法保护患者合法权益，又要促进卫生与健康事业的法治化发展，从而实现为增进人民健康福祉提供法治保障、满足人民日益增长的美好生活需要的司法目标。

三是坚持合法性解释原则。《解释》的起草，按照崇尚法治、尊重法律、恪守规则的精神，紧紧围绕侵权责任法、民事诉讼法等法律，对于法律规定较为原则的规则予以细化，以更有效的指导审判实践。

四是坚持问题导向与总结审判经验相结合。《解释》针对当前审判实践中亟需解决且有一定普遍性的问题，通过梳理并总结吸收各地审判实践经验，比如北京、上海、安徽、广东、江苏等地关于诊疗过错认定、产品责任承担等的经验做法，对医疗损害责任纠纷的法律适用难点、争点问题作了细化规定。

**Q:《解释》对医疗美容损害责任纠纷的法律适用是如何规定的?**

负责人:

审判实践中，因为美容问题引发的纠纷如何适用法律，尤其是对此类纠纷是否属于医疗损害责任纠纷的范畴争议较大。明确医疗美容损害责任纠纷的法律适用规则，对于规范医疗美容行业健康有序发展、维护广大人民群众的健康利益具有重要意义。在充分调研论证基础上，参考《医疗机构管理条例实施细则》第八十八条、《医疗美容服务管理办法》第二条的规定，《解释》明确了医疗美容属于“诊疗活动”的范围，规定因医疗美容行为引发的纠纷应属于医疗损害责任的范围，应当适用医疗损害责任的规定。同时，《解释》还参考《医疗机构管理条例实施细则》《医疗美容服务管理办法》的有关规定，对医疗美容损害责任纠纷作了明确界定，以与生活美容类损害责任纠纷相区别。

**Q:《解释》对医疗损害责任纠纷举证作了怎样规定?**

负责人:

举证证明责任问题，是每个医疗损害责任纠纷必然要遇到的问题，也是医疗损害责任纠纷案件中较受关注的问题。明确举证责任分配规则，也是确定鉴定申请程序及后续责任承担规则的基础。2002 年施行的《最高人民法院关于民事诉讼证据的若干规定》关于医疗损害责任纠纷中因果关系和过错要件适用举证责任倒置的做法，虽然缓和了患者举证责任，也在一定时期内起到其应有作用，但在执行过程中也出现了一些其他后果，无助于医学发展进步，不利于从根本上维护患者看病就医权利。

侵权责任法第五十四条明确规定，患者在诊疗活动中受到损害，医疗机构及其医务人员有过错的，由医疗机构承担赔偿责任。《解释》在严格遵循立法本意前提下，以构建和维护和谐医患关系为出发点，在大量实证调研和借鉴域外经验做法基础上，进一步明确了司法适用规则，即患者依据侵权责任法第五十四条规定主张医疗机构承担赔偿责任的，应当提交到该医疗机构就诊、受到损害的证据；患者无法提交医疗机构及其医务人员有过错、诊疗活动与损害之间具有因果关系的证据，依法提出医疗损害鉴定申请的，人民法院应予准许；医疗机构主张不承担责任的，应当就侵权责任法第六十条第一款规定情形等抗辩事由承担举证证明责任。对于医疗产品责任纠纷，《解释》也遵循上述思路规定了患者无法提交使用医疗产品或者输入血液与损害之间具有因果关系证据，依法申请鉴定的，人民法院应予准许。

《解释》的上述规定，既遵循了《侵权责任法》确立的过错责任原则，又避免了因举证证明责任分配不当而导致双方实体权利义务显著失衡而激化医患矛盾，充分考虑到患者存在医学专业性不足、信息不对称等客观情况，对患者进行了适当的举证责任缓和。这一规定属于在医疗损害责任纠纷案件审理过程中的法律适用规则，并不涉及立案受理问题。医疗损害责任纠纷案件立案要按照立案登记制的要求，依法做到有案必立、有诉必理。

**Q：《解释》对规范医疗损害鉴定程序作了哪些规定？**

负责人：

由于医学本身的专业性，诊疗行为有无过错及其与患者损害后果有无因果关系、原因力的大小等往往需要通过鉴定程序来解决。没有医疗损害鉴定，多数医疗损害责任纠纷案件的处理会非常困难，因此医疗损害鉴定对于医疗损害责任纠纷案件的处理的重要性不言而喻。但实践中存在鉴定程序不规范、鉴定意见公信力不足、鉴定人出庭难等问题，很大程度上影响了案件的公正处理。正因为如此，《解释》依据民事诉讼法有关鉴定程序的规定，基于促进鉴定程序的规范化、科学化，提高鉴定意见的公信力，对医疗损害鉴定意见的采信、鉴定人出庭等问题作了规定。具体而言，主要有以下几个方面：

其一，针对实践中鉴定人的资质要求不规范以及当事人是选择鉴定机构还是鉴定专家等问题，《解释》明确了医疗损害鉴定的根本在于借助专家的专门知识、技能和经验，辅助法官对专门性事实问题作出判断，以保证案件裁判的公正。因此，《解释》依据民事诉讼法的有关规定，明确了鉴定人的确定，应当从具备相应的鉴定能力、符合鉴定要求的专家中选择的基本要求。当然这并不影响当事人通过先选择鉴定机构，再确定鉴定专家的实践做法。人民法院应当根据案件具体情况对鉴定专家作必要审查，确保鉴定专家具备相应鉴定能力。涉及临床医学方面专门性问题的鉴定，应当具备临床医学鉴定方面的资质要求；涉及法医学方面专门性问题的，应当具备法医学方面的资质要求。

其二，针对实践中鉴定材料提交混乱影响鉴定程序正常开展的问题，《解释》明确了当事人应当按照要求提交真实、完整、充分的鉴定材料的基本要求，并对补充提交鉴定材料、鉴定材料的质证作了明确规定。

其三，针对实践中鉴定人资质不符合要求、鉴定期限过长、鉴定意见书写不规范，甚至有的鉴定意见无法作为案件证据使用的问题，《解释》规定了当事人申请或者人民法院依职权委托鉴定的，应当有明确的鉴定内容和要求，对其中需要鉴定的专门性问题和鉴定要求的事项作了具体列举。

其四，医疗损害责任纠纷案件中普遍存在原发疾病、个人体质及诊疗过错等共同作用导致损害发生的多因一果问题，实践中鉴定意见对于原因力的表述不一，影响了人民法院对鉴定意见的准确采信。针对这一问题，《解释》根据侵权责任法的基本理论，从人民法院裁判案件的角度对医疗损害责任中诊疗行为与患者自身疾病等其他造成患者损害的原因之间的原因力大小区分了六种情形予以规定，从而规范鉴定意见对原因力问题的写法，以便人民法院更准确的确定当事人之间的责任。

**Q:《解释》对医疗损害鉴定意见的质证问题作了哪些规定?**

负责人:

对此，《解释》主要从强化鉴定人出庭作证程序和明确适用专家辅助人制度两个方面作出了规定，既弥补当事人尤其是患者一方对鉴定意见专业性方面举证能力的不足，又充分发挥庭审作用，为人民法院依法准确认定案件事实提供程序保障。

2012 年修订的《民事诉讼法》第七十八条明确规定了鉴定人出庭作证的具体情形及相应法律后果。鉴定人出庭作证难的问题在更加依赖鉴定意见的医疗损害责任纠纷案件中更加突出，相应的规范鉴定人出庭作证程序对于医疗损害责任纠纷的处理就显得更加重要。为此，《解释》依据民事诉讼法的有关规定，在明确规定鉴定意见的质证要求的基础上，细化了医疗损害责任纠纷中鉴定人出庭作证的程序要求。

同时，考虑到医疗损害纠纷案件本身的专业性特点，有必要发挥专家辅助人制度对于依法妥善解决医疗纠纷的重要作用。实践中对专家辅助人提出意见的证据定性及效力问题存有争议，这一问题在医疗损害责任纠纷中较为突出。为增强当事人对鉴定意见进行质证的能力，充分发挥庭审实质作用，《解释》依据民事诉讼法第七十九条的规定，对医疗损害责任纠纷中的专家辅助人制度作了规定，突出强调该专家辅助人须具有医学专门知识，并在参考其他相关司法解释的基础上，明确了专家辅助人所提意见经过质证，可以作为认定事实的根据。

**Q：《解释》对人民法院采信当事人自行委托鉴定人作出的医疗损害鉴定意见是怎样规定的？**

负责人：

审判实践中，当事人自行委托鉴定的情形不在少数，对此效力认定的问题，存有较大争议。普遍认为，当事人一方自行委托鉴定存在明显的弊端，由此作出的鉴定意见往往仅会对委托鉴定的一方当事人有利，欠缺公正性。调研中也有意见指出，自行委托鉴定对于诉前解决医疗纠纷具有一定的积极意义。因此，为保证鉴定意见的信服力，推动当事人依法启动鉴定程序，经过慎重考虑，《解释》就医疗损害鉴定中单方委托鉴定的问题，适当提高了人民法院采信自行委托鉴定意见的门槛，规定了一方当事人自行委托鉴定作出的医疗损害鉴定意见，在另一方当事人认可的情况下，人民法院可以对该鉴定意见予以采信。同时，对于双方当事人共同自行委托鉴定的情形，基于当事人处分原则，对此应予准许，这在价值导向上也有利于通过诉前调解等方式化解矛盾。如果一方当事人对双方共同委托而作出的鉴定意见不认可，则应当提出明确的异议内容并予以质证；在该异议不成立的情况下，人民法院应当采信该鉴定意见。

**Q：《解释》对紧急救治情形的法律适用是如何规定的？**

负责人：

《侵权责任法》第五十六条规定了紧急情况下医疗机构实施紧急医疗措施的内容，但实践中对于如何认识该条中“难以取得患者或者其近亲属同意”以及紧急救助情形下的责任承担问题分歧较大，亟需进一步明确。在深入调研、反复论证的基础上，《解释》对因抢救生命垂危的患者等紧急情况且不能取得患者近亲属意见的情形作出细化规定的基础上，本着鼓励和维护医疗机构在患者处于紧急情况下积极施救的价值导向，规定对于抢救生命垂危的患者等紧急情况，不能取得患者或者其近亲属意见的，医务人员经医疗机构负责人或者授权的负责人批准立即实施相应的医疗措施，患者因此请求医疗机构承担赔偿责任的，人民法院不予支持。同时，对于医疗机构怠于立即实施相应的医疗措施，导致患者受到损害的，《解释》也明确规定了医疗机构应当承担相应的赔偿责任。这样不仅有利于指导实务操作，有利于规范医疗机构行为，也有利于保障生命垂危等紧急情况下患者得到及时救治，维护其生命、健康权益。

**Q：《解释》对医疗产品责任纠纷案件中适用惩罚性赔偿是如何规定的？**

负责人：

《侵权责任法》在产品责任一章中确立了惩罚性赔偿制度，其目的在于通过制裁故意将缺陷产品投放市场并且已经造成了使用人严重人身损害的行为，督促生产者、经营者规范其行为，以充分保护产品使用人的合法权益。医疗产品事关广大人民群众生命健康，从某种意义上讲，缺陷医疗产品的危害较普通产品的危害更为严重。在医疗产品责任纠纷中适用惩罚性赔偿，对于规范医疗领域存在的医疗产品市场不规范、制售假冒伪劣医疗产品屡禁不止等问题具有重要意义。由于侵权责任法第四十七条并没有规定相应的惩罚性赔偿的标准，经过慎重考虑，《解释》参照《消费者权益保护法》第五十五条第二款的规定，明确规定了医疗产品的生产者明知医疗产品存在缺陷仍然生产或者医疗产品的销售者明知医疗产品存在缺陷仍然销售的，造成患者死亡或者健康严重损害，患者请求生产者或者销售者赔偿损失及所受损失二倍以下的惩罚性赔偿的，人民法院应予支持。这对于威慑或者阻遏明知医疗产品存在缺陷仍然生产、销售的行为，维护广大人民群众的生命健康利益，具有重要而积极的作用。

# 后　记

医疗损害赔偿案件是一种专业性极强的诉讼，既涉及医学科学的专业理论，也涉及国家在医疗卫生领域的相关法律和政策，其中的利益纷争比较复杂。对这类纠纷的处理，需要很好地权衡各种利益因素。不同的学者、不同的专家站在不同的角度会得出不同的结论。医疗损害赔偿纠纷到底应该怎么处理，可能不同的学者、不同的专家从不同的立场会采取不同的处理策略，这是一个见仁见智的问题，也是一个充满变数而需要进一步探索和研究的问题。虽然，最高人民法院发布了医疗损害责任纠纷案件审理的司法解释，但是毕竟很多问题没有涉及，尤其涉及具体案件的处理中会遇到各种新问题，更是需要我们进行探索。我们希望本书的出版，能够将我们对医疗损害赔偿纠纷的基本理论和实务问题的理解阐释清楚，我们也希望本书的出版能够为我国医疗纠纷规范处理发挥一定的作用。对于愿意抽一点时间来阅读的人们，也许会有些许参考价值。

本书在写作过程中得到多方面的帮助，这里我们对中国政法大学证据科学研究院、北京积水潭医院、中国人民解放军总医院、北京中正司法鉴定所等单位表示衷心感谢。

刘鑫

2018 年元旦于北京

**图书在版编目（CIP）数据**

最新医疗侵权诉讼规则理解与案例实操 / 刘鑫主编.
—北京：中国法制出版社，2018. 3
ISBN 978 -7 -5093 -9258 -4

Ⅰ.①最… Ⅱ.①刘… Ⅲ.①医疗事故 - 侵权行为 - 民事责任 - 法律解释 - 中国 Ⅳ.①D922.165

中国版本图书馆 CIP 数据核字（2018）第 029316 号

策划编辑：赵　宏　　责任编辑：赵　宏　王　彤　　封面设计：周黎明

**最新医疗侵权诉讼规则理解与案例实操**
ZUIXIN YILIAO QINQUAN SUSONG GUIZE LIJIE YU ANLI SHICAO

主编/刘鑫
经销/新华书店
印刷/三河市国英印务有限公司
开本/710 毫米×1000 毫米　16 开　　印张 / 22.75　字数/ 322 千
版次/2018 年 3 月第 1 版　　2018 年 3 月第 1 次印刷

中国法制出版社出版
书号 ISBN 978 -7 -5093 -9258 -4　　定价：69.00 元

北京西单横二条 2 号
邮政编码 100031　　传真：66031119
**网址：http：//www.zgfzs.com**　　**编辑部电话：66010483**
**市场营销部电话：66033393**　　**邮购部电话：66033288**

（如有印装质量问题，请与本社编务印务管理部联系调换。电话：010 -66032926）